Anders Reisen

Herausgegeben von
Till Bartels

Im Reisen steckt die Sehnsucht nach der besseren Welt. Wir suchen nach unverdorbener Natur, geselligen Lebensformen, gewachsener Kultur. Nichts davon ist falsch, falsch ist nur, wie wir suchen. Entweder reisen wir touristisch, konsumieren das Angebot einer Industrie, die das Ursprüngliche längst zur Ware verfälscht hat. Oder wir gehen auf den alternativen Trip, jagen voller Sozialromantik dem Unberührten, Unverbrauchten nach – und bilden doch nur die Vorhut des organisierten Tourismus.

Anders reisen beschreibt andere Wege. Oft nur einen Schritt abseits der üblichen Routen, erschließen sie den anderen Alltag. Anders reisen heißt, sich einzulassen auf das tägliche Leben anderswo, zu lernen, welche historischen Wurzeln und gegenwärtigen Bedingungen es hat. Die soziale Isolation und politische Enthaltsamkeit des Touristen aufzuheben, die fremde Wirklichkeit unverstellt und mit Lust zu erleben, hat verändernde Kraft über die Reise hinaus.

rororo Rowohlt

Dirk Wegner

Neuseeland

Ein Reisebuch in den Alltag

B.B.Q.

Inhalt

Originalausgabe

Veröffentlicht im
Rowohlt Taschenbuch Verlag GmbH,
Reinbek bei Hamburg, Dezember 1994

Satz Times, PostScript Linotype Library,
QuarkXPress 3.2, (Dolev 800)
Umschlaggestaltung: Alexander Urban
(Foto: Dirk Wegner)
Layout und Grafik: Alexander Urban
Karten: Elsner & Schichor, Karlsruhe
Druck und Bindung: Clausen & Bosse, Leck
Printed in Germany
2490-ISBN 3 499 19083 4

Kia ora!

Schon zu Lebzeiten einmal kurz ins Paradies, wer will das nicht? So wie Neuseeland könnte es aussehen. Das ist natürlich nur eine Vermutung, bei der wir voraussetzen, daß sich der himmlische Ort aus den schönsten irdischen Naturwundern zusammensetzt: kristallklares Wasser rauscht über weiße Sandstrände, Blütendüfte wehen aus Obstgärten herüber, Palmenzweige wiegen sich im warmen Wind, aus einem ewig blauen Himmel strahlt die Sonne.

Doch es wäre unredlich, den Blick auf die pazifische Inselwelt nach diesen Eindrücken abzuwenden. Was machen wir mit den fauchenden Geysiren, den brodelnden Schlammlöchern, den dampfenden Urwäldern und der hin und wieder bebenden Erde? Das klingt eher nach einem ganz anderen Ort.

Doch wir befinden uns auf Erden, und da ist Neuseeland ein gelungenes Beispiel für geographische Dialektik. Das Schaurig-Schöne ist nicht ohne den schönen Schauer zu haben, was wiederum ein besonders prickelndes Reisevergnügen garantiert.

Und dann sind da noch dreieinhalb Millionen Menschen, die eine Fläche von der Größe Großbritanniens bewohnen. Da bleibt viel Platz für jeden. Kein Wunder, daß die Neuseeländer vor allem im Freien, also «outdoor», ihr Leben genießen. Selbst in den wenigen großstädtischen Ballungszentren steht jedes Eigenheim in einem grünen Garten.

So, wie ich sie kennengelernt habe, gehören die «Kiwis» zu den freundlichsten Gastgebern überhaupt. Doch beim geschichtlichen Rückblick in die staatlichen Gründerjahre ist von dieser Tugend noch nicht viel zu entdecken. Den wohlfahrtsstaatlichen Wohlstand erwirtschafteten die weißen Siedler viele Jahrzehnte auf dem höchst zweifelhaft angeeigneten Boden der Ureinwohner. Für die Maori war der Verlust ihrer Heimat der Beginn ihrer sozialen Diffamierung. Die Aufarbeitung dieses Konflikts und der Versuch, geschehenes Unrecht wiedergutzumachen, prägen den neuseeländischen Alltag der Gegenwart.

Doch kein Paradies? Ein irdisches schon. Und dazu gehören eben gesellschaftliche Widersprüche genauso wie heiße Vulkane und eisige Gletscher. Die Chance, dieses Schauspiel zu erleben, sollte man sich nicht entgehen lassen.

Dirk Wegner *Hamburg, im Oktober 1994*

Kannibalen, Kirchenmänner, Königstreue

Ein Blick zurück

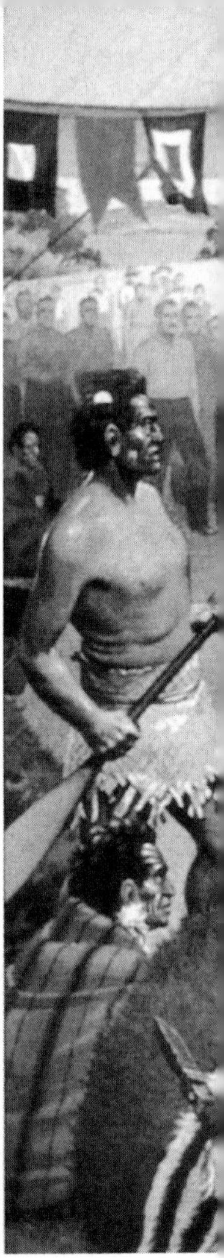

«Honour the treaty!» skandieren die Sprechchöre. «Achtet den Vertrag.» Am 6. Februar 1990, einhundertfünfzig Jahre nachdem Maori und Briten in Waitangi die Souveränität der englischen Krone über Neuseeland unterschrieben hatten, herrscht in der Bay of Islands nicht nur Jubelstimmung. Während die englische Queen, geschmückt mit einer Stola aus Kiwifedern, schweigsam lächelnd der Parade von 22 kunstvoll geschnitzten Kriegskanus zuschaut, unterbrechen einige Dut-

zend Maori-Demonstranten mit ihren Zwischenrufen immer wieder die Rede des Premierministers Geoffrey Palmer. Sein Aufruf, sich der gemeinsamen Geschichte zu besinnen und die Zukunft als eine neuseeländische Nation zu gestalten, klingt in den Ohren der Ureinwohner wenig überzeugend.

Im eigenen Land als ethnische Minderheit sozial abgerutscht, hatten sie bislang zu viele Enttäuschungen hinnehmen müssen. Zu oft stießen die Forderungen

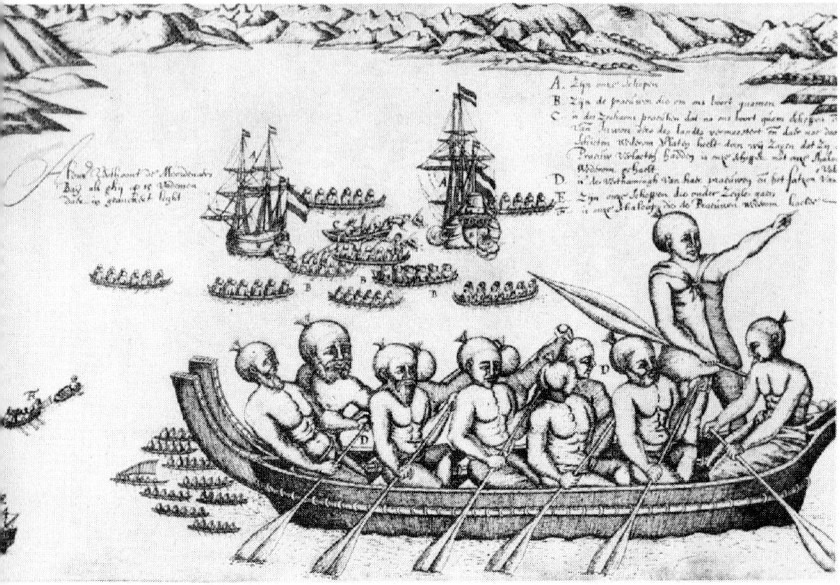

Abel Tasman mit seinen Schiffen in der «Mörderbucht»

nach Rückgabe ihres Grund und Bodens auf taube Ohren. Dabei sollte ihnen der Vertrag doch Landbesitz und Fischereirechte garantieren.

Schon am Morgen des Jubiläumstages hatte Wellingtons Tageszeitung *Dominion* für ihre Leser dieses Stück Geschichte lebendig werden lassen. Das Blatt druckte den Wortlaut des Vertragstextes ab. Wie nötig diese praktische Geschichtslektion war, hatten kurz vorher landesweite Umfragen signalisiert: Nur achtzehn Prozent der erwachsenen Neuseeländer kannten den Inhalt dieses Dokuments aus der Gründungsphase ihres Staates. Doch die Historie des Landes reicht sehr viel weiter zurück.

Mythen und Helden

Einem Familienzwist der Götter verdankt Aotearoa, das Land der langen weißen Wolke, seine Entstehung. Durch göttlichen Inzest entstand dann das erste menschliche Leben. So erzählen es die Mythen der Ureinwohner, der Maori.

Am Anfang gab es nur die innige Umarmung von Papa, der Erdenmutter, und Rangi, dem Himmelsvater. Doch im Dunkel, eingeklemmt zwischen ihren Bäuchen, rebellierten die bereits gezeugten sechs Söhne. Schließlich gelang es Tane mahuta, dem Gott der Bäume und Vögel, die sich umklammernden Eltern auseinanderzudrücken. So trennte er Himmel und Erde voneinander. Nur der Windgott Tawhiri matea folgte dem Vater in die Weite des Himmels, alle anderen Göttersöhne blieben bei ihrer Mutter auf Erden.

Hier formten sie aus roter Erde Hineahuone, die erste Frau. Tane blies ihr das Leben ein, schlief mit ihr und zeugte so die «Maid der Morgendämmerung». Doch der potente Göttersohn machte auch vor der eigenen Tochter nicht halt. Sie gebar ihm in der zweiten Generation das erste Menschenkind, wieder eine Frau. Als Tane seiner ahnungslosen Tochter den Inzest offenbarte, floh sie verstört in die Unterwelt. Seither spukt sie als dunkle Seelenqual in den Köpfen ihrer menschlichen Nachfahren herum.

Fortan ließ Tawhiri matea mit tosenden Stürmen seinen Ärger an den daheimgebliebenen Mamasöhnchen aus. Er knickte Tanes Bäume um, der Meeresgott Tangaroa floh ängstlich in die Ozeane. Die anderen Götterkinder suchten Schutz in den Armen ihrer Mutter. Nur der Kriegsgott Tumatauenga bewies seinen Mut und blieb aufrecht im Sturm. Bald wandte auch er sich voller Zorn gegen die feigen Geschwister. Seither fängt er die Fische, jagt die Vögel und fällt die Bäume für Häuser und Kanus, während Papa und Rangi immer noch Tränen über ihre gewaltsame Trennung vergießen. Für die Ureinwohner der zweiten, klassischen Maori-Epoche, die diese Mythen als Kulturgut mündlich an die nächste Generation weitergaben, bestand daran kein Zweifel: Die Regentropfen und der Tau auf den Blättern waren der sichtbare Beweis.

Der erste Maori-Herkules, der es mit den Göttern aufnahm, hieß Maui. Er prügelte die Sonne mit einem Kieferknochen seiner Großmutter, bis der glühende Stern vor Schmerzen kriechend einen ganzen Tag lang brauchte, um über den Himmel zu ziehen. Als Maui eines Tages mit seinen Brüdern fischen ging, warf er von seinem Kanu, der neuseeländischen Südinsel, diesen mit seinem Blut beschmierten Knochen als Angelhaken ins Meer. Bald darauf zappelte ein großer Fisch, die Nordinsel samt eines bewohnten Dorfes, am Haken. Jetzt war das Inselreich geographisch komplett, und der siedlungsgeschichtliche Hinweis, daß es vor der klassischen Kultur der Maori schon eine andere gab, fehlte auch nicht.

Das Schicksal des Ur-Helden erfüllte sich, als er den Menschen die Unsterblichkeit bringen wollte. Doch sein Plan scheiterte. Die Göttin des Todes strangulierte ihn, statt umgekehrt, und so blieb das Leben untrennbar mit dem Sterben verbunden. Mit seinem Tod versank Te Ika a Maui, der Fisch des Maui, wieder in Vergessenheit und blieb vor allen Völkern der Urzeit verborgen in den Nebeln und Stürmen des großen Ozeans Kiwa

Kultur der Kanuten

Für die Anthropologen begann die neuseeländische Frühgeschichte vor etwa 1200 Jahren. Durch Radiocarbonmessungen an archäologischen Funden ließ sich dieser Zeitpunkt ermitteln. Es gibt jedoch auch Spekulationen, die Ankunft des Urvolks vor Christi Geburt zu datieren. Zwar verlieren sich Religion und Brauchtum der ersten Inselbewohner in den Nebeln prähistorischer Zeiten. Doch sicher ist, daß die Einwanderer aus dem polynesischen Raum stammten, sich hauptsächlich vom Fleisch des Moa-Vogels ernährten, seine Federn als

Bootswettrennen der Maori

Schmuck und seine Knochen als Angelhaken und Werkzeug benutzten.

Diese steinzeitlichen Moajäger, die das polynesische Wort «Moa» für ihr mitgebrachtes Haushuhn auf den bis zu doppelt mannshohen, flugunfähigen Vogel übertrugen, rückten dem schmackhaften Tier derart zu Leibe, daß diese Spezies schon lange vor Ankunft der Europäer ausgerottet wurde. Aus Knochenfunden rekonstruierten die Ornithologen 24 Moaarten, vom Anomalopteryx mit Gänsestatur bis zum drei Meter großen Dinornis maximus.

Nachdem diese gefiederten Fleischlieferanten verspeist waren, aß man im größten Hunger auch schon mal einen toten Nachbarn. Doch das Jägervolk, das bei seiner Ankunft außer Hühnern auch Ratten und Hunde im Gepäck hatte, besaß schon einige landwirtschaftliche Grundkenntnisse. Die Menschen bauten die Kumara-Süßkartoffel an, düngten zur Verbesserung

der Erträge die Erde mit Asche oder lockerten feste Böden durch Beimischung von Kies auf. Da aus dieser Zeit kaum Waffen gefunden wurden, gelten die Moajäger, im Gegensatz zu den Maori der zweiten Besiedlungswelle, nicht als kriegerisches Volk.

Um 950 entdeckte der legendäre polynesische Seefahrer Kupe bei der Verfolgung eines großen Oktopus Neuseeland erneut. Er umrundete beide Inseln und erzählte, zurück in Hawaiki, der sagenumwobenen Heimat aller Maori, wie Tiritiri o te Moana, das Geschenk des Meeres, zu erreichen sei. Vollständig gelöst ist das Rätsel des Stammlandes der Maori immer noch nicht. Viele Anzeichen sprechen jedoch dafür, daß Hawaiki mit Tahiti gleichzusetzen ist.

Um 1350 brach eine «große Flotte» von Hawaiki nach Neuseeland auf und leitete die zweite Siedlungsphase ein. Bis heute können viele Stämme ihre Genealogie bis auf diese Kanubesatzungen zurückverfolgen. Die Kultur des archaischen, friedfertigen, etwa 10000 Menschen umfassenden Jägervolks verschmolz oder ging im Brauchtum der sich dann entwickelnden klassischen Maori-Zeit unter.

Kriegerische Auseinandersetzungen spielten eine immer größere Rolle bei der Lösung von Konflikten. Trotzdem entwickelte sich im meist kurzen und arbeitsreichen Leben der Ureinwohner auch eine Kultur, in der religiöse, moralische, kulinarische und künstlerische Aspekte zu einem ineinandergreifenden Geflecht menschlicher Existenz verwoben wurden. Nicht selten gingen den kriegerischen Stammesfehden rhetorische Schlachten voraus. Begriffe wie *mana*, was soviel wie die spirituelle Autorität oder das Prestige des einzelnen bedeutet, *tapu*, die Bezeichnung der Heiligkeit, und *utu*, das Wort für Vergeltung und Rache, symbolisierten Werte des Lebens. Das *pa*, die Palisadenfestung auf dem Hügel, wurde zum sichtbaren Zeichen des kriegerischen Alltags, bei dem es meistens um Dispute über Land- und Fischereirechte ging. Dabei gehörte auch das Verzehren getöteter Feinde zum Siegesritual.

Ferdinand Magellan umrundete 1521 die Südspitze Amerikas und segelte als erster Europäer westwärts ins «mar Pacifico». Der erste europäische Seefahrer, der an Neuseelands Küste geankert haben soll, sei jedoch ostwärts in die unbekannten Gewässer abgedriftet, so schrieb der Abbé de la Bôrde 1791 in seiner *Histoire Abrégé de la Mer du Sud.* Der französische Kapitän Sieur de Gonville sei bereits im Juni 1503 in der Nähe des Kaps der Guten Hoffnung während eines Sturms weit vom Kurs abgekommen und zwischen dem 50. und 60. Grad südlicher Breite dann auf ein Land gestoßen, bei dem es sich um Aotearoa gehandelt haben soll. Der Kapitän habe sogar einen Eingeborenen namens Essemoric mit zurück nach Frankreich genommen und ihn innerhalb seiner Familie verheiratet.

Doch offiziell wird der Holländer Abel Janszen Tasman als der europäische Entdecker Neuseelands gefeiert. Zur festlichen Erinnerung an den 350. Jahrestag reiste im März 1992 sogar die holländische Königin Beatrix an.

Die bekanntesten Seefahrer des 16. und 17. Jahrhunderts stellten vor allem die Spanier, die Portugiesen und die Engländer. Alvaro Mendaña de Neyra, Luis Vaez de Torres, Vasco da Gama und Sir Francis Drake gehören zu den großen Namen jener Zeit. Ende des 16. Jahrhunderts begannen auch die Holländer verstärkt auf den Weltmeeren mitzusegeln und steckten sich ihr Terrain ab. Sie errichteten im heutigen Djakarta, damals Batavia, ein Handelszentrum der Holländisch-Ostindischen Kompanie und sollten 200 Jahre lang als führende Wirtschaftsmacht diese Region beherrschen.

Am 18. Dezember 1642 erreichte Tasman, vier Monate nachdem er Batavia mit der «Heemskerck», begleitet vom Versorgungsschiff «Zeehaen», verlassen hatte, die Nordküste der Südinsel «Nieuw Zeelands». Er war gut mit Proviant und Tauschwaren ausgerüstet und sollte im Auftrag der Handelskompanie nach den sagenhaften Reichtümern eines vermuteten Südkontinents suchen. Zwar entdeckte er auf seiner Reise auch Tasmanien, das er nach dem holländischen Generalgouverneur Van-Diemans-Land nannte, sowie einige Südseeinseln, doch die erhofften Schätze mußte er seinen Auftraggebern schuldig bleiben.

Selbst aus Neuseeland, das Tasman zunächst Staaten Landt nannte, brachte er nichts mit. Im Gegenteil, einige seiner Seeleute ließen dort ihr Leben. Am 13. Dezember 1642 hatten die Schiffsbesatzungen «ein großes, hochliegendes Land» gesichtet. Fünf Tage später segelten die Holländer in eine Bucht, um die Wasservorräte aufzufrischen. Gegen Abend kam es zur verhängnisvollen Begegnung mit Maori vom Stamm der Ngati Tumatakokiri. Eines ihrer Kanus, in dem die Männer «mit lauten und rauhen Stimmen schrien», rammte eine zu Wasser gelassene Schaluppe der Holländer. Der kurze Kampf mit den Eingeborenen endete für vier Europäer tödlich. Einen der toten Seeleute konnten die Maori in ihr Kanu ziehen. Dann paddelten sie blitzschnell zum Ufer zurück, ohne daß die hinterherschießenden Holländer sie aufhalten konnten. Als Tasman davonsegelte, erhielten die Inseln ihren ersten europäischen Namen. Er taufte das Paradies aus

Traumstränden und türkisfarbenem Wasser «Murderers' Bay», die Mörderbucht.

Englands bester Seemann

Vom Schiffsjungen auf einem Kohlefrachter zum größten Seemann seiner Zeit, so läßt sich die steile Karriere des James Cook auf eine knappe Formel bringen. Mit ihm segelte ein neuer Entdeckertyp durch die Weltmeere. Er verkörperte den besonnenen Kapitän, den neugierigen Wissenschaftler und den präzisen Navigator gleichermaßen. Die exakten Karten des St.-Lorenz-Stroms begründen den Ruhm seines kartographischen Könnens, die verblüffend genaue Vermessung der neuseeländischen Küste sicherte ihm den neidlosen Respekt der ganzen Branche.

Die Royal Society, eine Gesellschaft englischer Gelehrter, und die britische Admiralität schickten ihn 1769 mit der «Endeavour» nach Tahiti. In Begleitung von Astronomen und Botanikern sollte das Wissenschaftler-Team von dort aus ein Jahrhundertereignis beobachten: den Durchgang der Venus durch die Bahn der Sonne. Anschließend, so lautete seine geheime Order, sollte auch er nach dem geheimnisvollen Südkontinent Ausschau halten. So ganz geheim blieb sein Auftrag jedoch nicht. Die *London Gazette* berichtete Montag, den 26. Januar 1768, daß einer «Indiskretion bei einem Dinner» zufolge der Kapitän nach unbekannten Ländern suchen sollte.

Die achtmonatige Reise von Plymouth nach Tahiti verlief ohne Zwischenfall. Es hatte weder einen Fall von Skorbut noch eine Havarie gegeben. Im Oktober 1769 sichtet

Standhafte Erinnerung an gefallene Helden

Schiffsjunge Nicholas Young als erster Land. Es war der Nordostzipfel der Nordinsel. Cook ließ sich sechs Monate Zeit für die Kartographie Neuseelands. Die einzigen Fehler, die ihm dabei unterliefen: Er hielt Stewart Island für eine Halbinsel und zeichnete die nach dem mitreisenden Botaniker Joseph Banks benannte Halbinsel als Insel ein. Bei seiner Vermessung segelte er an 2400 Meilen Küstenlinie längs und fand die nach ihm benannte Meerenge zwischen der Nord- und Südinsel. Damit hatte er den Inselcharakter des Landes bewiesen. Am 15. November 1769 zog er in der Mercury Bay den «Union Jack» auf und nahm Neuseeland für König Georg III. in Besitz.

Die Franzosen, die auch Interesse an dem pazifischen Inselreich zeigten, kamen zu spät. Zwei Monate nach Cooks Annektierung landete Jean-François Marie de Surville in der Doubtless Bay, drei Jahre später ging Marion du Fresne in der Bay of Islands an Land. Doch der Kontakt zwischen den Maori und den Franzosen endete in beiden Fällen mit einem Blutbad, bei dem auch du Fresne getötet wurde.

Cook hatte für den Fall, daß er unbekanntes Land entdecken sollte, vorgesorgt und in Tahiti den Häuptling und Priester Tupaia mit an Bord genommen. Durch ihn konnte sich der Engländer mit den Maori verständigen. Obwohl Cook ihren Kannibalismus verabscheute, beschrieb er sie doch als «mutige, kriegerische Menschen, die keine Falschheit kennen». Während seiner drei Neuseelandreisen, bei denen sich regelrechte Freundschaften zu Maori-Familien entwickelten, sah Cook aber auch, daß die Stämme unter sich sehr zerstritten waren. Durch diese Uneinigkeit, meinte er, seien sie keine starke Macht, die sich auf längere Sicht europäischen Siedlern entgegenstellen könnte.

Das Land selbst lobte der Seefahrer in den höchsten Tönen. Vor allem Quantität und Qualität des Holzes, der fruchtbare Boden und die reichen Flachsvorkommen ließen ihn schwärmen. Cook war sich sicher, daß «arbeitsame Menschen, die sich hier niederlassen würden, sehr schnell nicht nur mit dem Lebensnotwendigen versorgt wären, sondern auch mit viel Luxuriösem des Lebens».

Robbenjäger, Walfänger und Ganoven

Schon 1792 begannen die ersten Robbenjäger im Dusky Sound auf der Südinsel ihr blutiges Geschäft. Monatelang, teils jahrelang lebten sie in Zelten am Strand, horteten ihre Beute, handelten oder stritten mit den Maori und wurden dann wieder von ihren Mutterschiffen aufgesammelt. Das Massenmorden war ein recht einträgliches Geschäft, große Ladungen im Wert von 100000 englischen Pfund keine Seltenheit. 1806 transportierte ein amerikanisches Schiff 60000 Felle nach Port Jackson.

Bald überstieg das Tempo des Abschlachtens das Nachwachsen der Jungtiere. In nur wenigen Jahren waren die neuseeländischen Robbenbestände so stark dezimiert, daß sich das Geschäft nicht mehr lohnte. Die Jäger zogen nach den Campbell- und Macquarie-Inseln weiter.

Noch im auslaufenden 18. Jahrhundert besaß die British East India Company das Handelsmonopol zwischen dem Kap der Guten Hoffnung und Kap Hoorn. Damit kontrollierte sie auch den englischen Walfang im Südpazifik. Doch die rasche Expansion des britischen Marktes und der wachsende Druck der Walfang-Lobby sorgten dafür, daß dieses Privileg Ende des 18. Jahrhunderts abgeschafft wurde. So stand der ungehinderten Jagd auf die Meeressäuger nichts mehr im Wege. Kurz nach 1800 fischten bereits britische, amerikanische und französische Schiffe regelmäßig vor der neuseeländischen Küste.

In der Bay of Islands sorgten die ersten weißen Siedler für ein rauhes Klima. Kororareka, das heutige Russell, entwickelte sich rasch zum Treffpunkt für Abenteurer, Walfänger, entlaufene Seeleute, begnadigte Sträflinge und Schuldner, die vor ihren Gläubigern in Hobart oder Sydney geflohen waren. Die neue weiße Zivilisation zeigte sich den Maori gleich zu Beginn von ihrer schlechtesten Seite. Noch als Charles Darwin dreißig Jahre später (1835) Neuseeland besuchte, gehörte für ihn der größte Teil der dort lebenden Engländer zum «Abfall der Gesellschaft».

Dabei hatte das Zusammenleben mit den Eingeborenen durchaus friedlich begonnen. Vom regen Handel profitierten beide Seiten: Die Maori wollten vor allem Eisenwerkzeug, Nägel, Angelhaken und Äxte, aber auch rote Farbe zum Markieren ihrer heiligen Orte. Sie boten dafür im Tausch Lebensmittel und Frauen. Doch die schlechte Moral bestimmte immer mehr den Alltag in Kororareka: Stehlen, Prügeln und Saufen gehörten zur Tagesordnung.

Es sollte nur wenige Jahre dauern, bis die Bay of Island-Maori von den Süchten und Seuchen, die der Pakeha, der weiße Mann, mitgebracht hatte, infiziert waren. Sie rauchten Pfeife, tranken Alkohol und starben an Grippe, Masern, Typhus und Cholera, alles bislang für sie unbekannte Krankheiten. Als sie dann auch noch das Gewehr, den «großen Gott des weißen Mannes», kennenlernten und gegen Naturalien einhandelten, nahm der Krieg zwischen den Stämmen und zwischen den Rassen immer brutalere Ausmaße an.

So tauschte der Häuptling Hongi nach einer Englandreise in Sydney seine mitgebrachten Geschenke gegen dreihundert Musketen und brachte damit allein in der Nähe Aucklands tausend seiner alten Feinde um. Schätzungen sprechen von 40000 Opfern, die in den zwanziger und dreißiger Jahren des neunzehnten Jahrhunderts durch Stammeskriege, gekämpft mit europäischen Waffen, getötet und zum Teil in kannibalischen Festen verspeist wurden. Eine Größenordnung, die mit den Hieb- und Stichwaffen früherer Zeiten undenkbar gewesen wäre.

Den Auftakt des zunehmend gespannten Verhältnisses zwischen Pakehas und Maori bildete 1809 das Boyd-Massaker im Hafen von Whangaroa. Ein Häuptling, der auf der Rückreise von Sydney wegen eines Vergehens an Bord des Schiffes ausgepeitscht worden war, stachelte seinen Stamm dazu an, diese Schmach zu rächen und sein mana wiederherzustellen. Fast die ganze Schiffsbesatzung wurde getötet und aufgegessen. Seither galt Neuseeland als der gefährlichste Ort im Pazifik, und Schiffe, die im Südpazifik Handel treiben wollten, mußten in Sydney tausend Pfund als Sicherheit für gutes Benehmen hinterlegen.

Seelenheil für Heidenseelen

Mit der Einrichtung einer Missionsstation kümmerte sich Samuel Marsden, der «Pfarrer mit der Peitsche», von Weihnachten 1814 an um das Seelenheil der Inselbewohner. Dabei hatte er hauptsächlich das unchristliche Urvolk im Visier. Seine Idee: die Maori durch die Lehre eines Handwerks, verknüpft mit der Predigt des Evangeliums, zu zivilisieren. So waren die ersten Missionare, die auszogen, um die Philosophie von «Kreuz und Axt» zu verwirklichen, der Tischler William Hall, der Schuhmacher John King und der Lehrer Thomas Kendall.

Doch die untrainierten Evangelisten scheiterten schnell an der für sie fremden Kultur. Eine der verführerischsten neuen Freiheiten, die der konzentrierten Arbeit höchst abträglich war: Maori-Frauen betrachteten ihre Jungfräulichkeit nicht als unantastbar. Die Folge: auch noch Jahre später brachten es einige der Missionare auf stattliche Kinderzahlen.

«Ich wurde so vergiftet von der Großartigkeit ihrer Ideen, daß ich mich fast vollständig vom Christen zum Heiden entwickelte», schrieb Kendall über seine Missionsversuche. Sein Verdienst beschränkte sich letztlich mehr auf die Erstellung eines kleinen Maori-Wörterbuches, für das er die Häuptlinge Hongi und Waikato mit nach England nahm.

Es dauerte neun Jahre bevor sich die erste Maori taufen ließ, ein Mädchen, das einen Europäer heiraten wollte. Ein Hauptgrund für die schleppende Bekehrung: Das Evangelium sei für einen großen Krieger nicht brauchbar, lautete Häuptling Hongis Kommentar.

Bald entbrannte unter den Kirchendienern der verschiedenen Konfessionen ein Wetteifern um die Heidenseelen. So zog ein französischer Priester mit einem Mühlenbauer den Whanganui-Fluß hinauf, errichtete in jedem Dorf eine Mühle, bekehrte die Bewohner und erzählte mahnend, daß die englische Kirche ehebrecherisch sei. Die Anglikaner warfen umgekehrt den Katholiken einen zu schwunghaften Handel mit Kruzifixen und Heiligenbildchen vor. Die Maori fanden ihrerseits Gefallen an dem geistlichen Disput. Da das Debattieren und die Redekunst Bestandteil der Maorikultur sind, beteiligten sie sich lebhaft an den religiösen Wortgefechten.

Den Missionaren gelang es, die Aufmerksamkeit der Maori in dem Maße zu gewinnen, wie deren Kultur durch das Vordringen der weißen Siedler verfiel. Landverkäufe ließen ihre Heimat schrumpfen. Ihre Medizinmänner, die tohungas, konnten die neuen Krankheiten nicht heilen, wozu aber die Missionare oft in der Lage waren. Die Kirchenmänner zeigten sich immun gegen die Zauberkräfte, die makutu. Die Angst vor dem Aussterben ließ immer mehr Maori resignieren und nährte insgeheim die Suche nach einer neuen Führung. Sie hofften, diese in den europäischen Gottesdienern zu finden.

Bis 1840 ließ sich etwa die Hälfte der Bay of Islands-Maori taufen. Dabei folgten ganze Stämme ihrem Häuptling. Die Missionare predigten Verzicht auf Rache, die Stammeskriege kamen zum Stillstand. Doch trotz der guten Absichten förderte auch die Kirche den Wertezerfall des Naturvolks. Die Häuptlinge waren nicht länger tapu, be-

Maori-Mädchen in Festtracht um 1905

kehrte Stammesfürsten gaben die Vielweiberei und den Kannibalismus auf, handelten sich mit dem Ablegen der Machtinsignien aber den Ungehorsam der jüngeren Generation ein.

Desinteresse im Mutterland

In den dreißiger Jahren gab es immer noch keine offizielle Rechtsprechung im Land. Siedler, Missionare, Händler aus London und Sydney sowie die Regierung in New South Wales appellierten ans britische Mutterland, die chaotischen Zustände zu beenden. Wie sehr Recht und Gesetz ignoriert wurden, zeigt das Beispiel des Kapitäns Stewart, der seine Brig «Elizabeth» an einen kriegführenden Maori-Stamm vercharterte. Gegen eine Ladung Flachs transportierte er den auf Rache sinnenden Häuptling Te Rauparaha mit seinem schwerbewaffneten Stamm nach Akaroa auf der Südinsel und half, die Bewohner eines Dorfes abzuschlachten. Dann brachte er die Sieger samt ihrer Kriegsbeute, Körbe voller Menschenfleisch, wieder nach Hause. Als der Gouverneur von New South Wales den Kapitän für diese Greueltat einsperren wollte, fand er niemanden, der den Befehl ausführte.

1833 schickte das Königreich seinen ersten offiziellen Vertreter. Doch James Busby wurde von den Siedlern nicht ernst genommen und von den Maori als «Krieger ohne Gewehr» verspottet. Da Neuseeland noch nicht von England annektiert worden war, verfügte er über keinerlei richterliche Befugnis, geschweige denn eine bewaffnete Truppe, die notfalls mit Gewalt für Ordnung hätte sorgen können.

Die britische Regierung engagierte sich zunächst ohnehin nur widerwillig am anderen Ende der Welt und scheute größere administrative Ausgaben. Mit seiner Abgeschiedenheit bot das Land wirtschaftlich einen zu begrenzten Markt. Außerdem hatte das Colonial Office in London Ende der dreißiger Jahre mit Revolten in Kanada, Kriegen in Südafrika und Aufständen in den West Indies alle Hände voll zu tun und wollte keinen zusätzlichen Klotz am Bein.

Doch immer mehr landhungrige Siedler strömten auf die Inseln und handelten den Maori für einige Decken und Musketen Grundbesitz ab. In die Reihe der Einwanderungswilligen reihten sich auch Spinner und Phantasten. So plante ein spleeniger britischer Adliger französischer Abstammung namens Baron Charles Philip Hippolytus de Thierry, der sich selbst «Häuptling von Neuseeland und König von Nukuheva» nannte, die Errichtung eines Königreichs mit freiem Handel und kostenloser medizinischer Versorgung.

Busby, aufgeschreckt durch dieses sich jedoch schnell in Luft auflösende Vorhaben, brachte im Gegenzug 35 Maori-Häuptlinge dazu, sich als «Vereinigte Stämme von Neuseeland» zu einer Konföderation zusammenzuschließen. Ziel der Aktion: Die Stammesfürsten sollten ihre Unabhängigkeit bewahren und langfristig selbst Regierungsaufgaben übernehmen. Um den wildwuchernden Landverkauf und die damit verbundenen Auseinandersetzungen zwischen Maori und Pakehas in geordnete Bahnen zu lenken, sollte die englische Regierung gleichzeitig Truppen schicken und sich der Landverwaltung annehmen. Auf diese Weise könnte ein unabhängiger Maori-Staat unter britischem Schutz entstehen, spekulierte Busby. In England dachten koloniale Reformer aber längst über andere Modelle nach.

Wakefield und Waitangi

Der Beginn der systematischen Kolonisierung Neuseelands in den vierziger Jahren war eine der Antworten auf die wachsende ökonomische Verelendung in England. Die ein bescheidenes Einkommen verheißende Industrialisierung zog viele Menschen vom Land in die Städte. Doch die Hoffnung auf Arbeit erfüllte sich trotz großer Fabriken nicht für alle. Die Zunahme der proletarischen Massen ließ in den philosophischen Köpfen Englands Strategien gegen die vermeintlich drohende Übervölkerung im Lande reifen. Einer der Vordenker war Edward Gibbon Wakefield, der, wegen Entführung einer Frau zu drei Jahren Haft verurteilt, zunächst im Gefängnis über Kolonialisierungsmodelle nachgedacht hatte.

Von der Besiedlung Kanadas und Amerikas zeigte er sich enttäuscht. Er sah dort keinen Fortschritt in der «Kunst des zivilisierten Lebens», sondern, «in bezug auf Wohlstand, Wissen und Fähigkeiten» eher eine «Degeneration von den Vorfahren». Sein Plan: die vorindustrielle englische Klassengesellschaft auf Neuseeland übertragen und gleichzeitig dafür sorgen, daß die Armen unter den Kolonisten nicht zu planlos siedelnden Landbesitzern aufsteigen. Es käme nur auf den «richtigen Preis» für das Land an, teuer genug, damit ihn nicht jeder bezahlen könne. Arbeiter wären so gezwungen, in den neuen Siedlungen zu wohnen, um dort bei den reichen Grundbesitzern ihren Lebensunterhalt zu verdienen. Die wiederum könnten mit ihren Gewinnen der Regierung neues Land abkaufen. Mit dem Geld aus den Landverkäufen sollte der Staat einen Fonds einrichten, mit dem bei Bedarf weitere auswanderungswillige Arbeitskräfte unterstützt werden könnten. So würden sich Landverkäufe und Immigration gegenseitig selbst regulieren.

Um diese Ideen umzusetzen, gründeten die Verfechter dieser «systematischen Kolonialisierung» 1837 die New Zealand Association, die drei Jahre später in die New Zealand Company umgewandelt wurde. Auf Anordnung des Kolonialministers mußte sich die Organisation als Aktiengesellschaft selbst finanzieren, damit keine staatlichen Kosten für die Besiedlung anfallen. Entsprechend professionell war das Marketing zum Anwerben potentieller Interessenten. In 52 strategisch ausgesuchten englischen Städten gingen die Anwerber von Haus zu Haus und versprachen den Auswanderungswilligen das Blaue vom Himmel. Ihr Lohn: vierzig Shilling für jedes angeworbene Ehepaar, zehn Shilling für jeden unverheirateten Erwachsenen.

Als die New Zealand Company ihre großangelegte Kolonisierung ankündigte, gab es heftigen Widerstand seitens der Missionary Societies, die ihr Betätigungsfeld schwinden sahen. Die kirchlichen Organisationen wollten das Land als christlichen Maori-Staat erhalten und liebäugelten gar mit einer Theokratie. Dandeson Coates, Sekretär bei der Church Missionary Society und einer der schärfsten Opponenten der New Zealand Company, forderte lautstark so wenig offizielle britische Einflüsse wie möglich. Das Terrain müsse zum Nutzen der Maori den Missionaren erhalten bleiben. In Wakefields Philosophie vom «white man's country» spielten die Maori gar keine Rolle. Sie durften sich einfügen oder untergehen.

Die Company wußte, daß die britische Regierung inzwischen immer lauter über eine Annektierung Neuseelands nachdachte, was eine staatliche Regulierung des Landverkaufs zur Folge haben würde. Steigende Preise könnten dann schnell das Aus der Siedlungsgesellschaft bedeuten, bangten die Aktionäre. Sie drängten bei den Landkäufen zur Eile.

Im Mai 1839 segelte die «Tory» mit Wakefield-Bruder William an Bord nach Neuseeland, um den Maori Ländereien für die erste Siedlung der Company abzuhandeln. Schon beim Erwerb der ersten Ländereien legte die Gesellschaft die Verträge mit den Maori großzügig zu ihren Gunsten aus. Als Jahre später der Rechtsanwalt William Spain im Auftrag der Regierung die Ansprüche der Company auf zwanzig Millionen Morgen Land prüfte, stellte sich heraus, daß viele Käufe nicht ordnungsgemäß abgewickelt worden waren.

Der Streit um die Rechtmäßigkeit der getroffenen Vereinbarungen führte immer wieder zu Kämpfen zwischen Maori und Siedlern. 1843 starben Arthur Wakefield, ein weiterer Bruder des Clans, und 21 Siedler bei dem Versuch, sich trotz Warnung des Häuptlings Te Rauparaha im Wairau-Tal in der Nähe Nelsons niederzulassen.

Obwohl sich das Wakefield-System insgesamt nicht bewährte, wurden erste Siedlungen in Wellington, New Plymouth und in Nelson gegründet. Doch die reichen Landbesitzer und Spekulanten zogen es vor, in England zu bleiben, so daß die Arbeitgeber für ärmere Auswanderer fehlten. Außerdem lagen die

Grundstückspreise so niedrig, daß auch weniger vermögende Siedler Land erwerben und sich auf eigene Faust niederlassen konnten.

Inzwischen hatte sich die britische Regierung zum Handeln entschlossen. Im August 1839 traf Gouverneurleutnant William Hobson auf der Nordinsel ein, um mit den Maori Gespräche zu führen. Die Häuptlinge sollten ihre Souveränität an die britische Königin abtreten und ihr das Exklusivrecht zum Landkauf übertragen. Für diese Oberhoheit wurden den Häuptlingen die Privilegien britischer Bürger übereignet sowie Land- und Fischereirechte garantiert. In Waitangi, den «Wassern der Wehklage», unterzeichneten am 6. Februar 1840 zunächst fünfzig Häuptlinge den Vertrag. Weitere fünfhundert machten ihr Zeichen, als er anschließend durchs Land getragen und in vielen Dörfern übersetzt verlesen wurde.

Der in Englisch abgefaßte Vertragstext, der bis heute nicht ratifiziert wurde, blieb ein ewiges Streitobjekt in Sachen Landrechte. Daß die Maori schon damals seine sehr freie Übersetzung mißverstanden, zeigt das Zitat eines der unterzeichnenden Häuptlinge: «Der Schatten des Landes geht an die Königin, aber es selbst bleibt bei uns.» Doch die weißen Siedler waren an dem Schatten nicht interessiert, sie suchten fruchtbare Böden.

Landkriege und Goldfunde

Auch nach dem Vertragsabschluß von Waitangi war keiner im Land mit der Situation zufrieden. Die Regierung fühlte sich von den Siedlern zur Annektion gedrängt, die Missionare hatten ihren Einfluß verloren, und die New Zealand Company sah ihre eigenen Siedlungspläne durchkreuzt. Doch sie unterstützte mit ihrem Know-how andere rein kirchliche Siedlungsprojekte. So gründete die Schottische Freikirche 1848 die Stadt Dunedin, die Anglikaner ließen sich 1850 in Christchurch nieder. Im selben Jahr stand die Wakefield-Gesellschaft vor dem finanziellen Ruin, gab ihre Gründungsurkunde sowie 400000 Hektar Land an die Regierung zurück und machte 1858 vollends bankrott.

Den Siedlern war das Regierungsmonopol zum Landerwerb ein ziemlicher Dorn im Auge, verhinderte es doch einträgliche Spekulationsgeschäfte. Auch die Maori mußten erfahren, daß sie für ihr Land auf dem freien Markt wesentlich mehr Geld erzielen konnten als beim Verkauf an die Krone. Mit dem Anspruch der Siedler auf Selbstverwaltung und der Ablehnung der ohnehin konfusen Staatsbürokratie wuchs die Anarchie im Land weiter. Die gut durchtrainierten Maori erwiesen sich bei den gewaltsamen Auseinandersetzungen um Grund und Boden nicht nur als gute Kämpfer. Sie hatten von den Missionaren rasch weitere Feinheiten der Landwirtschaft gelernt und waren selbst mehr an der eigenen Bewirtschaftung als am Verkauf ihres Landes interessiert. In Waikatos Ebenen wuchsen auf den Feldern Mais und Süßkartoffeln.

Völlig unerwartet hatte Hobson nicht Kororareka (Russell) zur Hauptstadt bestimmt, sondern Auckland. Als dadurch der Handel in dem kleinen Städtchen erlahmte und die Zivilisationsgüter ausblieben, sah sich auch der dort heimische Häuptling Hone Heke getäuscht. Er holte kurzerhand die britische Fahne vom Mast und

Die erste Hauptstadt der neuseeländischen Nation: Auckland 1956

brannte die Siedlung nieder. Bald war der ganze Norden in Aufruhr. Erst Gouverneur George Grey konnte 1845 mit Hilfe der Armee die rebellischen Maori vorübergehend bezwingen.

Doch betrügerische Landspekulanten fachten die gereizte Stimmung immer wieder an. Neue Kämpfe flammten auf. Auch die Wahl eines Maori-Königs, der durch sein mana sowohl die Maori einigen als auch durch die so gestärkte Opposition gegen die Siedler den weiteren Ausverkauf ihres Landes verhindern sollte, zeitigte keinen Erfolg. Trotz der Königsbewegung, deren erstes Oberhaupt,Waikato-Häuptling Te Wherowhero, den Namen Potatau I. trug, blieb die Kluft zwischen moderaten und radikalen, europäerfeindlichen Maori bestehen.

1852 gestand das britische Königreich mit dem «New Zealand Constitution Act» seiner ehemaligen Kronkolonie eine begrenzte Selbstverwaltung zu. Neuseeland erhielt ein Zwei-Kammern-Parlament, bestehend aus dem House of Representatives (vier von 99 Sitzen für die Maori) sowie dem Legislative Council und wurde in sechs Provinzen aufgeteilt. Das Parlament der Weißen einerseits und die Königsbewegung andererseits symbolisierten jetzt auch institutionell die gegensätzlichen politischen Interessen im Land. Bis 1872 tobte der offene Kampf zwischen den Rassen. Inoffiziell wurden die Maori-Kriege sogar erst 1881, mit der Kapitulation ihres Königs, für beendet erklärt.

Während sich Einwanderer und Ureinwohner gegenseitig das Leben schwermachten, fand 1861 Glückspilz Gabriel Read in Otago einige Goldnuggets. Die Entdeckung blieb nicht lange geheim, und bald strömten Tausende aus Europa, Australien und Kalifornien auf der Suche nach dem goldenen Glück auf die Inseln. Es dauerte nur zwei Jahre, bis die Bevölkerung von 12600 auf 60000 angestiegen war. In Dunedin, der neuen Heimat schottischer Christen, tobte plötzlich das Leben in Saloons, Billardhallen und Glücksspiel-Hinterzimmern.

Für ein Jahrzehnt gehörte Gold zu den Hauptexportgütern und ließ 50 Milliarden Dollar ins Land fließen. Doch der Goldboom hatte nicht derart starke Auswirkungen auf das Leben im Land wie etwa in Australien oder Kalifornien.

Der Staat nimmt Formen an

Zum Ende der Maori-Kriege geriet die Wirtschaft ins Wanken: Die Goldproduktion sank, die Wolle- und Weizenpreise fielen dramatisch, viele Betriebe machten bankrott. Die Stimmung war auf einem Tiefpunkt, als Julius Vogel die Geschicke auf den Pazifikinseln in die Hand nahm. Der Londoner Jude, Schatzmeister der Kolonialverwaltung, schlug vor, sich in England für den Aufbau einer Infrastruktur zehn Millionen Pfund zu borgen. Als Sicherheit wollte er sechs Millionen Morgen Land entlang der neu zu bauenden Straßen und Eisenbahnlinien anbieten.

Zwischen 1870 und 1880 wurden nicht zehn, sondern gleich zwanzig Millionen Pfund im Mutterland besorgt. Während sich die Einwohnerzahl verdoppelte, entstanden 1100 Meilen Schienenwege, 4000 Meilen Telegraphenleitung, viele Straßen sowie öffentliche Gebäude und Brücken. Die Abschaffung der sechs Provinzen markiert 1876 den Übergang von bislang separat entscheidenden Lokalverwaltungen in eine Nation. 15000 Einwanderer unterschiedlicher Nationalität strömten zwischen 1876 und 1879 jährlich ins Land. Nicht nur die Landwirtschaft vergrößerte sich durch Schafzucht und Weizenanbau sprunghaft, für ein Jahrzehnt lief auch die übrige Wirtschaft wieder auf vollen Touren. Tausende Saisonarbeiter rannten auf dem Canterbury-Hochland den Jobs hinterher.

1882 ging das erste Kühlschiff, die «Dunedin», auf große Fahrt um die halbe Welt. Die Reise von Port Chalmers auf der Südinsel nach England dauerte dreieinhalb Monate, doch sie lohnte sich. Auf den Massenmärkten der britischen Großstädte konnten höhere Verkaufserlöse für neuseeländisches Kühlfleisch erzielt werden als für Frischfleisch daheim. Die Schafzucht in großem Stil begann. Auch die Milchexporteure profitierten von der neuen Frischhaltetechnik. Immer mehr «cow cockies», so der Spitzname für die kleinen Milchbauern, erzielten in Übersee gute Verkaufserlöse.

Die wirtschaftliche Macht lag nach wie vor in den Händen der Großgrundbesitzer. 1891 gehörten 584 Personen sieben der über zwölf Millionen Morgen Land, das in Privatbesitz war. Ihr Wohlstand gründete sich jedoch größtenteils auf Schulden. Die Summe der Privatdarlehen kletterte zwischen 1872 und 1879 von 3,5 auf 13,8 Millionen Pfund. Vieles von diesem Geld floß sofort in Grundstücksspekulationen.

1879 drehte die Bank of New Zealand den Geldhahn zu. Das Absacken der Exportpreise hatte das Finanzierungsrisiko zu groß werden lassen. Da die Banken versuchten, ihre größten Schuldner zu schützen, traf das Drosseln der Kredite vor allem die kleinen Leute. Viele Händler, Ladenbesitzer und Farmer gingen pleite. Gegen Ende der achtziger Jahre zwang die wirtschaftliche Not Tausende Arbeiter zum Exodus nach Australien. Neuseelands große Depression begann und sollte bis 1896 andauern.

Sozialreformen ohne Beispiel

Die bittere Not des Landes hatte auch eine tugendhafte Kehrseite: In der Politik wurden soziale Experimente gewagt, mit denen andere Staaten erst wesentlich später nachzogen. Mit den Liberals formte sich die erste politische Partei, deren ideologische Führer, Männer wie Robert Stout, John Ballance und Chef-Theoretiker William Pember Reeves, davon überzeugt waren, daß nur staatliche Interventionen die Krise bewältigen könnten. Für diese neuseeländischen Liberal-Sozialisten stand dabei das Prinzip der «Gleichheit» vor dem der «Freiheit». Dem Staat falle die Aufgabe zu, diese Gleichheit von der Wiege bis zur Bahre herzustellen, so ihr sozialpolitisches Credo.

In der Landpolitik ging der Trend zur Aufteilung der großen Güter in kleinere Landflächen. Der «Advances to Settlers Act» von 1894 gewährte den kleineren Farmern und denen, die eine Farm gründen wollten, für Landkäufe günstige Zinsen auf Staatsgelder. Preissteigerungen für Lebensmittel in Großbritannien versprachen dem, der in Neuseeland Farmer werden wollte, eine gesicherte Existenz. Gutgehende Farmen bedeuteten gleichzeitig steigende Grundstückspreise, so daß die Großgrundbesitzer auch geneigt waren, Teile ihres Landes zu verkaufen. Zusätzlich erwarb der Staat bis 1911 weitere drei Millionen Morgen Maori-Land.

Die Reformen auf dem Arbeitssektor waren die fortschrittlichsten in der Welt. Mitarbeiter einer neu eingerichteten Arbeitsbehörde wachten über die Einhaltung arbeitsrechtlicher Vorschriften, inspizierten Fabriken und Läden. Zur Bekämpfung der Arbeitslosigkeit wurden sogar Transporte zu entfernter liegenden Arbeitsplätzen amtlich organisiert. 1894 richtete Neuseeland das erste staatlich verankerte Schlichtungssystem zwischen Arbeitgebern und Arbeitnehmer-Vertretungen ein. Hiermit sollten vor allem die noch jungen Gewerkschaften gestärkt werden.

1993 konnte die Pazifiknation bereits auf hundert Jahre Frauenwahlrecht zurückblicken. Zum Jubiläum gab es nicht nur einen Satz neuer Briefmarken, sondern es wurde auch die Stiftung Whakatu Wahine (Frauen treten für ihre Rechte ein) gegründet. Wie kam es zu dieser frühen Gleichberechtigung? Gegen Ende des vorigen Jahrhunderts hatte die Women's Christian Temperance Union immer stärker das Wahlrecht für Frauen gefordert. Zur Überraschung von Premier Richard John Seddon passierte der Antrag am 8. September 1893 mit zwei Stimmen Mehrheit den Legislative Council, die gesetzgebende Versammlung. Plötzlich durften Neuseelands Frauen wählen, ein Privileg, das vorher nur im amerikanischen Wyoming gewährt worden war. Bei ihrer ersten Wahl am 28. November 1893 gaben mehr als 100000 Frauen ihre Stimme ab, knapp 80 Prozent der Wählerinnen.

Doch das Parlament verabschiedete weitere beispielhafte Gesetze. Nach einer aufsehenerregenden Debatte mit 1400 Redebeiträgen hatte die Regierung die Opposition überzeugt, armen alten Menschen eine Pension zuzugestehen.

Der Reformenrausch war aber auch nicht frei von Kuriositäten. Die überzeugten Alkoholabstinenzler schafften es, eine Regelung einzuführen, nach der bei jeder Wahl auch über die Beibehaltung des Privatverkaufs oder die Abschaffung der Alkohollizenzen abgestimmt wird. Eine Drei-Fünftel-Mehrheit wäre nötig, um die ganze Nation «trockenzulegen». Bis heute kam dieses Ergebnis nicht zustande. Dennoch konnte die «blue ribbon»-Brigade einen kleinen Sieg erringen: Von 1917 an mußten die Bars um sechs Uhr schließen, fünfzig Jahre lang.

Die Liberals gingen mit ihren radikalen Neuerungen als erste den Weg zum Wohlfahrtsstaat. Mit seiner schillernden Reformfreudigkeit, geboren aus dem Wunsch nach sozialer Gerechtigkeit, zog Neuseeland zur Jahrhundertwende Politphilosophen und soziale Vordenker aus aller Welt an. Für viele waren die Pazifikinseln die Geburtsstätte des zwanzigsten Jahrhunderts.

Kleines Land, große Kämpfer

Das neue Zeitalter stellte sich jedoch nicht als Garant für Humanismus und sozialen Fortschritt vor, sondern erst einmal mit zwei Weltkriegen und einer globalen Wirtschaftskrise. Bis 1906 hatte Seddon, «King Dick» genannt, mit feinem politischem Gespür, massiver Durchsetzungskraft und endlosen Reden «God's Own Country» regiert und außenpolitisch das Selbstbewußtsein der Nation gestärkt. Neuseeland lehnte es ab, Teil des Commonwealth von Australien zu werden und rückte im Rang der Kolonien zum «Dominion» auf, ein Status, der mehr Partnerschaft denn koloniale Unmündigkeit signalisieren sollte. Trotz dieser weiteren Anlehnung an England entdeckten die Neuseeländer langsam ihre eigene Identität.

Der Kampf an der Seite des Mutterlandes gegen gemeinsame Feinde war ein besonderer Katalysator, der dieses Nationalgefühl verstärkte. Sechseinhalbtausend «Kiwis» kämpften in Südafrika gegen die Buren. Im Ersten Weltkrieg meldeten sich dann 100000 Männer für das Australisch-Neuseeländische Armeecorps (Anzacs). Doch für die Begeisterung, mannhaft ins Feld zu ziehen, zahlte die Nation einen sehr hohen Preis. Über 8000 Anzacs ließen allein beim Ansturm auf die türkische Halbinsel Gallipoli ihr Leben, 25000 wurden bei diesem mörderischen Gemetzel verwundet. Insgesamt 17000 Neuseeländer starben auf den überseeischen Schlachtfeldern des Ersten Weltkrieges. Dabei lebte im Land damals erst knapp eine Million Menschen.

Als der große Krieg beendet war, überfiel ein unsichtbarer Angreifer das pazifische Eiland: Ein tödliches Grippevirus, aus England eingeschleppt, forderte noch einmal fast sechstausend Opfer. Der medizinischen Machtlosigkeit folgte die Ohnmacht gegenüber der Weltwirtschaftskrise. Jetzt waren 100000

Männer «on the dole», arbeitslos – die Frauen zählte niemand. Neuseeland wurde durch die enormen Auslandskredite das höchstverschuldete Land der Erde. 1933 mußten vierzig Prozent der Staatsausgaben für Zinstilgungen ausgegeben werden.

Kaum stand die Nation wieder halbwegs auf den Beinen, schrie sie, als in Europa der nächste Krieg begann, gleich wieder «Hurra». «Mit Dankbarkeit für die Vergangenheit und voll Vertrauen in die Zukunft stellen wir uns ohne Furcht an die Seite von Britannien. Wo es hingeht, gehen wir hin, wo es steht, stehen wir», rief Premierminister Michael John Savage aus. Dieses Engagement forderte noch einmal das Leben von knapp 12000 Männern. Nur die Sowjetunion zog im Zweiten Weltkrieg einen höheren Prozentsatz Wehrpflichtiger ein.

Doch plötzlich waren die Schlachtfelder dichter an die «Kiwis» herangerückt. Nachdem die Japaner im Dezember 1941 Pearl Harbor angegriffen hatten, wuchs die Angst vor einer japanischen Invasion. Da das Mutterland zu weit entfernt lag, um ausreichend Schutz zu bieten, und die eigenen Soldaten in Übersee kämpften, setzte man alle Hoffnung auf die USA. Und die Marines kamen zu Tausenden und brachten als Kulturgut Coca-Cola und Bubble-gum mit.

Innenpolitisch nutzte die 1916 gegründete und 1935 an die Macht gekommene Labour-Partei den weltkriegsbedingten Aufschwung der Wirtschaft am geschicktesten. Durch die Wiederbelebung liberaler Ideen und das Versprechen, Gewerkschaften, kleine Farmer und Handwerker, aber auch den Mittelstand gleichermaßen zu unterstützen, konnte Labour die inzwischen formierte National-Partei in die Opposition verweisen. Und die regierenden Politiker formten weiter am Wohlfahrtsstaat: Rentenerhöhungen, Einführung von Invaliditätsrenten, Unterhalt für alleinstehende Frauen, festgesetzter Mindestlohn, freie medizinische Versorgung, alles wurde über eine Steuer bezahlt, die vom Lohn abgezogen wurde.

Staatliche Subventionen sollten das Wohlfahrtssystem schützen. Labour führte Preisgarantien für Milchprodukte ein und kontrollierte den Butter- und Käseexport. Der weltweite Bedarf an Agrargütern schlug sich in den vierziger Jahren in der neuseeländischen Handelsbilanz so positiv nieder, daß der Inselstaat dem Mutterland ein Geschenk in Höhe von zehn Millionen Pfund machte. 1947 akzeptierte Neuseelands Regierung nach langem Zögern das Westminster-Statut und erhielt damit seine völlige Unabhängigkeit.

Konservative Konsolidierung

Nach dem Zweiten Weltkrieg begann die Labour-Macht rasch zu bröckeln. Um sich ihre Stimmen zu sichern – immer mehr Farmer wechselten inzwischen zur konservativen National-Partei – mußten moderate Wähler der Mittelschicht gewonnen werden, zum Ärger des linken Parteiflügels. Mit dem Dachverband der Gewerkschaften geriet die Regierung aneinander, als sie illegal streikenden Gewerkschaften ihre Registrierung entzog. Für die Nachkriegs-Lebensmittellieferungen ins bedürftige England und die dadurch andauernde Rationalisierung im eigenen Land hatten viele Bürger kein Verständnis mehr. Sie wollten sich endlich einmal wieder selbst etwas gönnen. Die National-Partei hatte ein leichtes Spiel, diese Kontrollen als sozialistische Gängelung anzuprangern.

1949, nach vierzehn Jahren im Amt, verlor die Labour Party, mit Premier Peter Frazer an der Spitze, die Wahl. Er wurde abgelöst vom erzkonservativen Sydney Holland, der in zwei Jahren die militanten Gewerkschaften der Dockarbeiter zerschlug und anläßlich der landesweiten Unruhen kurzerhand erklärte, Neuseeland befände sich im Kriegszustand. Konservative Kabinettskollegen interpretierten die Streiks, die die Versorgung der Inseln gefährdete, lautstark als Teil des von Kommunisten gesteuerten Kalten Krieges.

Die neue Regierung war auch mit der ineffektiven Arbeit des Legislative Council, des Pendants zum englischen Oberhaus, unzufrieden und löste ihn 1950 auf. Neuseeland erhielt sein Einkammerparlament. Bis heute hat sich daran nichts geändert. Im Volk herrschte ohnehin gereizte Stimmung gegen die streikenden «Wirtschaftssaboteure und Kommunisten». Sydney Holland nutzte diesen Trend und baute mit einer kurzfristig angesetzten Wahl 1951 seinen Vorsprung aus.

Dann zogen die «Kiwis» wieder in den Krieg. An der Seite der USA leistete ein 2000 Mann starkes Armeecorps Waffenhilfe in Korea. Neuseelands Staatslenker waren davon überzeugt, daß es auf Dauer sicherer wäre, der Stärke des großen amerikanischen Bruders zu vertrauen, als auf die englische Mutter zu setzen. Zusammen mit Australien und den USA unterzeichnete Neuseeland 1951 den ANZUS-Beistandspakt. Außenpolitisch abgesichert, lief es jetzt mit der Wirtschaft bestens. Es folgten zwanzig «fette» Jahre, in denen sich Neuseeland einen der höchsten Lebensstandards der Welt erwirtschaftete. Die Inflationsrate blieb stets unter vier Prozent. Das geflügelte Wort von der «Schweiz des Pazifiks» machte die Runde. Als einige Jahre später neuseeländische Soldaten auch in Vietnam zum Einsatz kamen, hatte die junge Generation die Nase voll vom Kriegsgeschrei und ging protestierend auf die Straße.

Nur eine weitere Legislaturperiode (1957–1960) war der Labour-Partei vergönnt, 23 Jahre behielt die National-Partei das Ruder in der Hand. Mit dieser einen kurzen Unterbrechung begann nach Premier Holland die Ära des Sir Keith Holyoake, die bis 1972 andauerte. Er knüpfte auch als Konservativer an die reformfreudige Vergangenheit an, schaffte die Todesstrafe ab, schuf die Institution des Ombudsmans, bei dem sich Bürger über ihre Verwaltung beschweren konnten, und die florierende Wirtschaft sorgte dafür, daß die Bevölkerung im Einwanderungsparadies bis 1973 auf drei Millionen anwuchs.

Dann trat Großbritannien der Europäischen Gemeinschaft bei. Der größte Absatzmarkt für neuseeländische Agrarprodukte war dicht, und plötzlich stiegen auch noch die Ölpreise. In wenigen Jahren verwandelten sich die Überschüsse aus den Exporten in gigantische Defizite. Zur Finanzierung des Haushalts mußten erneut Kredite im Ausland aufgenommen werden, zu Lasten der sozialen Leistungen.

Als nach einem erneuten kurzen Labour-Intermezzo 1975 der neue Premier der National-Partei, Sir Robert Muldoon, sein Amt antrat

Schulterschluß der Aristokratie: Prinz Charles und die Maori-Königin

und sofort einen Lohnstopp verordnete, gingen die Gewerkschaften auf die Straßen. Die Inflationsrate war längst über die 17-Prozent-Marke geklettert. Muldoon versuchte dennoch weiterhin alle Sozialleistungen über Steuern zu finanzieren. 1979 gab der Staat fast ein Drittel seines Haushalts allein für medizinische Versorgung und Wohlfahrtsunterstützung aus. Unsummen verschlang auch die Subventionierung der Farmer, denen ihr Markt weggebrochen war.

Neue Märkte mußten dringend erschlossen werden, notfalls auch mit sanftem Nachdruck. So erweiterte Neuseeland 1978 seine Fischereizone auf 200 Kilometer und erlaubte japanischen Schiffen dort das Fischen nur, wenn das Land gleichzeitig mehr Rindfleisch importierte.

Doch auch solche Tricks konnten die Talfahrt nicht bremsen: 1984 gab es 130 000 Arbeitslose, die Auslandsverschuldung lag bei 14,3 Milliarden Dollar. Als auch noch Muldoons Parlamentsmehrheit schwand, ließ er im selben Jahr Neuwahlen ausschreiben. In einem Erdrutschsieg fegte Labour die National-Partei hinweg. Der frühere Armenanwalt David Lange machte sich auf, das spannendste Kapitel der jüngsten neuseeländischen Geschichte zu schreiben. Im Politikkapitel ist es nachzulesen.

Geysire und Gletscher

Geologische Kontraste

Nur wenig größer als das britische Mutterland, bieten die Inseln Neuseelands ein Abbild der Erde im Kleinformat. Die landschaftliche Vielfalt reicht von weitgeschwungenen Sandstränden, gewaltigen Vulkankegeln, mächtigen Kauri-Wäldern, heißen Quellen und blubbernden Schlammlöchern auf der Nordinsel bis zu den weiten, grasbewachsenen Ebenen, schneebedeckten Bergmassiven und den im Sonnenlicht glitzernden Gletschern des südlichen Eilands. Dort wachsen grüne Urwälder zu Füßen dreieinhalbtausend Meter hoher Gipfel, und in die ausgefranste Südwestküste schneiden tiefe Fjorde.

Kontinentaldrift und bebende Inseln

Was heute als Spitze eines riesigen Unterwassergebirges zwischen der Tasmansee und dem Pazifik aus den Fluten ragt, lag vor 500 Millionen Jahren, wesentlich größer, am Ostrand des Urkontinents Gondwana auf dem Trockenen. Dieser Landzipfel des präkambrischen Südkontinents reichte damals noch bis in die nördliche Hemisphäre. Mit der Wanderung der Erdschollen ging auch Neuseeland auf die Reise, pendelte bis vor 50 Millionen Jahren zentimeterweise vom 45. Grad nörd-

licher Breite bis in die Nähe des Südpols und wieder hinauf auf seine heutige Position.

Als Gondwana durch die Kontinentaldrift allmählich auseinandergerissen wurde, entstand auf der Südhalbkugel der Kontinent Tasmantis, der sich aus den Landmassen Australiens, Tasmaniens, der Antarktis, Neuseelands sowie dem Gebiet, das heute den Meeresboden der Tasmansee bildet, zusammensetzte. Vor 250 Millionen Jahren begann die Absenkung dieses Meeresbodens. Nach Jahrmillionen dauernder Erosion, bei der große Küstengebiete abgetragen wurden, strömten gewaltige Wassermassen in die Senke ein und bildeten die Ozeane, die heute Neuseeland von Australien und der Antarktis trennen. Damit begann vor etwa achtzig Millionen Jahren die isolierte Entwicklung der Flora und Fauna auf der über dem Meeresspiegel langgezogenen Inselgruppe. Unter Wasser geht diese «Spitze des Eisberges» in eine Landschaft aus gewaltigen Tiefseegräben, Plateaus und Bergrücken über.

Die Alpenmassive auf der Südinsel entstanden erst während der letzten zehn Millionen Jahre. Sie sind erdgeschichtlich jung, im Vergleich zu dem Gestein des Präkambriums, das seit fast 600 Millionen Jahren an der Westküste zwischen dem Milford Sound und dem Karamea River liegt. Eiszeitgletscher formten dann bis vor 10000 Jahren das «moderne» Gesicht der Inseln mit ihren beeindruckenden Kontrasten aus Bergen, Vulkanen, Ebenen, Stränden, Seen und Tälern.

Doch Neuseeland hatte sich einen unruhigen Haltepunkt ausgesucht. Es kam auf der Linie zum Stillstand, an der die indisch-australische Erdplatte die pazifische Platte jährlich 45 Millimeter ins Magma des Erdinneren schiebt. Der dabei entstehende enorme Druck läßt regelmäßig die Erde beben und schleudert den Inselbewohnern immer wieder dampfende und glühende Innereien aus dem brodelnden Erdinneren entgegen.

1992 seien die Erdbeben zeitlich etwas ungewöhnlich verteilt gewesen, wunderten sich die Experten. Dreizehn Erdstöße stärker als 5 auf der Richter-Skala wurden gemessen, aber davon nur vier im zweiten Halbjahr. Das stärkste registrierten die Geräte mit 6,4 südwestlich von Blenheim. Sein Zentrum lag in 84 Kilometer Tiefe. Zwar seien in etlichen Läden Waren aus den Regalen gefallen, und noch in Wellington hätten die hohen Gebäude eine Minute lang gezittert, sonst wäre aber nichts Besonderes zu melden.

Doch die Erdbebenstatistik hat auch andere Daten parat. Vor 1800 Jahren ergoß sich nach einem gigantischen Vulkanausbruch im Taupogebiet ein Bimssteinregen über eine Fläche von 15000 Quadratkilometern. 1886 explodierte der Mount Tarawera, begrub zahlreiche Maori-Dörfer unter sich und zerstörte zwei Sinterterrassen am Rotomahana-See, die sich bereits als geologisches Weltwunder einen Namen gemacht hatten.

Am 17. Juni 1929 ließ ein Beben die kleine Stadt Murchinson zusammenfallen. Obwohl das Epizentrum am Nordende der Südinsel lag, waren die Erschütterungen in ganz Neuseeland zu spüren. Unter den Trümmern lagen siebzehn Tote. Die schwersten Erdstöße seit der europäischen Besiedlung forderten am 3. Februar 1931 256 Opfer. Die Stadt Napier, an der Ostküste der

Eine alltägliche Naturlaune: Erdbeben in Napier 1931

Nordinsel gelegen, wurde dabei vollständig, der Nachbarort Hastings teilweise zerstört. Die Erdkräfte drückten damals 36 Quadratkilometer Meeresboden nach oben. 1953 riß ein Schlammstrom, der sich vom Mount Ruapehu ergoß, eine Eisenbahnbrücke weg und brachte den mit Weihnachtsurlaubern vollbesetzten Nachtexpreß nach Auckland zum Entgleisen. Es gab 151 Tote.

Heute lautet die Faustformel für das Rütteln aus dem Untergrund: alle zehn Jahre ein Beben mit Stärke sieben, pro Jahr etwa zehn Erschütterungen mit Stärke fünf. Seit 1848 die seismischen Messungen erstmals aufgezeichnet wurden, starben aber «nur» mehrere hundert Menschen durch Erdbeben. Trotz dieser im internationalen Vergleich eher kleinen Zahl warnen Wissenschaftler, unter ihnen auch Neil Britton von der Cook-Universität im australischen Townsville: «Obwohl eine ernsthafte Bedrohung durch Erdbeben in Neuseeland vorhanden ist, beschränken sich zu viele Planungen auf die Bewältigung aufgetretener Krisen und nicht auf vorbeugende Aktionen.»

In den letzten Jahrzehnten gab es immer wieder Ansätze, gesetzliche Grundlagen für Präventivmaßnahmen zu schaffen. 1968 verabschiedete das Neuseeländische Parlament einen Zusatz-Passus zum Municipal Corporations Act. Seither sind Stadtverwaltungen autorisiert, nicht erdbebensichere Gebäude abreißen zu lassen oder darauf zu drängen, daß sie baulich verstärkt werden. Im November 1970 begannen die Stadtväter Wellingtons mit der Untersuchung von 1875 Geschäftsgebäuden in der Innenstadt. Das Resultat: 758 wären schon bei einem Beben mittlerer Stärke gefährdet gewesen.

Mit einem Kostenaufwand von hundert Millionen Dollar werden jetzt das Parlamentsgebäude und die 1899 fertiggestellte Parlamentsbibliothek erdbebensicher umgebaut. Mit der als «base isolation» bezeichneten Methode setzen die Konstrukteure bis 1995 mehrere hundert Blei-Gummi-Träger in die Fundamente ein, die mögliche Erdbebenerschütterungen dämpfen sollen. Die tief unter Wellington ineinander verkeilten Erdplatten haben sich seit 600 Jahren nicht mehr ernsthaft bewegt. Das große Beben scheint längst überfällig zu sein, orakeln Geologen. Die Wissenschaftler drängen darauf, der Öffentlichkeit mehr Informationen über Erdbebenrisiken anzubieten und zugänglich zu machen. Noch überwiegt jedoch die «she'll be right»-Mentalität. Neuseeländer akzeptieren zwar, daß Erdbeben-Unglücke auch in Zukunft passieren werden, doch viele glauben nicht, daß es sie persönlich treffen könnte. Und wenn, dann gibt es immer noch die Zuversicht, daß der Staat im Ernstfall schon alles regeln werde.

Die brodelnde Energie im Untergrund hat auch ihr Positives: Geothermische Kraftwerke, etwa in Wairakei, zähmen die Urgewalten und nutzen sie zur Stromerzeugung. Die mineralreichen heißen Quellen der Nordinsel, ihre berühmtesten liegen in Rotorua, lindern Arthritis und Rheuma. Über Bohrlöcher im eigenen Garten zapfen Privatleute mancherorts den fauchenden Erdendampf an und wärmen damit ihr Badewasser.

Daten und Dimensionen

Die «pazifische Schweiz», so das oft verwendete Synonym für Neuseeland, rückt geographische Gegensätze dicht aneinander: Palmengesäumte Sandstrände und schneebedeckte Bergmassive laden zum Surfen oder Helikopter-Skiing ein, pralle Sonne wechselt mit klirrendem Frost. Ganz gleich, ob einem die Sinne nach Sand oder Schnee stehen, es ist beides reichlich vorhanden: Die neuseeländischen Alpen sind doppelt so groß wie die ganze europäische Schweiz, und die zahllosen Strände und kleinen Buchten summieren die Küstenlinie des Landes auf über 11000 Kilometer, länger als die der USA.

Zum Staatsgebiet gehören neben den beiden Hauptinseln sowie der Stewart-Insel im Süden auch einige weiter entfernt liegende, einsame Eilande: die Chatham-Inseln (850 Kilometer östlich von Christchurch), die Raoul-Insel in der Kermadec-Gruppe (950 Kilometer nordöstlich von Russell, wo nur ein paar Mitarbeiter des Department of Conservation auf einer Wetterstation sitzen), und die Campbell-Inseln (600 Kilometer südlich der Stewart-Insel). Alles zusammengerechnet sind das etwa 270000 Quadratkilometer. Außerdem besitzt Neuseeland Hoheitsrechte über die 414400 Quadratkilometer große Ross Dependency in der Antarktis sowie über drei nur zwölf Quadrat-

Heiße Grüße aus der Unterwelt

kilometer große Atolle Tokelaus im Südpazifik.

Die Landfläche teilen sich 3,4 Millionen Einwohner mit etwa sechzig Millionen Schafen. Die Bevölkerungsdichte fällt statistisch von 165 Einwohnern pro Quadratkilometer in der Metropole Auckland auf knapp 2,5 Einwohner an der Westküste der Südinsel. Einsame Strandspaziergänge sind hier garantiert.

Mehr als die Hälfte der Landfläche besteht aus Weiden und Ackerland, mehr als ein Viertel aus Waldgebieten, von denen 1,1 Millionen Hektar Nutzwald sind. Dreizehn Prozent der Fläche bedecken Gebirge. Seen und Flüsse machen etwa ein Prozent der Fläche aus. Der mit sechshundert Quadratkilometern größte See, der Taupo, liegt auf der Nordinsel, die anderen neunzehn beachtenswerten alle auf der Südinsel. Die meisten Flüsse haben eine schnelle Strömung, sind nur selten schiffbar, werden aber als wertvoller Lieferant von Wasserkraft zur Stromerzeugung genutzt.

Wer hoch hinaus will, kann in den Alpen der Südinsel zwischen 22 Dreitausendern wählen. Den höchsten Gipfel bildet der Mount Cook mit 3754 Metern. Zwischen den

Bergriesen kriechen sieben große und über 350 kleinere Gletscher in die Täler. Mit knapp dreißig Kilometer Länge und vierhundert Meter Breite hat die nach Osten abfließende Eisschicht des Tasman-Gletschers die größten Ausmaße. Die Zungen der zur Westküste talwärts ziehenden Fox- und Franz-Joseph-Gletscher enden 250 Meter über dem Meeresspiegel.

Liegen die südlichen Alpengipfel unter Schneemänteln und Eispanzern, steigen aus drei der vier größten Berge auf der Nordinsel gelegentlich noch Rauch- und Aschewolken auf. Der 2797 Meter hohe Mount Ruapehu, das «explodierende Loch», der Mount Ngauruhoe (2291 Meter) und der Mount Tongariro (1968 Meter) sind alle vulkanischen Ursprungs und bis heute aktiv. Als vierter im Vulkanbunde steht der Mount Egmont, auch Taranaki genannt, still im Abseits. Der erloschene 2518 Meter hohe Vulkanriese, auf einem sich nach Westen in die Tasman Sea hinausschiebenden Landvorsprung gelegen, bietet eine grandiose Aussicht.

Versiegt ist auch der Waimungu Geysir, der noch zur Jahrhundertwende eine Fontäne schwarzen Wassers bis zu 500 Meter hoch schleuderte. Dafür gibt der Lady Knox Geysir mit bestechender Regelmäßigkeit täglich um 10.15 Uhr seine Vorstellung.

Das spektakuläre Blubbern und Brodeln der Schlammlöcher und die Geysire von Whakarewarewa im thermalen Wunderland Rotoruas verstummten gegen Ende der sechziger Jahre schon einmal soweit, daß auch der Besucherstrom zu versiegen drohte. Zu viele Hotels und Hausbesitzer hatten die geothermische Energie unter der Stadt angezapft, um an heißes Thermalwasser zu gelangen. In sechzig Jahren waren über vierhundert Löcher gebohrt worden. Als unter behördlicher Verfügung im Umkreis von 1,5 Kilometern um Whakarewarewa alle Bohrungen wieder dicht gemacht wurden, mußten zwar die meisten der großen Hotels auf ihre dampfende Attraktion verzichten, doch der Druck im Erdreich stieg wieder an und schleuderte die heißen Wasserfontänen erneut in beeindruckende Höhen.

Der Gletscher am Mount Tasman

Prima Klima

Im Land der langen weißen Wolke gibt es keine extremen Temperaturschwankungen zwischen Sommer und Winter. Die statistische Differenz beträgt zehn Grad. Das Sommermaximum klettert selten über 35 Grad Celsius. Im Winter sinken die Temperaturen nur ganz im Süden unter Null. Dann empfiehlt es sich auch auf der Nordinsel, die Heizung anzustellen.

Im Norden regnet es mehr im Sommer, an der Südspitze mehr im Winter. Die Alpenfront steht den aus Westen herangewehten Wolken im Weg. Deshalb bringen sie der Westküste der Südinsel und Fjordland bis zu 8000 Millimeter Niederschlag pro Jahr. Die im Regenschatten Otagos gelegenen Ebenen erhalten nur 750 Millimeter. Da ein trennendes Gebirge auf der Nordinsel fehlt, verteilen sich hier die Niederschläge gleichmäßiger und liegen in den Hochlagen bei 2500, sonst zwischen 1700 und 4000 Millimetern. Doch die Bewölkung hält, bis auf die ausgesprochenen Feuchtgebiete, nie lange an, so daß meistens die Sonne schnell wieder scheint.

Die gleichmäßigen Temperaturen bringen auch erhebliche wirtschaftliche Vorteile mit sich. Nicht nur, daß ein ganzjähriger Tourismus mit Baden und Skifahren möglich ist, das Klima erlaubt auch den vielfältigen Anbau von Gemüse und subtropischen Früchten. Durch den ganzjährigen Graswuchs stehen Schafe und Kühe praktisch zwölf Monate unter freiem Himmel.

Zum neuseeländischen Wetter gehört auch der Wind. Wenn er sich in der Cook Strait staut, fegt er unangenehm durch Wellingtons Straßen, die Hälfte des Jahres mit bis zu 60 Kilometern pro Stunde. Als Föhnwind, den die Einheimischen «Nor'wester» nennen, wirbelt er den Staub von den Feldern und aus den Flußbetten der Canterbury Plains. Weht er Kaltluft aus dem Süden heran, hüllt sich das Land in Wolken ein. Wenn dann die Wattebäusche an den Bergen hängen, wird klar, warum die Maori vom «Land der langen weißen Wolke» sprechen.

Kiwi, Kea, Kakapo

Flora und Fauna

Laubbäume, die nie ihre Blätter verlieren, Wälder, in denen Farne, Moose und Kletterpflanzen einen grünen Dschungel bilden, konnten sich Jahrmillionen ungestört entwickeln. Die einzigen Landsäuger, die im dichten Gehölz leben, waren zwei Fledermausarten. Am Boden krochen Vettern urzeitlicher Kleinreptilien. Vögel, die nie fliegen gelernt hatten, hüpften ohne Ängste durch den Busch. Natürliche Feinde gab es für sie nicht. Oben in den Wipfeln zwitscherte die vielfältige Schar ihrer fluggewandten Artgenossen. Vor den Küsten tummelten sich Wale, Robben und Seelöwen. Doch mit der polynesischen und erst recht mit der europäischen Besiedlung geriet das stabile Ökosystem aus dem Gleichgewicht.

Jahrmillionen Einsamkeit

Achtzig Millionen Jahre währte die Ruhe im abgelegenen Paradies. Damals verlor Neuseeland die letzte Verbindung zu den übrigen Landmassen, und die isolierte Entwicklung der Flora und Fauna begann. In tropischen Perioden wuchsen auf der Nordinsel sogar Kokospalmen.

Keas: Papageien mit Heißhunger auf Plastik

Während der eiszeitlichen Vergletscherungen überlebten aber nur die Tiere und Pflanzen, die sich schnell genug an die Kälte anpassen konnten. Übrig blieb eine Flora, von der achtzig Prozent endemisch sind, das heißt nur in Neuseeland vorkommen. Im Verhältnis zu seiner Fläche weist das Land einen enormen Pflanzenreichtum auf. Selbst in den Großstädten, etwa bei einem Spaziergang durch die Straßen Aucklands, sind auf wenigen Quadratkilometern mehrere hundert verschiedene Spezies, vor allem Baumarten, zu finden. Für die gleiche Vielfalt müßte der halbe europäische Kontinent durchquert werden.

Den größten Artenreichtum der Fauna bietet die Vogelwelt. Als es den Landweg aus dem Westen noch gab, wanderten die flugunfähigen Vögel ein. Was in den nächsten Jahrtausenden wechselnde Temperaturen nicht schafften, gelang den ersten polynesischen Einwanderern vor tausend Jahren: Sie rotteten den bis zu drei Metern großen Moa wegen seines Fleisches, seiner Federn und Knochen aus. Auch der flügellose Takahe galt schon als ausgestorben, bis 1948 eine kleine Kolonie dieser Vögel im dichten Fjordland-Dschungel entdeckt wurde.

Bis in die alpinen Regionen der Südinsel ist der freche Kea-Papagei anzutreffen. Die ausgezeichneten Flieger sind berüchtigt für ihren Heißhunger auf Gummidichtungen, etwa an Autotüren. Gern verbiegen sie mit ihrem Schnabel auch mal eine Autoantenne. Nur zweigabwärts können die sanftmütigen

Neuseelands Export-Schlager: die «chinesische Stachelbeere»

grüngoldenen Kakapos fliegen. Nach dem Import europäischer Vogeljäger wie Katzen und Wiesel sind auch diese Papageien, die früher im ganzen Land anzutreffen waren, inzwischen vom Aussterben bedroht. Zu den ganz seltenen Stelzvögeln gehört der Black Stilt, von dem es heute nicht einmal mehr hundert Exemplare gibt. Ein archaischer Vertreter, der über Jahrmillionen Sonne und Schnee trotzte, ist die neuseeländische Brückenechse, auch Tuatara genannt. Zu finden ist die steinalte Kriechtiergattung in freier Natur aber nur noch auf einigen Inseln vor der Küste. 1994 entdeckte ein Wissenschaftler-Team der Victoria University in den Südalpen eine neue Spezies der Giant Wetas, einer hühnereigroßen Heuschreckenart. Die grimmig aussehenden Riesenhüpfer sind aber nicht gefährlich.

Nationale Symbole

Der Kiwi, Neuseelands nachtaktives Nationalsymbol, ist halbblind und bestenfalls zur Geisterstunde im Licht der Taschenlampe zu beobachten. Auch dieser Vogel hat sich mittlerweile in dünnbesiedelte Landstriche, etwa auf Stewart Island, zurückgezogen und ist eher im zoologischen Garten als in freier Wildbahn anzutreffen. Mit seinem langen Schnabel stochert er nicht nur in der Erde nach Würmern. Er wittert damit auch neugierige Touristen und läßt eher von sich aus dem Unterholz hören, als daß er sich zeigt.

Nachdem die Kiwihenne einmal pro Jahr ein Ei gelegt hat, das fast ein Viertel ihres eigenen Gewichts wiegt, nimmt sie erst einmal Urlaub von der Nachwuchsbetreuung. Es ist das Männchen, das sich für 80 Tage zum Brüten niedersetzt.

Den Namen «Kiwi» teilt sich – abgesehen von der scherzhaften Bezeichnung für den Neuseeländer – mit dem nicht gerade wohlriechenden Vogel noch die wohlschmeckende «chinesische Stachelbeere». Vor neunzig Jahren kam der erste Samen des heutigen Exportschlagers aus dem chinesischen Yangzi-Tal ins Land. Die Reben zierten zunächst nur die Gärten, ans Essen der Früchte dachte niemand. Doch nach der Veredlung überzeugte die haarige Riesenbeere bald als Vitaminbombe: doppelt soviel Vitamin C wie eine Orange, doppelt soviel Vitamin E wie eine Avocado und fast soviel Kalium wie eine Banane. Neuseeländische Obstgärtner sollen sogar inkognito nach China gereist sein, um nach neuen Ablegern für die perfekte Zuchtfrucht zu spionieren.

Jährlich gingen Fruchtberge im Wert von 500 Millionen Dollar ins Ausland. Bis Anfang der achtziger Jahre boomte das Kiwi-Geschäft, doch inzwischen bauen immer mehr südeuropäische Länder, die USA und Australien Kiwis an. Die lukrativen Zeiten sind für neuseeländische Exporteure vorbei.

Das floristische Pendant zum Staatsvogel ist das silberne Farnblatt im Staatswappen. Es gehört zu den knapp zweihundert Farnarten, von denen 54 ausschließlich in Neuseeland vorkommen. Als nationales Emblem wurde es 1888 zuerst vom neuseeländischen Rugby-Team auf einer Englandreise benutzt. Das Farnblatt ziert inzwischen als Handelslogo auch Butter, Fleisch und Molkereiprodukte.

Grüne Riesen und Zwerge

Auch im Winter bleibt der größte Teil der neuseeländischen Flora grün. Der Wald, die Büsche, das Farndickicht, das Grasland auf den Ebenen, die Sumpf- und Dünenpflanzen, die Flächen der Mittel- und Hochgebirge, sie weisen alle die gleiche Grundfarbe auf. Charakteristische Schattierungen wird bestenfalls der Biologe erkennen können: die Südbuchenwälder tragen wie die Nikau-Palmen ein dunkles Grün, genauso wie die Flachspflanzen. Adlerfarne tendieren mehr ins Graugrüne, der Sanddünen-Vegetation ist etwas Silber beigemischt, den Bültgrasflächen mehr Braun.

Die Farbskala der über 1500 Pflanzenblüten zeugt ebenfalls nicht von großer Vielfalt: Neunzig Prozent sind weiß, nur schwach gefärbt oder wiederum grünlich. Es gibt jedoch auch einige farbenprächtige Ausnahmen. Zu großen Waldbäumen mit einem rötlichen Blütenmeer wächst der Rata-Baum heran. Vor allem aber leuchten in den Parks und Gärten, aber auch entlang der Felsküste im nördlichen Teil der Nordinsel, im Frühsommer die scharlachroten Blüten des Pohutukawa-Baumes. Weil er zu Weihnachten in voller Pracht steht, heißt er auch «Christmas tree». Doch um die blühende Augenweide ist es schlecht bestellt. «In einigen Regionen stellen wir ein totales Baumsterben fest», sagte Gordon Hosking, Mitarbeiter des Forest Research Institut, im Februar 1994 der Wellingtoner Zeitung *Dominion*. «Besonders betroffen ist die Bay of Islands, aber auch die Bay of Plenty und die Coromandel-Halbinsel.» Der Grund seien die Opossums, die die Blätter des Pohutukawa abfressen.

Sie könnten einen Baum in zwölf Monaten zerstören. «Jeder, der jetzt in der Bay of Islands segelt, wird die übriggebliebenen grauen Holzstämme auf den Hügeln gesehen haben.»

Normalerweise ist das ausgeglichene Klima Neuseelands ein Garant für üppiges Wachstum. Was in europäischen Breiten als kleines Kraut sprießt, mutiert hier zum imposanten Strauch. Die «Prickly Spaniards» gehören zur Mohrrüben-Familie, besitzen allerdings bis zu drei Meter lange Blätter. Bevor die sogenannte Mount-Cook-Lilie, die eigentlich ein Hahnenfußgewächs ist, vom importierten Rotwild so gut wie aufgefressen wurde, galt sie mit ihrem Blattdurchmesser von dreißig Zentimetern als größter Vertreter ihrer Spezies. An der Felsküste der Chatham-Inseln wächst ein blaublütiges Vergißmeinnicht, dessen Blätter über dreißig Zentimeter lang sind. Gänseblümchen-Gattungen schießen fast zur Größe von Sonnenblumen auf, Moose wachsen einen halben Meter hoch, Tangarten erreichen Schiffstaulänge. Den Maori war der Wald so heilig, daß sie ihm eine eigene Gottheit zuteilten. Die ersten Europäer hatten weniger Ehrfurcht vor den mächtigen Baumriesen. Vor allem in den schlanken, über tausend Jahre alten Kauribäumen sahen sie ideales Mast- und Schiffsholz. Als mit dem Verlust der amerikanischen Kolonien Englands Holzversorgung in die Krise geriet, begann 1794 der Abtransport neuseeländischer Kauristämme in großem Stil. Damals war noch fast die ganze Nordinsel und etwa die Hälfte der Südinsel bewaldet. Doch bis 1920 fielen vierzig Prozent des Waldes der Holzindustrie zum Opfer. Zusätzlich drängte

Ein Nationalsymbol rollt sich aus: Farne

der Wildwuchs von zweitausend importierten Pflanzenarten einheimisches Grün immer mehr zurück.

Mitte des 19. Jahrhunderts begann die Jagd nach dem «getrockneten Gold» urzeitlicher Baumriesen, dem Kauriharz. Den natürlichen Rohstoff, der für industrielle Produkte benötigt wurde, sammelten vor allem Einwanderer aus Dalmatien und verdienten sich damit den Grundstein für die eigene Farm. Als die ersten synthetischen Ersatzstoffe auf den Markt kamen, war jedoch mit dem Harz kein Geschäft mehr zu machen.

Nicht nur durch das Baumfällen für die Forstwirtschaft, auch durch Brandrodungen für wirtschaftliche Nutzflächen vernichteten die Farmer ganze Wälder. Versäumte Aufforstung führte rasch zu großflächigen Erosionen. Zur Jahrhundertwende machte der Staat dem hemmungslosen Kahlschlag ein Ende und begann mit großflächigen Aufforstungsprogrammen. Die langsam wachsenden Kauristämme wurden dabei größtenteils durch die schnellwachsende Rottanne ersetzt. Mit diesen Projekten konnte der Staat während der wirtschaftlichen Depression in den dreißiger Jahren viele Arbeitslose vorübergehend beschäftigen. Bis heute wurden etwa eine Million Hektar Wald, hauptsächlich mit überseeischen Baumsorten, wieder aufgeforstet. Der größte dieser «künstlichen Wälder», der 124000 Hektar umfassende Kaingaroa State Forest, steht im Zentrum der Nordinsel.

Hirschjagd per Helikopter

Die Europäer brachten nicht nur die Flora aus dem Gleichgewicht, auch die einheimische Fauna geriet ins Wanken. Cooks erstes vierbeiniges Mitbringsel war ein graues Katzenpärchen. Nachdem er es freigelassen hatte, brachte er den Maori bei seinen späteren Fahrten Ziegen und Schweine mit. Deren verwilderte Nachfahren laufen heute noch grunzend als «Captain Cooker» im Busch herum.

Mit der planmäßigen weißen Besiedlung eroberten dann auch europäische und australische Tiere zielstrebig den Busch. Plötzlich gab es Ratten, Mäuse, Kaninchen, Schafe, Hirsche, Wiesel, kleine Känguruhs und das für den Aufbau einer Pelzindustrie ausgesetzte Opossum.

Doch die rapide Vermehrung der freigelassenen Vierbeiner brachte verheerende Folgen mit sich. Die Kaninchen fraßen die Graswurzeln ab, so daß die Versorgung der Schafe gefährdet war. Da die Regierung zur Eindämmung der Kaninchenplage nicht, wie in Australien, Myxomatose verursachende Viren einsetzen wollte, setzten viele Farmer ihre Hoffnung auf Marder und Wiesel. Doch die verschmähten die Kaninchen und machten sich lieber über die flugunfähigen Vögel her. Zwar zahlten die Farmer zusätzlich Prämien für jedes Paar Hasenohren, doch auch dieser Anreiz hatte nur mäßigen Erfolg. Schließlich legten staatliche Kaninchen-Killer Gift aus und stellten Fallen auf.

Der Schaden, den heute die Opossums anrichten, wird jährlich auf 35 Millionen Mark geschätzt, die Population der drolligen Pelztiere reicht an die 80-Millionen-Marke. Das bedeutet einen jährlichen Zuwachs von 24 Millionen Tieren.

Entsprechend gnadenlos werden sogar autofahrende Besucher zur Lösung des selbstverschuldeten

Problems eingespannt. «Wenn einer der kleinen Nager vor ihrem Auto die Straße überquert, weichen Sie nicht aus. Der kleine Bums, den man fühlt, wird Sie wissen lassen, daß Sie Neuseeland einen Gefallen getan haben», heißt es in der kostenlosen Info-Zeitung *West of the Alps* unter der Überschrift «Show no mercy».

Als zu viele Rehe und Hirsche die zarten Baumsprößlinge anknabberten und damit große Schäden in den Wäldern anrichteten, wurden auch sie zum Abschuß freigegeben. Um in unwegsamem Gelände effektive Abschußquoten zu erzielen, fand die Jagd gleich vom Hubschrauber aus statt. Kaum jemand hatte sich Gedanken um die unkontrollierte Invasion der Kleinsttiere gemacht, die oft als «blinde Passagiere» in Kisten, Früchten oder einem Hundefell einreisten. So gelangten auch Raupen, Flöhe und eine Vielzahl fremder Insekten ins Land.

Heute ist man vorsichtiger. Aus Angst, auch noch intakte Inseln zu «verseuchen», appelliert das Department of Conservation an Bootsbesitzer, Rattengift auszulegen und keine Nahrungsmittel unverschlossen an Deck liegenzulassen. Spätestens am Flughafen, wenn die übermüdeten Passagiere zur Begrüßung ausgiebig kontrolliert werden, merkt der Reisende, wie sehr Neuseeland um sein ökologisches Gleichgewicht besorgt ist. Nicht einmal eine Dose versiegeltes Babymilchpulver darf einreisen.

Giganten und Plagegeister

Walfang hatte in Neuseeland eine lange Tradition. Vor zweihundert Jahren jagten die ersten weißen Besucher diese Meeresgiganten mit der Harpune. Heute sind die Urlauber im Schlauchboot unter fachkundiger Führung nur noch mit der Kamera hinter den prustenden Riesen her. «Whale watching» nennt sich das nervenkitzelnde Vergnügen vor der Ostküste der Südinsel. Alle Meeressäuger innerhalb der 200-Meilen-Fischereizone rund um Neuseeland sind seit 1978 durch den Marine Mammals Protection Act geschützt.

Die größten Gefahren für die Wale bestehen in Küstennähe durch Wasserverschmutzung und Stranden. Neuseeland weist weltweit eine der höchsten Raten gestrandeter Wale auf. Seit 1840 wurden mehr als 8000 Tiere gezählt. Das Stranden kann verschiedene Ursachen haben: Verzweiflung über Krankheitsschmerzen, Altersschwäche, so daß die Tiere keine Kraft mehr haben, um gegen die Strömung anzuschwimmen, oder einfach Navigationsfehler. Zu Massenstrandungen kommt es durch soziale Bindungen innerhalb der Herde. Wenn ein Tier an Land gerät, folgen die anderen, um es nicht im Stich zu lassen. Wer Zeuge einer Walstrandung wird, sollte unverzüglich die Hotline des Projekts «Jonah» (025/941-772) oder des Department of Conservation (04/4712-229) anrufen.

Anders als in Australien gibt es in Neuseeland keine Schlangen, und bis auf eine sehr seltene giftige Spinne (Katipo) trüben keine «unerwarteten Begegnungen» die Spaziergänge in der Natur. Dennoch bleibt man nicht ganz unbehelligt. Es gibt viele Millionen Sandfliegen, deren Biß einen unwiderstehlichen Juckreiz auslösen. Leider erweist sich hier nur eine chemische Keule namens «Dimp» als einigermaßen zuverlässig.

Politik und Gesellschaft

Rebellierende Untertanen

Politik im Inselstaat

Nicht nur international ist James Brendan Bolger, Neuseelands Regierungschef, kaum bekannt. Auch daheim konnte sich der konservative Farmer, der 1990 den Labour-Premier Mike Moore ablöste, weder bei seinen Landsleuten noch seinen Kabinettskollegen so recht in Szene setzen. Er agierte eher glücklos im Schatten seiner eisernen Ex-Finanzministerin Ruth Richardson und beauftragte schon damals vorsorglich seinen alten Freund und neuen Finanzminister Bill Birch damit, auf der Regierungsbank für Ruhe und Ordnung zu sorgen.

Dennoch gelang dem Chef der National-Partei bei den Parlamentswahlen am 6. November 1993 erneut der Sieg, mit einem Sitz Vorsprung. Zunächst hatte es danach ausgesehen, als ob trotz der größten Stimmbeteiligung seit zwanzig Jahren keine der beiden großen Parteien die absolute Mehrheit erzielen könnte. Weder die Beschwörung der National-Partei an den «Geist der Erholung» noch das Labour-Versprechen «Arbeitsplätze, Wachstum, Gesundheit» schien zu zünden. Doch nachdem die Briefwahl-Stimmen ausgezählt waren, ging Bolger um Haaresbreite als Sieger durchs Ziel. Trotz dieses Kopf-an-Kopf-Rennens erhielten beide großen Volksparteien einen Denkzettel.

Poor little Piggy Everyone Wants To Turn Him Into Bacon
Farmer Jims Inflated Pompous little Porker Wee Wee Simon Pig If Farmer Jim Can Put Identity Tags In His Old Ewes Ears Why Cant I Introduce Health Cards Kiwi Cards Etc But On Second Thoughts Why Not Save The Government Some Money And Just Brand Every Ones Bum With A Bar Code.
The Pot
Testing Your Fleece
Farmer Jims
Roar
Them ALL
Lady Ruth
One Of Farmer Jims
You Think I Am Just a Placid Old Romney Ewe But I Am Really a Dorset Horn And By The Time I Finish You Will Wish You Had Never Been Born
Farmer Jims favorite Old
Dont Blame Me Lady Ruth for Giving You The Birch
Wee Wee Simon Pig
Farmer Jim
Im Not Really a Whimp for Giving You The Sack Its Just That I Was Frightend Of Sir Winston And Bulldog Sydenham Jim
Quotation from Mr Kiwi
Politicians Never Lie They Only Handle The Truth Carelessly From Time To Time
New Zealand

27 Prozent der Wähler gaben den beiden Splitterparteien, der Alliance und der erst vier Monate alten New Zealand First des gefeuerten Ministers aus dem Bolger-Kabinett und populärsten Politikers, Winston Peters, ihre Stimme und sicherten ihnen jeweils zwei Sitze im Parlament. Drei dieser vier Sitze gingen an Maori.

«Wir sind von heute an ein Faktor, mit dem man rechnen muß», unterstrich Allianz-Vorsitzender Jim Anderton den Mitbestimmungsanspruch seiner Koalition aus fünf linksorientierten Gruppierungen, Grünen und Maori. «In der Politik Neuseelands beginnt eine neue Ära.» Daß er damit recht hat, bezweifelt kaum jemand, denn die Neuseeländer stimmten gleichzeitig in einem Referendum für die Einführung des Verhältniswahlrechts. Kleineren Parteien wird damit zukünftig eine größere Bedeutung zufallen.

Wahlreform mit Damenvorsitz

Als Bundespräsident Richard von Weizsäcker im September 1993 beim Staatsbesuch durchs Land reiste, mußte er den Neuseeländern immer wieder das deutsche Wahlrecht erklären. Schließlich wollten sie dieses Modell, das die Personenwahl mit einer Verhältniswahl verbindet, als «Mixed Member Proportional Representation» übernehmen. 54 Prozent stimmten schließlich dafür, nach 140 Jahren das einfache Mehrheitswahlrecht (first-past-the-post) britischen Ursprungs abzuschaffen. Bisher zog der ins Parlament ein, der in seinem Wahlkreis die meisten Stimmen erhielt. Alle anderen fielen unter den Tisch. Dieses hatte im Land schon mehrmals dazu geführt, daß eine Partei mit landesweiter Stimmenmehrheit trotzdem nicht die meisten Parlamentssitze bekam.

Vor allem Wirtschaftskreise machten bislang Stimmung gegen die Einführung des Proporzes, mußten sie doch eine instabilere politische Lage befürchten. Mit dieser Wahlreform werden zukünftig politische Minderheiten stärker zu Wort kommen, unter ihnen auch die Maori. Seit 1867 verfügen sie über vier Parlamentssitze, sie sind inzwischen aber zahlenmäßig von 40000 auf 511000 angewachsen. In der nächsten Legislaturperiode wird das jetzt 99 Sitze umfassende Wellingtoner Parlament, das «House of Representatives», auf 120 Sitze erweitert. Zusätzlich werden die Wahlkreise neu geordnet. Wahlberechtigt ist jeder Neuseeländer, der mindestens 18 Jahre alt ist und ein Jahr im Land gelebt hat. Eine Wahlpflicht, wie in Australien, besteht nicht.

Außerhalb des parlamentarpolitischen Schlagabtauschs stehen zwei Frauen ganz oben auf dem Treppchen der Politprominenz. Sie repräsentieren zwar den monarchistischen Pazifikstaat, doch sie haben wenig Macht: Die britische Königin Elisabeth II. trägt als Staatsoberhaupt auch den Titel «Königin von Neuseeland». Dame Catherine Tizard, die ehemalige Bürgermeisterin Aucklands, vertritt seit Dezember 1990 als erste General-Gouverneurin die Königin im Lande. Sie löste in diesem Amt Sir Paul Reeves ab, den Erzbischof der Anglikanischen Kirche und ersten General-Gouverneur mit Maori-Vorfahren.

Jeweils auf fünf Jahre gewählt, beauftragt der Governor General nach einer Wahl die Mehrheitspartei mit der Regierungsbildung und muß

Plakatierte Pädagogik: Erziehen zur Selbstverantwortung

formal vorgelegten Gesetzesentwürfen zustimmen, bevor das Parlament sie verabschieden kann. Dabei folgt er oder sie normalerweise den Empfehlungen der Minister, es sei denn, er hält einen Entwurf für nicht verfassungskonform. Eine schriftlich fixierte Verfassung besteht allerdings nicht. Der ungeschriebene Verfassungsbrauch beruht teils auf britischen, teils auf neuseeländischen Parlamentsgesetzen.

Doch Premierminister Bolger sieht bereits das Ende des monarchistischen Staatssystems für gekommen und diskutiert mit dem ähnlich denkenden Nachbarn Australien die Vorteile der Republik unter einem gewählten Präsidenten. Man identifiziere sich ohnehin «mehr mit der asiatisch-pazifischen Region, während die direkten Verbindungen mit Großbritannien schwächer werden», sagte Bolger Anfang März 1994 im *New Zealand Herald*.

Der erste Schritt zum neuen Staatssystem sei die Abkehr vom Privy Council als oberster neuseeländischer Gerichtsbarkeit. Das würde schon bald passieren. Der

Hauptgrund für einen Wechsel sei aber, daß «wir unabhängige Neuseeländer sein wollen». Was nicht bedeute, daß die Königin nicht mehr geliebt werde. Mit seinen Äußerungen liegt der Premier aber gar nicht im Volkstrend, wie eine zur selben Zeit im *Time*-Magazin veröffentlichte Umfrage ergab. Sechzig Prozent votierten für die Monarchie, nur 24 Prozent wollten die Republik. Die größte Unterstützung erhält die Königin von den Wählern der National-Partei (71 Prozent). Die Vorliebe für eine Republik ist unter den Alliance-Wählern am größten (29 Prozent).

Der «Tiger des Südens»

Größter Gewinner des bisherigen Wahlverfahrens war die konservative National-Partei. Zwischen 1949 und 1984 mußte sie für nur zwei Legislaturperioden die Macht an die Labour-Partei abtreten. Nur 1957 und 1972 schaffte die ewige Opposition den Sprung auf die Regierungsbank. In dem Einkammer-Parlament spielten bislang immer nur diese zwei Parteien eine Rolle. Da die Opposition stets in der Minderheit war, konnte sie die Regierung auch nicht per Mißtrauensvotum zu Fall bringen.

Der letzte und wohl kantigste Regierungschef in dieser dreißigjährigen Ära der Konservativen, der auch gleich noch das Finanzministerium übernahm, war der im August 1992 verstorbene Sir Robert Muldoon. Als «Tiger of the South» prägte er nach seinem Wahlsieg 1975 mit autoritärem Führungsstil und stetig wachsenden Staatsschulden neun Jahre lang das politische Klima im Land. Zur Bloßstellung politischer Gegner schreckte er auch vor rhetorischen Schlägen unter die Gürtellinie nicht zurück. Ebenso ließ er mit Polizeiknüppeln auf Demonstranten einschlagen, die als Zeichen gegen Apartheidspolitik die Tour eines südafrikanischen Rugby-Teams kritisierten und protestierend auf die Straße gingen.

Es war die Labour-Regierung unter Premier Norman Kirk, die 1972 mit ihren liberalen Reformen wieder soziale Bewegung ins Land der trägen Untertanen brachte und damit erst den krassen Kontrast zu Muldoons nachfolgenden, engstirnigen Politidealen verdeutlichte. Labour holte Neuseelands Soldaten aus Vietnam zurück, nahm diplomatische Beziehungen zur UdSSR und China auf, kritisierte Frankreichs Atomtests in der pazifischen Nachbarschaft, verklagte zusammen mit Australien das Land vor dem internationalen Gerichtshof und schickte sogar die Fregatte «Otago» mit einem Kabinettsminister an Bord ins Testgebiet. Innenpolitisch griffen die Sozialdemokraten die sozialen Probleme der Maori auf. In jener liberalen Atmosphäre der frühen Siebziger stellten die Frauenbewegung und bekennende Homosexuelle die Männermoral in Frage. Doch die liberalen Ideen ließen sich nicht in Wählerstimmen ummünzen.

Das Festhalten am Wohlfahrtsstaat, vor allem die Garantie einer Altersrente, brachte Muldoon drei Jahre später den Wahlsieg und die Kehrtwende zu konservativen Werten. Das kurzzeitige Besuchsverbot nuklearbetriebener Schiffe, von dem beide Staaten damals noch nicht viel Aufhebens machten, hob er wieder auf. Besuche von Kriegsschiffen seien wichtig für das Fortbestehen des ANZUS-Pakts, konterte Muldoon. Das militärische

Beistandsabkommen zwischen Australien, Neuseeland und den USA war 1951 ratifiziert worden. Doch die Anti-Atom-Bewegung im Land breitete sich aus.

David gegen Goliath

Neun Jahre mußte die Labour-Partei auf ihre neue Chance warten. Im Juli 1984 war es soweit: Eine strikte Anti-Atom-Haltung und radikale Wirtschaftsreformen propagierend, gewann sie 56 Sitze im Parlament und stellte mit dem einundvierzigjährigen David Lange (sprich: Longjii) Neuseelands jüngsten Premierminister. Der Mann mit viel Humor, in einem Arbeiterbezirk als Sohn eines Arztes aufgewachsen und von methodistischem Glauben geprägt, hatte als Jurist für Unterprivilegierte in London und Wellington gearbeitet. Trotzdem umgab ihn ein Ruf der Unnahbarkeit. Seine Gesprächspartner vermochte er vor allem durch seine Intelligenz und Schnelligkeit zu beeindrucken. Kaum sechs Monate im Amt, hatte Lange die neuseeländische Gesellschaft auf den Kopf gestellt: Er ersetzte den Wohlfahrtsstaat durch eine freie Marktwirtschaft und verfocht statt kritikloser Loyalität eine eigenständige linke Atompolitik.

Als 1947 das Statut von Westminster ratifiziert wurde, erhielt das Land formal seine volle Unabhängigkeit, auch in der Gestaltung seiner Außenpolitik. Doch erst Lange brach radikal mit der Tradition: Am 4. Februar 1985 gab die Regierung offiziell bekannt, daß der amerikanische Zerstörer «Buchanan» in Neuseeland nicht erwünscht sei. Gleichzeitig protestierten Zehntausende auf den Straßen gegen den Besuch atomar bestückter oder angetriebener Schiffe. Lange verwehrte schließlich per Gesetz allen atomaren Kriegsschiffen den Zugang zu neuseeländischen Häfen.

Seither dürfen auch keine Kernwaffen hergestellt oder gelagert und keine Atomkraftwerke gebaut werden. Der Staat brauche sich nicht vor einem militärischen Angriff zu fürchten und könne deshalb auf Atomwaffen verzichten, so der Premier. «Keine Schiffe, kein Vertrag», kommentierte US-Verteidigungsminister George Shultz Neuseelands Alleingang knapp. Neuseeland fiel bei dem großen Bruder in Ungnade und wurde aus dem ANZUS-Pakt ausgeschlossen. Gemeinsame Truppenübungen gab es nicht mehr, der Austausch von wichtigen Militär-Informationen wurde gestoppt. So blieb es bis heute.

Für Beobachter der politischen Szene waren neben den Sicherheitsinteressen auch psychologische Gründe für die Anti-Allianz-Stimmung im Spiel: Neuseeland wollte endgültig mit Großbritannien brechen und übertrug seinen Komplex, ausgelost durch den ökonomischen Verrat des Mutterlandes, auf die USA. Die Ablösung von den Atommächten war primär ein Ausdruck politischer und kultureller Unabhängigkeit. Dabei stellte sich Neuseeland im Kampf gegen Neokolonialismus und «nuklearen Imperialismus» an die Seite seiner pazifischen Nachbarn. Die Amerikaner witterten sofort konspirative Verbindungen zu Moskau. «Das rote Orchester: Instrumente der sowjetischen Politik im Südpazifik» titelte eine Konferenz des Washingtoner Hoover-Instituts im März 1987. Vor allem als Folge der anhaltenden französischen Atomtests hatten sich inzwischen dreizehn Staaten, darun-

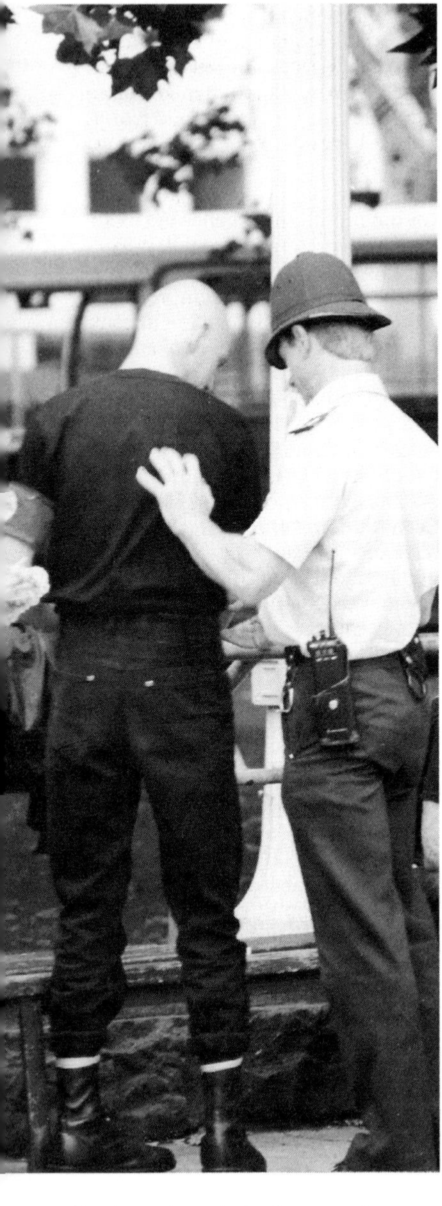

Konfrontation mit der Staatsmacht

ter Neuseeland, auf einen atomwaffenfreien Südpazifik geeinigt.

Pazifische Atomgegner

Die ersten Vertreter einer Anti-Atom-Politik formierten sich schon 1957, nach den britischen Atomtests in der australischen Wüste. Neuseeland hatte Angst vor einem Strontium 90-Fallout. Als die Amerikaner 1962 Johnston Island in die Luft jagten, rötete sich der Nachthimmel über der Nordinsel. Immer mehr Bürgern wurde klar: Die Atombombentests in der Nachbarschaft waren in bedrohliche Nähe gerückt. Als 1966 bekannt wurde, daß die Franzosen über Mururoa ihre Bomben zünden wollten, war schon eine breite Öffentlichkeit gegen die Atomtests vereint. Farmer, Studenten und Pazifisten gehörten zu den Aktivisten der ersten Stunde. Gewerkschaften riefen Dockarbeiter zum Streik auf, solange Atom-Kriegsschiffe in den Häfen lagen.

Den breiten Rückhalt erhielt die Friedensbewegung aber vor allem durch die Mittelklasse und Hunderte von kleinen Nachbarschaftsgruppen. Ingenieure, Psychologen, Ärzte und Wissenschaftler machten die Volksbewegung salonfähig. Helen Caldicott sowie Juraprofessor Richard Falk gehörten zu den bekanntesten Symbolfiguren.

Peace Movement New Zealand, das sich nach der Wahl 1984 in Peace Movement Aotearoa umbenannte, koordinierte viele Aktionen der dreihundert Anti-Atom-Gruppen im Land. Aucklands Marinestützpunkt Devonport erklärte sich 1981 zur ersten lokalen atomwaffenfreien Zone, 1986 waren es hundertvier Gebiete, die sich zu diesem Status bekannten. Blutiger Höhepunkt in der Auseinandersetzung zwischen der Atommacht Frankreich und Atomgegnern war der Anschlag auf das Greenpeace Schiff «Rainbow Warrior», das im Juli 1985 im Hafen von Auckland lag. Bevor es zum Mururoa-Atoll auslaufen konnte, um einen weiteren Atombombentest zu verhindern, wurde es von einem Kommando des französischen Geheimdienstes gesprengt. Dabei starb der sich an Bord befindende portugiesische Fotograf Fernando Pereira. Als die neuseeländische Polizei aufdeckte, daß die Drahtzieher des Attentats in der Pariser Regierungszentrale saßen, kam es zum internationalen Skandal. Zwar mußte der Verteidigungsminister gehen, doch Staatschef Mitterrand reiste zum Atoll, um den Atomforschern den Rücken zu stärken. Der Internationale Gerichtshof in Genf verurteilte die französische Regierung zur Zahlung von über acht Millionen Dollar an Greenpeace.

Labour-Karussell

1987 konnte Lange eine zweite Legislaturperiode für Labour gewinnen. Mit Slogans wie «New Zealand banned it. Don't vote it back» hatte er neben seinem Wirtschaftsprogramm weiter auf die Anti-Atom-Stimmung gesetzt. Doch im August 1989 gab Lange, zermürbt von parteiinternen Querelen und durch eine angegriffene Gesundheit geschwächt, auf und zog sich auf die Hinterbänke des Parlaments zurück.

Anschließend drehte sich das Karussell der Labour-Premiers recht schnell. Goeffrey Palmer, Ex-Justizminister und stellvertretender Premier, rückte nach. Sein Versprechen an die Bürger: An der strikten Antinuklear-Politik und dem bisherigen wirtschaftspolitischen Kurs werde sich nichts ändern. Als er im September 1990 dem Parlament ein neues Umweltschutzgesetz vorlegt, wurde es abgelehnt. Das kam praktisch einem Mißtrauensvotum gleich. Wie Lange wurde auch Palmer ein Opfer der eigenen Partei.

Zwei Monate vor der Wahl trat der ehemalige Außenminister Mike Moore als neuer Premier an. Umfragen zufolge lag die Labour-Partei inzwischen um bis zu 35 Prozent hinter der National-Partei und war bei vielen Wählern so gut wie abgeschrieben. Oppositionsführer Jim Bolger verstand es, den Wählern den Traum von den guten alten Zeiten vorzugaukeln, als das Land noch einen der höchsten Lebensstandards der Welt hatte. Und da viele Wähler der Meinung waren, die Labour-Partei habe durch die Nichteinhaltung diverser Wahlversprechen ihre Macht mißbraucht, gelang den Konservativen mit so wenig überzeugenden Slogans wie «Integrität ist nicht tot» die Rückkehr an die Macht.

Im März 1994 trat mit Helen Clark erstmals eine Frau an der Spitze der Labour-Opposition vor das Parlament. 1981 erhielt sie hier ihren ersten Sitz und rückte 1988 in die erste Reihe auf. Ihr bislang höchstes Mandat bekleidete die ehemalige Aktivistin der Friedensbewegung, die sich vor allem den sozialen Aufgaben des Wohlfahrtsstaates, der Außenpolitik und Frauenfragen widmet, von August 1989 bis Oktober 1990: Damals war sie die Erste Stellvertreterin des Premierministers.

Vom Wohlfahrtsstaat zur Leistungsgesellschaft

Die Wirtschaft

Der neue Finanzminister Bill Birch versucht aus dem Schatten seiner Vorgängerin Ruth «Ruthless» Richardson zu treten, doch der ist lang. Überall auf seinen ersten Stipvisiten in den Finanzzentren von Zürich, Tokio, Hongkong, London und Frankfurt hört er immer wieder die Frage: «Wo ist Ruth?» Ruth mußte gehen. Ihr rigoroses Regiment, das die Geldverwalter der westlichen Welt so schätzten, mußte innenpolitisch moderateren Tönen und Taten weichen.

Die eiserne Lady wollte ihren Steuerzahlern abgewöhnen, sich al-

lein auf die Hilfe des Staates zu verlassen. Vom Arbeitslosen bis zum Unternehmer verlangte sie auf ihrem strikten marktwirtschaftlichen Kurs nachdrücklich mehr Privatinitiative. Notwendige Einschnitte in jenes soziale Netz, an das die Neuseeländer seit dem Social Security Act von 1938 gewöhnt sind, seien nicht länger aufzuschieben, sprach die Ministerin gleich nach Amtsantritt vor vier Jahren und kürzte erst einmal drastisch die Sozialhilfe.

Sorgen bereitet der Regierung heute vor allem das anhaltend hohe

Haushaltsdefizit, das 1993 auf über drei Milliarden neuseeländische Dollar beziffert wurde. Es sei vor allem durch geringe Steuereinnahmen und hohe Sozialausgaben entstanden, so die amtliche Erklärung. Noch steigen die Staats- und Leistungsbilanzdefizite und mit ihnen die In- und Auslandsverschuldung. Das Land steht bereits mit mehr als 65 Milliarden Dollar bei überseeischen Geldgebern in der Kreide. Davon entfällt mehr als die Hälfte auf den Staat, 44 Prozent beträgt die Privatverschuldung. Während Richardson schon für die nächsten Jahre weiter mit einem permanenten Fehlbetrag von etwa drei Milliarden Dollar in der Kasse rechnete, ihn aber als «volkswirtschaftlich vertretbar» hielt, spekulierte das amerikanische Magazin *Time* bereits über ein mögliches «Dritte-Welt-Neuseeland». Im April 1992 wurden die Abgeordneten-Pensionen gekürzt, im November übernahm die National Australia Bank die Kontrolle der Bank of New Zealand. Als dann auch noch die Wasserstände in den Stauseen der Südinsel sanken und die Energieversorgung gefährdeten, legte nicht nur der Aluminiumproduzent Comalco eine Produktionsstraße still, sondern auch das Fernsehprogramm schloß sein Abendprogramm früher als gewöhnlich.

Hoffnungsschimmer

Doch die jüngsten Zahlen signalisieren vorerst ein Ende der wirtschaftlichen Talfahrt. Im Sommer 1993 verkündete das New Zealand Institute of Economic Research die frohe Botschaft: Über die Hälfte der regelmäßig befragten Firmen hätte sich bei einer Wachstumsrate von drei Prozent optimistisch über die wirtschaftliche Zukunft des Landes geäußert. Die Prognosen ließen diese Zuwachsrate auch für 1994 erwarten, so die hoffnungsvollen Wirtschaftsexperten.

Das kleine neuseeländische Wirtschaftswunder basiert vor allem auf einer Steigerung der Exporte, wo die «Kiwis» großes Geschick bei der Erschließung neuer Märkte im asiatischen Raum bewiesen. Mit zunehmender Verwestlichung der asiatischen Eßgewohnheiten wächst dort der Bedarf an Fleisch- und Milchprodukten und eröffnet den wichtigsten Ausfuhrgütern Neuseelands bessere Absatzchancen. So wurden mit Hackfleisch gefüllte Pies an taiwanesische Supermarktketten geliefert, lebende Fische und Hundefutter nach Japan exportiert. Der größte Exportmarkt ist derzeit Japan, dann folgen Australien und die USA. Aber die neuseeländischen Firmen sind bereits sehr an China interessiert, dem größten Zukunftsmarkt der Erde. Hinzu kommt auch, daß mit dem Employment Contracts Act die Macht der Gewerkschaften gebrochen und die Atmosphäre am Arbeitsplatz entpolitisiert wurde. Heute schließen viele Arbeitgeber und Arbeitnehmer ihre Verträge individuell direkt auf Betriebsebene ab. Großunternehmen wie der Comalco-Konzern sprechen von erheblichen Qualitätsverbesserungen bei gleichzeitiger Senkung der Arbeitskosten. Die Labour-Opposition warnt jedoch davor, daß die von den Arbeitnehmern akzeptierten Lohnsenkungen Neuseeland in ein Drittweltland verwandeln könnten.

Inzwischen fiel die Inflationsrate mit ein Prozent auf den niedrigsten Stand seit dreißig Jahren, und die

Lebenshaltungskosten stabilisierten sich. Auch mit den Arbeitslosenzahlen geht es bergab: 9,9 Prozent (Ende 1993). OECD-Vertreter bezeichnen die Wirtschaft Neuseelands mittlerweile sogar als «eine der dynamischsten unter den industrialisierten Ländern».

Wenngleich der Optimismus in den Wirtschaftskreisen wächst, so ist die Geduld vieler Neuseeländer gegenüber den Reformen ihrer Regierung erschöpft. Für sie bringt der staatliche Entschluß, sich ganz aus der Wirtschaft herauszuhalten und auch bei den öffentlichen Dienstleistungen privatwirtschaftliche Grundsätze zu übernehmen, keine spürbaren Verbesserungen. Viele Fachkräfte wandern aus. Das Wahlvolk wendet sich verstärkt von den etablierten Parteien ab. Die jüngsten Wahlen waren der entsprechende Denkzettel.

Englands Farm

Sehnsüchtig wird sich mancher Neuseeländer an die fünfziger und sechziger Jahre erinnern, als das Land einen der höchsten Lebensstandards der Welt aufweisen konnte. Das vom Staat aufgespannte Sozialnetz fing auch noch den leichtsinnigsten Kleinunternehmer nach seinem Bankrott auf. Die Liste der wirtschaftlichen Lebenshilfe war lang: Farmern wurden Mindestpreise für ihre Produkte garantiert, Arbeiter erhielten Mindestlöhne, Importschranken schützten eine verarbeitende Industrie, deren Erzeugnisse auf dem Weltmarkt wenig Chancen hatten. Die volkswirtschaftlichen Grundlagen für diesen Wohlstand legte die effektive Landwirtschaft mit ihrem gesicherten Absatzmarkt im Mutterland. In keinem anderen

Frisches Obst für den Weltmarkt

Land werden bis heute pro Kopf der landwirtschaftlich Berufstätigen so hohe Erträge erzielt. Schon seit 1950 sorgten Kunstdünger-Flugzeuge auch in unwegsamen Gebieten für sattes, grünes Gras, versprühten Pestizide und Unkrautvernichtungsmittel, warfen Saatgut, aber auch vergiftete Kaninchenköder ab.

«Englands Farm» schickte achtzig Prozent ihrer Agrarprodukte, vor allem Lammfleisch, Butter und Wolle, «nach Hause» und mußte dafür Industrieprodukte von der Insel abnehmen. Der Gütertausch um die halbe Welt funktionierte viele Jahre hervorragend. Noch 1965 gingen 65 Prozent der Exporte nach England. Doch mit dem britischen EG-Beitritt im Jahre 1973 löste sich dieser Markt, trotz einiger ausgehandelter Sonderquoten, fast auf. 1991 exportierte Neuseeland nur noch sieben Prozent seiner Waren nach Großbritannien.

Diese Agrartradition Neuseelands, deren Wurzeln im Überlebenskampf der Gründerjahre liegen, spiegelte sich über Jahrzehnte auch im politischen Credo der konservativen Tories wider. In der National-Partei vereint, glichen sie nie den klassischen Konservativen in Übersee, die den freien Markt propagierten und dabei die knallharte Leistungsgesellschaft befürworteten. Die konservativen «Kiwis» sicherten das «fair go» für jeden Bürger wohlfahrtsstaatlich ab.

Als ihre Vorväter die englische Klassengesellschaft hinter sich ließen, um im Pazifik zu Großgrundbesitzern aufzusteigen, räumten sie mit ihrem wirtschaftspolitischen Programm diese Wohlstandschancen auch den übrigen Landsleuten ein. Es galt das Motto: Läuft's allein, ist's gut, wenn nicht, hilft der Staat. Doch aus der allgegenwärtigen staatlichen Hilfestellung entwickelte sich ein kontrollierender Apparat aus Regulierungen, Marktordnungen, Verbänden und Syndikaten, der überall phantasieloses Mittelmaß hervorbrachte und das Mut zum Risiko nicht belohnte.

Der Absturz

Nachdem Ende der sechziger Jahre schon die Wollpreise gesunken waren und neben dem weggebrochenen englischen Markt Anfang der siebziger Jahre auch noch die Erdölpreise stiegen, kollabierte Neuseelands Wirtschaft. Die Kosten für importierte Industriegüter aus England, den USA und Australien explodierten. Allein für Erdöllieferungen mußte bis Anfang der achtziger Jahre zwanzigmal mehr bezahlt werden. Das Defizit im Außenhandel und die Staatsverschuldung ließen die Inflation und die Arbeitslosenzahlen hochschnellen.

Der konservative Regierungschef Robert David Muldoon, der nach einem dreijährigen Labour-Intermezzo 1975 sein Amt antrat, bekam die strukturellen Wirtschaftsprobleme nicht mehr in den Griff. Hilflos rief er Neuseeland auf, «großzügig zu denken», und borgte weitere Summen im Ausland. Sein Ziel: Er wollte den teuren Wohlfahrtsstaat erhalten.

Jetzt wurden alle Hoffnungen auf den raschen Aufbau der Industrie gesetzt. So sollte unter anderem mehr Erdöl und Erdgas gefördert sowie die Aluminiumproduktion angekurbelt werden. Am Südzipfel der Südinsel entstand das von Japanern und Australiern finanzierte Comalco-Aluminiumwerk, das australisches Bauxit mit billigem neuseeländischem Strom verarbeitet. Ein Großteil des im Süden gewonnenen Stroms fließt per Kabel durch die Cook Strait auf die stärker industrialisierte Nordinsel. Dort entstanden in Taranaki Firmen zur Harnstoff-Dünger-Produktion sowie zur Gewinnung synthetischen Benzins. Die Folge der «Think Big»-Aktion: Zwischen 1981 und 1984 stieg die Staatsverschuldung von 26 auf 41 Prozent des Bruttosozialprodukts.

Mit einer künstlich hochgehaltenen Währung sowie Lohn- und Preisstopps versuchte Muldoon die finanziellen Belastungen des Staates in den Griff zu bekommen. Statt dessen zog er sich den Zorn der Gewerkschaften zu, die sozialen Probleme verstärkten die Rassenkonflikte, die Intelligenz wanderte aus. Erwartungsvoll lehnten sich die «Kiwis» an die benachbarten «Aussis» an. Im 1983 abgeschlossenen CER-Abkommen (Closer Economic Relations) mit Australien wurden Handelserleichterungen und die Abschaffung sämtlicher Zollschranken bis 1995 beschlossen.

Doch während die Wirtschaft zunächst weiter stagnierte, stieg die Auslandsverschuldung, und Muldoons Mehrheit im Kabinett schwand dahin. Streiks waren an der Tagesordnung, bei denen wenige Spezialisten in den stark zersplitterten Einzelgewerkschaften ganze Industriezweige lahmlegen konnten. 1984 hob Muldoon die seit 1936 bestehende Zwangsmitgliedschaft in der Gewerkschaft auf.

Beobachter werteten die von Muldoon vorgezogenen Neuwahlen als «günstigen Schachzug». Doch sie entwickelten sich zum Fiasko der regierenden National-Partei. Die Wähler hatten nicht vergessen,

Energie pur: Geothermisches Kraftwerk

wofür die Konservativen verantwortlich waren: steigende Inflationsrate, Haushaltsdefizit, Auslandsschulden, Arbeitslosenzahlen und steigende Zinsen.

Staatssanierung

Am 14. Juli 1984 wählten die Neuseeländer mit der Labour-Partei und ihrem Premierminister David Lange auch die Marktwirtschaft, ohne die Folgen dieser Entscheidung in aller Konsequenz vorherzusehen. Was Lange von sich selber verlangte, forderte er auch von der Nation: eine Periode des «Maßhaltens». Der einst schwergewichtige Sozialdemokrat, der sich einen Teil seines Magens wegoperieren ließ und sich mit seinem so gezügelten Appetit von 350 auf 250 Pfund heruntergehungert hatte, begann seine Amtsgeschäfte mit einigen Paukenschlägen.

Da während und nach der Wahlperiode immer mehr Kapital ins Ausland abgeflossen war, ordnete Lange die Einstellung des Devisenhandels an und einigte sich mit der Schatzkammer auf eine zwanzigprozentige Abwertung der Landeswährung. Das Fluchtkapital kehrte dadurch relativ schnell wieder zurück. Zur Gesundung der Wirtschaft wurde zunächst der Preisstopp verlängert und mit der wieder eingeführten Zwangsmitgliedschaft in der Gewerkschaft die Löhne weiter kontrolliert. Eine gezielte Unterstützung des Außenhandels sollte die Exporte ankurbeln. Der Sozialdemokrat Lange setzte aber vor allem auf eines: die freie Marktwirtschaft.

Zur Symbolfigur für Liberalisierung und Deregulierung, die Zauberworte der neuen Wirtschaftspolitik, wurde Finanzminister Roger Douglas. Mit seiner als «Rogernomics» bezeichneten Doktrin forderte er: Der Staat habe sich aus der Wirtschaft herauszuhalten. *There's got to be a better way* hieß schon eines seiner Bücher, in dem er diese «Laisser-faire»-Philosophie vorstellte. Das wichtigste Kabinettsmitglied sei das, welches über die Abschaffung der Bürokratien wache, scherzte der Minister gelegentlich.

Die Einschnitte, die das freie Spiel des Marktes in Gang setzen sollten, waren drastisch. Labour strich den Farmern Kredite und Subventionen. Gleichzeitig wurden sie durch höhere Steuern zur Kasse gebeten. Viele von ihnen gingen als erste Opfer der Reformen bankrott. Einige liefen in ihrer Verzweiflung Amok und schlachteten auf den Weiden von Canterbury ihre Schafherden ab.

Auch die staatliche Unterstützung der Industrie fiel weg. Staatsbetriebe, darunter die Telecom, Air New Zealand, die Bank of New Zealand, die staatliche Versicherungsgesellschaft und Neuseelands wichtigster Hafen in Tauranga, wurden privatisiert. Unproduktive Organisationen wie das Wheat Board oder das Tobacco Growing Industry Board fielen der amtlichen Auflösungsstrategie ebenso zum Opfer. Die Labour-Regierung wollte nicht nur Gelder in die Staatskasse bekommen, sondern hoffte, daß die veräußerten Betriebe mit neuem Management auch bessere Leistungen erbringen würden.

Douglas kappte den Höchstsatz der Einkommenssteuer von 66 zunächst auf 48 und dann auf 33 Prozent und führte eine zehnprozentige Umsatzsteuer (GST = Goods and Services Tax) ein. Doch

Outdoor-Vergnügen: Familientreffen im Park

er wollte trotz Einnahmeverlusten bei den Spitzenverdienern weiterhin Familienzuschüsse und Mindesteinkommen garantieren können. Dieses lag Mitte der achtziger Jahre für eine Familie mit einem Kind bei 250 Dollar pro Woche. Für jedes weitere Kind gab es 22 Dollar «family support».

So schmerzlich die Reform für viele war, schon nach einem Jahr hatte die Labour-Marktwirtschaft eine Milliarde Dollar eingespart. Langes Kommentar zum Prinzip des finanziellen Anreizes, der jetzt das Motto der Fairness bei Lohnverhandlungen und Steuerfestsetzungen ersetzte: «Sozialdemokraten müssen die Existenz wirtschaftlicher Ungleichheit akzeptieren, denn sie ist der Motor, der die Wirtschaft antreibt.»

Doch als Douglas 1987, nachdem Labour wiedergewählt worden war, weitere Senkungen der Einkommenssteuer vorschlug, die GST noch einmal erhöhen und zusätzliche Staatsbetriebe verkaufen wollte, lehnte Lange dieses Tempo ab. Es kam zum wirtschaftspolitischen Zwist, der mit der Entlassung von Douglas endete. Nach zermürbenden Flügelkämpfen in der Labour-Partei und die von Parteigenossen durchgesetzte Rückkehr des Rivalen Douglas schmiß Lange schließlich enttäuscht das Handtuch.

Soll und Haben

Erst in der zweiten Legislaturperiode zeichneten sich für Labour die Ergebnisse der Wirtschaftsreform deutlich ab. Sie hatte auf der Haben-, aber auch auf der Sollseite etwas zu bieten. Die Inflation war von siebzehn auf vier Prozent gefallen, die Handelsbilanz hatte sich aus einem Defizit von 3,5 Milliarden Dollar (1985) dank verbesserter Exporterlöse auf ein Guthaben von 3,2 Milliarden Dollar umgekehrt. Die Kehrseite der Medaille: Die Auslandsschulden kletterten auf fast 50 Milliarden Dollar, aus den 65000 Arbeitslosen des Jahres 1984 waren inzwischen 200000 geworden. Zwar konnte die seit 1990 erneut regierende National-Partei noch einmal ein Inflations-Rekordtief von einem Prozent erreichen, doch die Arbeitslosenzahl betrug im Januar 1992 immer noch 215846 Männer und Frauen.

Obwohl in den letzten Jahren in der Landwirtschaft die Suche nach lukrativen Nischenmärkten wie Obst- und Weinanbau, Fischereiwirtschaft, Ziegen- und Hirschzucht stark forciert wurde, hängt das Wohl der Nation immer noch von den Weltmarktpreisen für Lammfleisch, Wolle und Milchprodukten ab. Deshalb war Neuseeland sehr daran interessiert, daß mit dem Abschluß der GATT-Verhandlungen ein Großteil des weltweiten Agrar-Protektionismus wegfiel.

Daß die «Kiwis» inzwischen trotzdem nicht die Hände in den Schoß legten, zeigen die jüngsten Exportzahlen: 1992 erreicht das Land den nationalen Rekord von 17,8 Milliarden Dollar. Auch die verarbeitende Industrie trägt neuerdings auf breiter Front zu diesem Exportboom bei, obwohl sie von der Regierung keine Unterstützung erhält. Im Gegenteil: Das rasche Absenken von Schutzzöllen ließ der Branche kaum Zeit zum Reagieren. Viele Klein- und Mittelbetriebe müssen um ihre Existenz kämpfen. Doch preislich und qualitativ sind neuseeländische Fertigprodukte international wettbewerbsfähiger geworden.

Maßnehmen für den Aufschwung

Noch eine weitere Branche ist enorm im Aufwind: Neuseeland wird als Reiseziel immer beliebter.

Als Teile der neuseeländischen Wirtschaft zum Verkauf angeboten wurden, griffen die Japaner nicht nur bei Firmen zu. Ihnen gehören inzwischen auch Seegrundstücke und Skihänge – wichtige Tummelplätze für zahlungskräftige Touristen. Etwas mehr als eine Million Besucher strömen pro Jahr nach Aotearoa. 1993 waren es 360 000 Australier, fast 210 000 Europäer (davon 51 000 Deutsche, eine Zuwachsrate von 35 Prozent), 167 000 Amerikaner, 131 000 Japaner und knapp 90 000 Besucher aus der übrigen Welt. Bis zum Jahr 2000 sollen es zwei Millionen sein, so die vorsichtigen Schätzungen. Fremdenverkehrs-Optimisten legen sogar noch eine Million drauf. Für diese Heerscharen müssen dann die Hotels und die nötige Infrastruktur bereit stehen, eine Aufgabe, die Neuseeland nicht aus eigener Tasche bezahlen kann. Bei der Entwicklung dieses Sektors ist Neuseeland auf asiatische Hilfe angewiesen, trotz der immer noch aus Kriegszeiten bestehenden Ressentiments gegenüber den Japanern.

Königliche Enteignung

Das Schicksal der Maori

«He iwi tahi tatou», begann der britische Abgesandte Kapitän William Hobson 1840 mit feierlichem Ernst seine Rede zur Unterzeichnung des Vertrages von Waitangi. «Wir sind ein Volk.» Doch die Hoffnung auf eine neuseeländische Nation blieb bis heute eher ein frommer Wunsch. Der Satz traf bestenfalls auf die Maori selbst zu. Vor Ankunft der Europäer gab es nur Ngapuhi, Ati Awa oder Tuhoe. Erst als diese Stämme mit einer anderen Hautfarbe konfrontiert wurden, bezeichneten sie sich als Maori, als «normal».

Bis zum Ende der achtziger Jahre unseres Jahrhunderts hatte sich das getrübte Verhältnis zwischen Maori und Pakehas zum wichtigsten innenpolitischen Thema hochgeschaukelt. Spätestens jetzt zeigte sich vollends, daß die Einschätzung «godzones» (god's own country) als Soziallabor, in dem das Prinzip der Gleichheit auch vor ethnischen Barrieren nicht Halt macht, nie ganz der Wirklichkeit entsprach. In Talk-Shows und auf Dinner-Parties gab die weiße Mittelklasse Angst, Ärger, aber auch Schuld zu. Die Wortführer der ethnischen Minderheit sprachen im Working-class-Radio und auf Demonstrationen von Wut und Hoffnung.

Soziales Abseits

Als 1987 im kleinen Ort Te Hapua im äußersten Norden Neuseelands das Postamt geschlossen wurde, mußte jeder arbeitslose Maori fünfzehn Dollar für das Busticket nach Kaitaia bezahlen, um dort wöchentlich seine 134 Dollar Unterstützung abzuholen. Angesichts der geringen Chancen, auf dem Land überhaupt einen Job zu finden, zogen einige lieber gleich in die Stadt. Achtzig Prozent aller Maori versuchen heute wirtschaftlich in den urbanen Zentren zu überleben, 1945 waren es nur zwanzig Prozent.

Doch die Orientierung in der Welt der Weißen fällt schwer. Auch die Wohlfahrtsprogramme eines halben Jahrhunderts verbesserten den ökonomischen und sozialen Status der ethnischen Minderheit nicht. Herausgerissen aus einem traditionellen Milieu, in dem Maori-Bräuche galten, Maori-Sprache gesprochen und Maori-Nahrung gegessen wurde, versuchen die Eltern ihre Kinder in der Stadt englisch sprechend zu erziehen. Nur so sei der Sprung in die Arbeitswelt der Weißen möglich, glauben sie. Die Realität sieht anders aus: Über die Hälfte der Schulabgänger hat kein Examen. Wer überhaupt einen Arbeitsplatz findet, endet am Fließband oder verrichtet andere ungelernte Jobs.

Manchem Mittelstands-Weißen, etwa aus Aucklands vornehmen Hafen-Suburbs, muß eine Fahrt durch Otara, einer Maori-Wohngegend im Süden der Stadt, wie der Besuch in einem anderen Land vorkommen. Baufällige, billige Häuser, staatlich subventioniert, Kinder, die aus Langeweile gelegentlich Klebstoff schnüffeln, Motorradbanden, die ihre Maschinen aufheulen und Bierschaum aus Dosen in die Luft zischen lassen.

Nicht mehr fähig, sich mit der eigenen Kultur zu identifizieren und vom Lebensgefühl der weißen Kulturtrends ausgeschlossen, suchen viele jüngere Maori orientierungslos und desillusioniert ihren Platz in der Gesellschaft. Einige schlossen sich Gangs wie den «Storm Troopers», «Black Power» oder «Mongrel Mob» an und wurden gewalttätig. Auf mehr als 6000 Mitglieder schätzt die Polizei diese Motorradbanden.

Ihre öffentliche Randale schlägt sich auch in der Kriminalstatistik nieder: Über dreißig Prozent der Maori-Männer zwischen fünfzehn und dreißig Jahren saßen schon einmal im Gefängnis. Mehr als die Hälfte aller Gefängnisinsassen sind Maori, ihre hauptsächlichen Straftaten sind jedoch kleinere Delikte: Trunkenheit, Pöbelei, Schlägereien.

Es gibt aber auch Versuche einiger «Gangs», mit staatlicher Unterstützung selbst kleine Unternehmungen zu gründen, um den «street kids» sinnvolle Perspektiven aufzuzeigen. Da werden Tutoren angeheuert, die den Jugendlichen Bewerbungs-Know-how, mehr Motivation und eine größere Portion Selbstvertrauen vermitteln sollen. Es ist wichtig, daß diese Hilfe zur Selbsthilfe möglichst früh beginnt. Im Durchschnitt ist die Maori-Bevölkerung viel jünger als die Gesamtgesellschaft. 38 Prozent sind keine 15 Jahre alt, gegenüber 23 Prozent der übrigen Neuseeländer.

Auffällig ist auch das Nord-Süd-Gefälle: Fast neunzig Prozent leben auf der stärker industrialisierten Nordinsel, hauptsächlich in den Regionen Northland, Auckland, Bay of Plenty und Waikato. Nur gut zehn Prozent haben sich auf der Südinsel angesiedelt.

Experten schätzen, daß die Maori trotz hoher Säuglingssterblichkeit bis 2011 die Hälfte des Bevölkerungszuwachses verzeichnen werden. Ihr Anteil wird dann auf knapp zwanzig Prozent angewachsen sein. Wenn damit nicht auch die sozialen Spannungen weiter zunehmen sollen, müssen geeignete Rezepte für das Leben miteinander gefunden werden. Für viele Maori ist die einzig denkbare Lösung eine eigene Nation in der Nation.

Bewegung und Wachstum

Nach der Unterzeichnung des Vertrags von Waitangi war die Maori-Bevölkerung bis zur Jahrhundertwende durch Landkriege gegen die Pakehas, Stammesrivalitäten und eingeschleppte Krankheiten um mehr als die Hälfte auf 40000 geschrumpft. Doch das «aussterbende Volk» erholte sich in den nächsten Jahrzehnten. 434847 Frauen und Männer ließen sich beim Zensus 1991 als Maori zählen, frei nach der Devise «Maori ist, wer sich als Maori fühlt». Das waren knapp dreizehn Prozent der Bevölkerung. Ende 1993 war die Zahl auf 510000 gestiegen.

Reine Ureinwohner gibt es jedoch kaum noch. Aus vielen Mischehen, die schon seit dem Männerüberschuß der ersten Siedlungsjahre gang und gäbe waren, entsprossen zahlreiche «Halb-» oder «Viertelmaori», wie sie selber sagen. Trotzdem fühlen sich viele von ihnen mehr ihren einheimischen Vorfahren zugehörig als der Pakeha-Gesellschaft. Selbst Leute mit weniger als einem Sechzehntel Maoriblut in den Adern rechnen sich noch dazu. Ein wissenschaftlicher Mitarbeiter für Maori-Studien an der Aucklander Universität erklärt diesen Trend damit, daß dieses Gefühl der Zugehörigkeit den entwurzelten Neuseeländern europäischer Abstammung, 20000 Kilometer von der Heimat ihrer Vorväter entfernt, eine stärkere eigene Identität verleihe.

Die weltweite sozialpolitische Aufbruchstimmung der frühen siebziger Jahre stärkte auch das Selbstbewußtsein der Maori. Durch offensives Engagement für ihr historisches Erbe entlarvten sie den «One People»-Mythos als Trugbild und erklärten die staatlich gewünschte Integration für gescheitert. In den folgenden Jahren zog die Gruppe am Rand der Gesellschaft mit zahlreichen Aktionen die Aufmerksamkeit der Nation auf sich.

1975 führte die Maori-Aktivistin Whina Cooper einen auf 30000 Teilnehmer anwachsenden Demonstrationszug quer durch die Nordinsel nach Wellington. Die Forderung der Gruppe: Kein Quadratmeter Maori-Land dürfe mehr verkauft werden. Zwei Jahre später besetzten Maori vom Ngati-Whatua-Stamm siebzehn Monate lang ein Grundstück in Aucklands Nobelvorort Orakei und forderten «ihr Eigentum» vom Staat zurück. Maori-Studenten schlossen sich zu den *Nga tamatoa*, den «jungen Kriegern», zusammen und protestierten mit Sit-ins gegen den Landraub. Premier Robert Muldoon zeigte sich jedoch nicht gewillt, einzulenken, und schickte sechshundert Polizisten, die den Bauplatz freiknüppelten.

Der Wunsch nach Selbstbestimmung mündete Anfang der achziger Jahre in die Gründung der Mana

Motuhake, einer eigenen Maori-Partei. Unter der Führung von Matiu Rata, während der dritten Labour-Regierung von 1972 bis 1975 Minister für Maori-Angelegenheiten, forderten ihre Mitglieder die Beteiligung der Maori in allen gesellschaftlichen Bereichen entsprechend ihrem Bevölkerungsanteil. Nur so könne Neuseeland langfristig eine wirklich «bikulturelle Nation» werden. Doch die Verhandlungen zwischen dem Staat und den verschiedenen Maori-Organisationen erwiesen sich als schwierig. Es fehle «die eine Stimme», die die Forderungen der Ureinwohner auf den Punkt bringe, so der Vorwurf von amtlicher Seite.

In der Maori-Bewegung waren bald unterschiedliche Interessen zutage getreten. Die jungen, nach Veränderung drängenden Führer sahen die Chance, sich offensiv ihr *mana*, ihr Ansehen, zu verdienen. In der Kritik des konservativen Verhaltens der Stammesältesten forderten sie oft deren Autorität heraus. Ihr Vorwurf: Die Alten seien für das moderne Geschäftsleben nicht geschult. Neben dem Zwist zwischen Alt und Jung brachen bei der Verteilung von Staatsgeldern auch alte Stammesrivalitäten wieder auf. Viele der als «young turks» verspotteten Aktivisten waren Frauen, die für den konservativen Premier Muldoon «die stärkste Bedrohung des neuseeländischen Status quo» darstellten. «Überhaupt fühlte sich die Regierung zusehends unwohl», meint Wayne Taitoko, wissenschaftlicher Mitarbeiter beim Tainui Maori Trust Board in Hamilton. «Man wußte, daß eine Ungerechtigkeit begangen wurde, deren Wiedergutmachung Unsummen von Dollars kosten könnte.»

Aus der Maori-Renaissance, die in den siebziger Jahren mit spontanen radikalen Ideen begann, entwickelte sich inzwischen eine fundamentale Bewegung. Der verbale Protest mündete in diverse konkrete Institutionen, die Kultur und Sprache lebendig halten. Dabei wurden die Machtstrukturen der Maori-Selbstverwaltung bis heute immer komplexer. Councils und Grand Councils vertreten auf lokaler Ebene formal die Angelegenheiten von Stämmen oder Stammesgruppen. Boards richten Tribal trusts ein, um Regierungsgelder zu verwalten. Allein der Zuschuß für den Poutama Trust der Maori Development Corporation beträgt zehn Millionen Dollar. Ziel dieser Institution ist es, Maori-Wirtschaftsprojekte aufzubauen und zu fördern. Ebenso wurden Korporationen aufgestellt, die große Farmen bewirtschaften. Schätzungen gehen derzeit von etwa tausend reinen Maori-Unternehmen im Land aus, vom Blumenladen und Waschsalon bis zur Muschelfarm.

Als staatliche Dachorganisation umschließt der Maori Council sämtliche lokalen Gremien. 1962 eher als Schoßhund der konservativen Regierung gegründet, ging er durch neue Mitglieder einer selbstbewußten Maori-Elite Ende der achtziger Jahre unter der Labour-Regierung verstärkt auf Eigenkurs. Dieses Entgegenkommen, so kritisierte damals die konservative Opposition, diene vor allem dazu, radikale Maori-Vertreter wie den Aucklander Akademiker Pat Hohepa oder den Gewerkschafter Syd Jackson mit ihren Forderungen nach einer autonomen Kontrolle über das Erziehungs-, Gesundheits- und Wohnungswesen zu zügeln.

Winston Peters, als Ex-Minister der National-Partei zuständig für Maori-Angelegenheiten und heute Chef der neuen New Zealand First-Partei, sagte 1988 zur Zeitschrift *Listener*: «Diese Radikalen repräsentieren nicht die eigentliche kulturelle Basis. Sie sprechen eine Sprache der Soziologie und, in einigen Fällen, des Kommunismus.» Peters hatte damals erfahren, daß einige militante Maori-Führer Verbindungen zur kubanischen und libyschen Regierung unterhielten.

Trotz unterschiedlicher Vorstellungen im Detail sind sich alle Maori darin einig, daß sie ihr Land zurückhaben wollen. Das war der Motor, der die Bewegung in Gang setzte. Auch Syd Jackson meinte rückblickend: «Wir entschieden, daß das einzige Thema, mit dem wir die Maori einigen und motivieren konnten, die Rückgabe des Landes war.»

Kampf ums Land

Mit der Unterzeichnung des Vertrages von Waitangi akzeptierten die Maori-Häuptlinge 1840 die britische Oberhoheit. Im Gegenzug garantierte die Krone den «exklusiven und ungestörten Besitz ihres Landes, ihrer Dörfer, Wälder und Fischgründe ... so lange, wie es ihr Wunsch und Verlangen ist». Damals waren das noch fast 27 Millionen Hektar, ganz Neuseeland. Davon blieben ihnen bis heute 1,33 Millionen.

Als die weißen Siedler 1860 die Mehrheit im Lande stellten und die politischen, ökonomischen und sozialen Strukturen Großbritanniens auf die Pazifikinseln übertrugen, konfiszierten die neuen Herren große Gebiete gleich per Gesetz. Der Supreme Court hatte 1877 den

Maori-Jugend. Eigene Wege gehen

Waitangi-Vertrag ohnehin zur «simple nullity» erklärt.

Die weiße Gesetzgebung führte individuelle Besitztitel, Landnutzung für öffentliche Zwecke und die Zahlung hoher Gebühren ein – alles Instrumente, um Land aus dem Maori-Besitz herauszubrechen. So wurde den Stämmen bis 1863 die ganze Südinsel, über 15 Millionen Hektar, für nicht einmal 15000 Pfund Sterling abgeluchst (etwa 30000 Dollar). Mit dieser Einbuße verloren die Stämme auch ihre wirtschaftliche Basis und ihr kulturelles Selbstvertrauen. Selbst das, was ihnen blieb, konnten sie meistens nicht nutzen. Da ihr Land gemeinsamer Besitz war, verweigerten die Banken Darlehen zur Bewirtschaftung. Die wurden nur an Einzelbesitzer gezahlt. Das hat sich inzwischen geändert. Heute werden auch gemeinschaftliche Institutionen als Kreditnehmer akzeptiert.

1975 richtete die Labour-Regierung das Waitangi Tribunal ein, ein Komitee, vor dem Maori – allein oder in Gruppen – gegen Rassendiskriminierung klagen sowie ihre Landansprüche geltend machen können. Die Vorwürfe werden geprüft und mit einer Empfehlung an die Regierung weitergeleitet. Das Tribunal besteht aus einem Vorsitzenden sowie sechzehn vom Governor-General berufenen Mitgliedern. Vier dieser Mitglieder müssen Maori sein.

Um eine Flut von Landansprüchen zu verhindern, sollten zunächst nur neue Fälle bewertet werden. Die Labour-Regierung erweiterte 1985 unter Premier Lange die Zuständigkeit des Gremiums zurück bis in das Jahr 1840. Dadurch wuchs die Zahl der Klagen bis heute auf mehr als zweihundert. Der Staat sieht sich mit Ansprüchen auf siebzig Prozent des Landes konfrontiert, ein Berg Arbeit, der bis weit ins nächste Jahrtausend reicht. Einer der dicksten Brocken: Die Ngai tahu fordern zwanzig Prozent der Südinsel zurück, etwa 2,7 Millionen Hektar, inklusive einiger beliebter Ausflugsziele für Touristen.

Doch es gibt bereits Erfolge: Neben der Einführung von mehr Maori-Sendezeit bei Radio und Fernsehen konnte an mehreren Orten die Einleitung ungeklärter Abwässer in Fischgründe unterbunden werden. Trotz heftigen Protests weißer Fischer hat die Regierung den Maori im Norden und das Waitangi Tribunal den Ngai tahu exklusive Fischereirechte für fast die gesamten Küstengewässer der Südinsel zugesprochen. Die Regierung sei so großzügig, weil es wesentlich leichter sei, diese Rechte zurückzugeben statt Land, monieren Kritiker.

Ebenso fielen vor kurzem aber auch mehrere tausend Hektar Land zwischen Dargaville und Hokianga im Norden der Nordinsel an ihre früheren Besitzer zurück. Außerdem stoppte der Maori Council mit Hilfe des Tribunals mehrfach den Verkauf von großen Flächen Staatslandes, bis die Besitzrechte eindeutig geklärt sind.

Das Wiederentdecken der eigenen Sprache

Der Maori Language Act verlieh 1987 der Ureinwohner-Sprache neben dem Englischen zwar auch ihren offiziellen Status als Landessprache, sie wird aber noch nicht von allen Maori gesprochen. Doch die Pflege der eigenen Sprache ist für die ethnische Minderheit ein wichtiger Aspekt zur Bewahrung

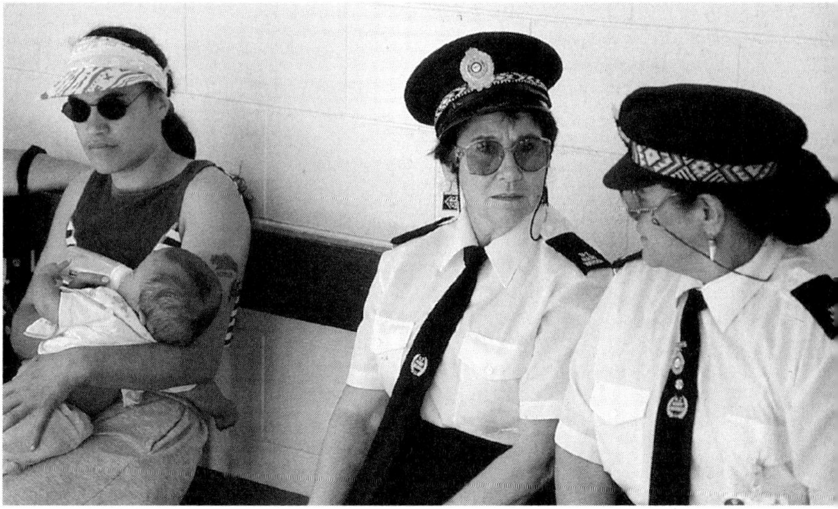

Freiwillige Ordnungshüter

ihrer kulturellen Identität. Früher aus den Staatsschulen verbannt, setzte es gelegentlich sogar Prügel, falls Schüler sich in Maori unterhielten. Heute ist ein zunehmender Wandel zur Bilingualität sichtbar: In den Tageszeitungen erscheinen Stellengesuche für den öffentlichen Dienst ebenso wie viele Info-Blätter in Englisch und Maori. An den Schulen werden Standardfächer in Maori unterrichtet, und auch vor Gericht ist die Sprache zugelassen.

Die Wende leitete Kara Puketapu, Farmersohn, Rugbyspieler und Staatssekretär für Maori-Angelegenheiten, Anfang der achtziger Jahre ein. Zu den vielen Förderprogrammen, die unter seiner Regie entstanden, gehörte auch das Kohanga-reo-Programm, die «Sprachnester» für Vorschulkinder, die anfangs so gut wie keine finanzielle Unterstützung vom Staat erhielten. Hier lernten Kinder im Vorschulalter täglich von sieben bis siebzehn Uhr mit der Sprache gleichzeitig Brauchtum, Handwerkskünste und soziales Verhalten des Maoritums. Sie wurden durch Großeltern, Tanten und Cousinen unterrichtet, so daß beide Eltern arbeiten konnten. Die Idee stieß auf lebhaftes Interesse. Nach zwei Jahren gab es bereits über 400 dieser privaten Vorschuleinrichtungen. Doch die Hoffnung der Initiatoren, wenn tausende maorisprechende Kinder in die Staatsschulen kämen, müsse auch die Regierung mit einer Anschlußförderung reagieren, erfüllte sich zunächst nicht. Die Staatsschulen reagierten anfangs lediglich mit dem Angebot einiger zusätzlicher Schulen, in denen die Schüler Maori-Lieder, -Bräuche und -Gedichte lernen konnten. Vor allem die radikalen Verfechter der Maori-

Kultur sahen darin aber nur eine oberflächliche Beschäftigung. Doch einigen Weißen war das schon zu viel. In Vororten, wo dieses Angebot aufgrund eines höheren Maori- oder Polynesier-Anteils stärker an den Schulen wahrgenommen wurde, wuchs die Angst der Pakehas. Viele meldeten ihre Kinder von der Schule ab, packten ihre Koffer und zogen in andere Stadtteile.

Hapu, mana und marae

Ob die Gleichberechtigung im Bikulturalismus tatsächlich gelingt, wird davon abhängen, inwieweit die Pakeha-Gesellschaft das Maori-Denken und dessen Wertesystem respektiert. Das gutgemeinte Wohlfahrtsprinzip der Weißen, das den einzelnen unterstützt, ist der ethnischen Gruppenmentalität eher fremd. Hier spielen *hapu*, Unterstämme, und *iwi*, Stämme, für die persönliche Identität eine viel wichtigere Rolle. Doch diese Kategorien werden von neuseeländischen Institutionen in der Regel noch ignoriert. Amtliche Formblätter fragen in der ersten Zeile immer noch zuerst nach dem Namen.

Dabei ist die hierarchische Gliederung der Maori-Gesellschaft sehr alt. Die aus Großfamilien bestehenden hapu waren durch Blutsverwandtschaft zu Stämmen zusammengeschlossen. Den Rang innerhalb eines Stammes symbolisierten Kleidung und Gesichtstätowierungen. Was früher Ausdruck kultureller Identität war, wird heute wiederentdeckt. Und das nicht nur als folkloristische Touristenattraktion mit abwaschbarem Farbmuster auf Stirn, Wangen, Kinn und Körper für den Fototermin. Überall im Lande werden Kapa-haka-Gruppen gegründet, die ihre einstudierten Tanz- und Gesangs-Choreographien auf regelmäßigen Wettbewerben demonstrieren.

Derartige Gruppenaktivitäten sind auch Reaktionen auf die Bedingungen des modernen Stadtlebens, unter denen viele Stammesgemeinschaften vom Zerfall bedroht sind. Die Wohnstrukturen, auf die weiße Kleinfamilie zugeschnitten, ziehen traditionelle Familienbindungen räumlich auseinander. Dennoch wird versucht, den Zusammenhalt zwischen der Verwandtschaft aufrechtzuerhalten. Schließlich garantiert er soziale Absicherung sowie emotionale und materielle Unterstützung in Notzeiten. Vor allem die *marae*, kunstvoll verzierte Versammlungshäuser *(whare nui)* mit einem Vorplatz, teilweise aber auch größere Komplexe mit einem Essenshaus *(whare kai)*, eigener Kirche *(whare karakia)* und Friedhof *(urupa)*, sind als Begegnungsstätten von großer Wichtigkeit. Hier werden Feste gefeiert, Stammesangelegenheiten diskutiert und Verstorbene beklagt. Fast jede Stadt verfügt über ein *marae*, eine Insel der Maori-Kultur in der Pakeha-Welt.

Die Nutzung des marae ist streng reglementiert. Bestimmte Bereiche des Komplexes sind für Besucher tabu, Redefolgen und Begrüßungszeremonien unterliegen einem traditionellen Protokoll. Der Unterhalt der maraes wird durch Maori-Organisationen, Spenden oder sogar durch Vermietung finanziert. Die marae sind ebenso Teil der Maorikultur, der *maoritanga*, wie das Prinzip des *mana*, das als Autorität, Prestige, Ansehen, aber auch als Seele übersetzt werden kann. Zu vorchristlichen Zeiten glaubten die Maori, daß jedem Menschen, aber

Erhobenen Hauptes in die Zukunft blicken

auch jedem von ihm hergestellten Ding ein mana innewohne. Ein erfolgreicher Krieger, ein weiser Häuptling, aber auch ein Angelhaken, an den viele Fische anbissen, verfügten über ein starkes mana.

Mit ihrem selbstbewußten Engagement will sich die junge Maori-Elite ihr mana heute schon in jungen Jahren verdienen, oft im Widerspruch zu den Entscheidungen der Stammesältesten. Bisweilen liefert die Maori-Renaissance auch bizarre Forderungen zur Wiedergutmachung kolonialzeitlicher Fehler. So bezahlte die Regierung die Überführungskosten für die Überreste eines Häuptlings, der 1847 zu Unrecht in die tasmanische Verbannung geschickt worden war und dort starb.

Weniger erfolgreich war eine Maori-Gruppe, die eine in Neuseeland ausgestorbene Süßkartoffelsorte aus Japan reimportieren wollte. Die Reisekosten für vier Maori-Älteste, die den in der Knolle manifestierten Gott Rongo mai tane eskortieren sollten, lehnte Premier David Lange ab. Für seine Begründung, «Spiritualität diene (den Maori) nur allzu oft als Vorwand für Aktivitäten aller Art», wurde er umgehend beim Race relations concilliator, dem staatlichen Schlichter, wegen rassistischer Kommentare angezeigt.

Der Maori Frust richtet sich in jüngster Zeit nicht mehr allein gegen die Pakehas. Nach Neuseeland drängende Polynesier machen den Ureinwohnern ihre Arbeitsplätze und Wohnungen streitig. In Auckland haben diese pazifischen Zuwanderer die Maori schon um 20000 Einwohner überrundet, in Wellington werden die Maori bald zahlenmäßig ins Hintertreffen kommen.

WAIPA

Bis ans Ende der Welt

Einwanderer und Außenseiter

Eine Schar Samoaner stürmt einen Bungalow. Von drinnen ruft eine Stimme: «Schließ die Tür, sie kommen schon durch die Fenster.» Keine reale Alltagsszene, sondern ein überzeichnender Cartoon, veröffentlicht 1982 im *New Zealand Herald*. Doch das künstlerisch kritische Bild von der Einwanderungswelle vergrätzte viele Leser. Es hagelte Leserbriefe, die dem Blatt Rassismus vorwarfen. Für Immigranten von den Cook-Inseln, Niues und Tokelaus mußte Neuseeland zwangsläufig seine Türen öffnen. Die Bewohner dieser Eilande, alles ehemalige Dependancen, besitzen die neuseeländische Staatsbürgerschaft. Der hintergründige Zeitungswitz war die Reaktion auf eine Entscheidung des Privy Council. Das höchste Gericht des Landes hatte kurz vorher auch mehreren tausend im Land lebenden West-Samoanern, ebenfalls eine ehemalige Kolonie, die Staatsbürgerschaft zuerkannt und ihnen den permanenten Aufenthalt gestattet. Die neuseeländische Regierung beeilte sich daraufhin, mit West-Samoa ein Abkommen zu unterzeichnen, das den Insulanern das Recht einer automatischen neuseeländischen Staatsbürgerschaft verwehrte. Man einigte sich auf eine jährliche Aufnahmequote von 1100 Personen.

Hauptstadt Polynesiens

Seit über tausend Jahren ist Neuseeland ethnisch und kulturell mit den polynesischen Inseln verbunden. Doch in der Frage der Einreiseerlaubnis für Nachbarn aus der Südsee zeigte das weiße Aotearoa oft seinen wirtschaftspolitisch genährten Wankelmut. In Zeiten der Hochkonjunktur wurden die fleißigen Fremdarbeiter mit offenen Armen empfangen. Sobald die Wirtschaft in eine Rezession schlitterte, sank auch die Akzeptanz gegenüber den jobsuchenden Insulanern. Trotzdem verzehnfachte sich der Anteil der polynesischen Bevölkerung von 1960 bis Anfang der neunziger Jahre auf 130 000. Auckland entwickelte sich zur Hauptstadt Polynesiens. In den siebziger Jahren, als die Wirtschaft billige Arbeitskräfte gebrauchen konnte, blieben viele der Gastarbeiter aus West-Samoa, Tonga und Fidschi länger, als es das dreimonatige Einreisevisum erlaubte. 1976 schickte Premier Muldoon seine Polizisten zum Aufspüren unerwünschter «overstayer» in die Suburbs, wo die ethnischen Minderheiten mehrheitlich wohnten. Die illegalen Insulaner hatten dort bei Verwandten Unterschlupf gefunden. Mit diesen Razzien handelte sich Neuseeland postwendend internationale Rassismus-Schelte ein.

Obwohl derartige Methoden unterbunden wurden, klagte der Staatsvermittler für die Probleme der ethnischen Minderheiten, Race relations concilliator Wally Hirsh, noch zehn Jahre später über die ungerechten Behandlungen. Von den damals geschätzten zehntausend illegalen «overstayer» seien weit mehr als drei Viertel der Pazifikinsulaner gerichtlich belangt worden, obwohl sie zahlenmäßig nur ein Drittel ausmachten. Die anderen zwei Drittel, hauptsächlich Amerikaner, Briten und Europäer, wären dagegen nur zu vierzehn Prozent «erwischt» worden.

Als Zeichen des guten Willens hob Neuseeland Ende 1986 die Visapflicht für Besucher aus Tonga, Fidschi und West-Samoa auf. Auckland erlebte einen Ansturm ungeahnten Ausmaßes. In elf Wochen flogen südpazifische Chartergesellschaften fast zwölftausend Insulaner ins Land. Die Reiseagenturen hatten ihnen erzählt, sie könnten für immer bleiben. Allein aus Tonga kamen fünftausend Menschen, fünf Prozent der dortigen Bevölkerung. Dem Königreich gingen die Paßformulare aus, plötzlich fehlten auch Lehrer und Krankenschwestern.

Die Neuseeländer sahen sich umgekehrt mit massenhaften Forderungen konfrontiert: In Auckland wurden Kinder illegal zur Schule angemeldet. Krankenhäuser berichteten, daß viele Insulaner kostenlose medizinische Behandlungen durch Spezialisten wünschten. Polynesische Arbeiter setzten ihre Arbeitgeber unter Druck, damit sie den Neuankömmlingen Jobs anboten. Während nach einer Reform der Einreisebestimmungen den meisten der eine Million Touristen jährlich heute per Stempel am Flughafen ein dreimonatiger Aufenthalt erlaubt wird, müssen Besucher aus jenen drei pazifischen Inselstaaten vorher wieder ein Visum beantragen.

Heute leben etwa 130 000 Pazifikinsulaner in Neuseeland, die neben ihrer Kultur auch eigene Wirtschaftszweige entwickelt haben, um sich mit gewohntem Essen, Textilien und Utensilien für den Fischfang zu versorgen. Aber nicht alle

Neuankömmlinge schaffen den Einstieg in die Gesellschaft. Allein in Auckland stehen dreitausend Familien auf der Warteliste für eine Sozialwohnung. Von der Armut auf den polynesischen Inseln ins vermeintliche neuseeländische Paradies getrieben, treten sie im Wettlauf um ungelernte Arbeitsplätze zur Maori-Mehrheit in Konkurrenz. Da ihnen der Ruf des fleißigen Arbeiters vorauseilt, kommt es mit den eher zu Gelegenheitsjobs neigenden Maori auch schon mal zu handfesten Auseinandersetzungen.

Nationengemisch

Verglichen mit den Einwanderungsströmen, die sich in den letzten 150 Jahren nach Amerika, Kanada und Australien ergossen, nimmt sich Neuseeland eher bescheiden aus. Doch auch hier prägte ein Gemisch unterschiedlichster Nationen die Gesellschaft seit den Gründerjahren. Heute zeigt sich diese Vielfalt vor allem in den Schulen jener Großstadt-Wohngebiete, wo Mieten und Lebensunterhalt für die Zuwanderer finanzierbar sind: Schüler aus Samoa, Griechenland, Indien, China, Rußland, Ungarn, Italien, Tonga, Holland und der Türkei sitzen alle in einem Klassenzimmer.

Die Chinesen kamen Mitte der sechziger Jahre des vorigen Jahrhunderts von den australischen Goldfeldern und suchten vor allem auf der Südinsel nach dem Edelmetall. Als sich das Graben nicht mehr lohnte, zogen viele von ihnen auf die Nordinsel und sattelten auf Gemüseanbau um.

Hauptsächlich Kriege und nationale Wirtschaftskrisen lösten die Einwanderungsbewegungen aus. Männer aus Dalmatien flohen vor dem Militärdienst in der österreichisch-ungarischen Armee und suchten statt dessen nach dem wertvollen Harz der Kauri-Fichten.

Jede Einwanderergruppe brachte ihr spezielles Know-how mit: Skandinavier betrieben Milchwirtschaft, Italiener ließen sich als Fischer nieder, Deutsche bauten Wein an, Libanesen zogen unauffällig an den Fäden im Big business.

Zur Jahrhundertwende finanzierte der jüdische Premier Julius Vogel mit von den Rothschilds geliehenem Geld den Bau von Straßen und Eisenbahnstrecken. Allein 100000 europäische Einwanderer halfen dabei. Zusätzlich verdingten sich viele Inder als ungelernte Arbeitskräfte und brachten ihre Esskultur mit. Für die Chinesen wurde die Einreise jetzt erschwert, denn Premier Richard John Seddon hielt sie «vom rassischen Standpunkt aus für unerwünscht».

Bis zum Ersten Weltkrieg stellten die Deutschen die größte Einwanderergruppe des europäischen Festlandes. Viele siedelten sich seit 1842 in Nelson an. Doch als der Krieg ausbrach und die Neuseeländer an der Seite Englands kämpften, war es mit der friedlichen Nachbarschaft vorbei. In einer antideutschen Hysterie steckten die «Kiwis» friedfertige Farmer und unpolitische Handwerker plötzlich als Kriegsgefangene in Internierungslager.

Der Holocaust trieb viele Juden ans andere Ende der Welt (Auckland hatte bis heute vier jüdische Bürgermeister), vor dem kommunistischen Regime in Vietnam flohen die Boat people. Heute werden achthundert Personen pro Jahr gemäß dem UN-Flüchtlingsprogramm akzeptiert. Als sich nach dem Zweiten Weltkrieg die Wirtschaft weiter stabilisierte, wurde ab 1947 auswanderungswilligen Briten mit zehn Pfund Sterling die fast kostenlose Überfahrt angeboten, um Arbeitskräfte für Industrie und Landwirtschaft zu gewinnen. In den nächsten zwanzig Jahren kamen die Holländer. Etwa 25 000 ließen sich in der neuen Wahlheimat nieder, die ihr Landsmann Abel Tasman dreihundert Jahre vorher entdeckt hatte.

Vergrätzt über den EG-Beitritt und unter der ökonomischen Belastung der Ölkrise, erschwerte die Regierung 1974 mit neuen Richtlinien die bis dahin unproblematische, aber kostenintensive Einwanderung für Briten und Iren. Auf einmal galten auch für sie die gleichen Kriterien wie für alle anderen. Anfang der achtziger Jahre, als mit der Stationierung von Atomraketen in der Bundesrepublik die Angst vor der atomaren Katastrophe wuchs, stand Neuseeland als Auswanderungsziel besonders hoch im Kurs.

Heute fallen die Zuwanderer aus dem ehemaligen Mutterland kaum mehr ins Gewicht, obwohl immer noch Tausende der älteren Angestellten in Wirtschaft und öffentlichem Dienst mit typisch englischem Akzent sprechen. 85 Prozent der Bevölkerung ist inzwischen im Land geboren, und der Staat sucht sich seine Neubürger nach mitgebrachtem Sparstrumpf und der nötigen Berufsqualifikation aus.

Fachleute braucht das Land

Durchschnittlich 15 000 Neuseeländer flüchteten seit Mitte der siebziger Jahre jährlich vor einer stagnierenden Wirtschaft ins überseeische Ausland. 1991 gab es erstmals wieder einen Einwanderungsüber-

Kulturmix in Downtown Auckland

schuß. Doch noch immer ist in vielen Berufssparten der Mangel an qualifizierten Fachleuten spürbar.

Auf der Suche nach fähigem Ersatz wirbt Neuseelands Einwanderungsminister Roger Maxwell verstärkt wieder in Großbritannien. Vor allem jene sind gesucht, die eine gefährdete Firma kaufen oder eine der Top-Positionen im Wirtschafts-Management besetzen können. So wechselte etwa ein Spitzenmann der britischen Telecom auf einen Posten als neuseeländischer Regierungsbe-

rater. Die 1992 gestartete Kampagne zeigte rasch Erfolg: Schon nach wenigen Tagen hatten 600 Interessenten nähere Informationen angefordert. Mit einem einfachen Punktsystem können sich potentielle Einwanderer im Handumdrehen ihre Chancen ausrechnen.

Seit Ende 1991 gelten vier Kategorien: In der ersten und allgemeinen gibt es Punkte für berufliche Qualifikation, Alter – die höchste Punktzahl für 25- bis 29jährige (keine Chancen haben Personen über 55), finanzielle Mittel, Leumund in Neuseeland, festes Arbeitsangebot, Englischkenntnisse und gute Gesundheit.

Die zweite Kategorie gilt für Geschäftsleute. Wer für mindestens zwei Jahre in Neuseeland investiert, Minimum bei reinen Finanzinvestitionen 750000 Dollar, sonst 625000 Dollar in Ballungsgebieten wie Auckland und 500000 Dollar auf dem Lande, ist herzlich willkommen. Eine Altersbeschränkung gibt es hier nicht.

Schon 1987 wurde investitionswilligen Einwanderern die Staatsbürgerschaft versprochen. Damals kamen vor allem finanzkräftige Taiwanesen sowie Unternehmer aus Hongkong und Malaysia. Die meisten reisten mit ihrer neuen Staatsbürgerschaft in der Tasche aber sofort wieder nach Hause.

Die dritte Kategorie regelt den Zuzug von Familienangehörigen, vor allem Eltern, Kindern, Geschwistern, Ehepartnern und Partnern aus eheähnlicher Gemeinschaft.

Wer als Antragsteller nachweisen kann, daß für ihn eine Ablehnung ernste physische oder emotionelle Schäden zur Folge hat, fällt unter die humanitäre Kategorie. In Neuseeland lebende Personen müssen allerdings eine Unterstützung garantieren. Das Land will damit einen gewünschten jährlichen Nettozustrom von 25000 Einwanderern steuern. Mit dem Punktsystem kontrolliert der Einwanderungsminister auch die ethnische Mixtur. Er will mehr Europäer als Gegengewicht zu der stark steigenden Nachfrage aus Asien. 1991 lag der Prozentsatz aus der Alten Welt bei nur sieben Prozent. Unter Anwendung der neuen Einwanderungsregelung wurden innerhalb eines Jahres bis Juni 1991 insgesamt 25437 Daueraufenthaltsgenehmigungen erteilt.

Rivalen aus Tradition

Stadt und Land

Je weiter der Besucher nach Süden kommt, desto stiller entfaltet Neuseelands Natur seine einzigartige Magie. In Canterbury leben nach der Statistik nur noch zehn Einwohner pro Quadratkilometer, in Otago nur noch fünf, an der Westküste gerade noch zwei.

Ganz anders sieht es im Norden aus: In Auckland drängeln sich 165 Einwohner auf der gleichen Grundfläche. Und alle Anzeichen sprechen dafür, daß es noch enger werden wird, denn: Die Neuseeländer sind Stadtmenschen. 85 Prozent von ihnen leben bereits in städtischen Siedlungsgebieten, die vor allem auf der Nordinsel liegen, und der Zuzug läßt nicht nach. Nach Prognosen neuseeländischer Statistiker wird die Einwohnerzahl des Inselstaates im Jahr 2016 die Vier-Millionen-Grenze überschreiten. Den größten Bevölkerungszuwachs verzeichnen die Regionen Auckland, Northland, Waikato und

Bay of Plenty, allesamt auf der Nordinsel.

Es ist hauptsächlich die wirtschaftliche Entwicklung im Land, die diese Nordwanderung verursacht und gleichzeitig Städter und Landbewohner auseinanderdividiert. Durch die Rationalisierung in der Landwirtschaft verlieren dort immer mehr Menschen ihre Arbeit. Sie sehen im Ausbau des verarbeitenden Gewerbes und der Ausdehnung des Dienstleistungssektors in den Stadtzentren ihre neue Chance und wandern ab.

Die Rivalität zwischen Städtern und Farmern hat Tradition. Als sich zur Jahrhundertwende die Landwirtschaft mit ihren enormen Exporten zum «backbone of the country» entwickelte, schlossen sich die ersten Farmer zu Gewerkschaften zusammen. Ihre Forderung: Da sie hauptsächlich zum Wohlstand des Staates beitrugen, solle ihr Wohlergehen gefälligst auch das Hauptinteresse der Regierung sein. Sie plädierten dafür, die tariflichen Mindestlöhne in der Industrie abzuschaffen, da dieser Wirtschaftszweig mit seinen teuren und unnützen Produkten am Arbeitskräftemangel in der Landwirtschaft schuld sei.

An diesem Selbstverständnis entzweien sich die Gemüter mitunter noch heute. Landarzt James McNeal, der aus England nach Auckland und dann in die Provinz übersiedelte, kennt beide Welten. «Der Städter geht segeln, der Farmer fischen», bringt er die Unterschiede auf den Punkt. Leider legten auch viele Städter immer noch eine gewisse Ignoranz gegenüber der Schönheit ihres Landes an den Tag, bedauert der Wahl-Neuseeländer. «Ich kenne viele Auckländer, die noch nie am Lake Taupo waren.»

Der Traum vom Eigenheim: Suburbia

Wer in den größeren Städten wohnt, fühlt sich nicht unbedingt dem großstädtischen Habitus europäischer Ausprägung verpflichtet. Daran ist natürlich auch das schöne Wetter schuld. Barbeques, Segeln und Strandleben sind für viele «Kiwis» wichtiger als schickes Nachtleben oder Theater. Was nicht heißen soll, daß grundsätzlich wenig Interesse an Kultur besteht, ganz im Gegenteil. Optimal ist es, wenn sich bei einem Freiluftkonzert Kulturerlebnis und Outdoor-Erholung miteinander verbinden lassen: Tschaikowskys Schwanensee bei kaltem Truthahn. Doch das im internationalen Vergleich eher bescheidene, wenngleich mit großem Interesse verfolgte großstädtische Kulturleben bleibt auf wenige Höhepunkte beschränkt. Wenn Dame Kiri Te Kanawa im Auckländer Hafen singt, treten sich die Zuhörer aus Platzmangel auf die Zehen. Normalerweise macht Aucklands City aber nach Feierabend dicht, und die Pendler fahren hinaus zum Eigenheim mit Garten. Das kann dauern, denn die Suburbs der Metropole, wo jeder vierte Neuseeländer zu Hause ist, erstrecken sich zwischen zwei Ozeanen über fünfzig Kilometer von Norden nach Süden.

Neben dem Beruf verwirklicht sich der Neuseeländer beim Reparieren seines Autos, oder das Haus braucht (dank der farbzerstörenden UV-Strahlen) einen neuen Anstrich. All dieses sind technische Herausforderungen, bei denen die vielen neuseeländischen Feierabend-Handwerker ihr Geschick unter Beweis stellen können. Siebzig Prozent aller städtischen Familien wohnen im eigenen Haus, mal ein generös geplanter Bungalow, mal ein schlichtes Country Cottage. Da gilt selbstverständlich die Devise: Eigentum verpflichtet.

Besonders die hölzerne Leichtbauweise, mit Ziegeln oder Wellblech gedeckt, macht die regelmäßige Pflege der eigenen vier Wände notwendig. Holz hat sich seit den frühen Siedlerjahren als ideales Baumaterial erwiesen: Es ist elastisch und federt bei Erdbeben. Fast genauso wichtig wie das häusliche Innenleben ist dem Städter sein backyard. Der muß Schutz, Schatten und Sonne gleichermaßen bieten und natürlich genug Platz für das Barbecue mit den Nachbarn. Da das Selbstversorger-Prinzip als Erbe aus Pioniertagen bis heute überlebt hat, fehlt auch die Ecke mit dem Vegi-Garten nicht. Neben dem Schuppen für allerlei Gerätschaften steht gleich der sorgsam gepflegte Komposthaufen. Der Städter holt sich im Kleinen seine naturbetonte Country-Idylle in die Vorstadt. So ist insgesamt das Flair in den größeren Städten – es gibt nur noch Wellington, Christchurch, Dunedin und Hamilton – eher durch provinziellen Charme als durch kosmopolitische Atmosphäre geprägt.

Landleben

Zwischen den wenigen großen und vielen kleinen Städten grasen im siedlungsarmen Hinterland knapp sechzig Millionen Schafe. Mehr als die Hälfte des Landes besteht aus Weiden und Ackerflächen. Hier gibt es nur einzelne Farmen, keine Dörfer. Höchstens wenn sich zwei wichtige Überlandstraßen kreuzen, kann es mal zur Ansammlung von Häusern kommen: Tankstelle, Laden, Post, das war's. Die Isolation verbindet. «Soziale Aktivitäten auf dem Lande sind intensiver», meint der Landarzt. Prinzipien wie Ehrlichkeit und Nachbarschaftshilfe würden groß geschrieben, die Kriminalitätsrate sei erheblich geringer.

Seit 1882 das erste Kühlschiff mit fünftausend steifgefrorenen Schafen an Bord nach England fuhr, gehören Fleischexporte neben dem Wollverkauf zur wirtschaftlichen Stütze des Landes. Entsprechend arbeitsreich bewegt sich der Alltag eines Farmers zwischen dem Scheren, dem Lammen, dem Kontrollieren der Weiden (850 000 Kilometer elektrische Zäune durchziehen das Land), dem Ankauf auf Auktionen, dem Verkauf an die Schlachthöfe und dem Verhandeln mit den Banken.

Bei dem einen oder anderen bleibt jedoch noch Zeit für ein lukratives Zusatzgeschäft. Mit cleverem Marketing wird der mehrtägige Farmurlaub dem durchreisenden Touristen als interessante Ferienalternative angepriesen.

Abwechslung vom Arbeitsalltag auf dem Land bieten die Spiele des örtlichen Rugby-Teams oder die Mitgliedschaft im Netball-Verein, wobei neben dem sportlichen Wettbewerb vor allem die sozialen Kontakte gepflegt werden. Auf den Agricultural and Pastoral Shows zeigen die Farmer den Städtern, was sie zu bieten haben. Das Entertainment ist eine Mischung aus Volksfest und Landwirtschaftsmesse und mitunter sogar der kulturelle Höhepunkt im Ort. Nach einer Parade der Zwei- und Vierbeiner entlang der Hauptstraße marschiert der Zug auf die Festwiese zu Karussells und Kaninchen. Laien und Fachleute können sich hier über Zuchterfolge bei Romneyschafen oder Herefordrindern genauso informieren wie über landwirtschaftliche Hochtechnologie.

Die publikumswirksamen Wettbewerbe, bei denen Kraft und Geschicklichkeit gleichermaßen gefragt sind, sind nichts anderes als die tägliche Arbeit im Akkord: Nach der Stoppuhr werden Schafe geschoren, Baumstämme gefällt oder eine Herde Vierbeiner per Hund an einigen Hindernissen vorbeigetrieben.

So langsam schwäche sich der Trend zur Urbanisation jedoch wieder ab, hat McNeal festgestellt. Einerseits böten die Städte doch nicht mehr die Möglichkeiten für die Abwanderer vom Land, andererseits ließen sich immer mehr reichere Neuseeländer auf dem Lande nieder. So weit liegen Stadt und Land also doch nicht auseinander. Die grasenden Schafe am One Tree Hill mitten in Auckland beweisen es ohnehin.

Gestörtes Paradies

Schutz der Umwelt

Fünf Jungen, zwölf bis dreizehn Jahre alt, stapfen am Strand von Cobden nördlich von Greymouth über einen Teppich aus Ästen und Baumwurzeln. Mit Pudelmützen und dicken Jacken schützen sie sich vor dem rauhen Wind, der über das Meer bläst und den Regen für Neuseelands Westküste mitbringt. Jeder der kleinen «Westcoaster» trägt einen Plastiksack, in dem rostige Dosen, leere Flaschen und anderer Müll gegeneinander scheppern. Die Kinder räumen den Strand auf, freiwillig.

Die Einrichtung des Kiwi Conservation Club gehört zu den großen Erfolgen der Royal Forest und Bird Protection Society, mit 60000 Mitgliedern Neuseelands größte, rein nationale Umweltschutzorganisation. «Es ist einfach ein tolles Gefühl, wenn man die eintreffenden Berichte liest, wo hundert Kinder im Busch übernachtet haben und am nächsten Tag losmarschiert sind, um den Strand aufzuräumen oder Aluminiumdosen zu suchen», freut sich Kevin Smith vom Führungsstab der Society. «Kinder haben einen unstillbaren Appetit auf Outdoor-Aktivitäten und sind dabei heute sehr viel umweltbewußter als frühere Generationen. Viele der Recycling-Programme, die in Schulen in Gang gesetzt wurden, begannen die Kinder von sich aus, nicht durch Lehrer- oder Elterninitiative.»

«Hier atmen Sie klare Luft und genießen frische, köstliche Naturprodukte aus fruchtbarem Boden und einem sauberen Meer», verspricht die jüngste Info-Broschüre des New Zealand Tourism Board. Gemessen am Grad der Umweltverschmutzung in vielen Teilen der Erde ist das sicher richtig. Doch auch der südpazifische «Jungbrunnen der Abgeschiedenheit» leidet unter globalen und hausgemachten Folgen ökologischer Kurzsichtigkeit. Meldungen über Herbizide im Boden, Blei und Kohlendioxid in der Luft und Kolibakterien im Wasser trüben das Bild von der sauberen Umwelt. Und wenn der Himmel mal wieder tiefblau ist, warnt das Radio vor den gefährlichen ultravioletten Strahlen, die durch die ozonarme Luft brennen.

Viele Bündnisse an einem Strang

Je mehr weiße Siedler ins Land kamen, desto schneller verschwanden Neuseelands Wälder. Das Holz wurde in Eigenheimen verbaut, für neue Weideflächen verbrannt und für ein paar Dollar zur Papierherstellung nach Japan verkauft. Bedenken, daß etwa seltene Vögel ihren Lebensraum verlieren und fruchtbarer Boden haltlos durch Winderosion verweht, gab es in jenen Gründerjahren nicht.

Die ersten Umweltschützer machten in den sechziger Jahren von sich reden. Der Wasserpegel des Manapouri-Sees im Fjordland-Nationalpark sollte gehoben werden, um billigen Strom für das australisch-japanische Aluminiumwerk in Tiwai Point zu erzeugen. Nach heftigen Auseinandersetzungen mit Umweltaktivisten, die sich 1969 zur «Save Manapouri Campaign» zusammenfanden, lenkte die Regierung ein: keine Überflutung, weniger Strom.

Durch ihren Erfolg motiviert, begannen sich die verschiedenen Umweltgruppen zu organisieren und schlossen sich 1971 zu den Environment and Conservation Organizations of New Zealand (ECO) zusammen. Unter der Führung von Cath Wallace wirft ECO mit heute über neunzig angeschlossenen Gruppen beim Einsatz für den Naturschutz sein ganzes Gewicht in die Waagschale. «Wir geben den Organisationen eine nationale Stimme, sei es im Gespräch zu Ministern oder durch unsere Veröffentlichungen», umreißt die ECO-Chefin die Aufgaben. Es sei nicht immer einfach, alles unter einen Hut zu bringen, räumt sie ein. Einen Riesenkrach habe es innerhalb ECO um den West Coast Accord gegeben, den die Mehrheit aus Opposition gegen das Abholzen unberührter Wälder nicht unterschrieb. Einige von denen, die unterschrieben hatten, würden es heute bedauern. Derartige gefühlsbetonte Grabenkämpfe nach außen zu tragen sei für das Erreichen eines umweltpolitischen Ziels

Das langsame Sterben der Cabbage Trees

wenig hilfreich. Für Cath Wallace steht außer Zweifel: «Je einiger wir uns sind, desto effektiver können wir arbeiten.» Für ihren engagierten Einsatz erhielt sie 1991 als eine von sechs weltweit ausgesuchten Umwelt-Aktivisten den Goldman Environmental Prize.

Die sehr weit verzweigten Bürgerinitiativen protestieren landesweit gegen amtliche Eingriffe in unberührte Wasserläufe, gegen den Einsatz chemischer Entlaubungsmittel zur Gewinnung landwirtschaftlicher Nutzflächen, gegen den leisen Vormarsch von Bergbaugesellschaften in Naturschutzgebieten, gegen die kommerzielle Ausbeutung der Antarktis, gegen bis zu siebzig Kilometer lange Treibnetze der Japaner beim Thunfischfang sowie gegen den Einsatz von ozonzerstörenden Fluorchlorkohlenwasserstoffen in Sprühdosen und Kühlschränken.

Ganz oben auf der Dringlichkeitsliste steht das Energieproblem. Der teilprivatisierte staatliche Stromproduzent Electricorp will angesichts der zunehmenden Energieprobleme neue Kraftwerke bauen. So ist in Stratford ein Gaskraftwerk für 400 Megawatt geplant, das jährlich 1,5 Millionen Tonnen Kohlendioxid ausstoßen würde. «Wir sind dagegen», betont ECO-Koordinator Stephen Blyth. «Wenn wir die vorhandene Energie effizienter einsetzen, brauchen wir keine neuen Kraftwerke. Noch haben wir eine der höchsten Verbrauchsraten innerhalb der OECD.» Neuseeland hatte sich 1992 mit seiner Unterschrift unter die «Framework Convention on Climate Change» beim Umweltgipfel in Rio de Janeiro verpflichtet, zur Reduzierung seiner Treibhausgase beizutragen. Dazu stehen jedoch die Stratford-Pläne in krassem Widerspruch. Bisher kann die Regierung nur das Anpflanzen neuer Bäume und das Versprechen einer effizienteren Energienutzung als erste, kostengünstige staatliche Maßnahme nennen. Eine «Carbon Tax», eine Kohlenstoff-Steuer, wird diskutiert. Die Idee: das gegenwärtige Besteuerungssystem durch die Bezahlung des Kohlenstoff- bzw. Energiegehalts von Brennstoffen zu modifizieren.

Bis auf eine Ausnahme sind städtische Smogprobleme noch kein Umweltthema: Im winterlichen Christchurch gibt es durch lokale Klimabedingungen immer wieder «dicke Luft». Durch eine Temperaturumkehr, bei der kalte Bodenluft von warmen Luftmassen überlagert wird, steigen die Schadstoffe im Stadtkessel an. 1977 lag der Wert der Stickoxide einmal bei tausend Mikrogramm, dem Fünffachen des Grenzwertes der Weltgesundheitsorganisation. Verursacht wird der Smog (Smoke und Fog) nicht durch Autoabgase, sondern hauptsächlich durch das Heizen mit Holz und Kohle. Inzwischen gibt es Clean-Air-Zonen, wo der Kamineinbau in neue Häuser verboten ist. Die Luftverschmutzung in der Stadt wird regelmäßig kontrolliert.

Ein zentrales Thema blieb auch der Schutz der Wälder. Schon Mitte der siebziger Jahre machten die Umweltschützer Front gegen den staatlichen Forest Service, der eher am Verkauf denn am Erhalt der Bäume interessiert schien. Mehr als 300000 Bürger unterzeichneten damals die «Maruia Declaration», in der die Regierung aufgefordert wurde, die übriggebliebenen Wälder besser zu schützen. Die Aktion zeigte Wirkung. Angesichts der massiven öffentlichen Opposition revidierte der Forest Service seine Richtlinien und versprach fortan eine «heimische Forstpolitik» (Indigenous Forest Policy). Der Forest Heritage Fonds sowie der Nga Whenua Rahui Fonds wurden eingerichtet, deren Finanzmittel für den Erhalt wertvoller Wälder auf Privat- und Maoriland vorgesehen sind.

Daß der Baumbestand nicht nur durch menschlichen Raubbau gefährdet ist, zeigt ein anderes Problem. Seit 1987 starben im Norden der Nordinsel Tausende Cabbage Trees. Die Ursache: Ein bakteriologischer Organismus namens MLO (mycoplasmalike organism) ist für den Baumtod verantwortlich. Wissenschaftler vermuten, daß die Mikrokiller Anfang der achtziger Jahre eingeschleppt und durch Insekten verbreitet worden sind. Man hofft, die Krankheit in drei bis fünf Jahren kontrollieren zu können. Nicht in den Griff bekommen die Waldschützer vorerst das Baumsterben durch eingeführte Opossums und Hirsche. Sind die Äste erst kahlgefressen, bleibt vom Baum innerhalb weniger Monate nur noch ein Gerippe übrig.

Die Regierung ist sich der Sensibilität des Umweltthemas bewußt. Ein Land, das von sich als Paradies auf Erden wirbt und sein «clean, green image» bewahren will, darf nicht durch negative Schlagzeilen potentielle Besucher abschrecken. Mit der Zusammenfassung und Straffung von etwa fünfzig überarbeiteten Umweltgesetzen unter den Resource Management Act wurde 1991 die Gesetzgebung verschärft. Durch strengere Richtlinien kann das Department of Conservation Firmenchefs und Manager selbst bei indirekter Beteiligung an Umweltschäden haftbar machen. Die Höchststrafe: zwei Jahre Gefängnis und 200 000 Dollar Geldstrafe. Der Gesetzestext hat inzwischen viele Unternehmensleitungen verunsichert. Da jetzt auch private Umweltinitiativen klagen können, sind juristische Experten in Sachen Umweltrecht auf beiden Seiten sehr gefragt.

Mit- und gegeneinander

Lange Zeit standen Umweltschützer und Maori als Anwälte der Natur auf der gleichen Seite. Inzwischen kreuzen sie immer öfter ihre Klingen. Bei dem Versuch, ihr mana und ihre sozioökonomische Basis durch Landverkäufe oder der Vergabe von Nutzungsrechten zu sichern, müssen die Maori von den einstigen Mitstreitern gegen Regierung und Industrie massive Kritik einstecken. So wollen die Ngai Tahu eine Monorail-Bahn im Greenstone Valley des Fjordland-Nationalparks bauen oder sich das Fällen der Bäume am East Cape von der Regierung subventionieren lassen. Den Vorwurf der Umweltschützer, sie seien «ungeeignete Manager für den Naturschutz», kontern sie mit dem Vorwurf, derartige Kritik sei «Rassismus».

Latente Ressentiments seitens der Umweltschützer existierten schon deshalb, so einer der «Schlichter» im Interessenkonflikt, Shane Jones vom Maori-Direktorat des Umweltministeriums, weil deren Auflagen bei den Maori-Landforderungen vom Waitangi Tribunal nicht genügend berücksichtigt würden. Den Ureinwohnern ginge es zwar auch um das Prestige, stolz und eigenverantwortlich auf dem einst geschützten Staatsland zu stehen, räumt Jones ein. Doch angesichts der jungen, Wohlstand fordernden Maori-Generation ständen die Stammesführer unter enormem Druck, ihnen eine wirtschaftliche Basis zu bieten. Trotzdem würde niemand hingehen und irgendwelche Bäume umhauen.

Daß Landrückgabe und der Schutz von Flora und Fauna funktionieren könne, zeige die Rückgabe des Uluru-Nationalparks in Australien. Die Aborigines konnten den Wissenschaftlern sehr schnell seltene und bedrohte Spezies und deren Verhalten zeigen. Doch in Neuseeland bleiben die Umweltschützer skeptisch. «Sollte nach der Rückgabe etwas schiefgehen, wären die Folgen katastrophal», gibt Cath Wallace zu bedenken. Nachhaltig fordert sie von der Regierung ein Mitspracherecht bei den Landtransaktionen. Noch härtere Töne schlägt Hugh Barr, Präsident des Federated Mountain Club, an. Er glaube nicht, daß die Maori ein «Ethos des Erhaltens» haben. «Die gegenwärtige Ethik in unserer Gesellschaft ist auf Ausbeutung ausgerichtet, und ich glaube, das trifft auch auf die Maori zu. Die Realität ist: Sie sind genau wie wir.»

Fremdenverkehr und Öko-Tourismus

Als im Herbst 1990 die sommerlichen Urlaubsströme im Abel Tasman National Park abgeebbt waren, hatten die Menschenmassen besorg-

Landeplatz grüne Wiese

niserregende Spuren zurückgelassen: In den Flüssen fanden Mitarbeiter des Umweltministeriums erstmals Giardia-Bakterien, die Durchfall und Erbrechen verursachen.

Schon zehn Jahre zuvor waren täglich 400 Besucher auf der Suche nach leuchtenden Glühwürmchen durch die bizarre und zerbrechliche Unterwelt der Waitomo-Höhlen geklettert. Die Folge: Der Feuchtigkeitshaushalt, den die Würmchen zum Leben brauchen, geriet durcheinander, und das ausgeatmete Kohlendioxid zerfraß den Kalkstein.

Als das Leuchten ganz zu verlöschen drohte, wurde die Höhle geschlossen und den Tieren eine Erholungspause gegönnt. Eilig bastelte man an einem neuen Managementkonzept, mit dem die Touristenattraktion ins nächste Jahrtausend gerettet werden sollte. Seither dürfen nur noch kleine Gruppen im stündlichen Intervall unter Tage. Luftbefeuchter stabilisieren zusätzlich das Höhlenklima. Seither scheinen auch jährlich über 250000 Besucher die Leuchtwürmer nicht mehr zu erschrecken.

Der Tourismus ist der Welt größter Industriezweig, und er wächst beständig weiter. 1993 suchten über eine Million Besucher in Neuseeland unberührte Landschaft, saubere Luft und seltene Tiere. Tourismus-Experten rechnen mit knapp drei Millionen Gästen im Jahr 2000.

Bei derartigen Devisenströmen werden Naturschutzinteressen immer mehr mit der Aussicht auf neue Arbeitsplätze konkurrieren müssen. Trotz des weitverbreiteten Umweltbewußtseins stufen 98 Prozent der Neuseeländer den Tourismus als wirtschaftlich wichtig ein, 89 Prozent meinen, er bringe mehr Nutzen als Kosten für das Land und die Regionen. Neuseeland kann nicht nur eine lange Tradition im Fremdenverkehr vorweisen – 1901 entstand dort das der Welt erste Tourismusministerium –, der Blick ist auch zielstrebig in die Zukunft gerichtet. So investierte die Regierung im Milford Sound über drei Millionen Dollar für den Ausbau

Schattenbad als Gesundheitsvorsorge

von Straßen, Parkplatz, Besucherzentrum und Fähranleger. Nach der Neueröffnung im April 1992 ließen die Festredner keinen Zweifel: Die Viertelmillion Besucher, die den Mitre Peak jährlich sehen will, könne sich jetzt bis zum Jahr 2000 ruhig verdoppeln. In Spitzenzeiten werden dann 4000 Menschen täglich erwartet.

Mit der Einrichtung von Nationalparks versucht der Staat Umweltschäden zu begrenzen und landschaftlich besonders schöne Regionen zu schützen. Das Department of Conservation, 1987 von der Lange-Regierung eingerichtet, verwaltet bislang über fünf Millionen Hektar geschütztes Staatsland, fast zwanzig Prozent der Gesamtfläche. Dazu gehören zwölf Nationalparks mit über zwei Millionen Hektar, zwanzig Forest-Parks mit 1,7 Millionen Hektar sowie fast 4000 Landschaftsreservate.

Nationalparks haben eine lange Tradition: 1987 feierte der Tongariro National Park als ältestes Schutzgebiet bereits sein hundertjähriges Bestehen. Häuptling Horonuku Te Heuheu Tukino schenkte 1887 die heiligen Berge Ngauruhoe und Tongariro der britischen Krone. Damit wollte er das tapu der Region und die Grabstätten alter Stammesfürsten vor der Zerstörung durch weiße Siedler bewahren. Der Mount Ruapehu wurde später in den Park eingegliedert.

1987 richtete das DOC den Paparoa National Park zwischen Westport und Greymouth als jüngstes Schutzgebiet ein, mit den Pancake Rocks bei Punakaiki.

Unter den südpazifischen Umweltschützern, vor allem im benachbarten Australien, wird über das Nationalpark-Konzept hinaus unter dem Schlagwort «Eco-Tourism» auch immer lauter über effektivere Synthesen des Natur-Schauens und -Schützens nachgedacht. Für Penny Figgis, Vizepräsidentin der «Australian Conservation Foundation», ist ein gemeinsames Marketing-Konzept mit Neuseeland in Sachen ökologischen Tourismus durchaus denkbar

Unter der Prämisse, das lebenserhaltende System der Erde nicht zu zerstören, müsse ein ökologisch tragbarer Tourismus auf lokaler Ebene unbedingt das Umwelt- und Kulturverständnis fördern. Neben dieser Bewußtseinsbildung des Touristen durch qualifizierte Information gehöre dazu aber auch die Bereitschaft der Veranstalter, beim Transport, der Unterbringung und dem Marketing Umweltschäden zu vermeiden. Das fange beim Recyclingpapier für Broschüren an und reiche bis zu ökologischen Baumaterialien und -methoden für die Unterbringung. Energieeinsparung gehöre ebenso dazu wie Vermeidung von Plastikmüll oder der Verzicht auf Chlorwasser im Swimmingpool und auf Pestizide für hoteleigene Golfplätze. Die Organisatoren müßten freilich Kontrollen akzeptieren und sich mit einem Konzept des begrenzten Wachstums anfreunden.

Schattenseiten des Sonnenscheins: Das Ozonloch

Erfolgsorientierte Tourismus-Manager werben verständlicherweise mit den Sonnenseiten ihres Landes und verharmlosen Schattenseiten, so gut es geht. In einem offiziellen Werbesprospekt klingt das so: «Weil die Atmosphäre über Neuseeland unbelastet und sauber ist, gelangt die starke Sonnenstrahlung ungehindert auf die Erde. Deshalb sollten Sie nach Möglichkeit eine Kopfbedeckung tragen und Sonnenschutzcreme mit hohem Lichtschutzfaktor verwenden – einen höheren, als Sie sonst gewohnt sind.» Das klingt fast so, als ob die saubere Luft schuld am schnellen Sonnenbrand wäre. Traurige Tatsache ist: Ein Nickerchen an neuseeländischen Stränden ohne gründlichen Sonnenschutz ist ein Gesundheitsrisiko, das die Industrienationen auf der anderen Seite des Globus verschuldet haben. Und das liegt nur indirekt an der sauberen Atmosphäre. Ihr fehlen nicht schützende Schadstoffe, sondern der darüberliegenden Stratosphäre das Ozon. Im Frühling 1993 waren es neuseeländische Wissenschaftler, die als erste über das bislang größte antarktische Ozonloch Alarm schlugen. Sechzig Prozent des Schutzschildes ist inzwischen zerstört, auf einer Fläche, die so groß wie die der Vereinigten Staaten ist.

Die vorsichtig gewordenen Sonnenanbeter hören sich vor dem Strandbesuch die tägliche «burntime» im Radio an. Eine halbe Stunde? Zwanzig Minuten? Schon immer hatten die hellhäutigen britischen Enkel unter pazifischer Sonne eine der höchsten Hautkrebsraten der Welt vorzuweisen. Doch wozu dieses Risiko unnötig vergrößern?

Seit aus den Spraydosen und Kühlschränken der nördlichen Industrienationen immer mehr Fluorchlorkohlenwasserstoffe (FCKWs) entweichen, müssen sich Neuseeländer, Australier und Chilenen jedes Jahr auf neue Hiobsbotschaften einstellen. Durch eine chemische Kettenreaktion werden hoch über ihren Köpfen die Ozonmoleküle geknackt, der Sonnenschutz verschwindet, und die ultraviolette Strahlung steigt. UV-Strahlen rufen aber nicht nur Hautkrebs hervor, sie schädigen das Immunsystem, können Augenkrankheiten hervorrufen und wirken sich störend auf das Wachstum von Pflanzen und Meeresplankton aus. Selbst die Farbe an den Häusern blättert schneller ab.

Das gesprengte Flaggschiff «Rainbow Warrior» der Umweltschutzorganisation Greenpeace

Bislang haben sich die Industriestaaten darauf geeinigt, die FCKW-Produktion erst im Jahre 2030 zu stoppen. Doch selbst wenn ihre Verwendung sofort verboten würde, stiege die Konzentration ozonzerstörender Stoffe in der Stratosphäre noch ein Jahrzehnt lang an.

Angesichts des Kühlschrankbedarfs, den bevölkerungsreiche Länder wie Indien oder China in den kommenden Jahren anmelden werden, sind technologische Alternativen zu den FCKWs dringend gefordert. Die gibt es auch bereits. Im Februar 1993 stellte Greenpeace Australia einheimischen Kühlschrankherstellern das erste FCKW-freie Modell vor, made in Ostdeutschland. Doch die pazifischen Branchenexperten lassen sich Zeit. Die europäische Kühlnorm muß erst einmal der australischen Hitze standhalten.

Die Neuseeländer fühlen sich mit ihrem Problem alleingelassen. «Läge das Ozonloch über dichtbewohnten Gebieten der nördlichen Hemisphäre, wäre schon längst etwas passiert», ist immer wieder zu hören. Und der damalige Umweltminister Rob Storey meinte angesichts des 1992 in Kopenhagen ausgehandelten Kompromisses der Industriestaaten, daß die Regierungen mehr über die Gesundheit des Big Business besorgt seien als über das Wohlergehen der eigenen Bevölkerung.

FERNER ART GALLERY
Under SILKWOOD BOOKSHOP
Under SILKWOOD BOOKSHOP
Gerrard's
FINE HANDBAGS & ACCESSORIES
FINE NZ MADE LEATHER HANDBAGS & ACCESSORIES
皮製
ニュージーランド製 ハンドバッグ&小物
RECORDS
BEAUTY IS YOU AT THE RAYMOND HENDERSON STUDIO
FERNER GALLERY
Traditional and Contemporary New Zealand Paintings and Sculpture
OPEN NOW
BOOKSHOP OPEN
AIR CONDITIONED

Kultur und Alltag

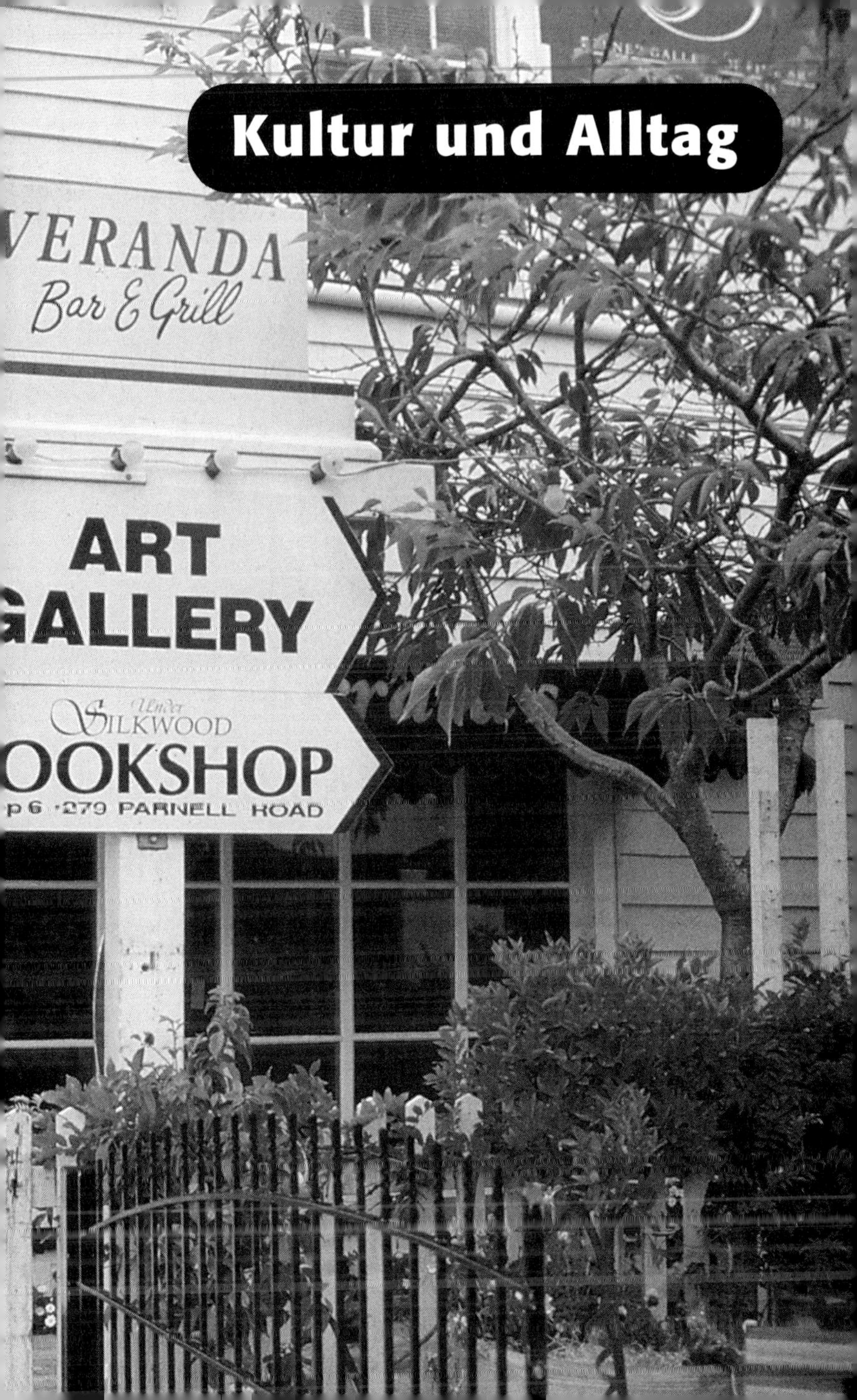

Mit einer Gesetzesreform für Fernsehen und Rundfunk lockerte die Regierung 1989 eine Vielzahl vorher geltender Restriktionen. Die ökonomische Effektivität sollte verbessert werden, mehr Wettbewerb das Angebot für Zuschauer und Zuhörer vergrößern. Um dieses zu erreichen, wurde die Einführung der Kabel- und Satellitenübertragung freigegeben, Fernsehwerbung nur noch sonntagsvormittags und an einigen öffentlichen Feiertagen verboten, eine fast uneingeschränkte Programmunterstützung durch Sponsoren gestattet. Seit dem 1. Februar 1992 erlaubt die Regierung sogar Werbung für Alkohol, vorerst für zwei Jahre, dann wird neu entschieden.

Von Menschen und Medien

Radio, Fernsehen, Zeitungen

Die Förderung der neuseeländischen Identität und Kultur, im neuen Broadcasting Act festgeschrieben, ist seit 1991 potentiell keine rein nationale Angelegenheit mehr. Ausländischen Medieneignern wurde die finanzielle Beteiligung an den neuseeländischen Sendern eingeräumt.

Als der Minister of Broadcasting, Maurice Williamson, Anfang 1994 öffentlich zu laut darüber nachgedacht hatte, daß er die regierungseigenen Sendeeinrichtungen, inklusive Channel 2, am liebsten verkaufen möchte, mischte sich Finanzminister Bill Birch ein, um die Neuseeländer zu beruhigen: Die Regierung habe keinerlei Verkaufspläne in der Schublade. Noch wird die amtlich überwachte Unterhaltung also selbst gemacht. Damit die Vorstellungen der Regierung, wie das öffentlich-rechtliche Programm auszusehen habe, auch umgesetzt werden, fungieren als Kontrollorgane eine Broadcasting Commission (New Zealand On Air) sowie eine Broadcasting Standards Authority (BSA).

Die vier vom Minister of Broadcasting eingesetzten Mitglieder der BSA überwachen die Ethik der Berichterstattung und sollen die Programmacher dazu anhalten, daß sie nichts Kindergefährdendes senden, keine Gewalt verherrlichen, korrekt und ausgewogen berichten sowie die Menschenrechte wahren. Von Juni 1991 bis Juni 1992 mußte die BSA 76 Beschwerden bearbeiten. Der Vorwurf unwahrer Berichterstattung stand an erster Stelle, Geschmacklosigkeit an zweiter. Allein zwanzig Rüffel galten der Werbung, drei Viertel davon der Art des Anpreisens von alkoholischen Produkten.

Die sechs Mitglieder der Broadcasting Commission, die vom Governor General auf Empfehlung des Ministers ernannt werden, setzen die Programmrichtlinien fest, wie die Förderung der neuseeländischen Identität durch lokale Themen, Unterstützung der Maori-Kultur durch spezielle Sprachprogramme. Dazu gehören auch Berichte über Frauen, Kinder, Behinderte und ethnische Minderheiten. Die Kommission entscheidet ebenso über die technischen Einrichtungen zur flächendeckenden Sendekapazität im bergigen Land, wo es zum Teil «Empfangslöcher» gibt.

Mit den Einnahmen aus den Übertragungsgebühren, 110 Dollar jährlich pro Haushalt, finanziert New Zealand On Air Dokumentarsendungen, Theateraufführungen sowie neuseeländische Musikvideos. Im Rundfunkbereich werden die beiden nichtkommerziellen Sender *National Radio* und *Concert FM*, aber auch *Maori radio* und *Access radio* unterstützt.

Die seit 1977 bestehende Broadcasting Corporation wurde mit der Reform in zwei neue selbständige Staatsbetriebe umorganisiert: *Television New Zealand Limited* und *Radio New Zealand Limited.*

Das öffentlich-rechtliche Fernsehen präsentiert sich auf zwei Kanälen, die in über einer Million Haushalten über den Bildschirm flimmern. *Kanal 1* liefert eher anspruchsvolle Unterhaltung, Nachrichten und Sport, *Kanal 2* mehr bunte Familienprogramme, Kindersendungen und Musik. Nur etwa dreißig Prozent der Sendungen werden in Neuseeland hergestellt, die meisten Produktionen stammen aus England, Amerika und Australien. Seit November 1989 strahlt *TV3*,

Neuseelands Privatkanal, von seinem Aucklánder Sendezentrum sein Programm aus. Es wird inzwischen von 93 Prozent der Bevölkerung gesehen. 1991 stieg eine kanadische Fernsehgesellschaft mit zwanzig Prozent in den Sender ein. Vor allem durch die Übertragung von Sportsendungen – dabei steht Cricket ganz oben – lockt TV3 seine Zuschauer.

Ein halbes Jahr nach TV3 bot *Sky Television* als Pay-TV seine Dienste an. Das Programm – Nachrichten und Sport, vierzehn Stunden Spielfilme – kann nur über einen Dekoder empfangen werden. Finanziert durch Abonnenten, sinkt die Dauer der Werbung auf drei Minuten pro Stunde. Die kommerziellen Kanäle senden bis zu zwölf Minuten.

Seit der Deregulierung der Fernsehlandschaft hat sich die Sendezeit für lokale Themen mehr als verdoppelt. Eine regionale Fernsehstation berichtet in Christchurch, und in den Touristenzentren Rotorua und Queenstown präsentieren zwei TV-Kanäle sämtliche Sehenswürdigkeiten nonstop.

Maori Radio Waves

Als die neue Radio New Zealand Limited als Staatsbetrieb gegründet werden sollte, schien der Gebäude- und Gerätetransfer von der alten zur neuen Gesellschaft nur eine Formsache zu sein. Doch die Maori zeigten sich mit der geplanten Reorganisation des Rundfunksektors gar nicht einverstanden. Sie vernachlässige ihre laut Waitangi-Vertrag garantierte Sprach- und Kulturpflege, so der Vorwurf. Solange die Forderungen der Ureinwohner vor den Gerichten verhandelt wurden – es ging bis vor den Privy Council in

Stoff für eine lesehungrige Nation

London –, blieben die Sendeanlagen kommissarisch im Besitz der Krone und konnten von der neuen Gesellschaft nur eingeschränkt genutzt werden.

Erst mit der Zusage von mehr Frequenzen für die Maori stand der Umwandlung in die neue staatseigene Gesellschaft und dem uneingeschränkten Betrieb auf beiden Ebenen, des kommerziellen Community Radio und des nichtkommerziellen New Zealand Public Radio, nichts mehr im Wege.

Radio New Zealands Sprachabteilung für Maori und Pazifikinsulaner, *Te Reo O Aotearoa*, produziert viele Sendungen in Originalsprachen für diese Zielgruppen, die über National Radio gesendet werden. Dank dem Nachdruck der Maori verfügen diese inzwischen landesweit selbst schon über sechzehn Radiostationen, 1989 gab es nur eine. *Aotearoa Maori Radio* arbeitet völlig eigenständig und sendet seit 1991 full-time in Auckland, Wellington, Christchurch und der Bay of Plenty.

Eine Umfrage unter 1600 Maori, die im Maori-Magazin *Mana* veröffentlicht wurde, ergab, daß zwei Drittel von ihnen das Angebot der Maori-Programme nutzen. Interessant ist, daß die meisten es einschalten, weil sie die Musik mögen. Erst dann kommt das Interesse an Dokumentationen über die Maori-Geschichte und Sprachlernprogramme.

«Radio von unten» ist immer wieder zu hören, wenn in kleinen Lokalstationen Minderheiten mit ihren Problemen zu Wort kommen. Auch der internationale Kurzwellendienst, der hauptsächlich die pazifischen Inseln versorgt, wird von *NZ Public Radio* betrieben, aber vom Ministerium für Außenhandel finanziert.

Anfang der neunziger Jahre gab es 61 AM- und 82 FM-Stationen im Land, davon sind 33 kommerziell. Unter selbstverantwortlichem Management und meist lokal ausgerichtet, versorgen sie ihre Hörer neben nationalen Nachrichten mit Tips zum Einkaufen und viel Musik. Landesweite Kopplungen verschiedener Sender gibt es nur gelegentlich, etwa bei Nachtprogrammen. Die kommerziellen Stationen finanzieren sich ausschließlich über Werbung und Sponsoren.

Zeitungsflut

Neben Radio und Fernsehen wurden auch das New Zealand Symphony Orchestra sowie das Magazin *Listener* in vollkommen selbständig arbeitende Gesellschaften umgewandelt. Die Macher des Blattes bewiesen einst ein gutes Gespür dafür, was die Nation lesen wollte: Neben dem Radio- und Fernsehprogramm wurden sachliche Politinformationen geboten, gemischt mit seichten Unterhaltungsstories, Kulturkritik, Kolumnen und Buchbesprechungen. Damit erreichte das Wochenblatt einst eine Auflagenhöhe von 350 000 Exemplaren und avancierte zur nationalen Institution. An diese Zeiten wird sich die Chefetage inzwischen eher wehmütig erinnern. Die Auflage sackte auf 138 000. Reine Frauenblätter wie *Womans's Weekly* und *Womans's Day* schreiben inzwischen mit Klatsch aus den Königshäusern, Kochrezepten und Kalorientabellen höhere Umsatzzahlen.

Trotzdem scheint Neuseeland für Zeitungsmacher ein Paradies zu sein: Bei nur 3,5 Millionen Einwohnern gibt es 28 Tageszeitungen, acht erscheinen morgens, zwanzig nach getaner Arbeit. Zwei große Printimperien beherrschen den Markt: Independent Newspapers Limited und Wilson and Horton Limited, die jeweils acht Tageszeitungen besitzen. Familienbetriebe und kleine Presseunternehmen, aufgrund des lokalen Nachrichtenzuschnitts früher die Regel, gibt es nur noch in wenigen Regionen. Die beiden Zeitungsriesen produzieren mehr als achtzig Prozent der täglichen Auflagen von einer Million Exemplaren.

Die neuseeländische Zeitungstradition reicht noch vor das Gründungsjahr der Nation zurück. Bevor 1840 der Vertrag von Waitangi unterschrieben wurde, geschweige denn die ersten Siedler offiziell in Richtung der neuen Kolonie segelten, druckte 1839 die neue Technologie des Industriezeitalters die *New Zealand Gazette* in London. Der *Taranaki Herald*, der in New Plymouth, einer der ersten Siedlungen, seit 1852 gedruckt wird, gilt als älteste Zeitung.

Mit einer Viertelmillion Exemplaren ist der in Auckland erscheinende *New Zealand Herald* die größte Tageszeitung. Die übrigen Blätter rangieren in der Größenordnung zwischen 105000 bis hinunter zu Lokalzeitungen, die es nur auf dreitausend Exemplare bringen. *Metro*, Aucklands erstes Stadtmagazin, konnte sich als neueres Printprodukt mit seinem Blick auf die Kulturszene der Metropole inzwischen etablieren.

Im Vordergrund der Zeitungsberichterstattung stehen nationale und regionale Probleme, zu denen sich die Sportereignisse gesellen. Zu den Schwerpunkten der internationalen Themen, die auch in kleineren Blättern recht umfangreich sind, gehören Neuseelands Beziehungen zu den USA, Australien und der EU sowie Informationen über den pazifischen Raum. Dabei fällt besonders in der Regionalpresse der moderate Ton der Artikel auf. Da diese Blätter für das wirtschaftliche Überleben auf eine breite Leserschaft angewiesen sind, wird tunlichst alles vermieden, um bloß nicht durch radikale Standpunkte die Abonnentenzahlen zu verringern.

Für eine «unabhängige» Sonntagsberichterstattung sorgen die Blätter *Sunday Star-Times* (ein Zusammenschluß der *Sunday News* und *Sunday Times*) und *Dominion*, die alle der Independent Newspaper Limited gehören.

Seit gut zehn Jahren sind die regionalen Blätter in den Stadtteilen auf dem Vormarsch, die durch Anzeigen finanziert und meistens kostenlos an jeden Haushalt verteilt werden. Der Dachverband der Kommunalzeitungen, die New Zealand Community Newspaper Association, verzeichnet über hundert Mitglieder, die mit jeder Ausgabe zusammen fast zwei Millionen Exemplare verteilen. Das New Zealand Audit Bureau of Circulations weist 58 Magazine als neuseeländische Produktionen aus. Doch das ist nur ein verschwindend geringer Teil, gemessen an den insgesamt 2300 Zeitschriften, die im Lande erhältlich sind.

Künstler und Lotteriespieler haben eins gemeinsam: Der ganz große Wurf gelingt recht selten. Doch in Neuseeland gibt es eine ganz eigene Verbindung zwischen beiden Phantasiewelten: Die Sucht der Spieler ist das Glück der Künstler. Mit jährlich knapp 19 Millionen Dollar wird die Dachorganisation der Künste, der Queen Elizabeth II Arts Council, aus den Lotterieeinnahmen des Landes finanziert. Die Regierung

Vom Plagiat zum Original

Literatur, Musik, Film

beteiligt sich nur mit knapp vier Millionen Dollar an der Kunstförderung.

Unter administrativer Federführung des nationalen Arts Council werden große Projekte in den Bereichen Handwerk, Tanz, Film, Literatur, Musik, Theater und visuelle Kunst finanziert. Ihm eingegliedert sind die regionalen Arts Councils sowie der Council for Maori and South Pacific Arts (Te Waka Toi), der jährlich einen Preis für herausragende Leistungen in der Maori-Kunst verleiht.

Für jeden der einzelnen Kunstsektoren gibt es Stipendien für besonders innovative Arbeiten, gefördert werden außerdem Ausstellungen, Seminare, Meisterklassen und nationaler und internationaler Kulturaustausch. In den Genuß finanzieller Hilfe kommen sowohl Einzelkünstler wie auch professionelle Arts-Companies, die ausbilden und damit die Entwicklung der neuseeländischen Kulturszene voranbringen.

Wie noch der Name des Queen Elizabeth II Arts Council symbolisiert, hing das Land lange Zeit kulturell am Rockzipfel Englands. Kunst wurde mehr kopiert statt kreiert. Wer internationale Bekanntheit suchte, verließ die nationale Isolation. Erst seit gut einem Jahrzehnt formen neuseeländische Künstler zunehmend selbstbewußt an ihrer eigenen Identität. Das kommt in erster Linie in der Literatur und im Film zum Ausdruck, doch auch Musik und Kunsthandwerk ziehen immer größere Kreise. Überall im Land tingeln Bands; sehr häufig sind unterwegs kleine Galerien, Töpferwerkstätten und Kunsthandwerksläden anzutreffen. Bei 229 offiziellen Museen und Kunstgalerien gibt es praktisch keine Stadt, die nicht ihre Lokalgeschichte dokumentiert.

Götterbilder und Gouachen

Das Kunsthandwerk ist die älteste Kunstform im Lande. Zwar gehörten in vielen polynesischen Kulturen Holzschnitzereien zum gängigen Ausdrucksmittel, doch erst die neuseeländischen Maori entwickelten dieses Können zu einer kraftvollen Bildersprache. Die geometrischen Formen, die in den Webarbeiten der Frauen verarbeitet werden, kontrastieren zu den geschwundenen Bögen der rein männlichen Schnitzkunst. Trotz grotesker und furchteinflößender Symbole wirkt das Gesamtbild dieser Schnitzarbeiten gefällig fürs Auge. Hinter den auf den ersten Blick undurchsichtigen Arrangements steckt eine durchdachte Ordnung.

Der Mensch ist das zentrale Motiv. Die aus Holz oder Jade geschnitzten Figuren, auch *hei-tiki* genannt, symbolisieren die Ahnen. Vor allem an den Versammlungshäusern sind diese tiki angebracht, teils kombiniert mit vogelähnlichen Wesen, den manaia, die neben menschlicher Statur auch Klauen und Schnäbel besitzen. In der Maori-Vorstellung ließen sich die Götter von den Vögeln über das Land tragen, die auch die Seelen der Verstorbenen zurück in die Urheimat Hawaiki brachten. Die überdimensional großen Köpfe, neben den Geschlechtsorganen ein besonders heiliger Körperteil, strecken dem Betrachter oft die Zunge heraus. Dadurch sollen böse Kräfte ferngehalten werden. Es ist aber auch eine «challenge», eine Herausforderung an potentielle Angreifer. Ernste und grimmige Mienen gehören ohnehin zur Maori-Folklore, selbst wenn sie für etwas Positives werben sollen. «Take up your challenge – learn your language» steht unter einer ganzseitigen Werbeanzeige der Maori Language Commission, in der ein junger Maori dem Betrachter mit einer Axt im Arm finster entgegenblickt. In den geschnitzten Gesichtern der Ahnen sind deren Tätowierungen detailgetreu nachgezeichnet. In diesem moko ließen sich Rang und Status der Träger ablesen.

Als einer der herausragendsten Künstler auf dem Gebiet der Holzschnitzkunst gilt Hone Taiapa vom Stamm der Ngati Porou, der am 1965 gegründeten Maori Arts and Crafts Institute in Rororua unterrichtete. Es war der erste Betrieb, der vollständig in Maori-Besitz war und eigenständig geleitet wurde. «Hone wollte erst nicht», erinnert sich Kuru Waaka, der 1965 als Institutsdirektor die Geschäfte übernahm. «Ich rief seine Frau an und sagte, ich würde vorbeikommen. Dann ging ich in den Pub und kaufte ein Dutzend Bierflaschen. Wir leerten die Flaschen und waren betrunken, aber er akzeptierte den Job. Ich hatte ihn.» Wer im Rotorua Arts and Craft Institute etwas kaufen will, wird es sich vielleicht zweimal überlegen. Meistens erwarten die Touristen eher Dritte-Welt-Preise. Aber die 1,5 Millionen Dollar Gewinn 1993 müssen ja irgendwoher kommen.

Die Dachsparren der Versammlungshäuser zieren oft Muster, die einer zusammengerollten Farnknospe ähneln. Diese *koru*, von denen eine Version auch als Firmenlogo von Air New Zealand verwendet wird, dienen dem Maler Gordon Walters als Studienobjekt, das er auf seinen Bildern abstrakt verändert.

Als wohl berühmtester Zeitgenosse Walters gilt Colin McCahon. Der 1919 geborene und in Dunedin aufgewachsene Maler begann nach einer frühen Phase mit Landschaftsbildern, theologische Themen in seine Kunst zu integrieren. Später fügte er seinen «Zustandsbeschreibungen der Menschenseele» Schriftzeichen hinzu, wodurch er streckenweise den amerikanischen Pop-art-Künstlern ähnelte. Nach einem USA-Besuch Ende der fünfziger Jahre abstrahierte McCahon seine Landschaftsmotive noch mehr und füllte die Leinwand mit symbolträchtigen Botschaften und Zahlen.

Zu den früh international anerkannten Künstlerinnen zählte Frances Hodgkins. 1869 in Dunedin geboren, begann sie mit impressionistischen Porträts aus Wasserfarben. Immer wieder nach Europa reisend, wurde sie 1929 Mitglied der britischen Avantgardisten-Gruppe «Seven and Five» und malte in den dreißiger Jahren zunehmend abstrakt in der Gouachen-Technik, einer Mischung aus Wasser- und Ölfarben. Nach später Anerkennung präsentierte sie 1946 in London eine Ausstellungs-Retrospektive, die sie nur um sechs Monate überlebte.

Als weiterer großer Exilkünstler gilt Len Lye, ein früher Spezialist auf dem Gebiet der direkten Filmtechnik. Nachdem der 1901 in Christchurch geborene Lye zunächst in Australien das Zeichentrickhandwerk erlernte, entdeckte er das Medium Film als künstlerische Ausdrucksmöglichkeit auf seine Weise: Er ritzte seine Bilder direkt auf den Zelluloidstreifen und schuf mit dieser Form schon vor sechzig Jahren jene rasanten Bildcollagen (Rainbow Dance, 1935), die heute von künstlerisch ambitionierten Video-Clip-Regisseuren mittels Digitaltechnik zur Musik von Brian Eno oder Peter Gabriel kreiert werden.

Es fällt auf, daß es unter den jungen neuseeländischen Künstlern sehr viele Frauen gibt. Zu denen, die darstellende Kunst von einem feministischen Standpunkt aus präsentieren, gehören mehr national bekannte Namen wie Carole Shepheard, Kim Pieters und Ruth Watson. Die aus Canterbury stammende Absolventin der Elam School of Fine Arts will mit Multi-Media-Collagen ihren eigenen Weg finden. «Meine ländliche Herkunft bewahrte mich vor zuviel romantischer Sympathie mit der Landschaft und befreite mich dadurch von den Wurzeln neuseeländischer Künstler.

Mit meiner Arbeit möchte ich einige der Wege aufdecken, mit denen wir uns wichtige Begriffe wie ‹Erinnerung›, ‹Sexualität› oder das ‹Land› bilden, und mir gleichzeitig darüber bewußt werden, was wir in sie hineinlegen.»

Zur neuseeländischen Kunsttradition gehört nicht nur das auf die «zupackende» Siedlungsmentalität zurückgehende handwerkliche Element sowie das Interesse an der Landschaftsmalerei. Es sind oft auch traditionelle Materialien, die im Rückblick auf die eigene Geschichte, vor allem von Maori-Künstlern, wiederentdeckt werden: Ton, Wolle, Holz, Jade.

So verwendet Maureen Lander in ihren Arrangements vor allem *harakeke*, Flachsfasern. «Durch die Verwendung von harakeke war ich in der Lage, eine symbolische Sprache in meinem Schaffensprozeß zu entwickeln», betont die Künstlerin. «Diese Sprache reicht durch die Unterweisung in traditionellen Webtechniken zurück in die Vergangenheit und durch die Ausnutzung meines bikulturellen Erbes in eine unbekannte Zukunft.»

Für die einen Kunst, für die anderen nur kriminell: Auckland und andere Großstädte sagen der Graffiti-Szene den Kampf an. «Es ist, als ob Hunde an die Ecke pinkeln, um ihr Gebiet zu markieren», meint Police Officer Bill Davey. Es sei längst nicht mehr kreativ, sagen die, die es jeden Tag wieder entfernen müssen. Vor Jahren hätte es mal Künstler gegeben, doch die heutigen Sprühereien sähen weder gut aus, noch machten sie irgendeinen Sinn. Auckland City gibt jährlich 300000 Dollar aus, um die rätselhaften Botschaften wieder zu entfernen. Die meistverhängte Strafe für den, der auf frischer Tat ertappt wird: 100 Dollar.

Eulen und Windesser

Mit ihrem ersten Roman *Owls Do Cry* legte die 1924 in Dunedin geborene Janet Frame 1957 den Grundstein für ihren bis heute anhaltenden nationalen und internationalen Erfolg. Die düstere Familienchronik, deren Titel Shakespeares *Sturm* entnommen ist, brachte ihr den «New Zealand Literature Fund Award» ein. Sprache und Erzähltechnik verleihen dem Werk einen hohen künstlerischen Rang, besonders die in einer Nervenheilanstalt spielenden Szenen und die Schilderung des verwirrten Geisteszustands von Daphne, der Tochter des Eisenbahnarbeiters Bob Withers.

Janet Frame, die bis zu ihrem 25. Lebensjahr selbst viele Jahre in psychiatrischen Anstalten leben mußte, thematisiert in ihrem Werk immer wieder diese Erfahrungen. Ihre umfangreiche dreibändige Autobiographie, *To the Island, An Angel at My Table* und *The Envoy From Mirror City* wurde mit Literaturpreisen überhäuft. Unter ihren zahlreichen Auszeichnungen war 1974 auch der «Katherine Mansfield Memorial Fellow»-Preis.

1888 in Wellington als Kathleen Beauchamp geboren, gilt die spätere Katherine Mansfield als Neuseelands renommierteste und international bekannteste Kurzgeschichtenautorin. Nach einer Phase unsteten Lebens in London und dem Scheitern ihrer ersten Ehe – sie blieb mit ihrem Mann, einem Gesangslehrer, nur einen Tag zusammen –, riß die hinterhergereiste Mutter sie aus ihrem Bekanntenkreis und fuhr mit ihr 1909 nach

Bad Wörishofen. Dort hatte Kathleen eine Fehlgeburt.

In ihre ersten Erzählungen *In A German Pension*, die das spießbürgerliche Verhalten von Pensionsgästen im Vorkriegs-Deutschland zum Inhalt haben, floß viel von ihren bitteren persönlichen Erfahrungen in satirischer, boshafter und spöttischer Form ein. In *Germans at Meat* wird über Essen und Gesundheit gestichelt, in *The Baron* mit angelsächsischem Spott über blinde Adelsergebenheit gelästert und in *The Advanced Lady* die kritiklose Bewunderung künstlerischer Ambitionen porträtiert.

Mansfield will Impressionen vermitteln, keine Ereignisse, und beschreibt dazu die Merkmale des bürgerlichen Milieus inklusive übernommener deutscher Anreden wie «Herr Rat» oder «Frau Feldleutnantswitwe» in knapper, kommentarloser Sprache. Später distanzierte sich die Autorin vom durch «jugendliche Bitterkeit» und «groben Zynismus» geprägten Erstlingswerk. Sie verhinderte eine Neuauflage während des Ersten Weltkriegs, da sie aus der herrschenden Deutschlandfeindlichkeit kein Kapital schlagen wollte.

Nachdem sie 1918 den Herausgeber der Zeitschrift *Rhythm*, John Middleton Murry, geheiratet hatte, zelebrierten beide das Leben von Bohemiens und freundeten sich in literarischen Zirkeln mit D. H. Lawrence und Virginia Woolf an. Während ihr literarischer Ruhm wuchs, erkrankte Katherine Mansfield 1919 an Tuberkulose und starb vier Jahre später.

Neben Janet Frame zählt Keri Hulme zu den herausragenden Schriftstellerinnen der Moderne. Sie fühlt sich ihrem bikulturellen Erbe verpflichtet und greift stark auf die Maori-Mythologie zurück. Für ihr Buch *The Bone People* erhielt sie 1984 den renommierten britischen Booker-McConnell-Preis. Die in Okarito an der Westküste lebende Autorin arbeitete auch mit dem Fotografen Robin Morrison zusammen und produzierte 1989 *Homeplaces*, einen poetischen Essay in Worten und Bildern.

Zu den Literaten, die das Verhältnis zwischen Pakehas und Maori thematisieren, gehören der Lyriker Hone Tuwhare und der Schriftsteller Witi Ihimaera.

Der bekannteste Lyriker Neuseelands dürfte James Keir Baxter sein, der neben seinem poetischen Schaffen auch engagierte Sozialarbeit leistete. Aus religiöser Überzeugung konvertierte der Literat zum Katholizismus und trennte sich von seiner Familie. 1968 gründete er im Maori-Dorf Jerusalem am Wanganui-Fluß eine Art Sozialstation für Obdachlose, Drogenabhängige und Alkoholiker.

Eines der großen Literaturereignisse des Jahres ist das vom *Listener* gesponserte Womens's Book Festival, das jeweils in der Woche um den 19. September, Neuseelands Women's Suffrage Day, landesweit zu Veranstaltungen einlädt. Initiiert wurde das Literaturspektakel 1988 von sechs Frauen aus dem Buchgewerbe. Ein Jahr später übernahm der *Listener* die Finanzierung, das Management wurde professionell abgewickelt. 1993 arbeiteten freiwillige Helfer – Bibliothekare, Lehrer, Buchhändler und Autoren – an dreißig verschiedenen Veranstaltungsorten und präsentierten moderne Frauenliteratur sogar in kleinen Provinzstädten.

Fototermin zum Sprung in die Hitparade

Karriere in Übersee

Fototermin am oberen Ende von Aucklands Queen Street: Ein Auge am Sucher, schreit der Fotograf seine Anweisungen quer über die Straße: «That's it. Hold it.» Darüber lehnt sich Lorina Harding an einer Plakatwand gegen ihr eigenes, überdimensionales Konterfei. Fünf Jahre hat die Sängerin meistens im kanadischen Exil gelebt, jetzt ist sie für die Promotion-Arbeit an ihrem neuen Album *Lucky Damn Woman* wieder in der Stadt. Country Rock, gefällige Melodien, etwas Blues, viele akustische Instrumente sind zu hören. Ein Name aus der interessanten, lokalen Szene.

Viele sanfte Töne erklingen auch auf der neuen Scheibe von Neuseelands bekanntesten Pop-Barden Crowded House, *Together Alone*

heißt das Werk, von dem Bandleader Neil Finn sagt, es seien musikalisch viele polynesische und Maori-Themen eingeflossen. Die weltweite Anerkennung dieser Rückbesinnung auf die folkloristischen Wurzeln im Land «feels good». Außerdem hätten die Leute in Europa und besonders in England die Nase voll von rasanter Musik, meint Finn.

Nur wer auf dem abgelegenen Eiland internationale Trends erkennt, hat eine Chance auf eine größere Zuhörerschaft. Doch wer ganz nach oben will, muß das am Weltmaßstab gemessene musikalische Niemandsland verlassen. Wen Starruhm und das große Geld locken, verschwindet möglichst schnell in Richtung Europa, mindestens aber Australien. Dazu entschloß sich Anfang der achtziger Jahre auch die Band Split Enz, mit denen die Brüder Tim und Neil Finn ihre ersten großen Erfolge verbuchten.

Als Sängerin und Songwriterin schaffte es auch Shona Laing, sich international einen Namen zu machen. Als erster neuseeländischen Künstlerin gelang ihr der Sprung in die amerikanischen Billboard Charts. Nach einigen Top-Five-Hits daheim ging auch sie nach England, arbeitete mit Cliff Richard und Manfred Mann's Earthband, ließ dabei aber nie ihre eigene Musik aus den Augen.

Als innovativste nationale Musikszenen konkurrieren Auckland und Dunedin miteinander. Zu den Kultbands aus dem Süden gehören immer noch The Verlaines. Während andere Bands wie Straitjacket Fits mit Chart-Erfolgen die Brücke zum Mainstream überschritten haben, bleibt die Verlaines-Gemeinde eher klein. Mit weltweit über 100000 verkauften Platten gelten The Chills als Dunedins erfolgreichste Rockgruppe. Zu den Auckland Bands der frühen achtziger Jahre gehörten The Plague, the Whizkids oder Blam Blam Blam. Zu den neuen Namen gehören heute Moana and the Moa Hunters und 3D's. Das legendärste Plattenlabel der Szene ist Flying Nun, einst vom sehr umtriebigen neuseeländischen Ex-Punk Chris Knox gegründet. Inzwischen schießen immer neue lokale Plattenfirmen, oft nur für kurze Zeit, aus dem Boden. In Auckland produziert Real Groove Records und das «laute Label» Wildside, unter dem auch die Wellingtoner Band Shihad veröffentlicht. Ganz in die entgegengesetzte Richtung gehen die sphärischen Meditationsklänge von Evergreen, einem Label der Gateway Productions, wo Jeff Clarkson seine meditative Musik «for relaxation, healing and listening pleasure» präsentiert.

Obwohl das Land sehr klein ist, bieten die Clubs und Pubs in den musikalischen Zentren Auckland, Wellington, Christchurch und Dunedin sehr vielfältige Klänge: von der Popmusik der Abel Tasmans und der Mutton Birds, den «moody tunes» Jan Hellriegels, den rockigen Klängen Midge Marsdens und Dave Dobbyns, den «dance grooves» der Headless Chickens bis zur Countrymusic von Wayne Gillespie und Pasty Riggir. Für Schnulziges sorgt der Maori-Elvis Howard Morrison.

Einen musikalischen Zusammenschnitt der neuseeländischen Rockmusik bietet die Doppel-CD *25 Years of Kiwi-Rock*, und das Musikmagazin *DUN* informiert ausführlich über die heimische Szene.

Auf der Jagd nach neuen Klängen haben die Medienkonzerne wieder etwas Neues anzubieten. «Urban Pacific» heißt der jüngste musikalische Trend aus Down under, nach dem Motto: Direkt von den Straßen in die Klubs. Die Fusion von Maori- und Pazifikrhythmen mit soliden «dance beats» erfreut sich bereits großen Interesses der Plattenindustrie Australiens und Amerikas. Das größte austral-asiatische Independent Label für Tanzmusik, Volition Records, brachte die CD *Proud, A Street Soul Compilation*, mit sieben «Urban Pacific Groups» aus Auckland heraus. Für die internationale Vermarktung der Hip hop-, Funk-, Soul- und Rap-Klänge von Aucklands ethnischen Minderheiten griffen EMI- und Sony Music zu.

Zu den klangvollsten Namen der ernsten Muse gehören die Opernsänger Dame Kiri Te Kanawa und Donald McIntyre. Als Xenia in Mussorgskijs *Boris Godunow* debütierte die Maori-Neuseeländerin 1971 im Londoner Covent Garden. Danach standen der Sopranistin und späteren Ehrendoktorin der Oxford University sowie Dame Commander of the British Empire alle großen Opernbühnen der Welt offen.

Wer Bigband-Jazz mag, sollte sich einmal das Orchester des Posaunisten Rodger Fox anhören. Seit zwanzig Jahren leitet er seine Band, und er gehört zu den wichtigsten Förderern des Jazz in Neuseeland.

Goldene Palme und Silberner Löwe

Er galt in Europa als einer der besten Filme des Jahres 1993 und gewann in Cannes die Goldene Palme. Mit «standing ovations» feierten die Zuschauer Jane Campions Meisterwerk *The Piano*. Der neuseeländischen Regisseurin gelang ein Novum in der 40jährigen Festival-Geschichte: Zum erstenmal ging der Preis an eine Frau. Auch in Hollywood zeigten sich die Filmjuroren beeindruckt. Drei Oscars fielen den Filmfrauen in den Schoß: Holly Hunter erhielt ihn als beste Schauspielerin, Filmtochter Anna Paquin für die beste Nebenrolle und Jane Campion für das beste Original-Drehbuch.

Mitten im Hoch-Viktorianismus, der Waitangi-Vertrag ist vor zehn Jahren unterschrieben worden, reist die stumme Ada mit ihrer neunjährigen Tochter Flora von Schottland ans andere Ende der Welt, um endlich doch noch zu heiraten. Sie willigte in die Ehe mit Stewart Allistair aber nur unter der Bedingung ein, daß sie ihr Piano mitnehmen dürfe. Das Vorhaben steht unter keinem guten Stern. Nachdem die in Schwarz gekleidete Braut durch die Brandung an Land getragen wird, läßt der enttäuschte Gatte ihr Piano am Strand zurück. Nachbar Baines, der das Instrument an sich nimmt, schlägt ihr ein Tauschgeschäft vor: Pro Taste eine erotische Lektion. Im Laufe der Dreiecksgeschichte befreit sich die stumme Ada langsam von ihren viktorianischen Moralfesseln und zieht schließlich mit ihrem Liebhaber in die Fremde.

Doch es ist nicht allein die Metapher der äußeren und inneren Reise, die als Filmgeschichte fasziniert. Es ist die Art und Weise, wie die Figuren in grandiose Landschaftsaufnahmen eingefügt werden.

Schon 1986 war Campion in Cannes erfolgreich gewesen, damals aber nur in der Kategorie Kurzfilm: Für *Peel* gab es Gold. 1990 machte die Absolventin der Londoner Chelsea School of Arts und diplomierte Regisseurin mit der Verfilmung von *Ein Engel an meiner Tafel*, die Lebensgeschichte der fälschlich für schizophren gehaltenen Schriftstellerin Janet Frame, von sich reden. In Venedig gewann der Film den Silbernen Löwen.

Erst durch die Förderung der New Zealand Film Commission entwickelte sich ab 1978 die nationale Filmszene in größerem Umfang. Seit ihrem Bestehen unterstützte die Commission über fünfzig Spielfilme und über hundert Kurzfilme. Die Werke der neuseeländischen Jungfilmer zeichnen sich durch eine Mischung aus Science-fiction, Horror und schwarzem Humor aus. In den meisten neueren Filmen werden vor dem Hintergrund einer eindrucksvollen Landschaft Themen aufgearbeitet, die aus den Konflikten des kolonialen Erbes oder aber der bikulturellen Gesellschaft erwuchsen. Neben dem neuen weiblichen Regiestar gehören Vincent Ward *(The Navigator)* und Geoff Murphy zu den bekannteren Namen. Dessen Streifen *Goodbye Pork Pie* – eine wilde Aussteiger-Autojagd durch Neuseeland – gehörte zu den frühen Kassenerfolgen. Sein Film *Quiet Earth* zeigt, wie nach einem fehlgeschlagenen Experiment mit der Sonne sämtliche Lebewesen der Erde verschwunden sind. Nur ein Wissenschaftler, eine junge Frau und ein Maori, die die Katastrophe überlebten, finden sich nacheinander in einer sonst menschenleeren Zivilisation wieder.

Ein sehenswerter Dokumentarfilm der Maori-Regisseurin Merata Mita zeigt, wie sich 1981, während des Besuchs der südafrikanischen «Springbok»-Rugbymannschaft, aus einer kleinen Gruppe von Apartheids-Gegnern eine landesweite Protestbewegung entwickelt. Mit roher Gewalt prügelte damals die Regierung die friedlichen Demonstranten auseinander.

Daß der Streit über ein Rugbyspiel gleich die ganze Nation in Aufruhr versetzt und sich so mit seiner politischen Dimension als ideales Dokumentarthema empfiehlt, läßt sich nur verstehen, wenn man weiß, wie wichtig den Neuseeländern der Sport ist.

Rugby-fieber und Regatten

Outdoor-Aktivitäten

Mitunter verirrt sich auch mal eine Frau in eine Auckländer Rugby-Arena, um Interesse am beinharten Männersport zu demonstrieren. So ließ sich die neue Labour-Oppositionsführerin Helen Clark gleich nach ihrem Amtsantritt beim populären Volkssport blicken. «Eine ungewöhnliche Abendunterhaltung für eine bücherliebende Intellektuelle», kommentierte tags darauf der *New Zealand Herald*. «Ich mag Sport», erklärte die begeisterte Tennis-Zuschauerin. «Diese Spieler sind recht fit, und ich finde es beeindruckend, wie sie sich einsetzen.» Sympathieheischende Absichten wies sie offiziell weit von sich, weiß es insgeheim natürlich besser.

Sport nimmt im Alltag einen wichtigen Platz ein. Knapp die Hälfte aller Neuseeländer gehört mindestens einem Sport- oder Fitness Club an. In der New Zealand

Assembly for Sport, die fünfzig nationale Sportinstitutionen repräsentiert, sind 1,5 Millionen Mitglieder eingetragen. Da liegt es nahe: Wer als Politiker Interesse an Sport zeigt, kann viele Sympathien verbuchen. Mit jährlich fünf Millionen Dollar greift allein die unabhängige New Zealand Sports Foundation vielversprechenden Talenten finanziell unter die Arme. Mehr als fünfzig Organisationen investieren jährlich zwanzig Millionen Dollar in zweitausend Spitzensportler, Trainer und Wissenschaftler. Die staatliche Hillary Commission for Sport, Fitness and Leisure verteilt noch einmal gut zwölf Millionen Dollar. Wer bei einer Weltmeisterschaft oder Olympiade allein oder im Team ganz oben auf dem Treppchen steht, darf mit einem Bonus zwischen 25000 und 150000 Dollar rechnen.

Die Anstrengungen machten sich bereits bezahlt: Als 1984 bei den Olympischen Spielen in Los Angeles die osteuropäischen Nationen fehlten, erzielte Neuseeland im Vergleich zur Bevölkerungszahl pro Kopf die höchste Medaillienrate aller teilnehmenden Nationen.

Mutsprünge der Bungy-Jumper

Der Gedanke ans Geldverdienen dürfte bei dem Heer von Freizeitsportlern eher eine untergeordnete Rolle spielen. Sport ist Mythos. Ein wagemutiger und erfolgreicher Sportler repräsentiert für den Neuseeländer den archetypischen Kämpfer, ein psychologisches Erbe kolonialen Überlebenswillens.

Nach Feierabend gehört das Austesten der eigenen Leistungsgrenze zum Freizeitprogramm. Das geschieht auf höchst unterschiedliche Arten, vom Dauerlauf am Straßenrand bis zum gummibandgebremsten Kopfsprung in fünfzig Meter Tiefe. «Messen mit der Natur» könnte das Motto vieler sportlicher Aktivitäten umschrieben werden. Daß diese noch als schadstofffrei empfunden wird, belegen die unzähligen Jogger, die neben den Autoschlangen tief durchatmend ihre Lungen mit Luft füllen. Jedes Jahr im März geben sich 70000 dieser fleißigen Feierabendläufer zusammen mit einigen Profis beim Auckländer Around The Bays Fun Run ein Stelldichein.

Wo immer beim Sport Mut mit einem gehörigen Adrenalinstoß belohnt wird, sind Neuseelands Männer zur Stelle. Sollte der altbekannte Kick, etwa beim Drachenfliegen, nicht mehr nachhaltig genug sein, erfinden sie kurzerhand neue Nervenkitzel. So ist es kein Zufall, daß der erste Bungy Jumper in Neuseeland in die Tiefe stürzte.

Das Ringen mit den Elementen, das sich in vielen sportlichen Outdoor-Aktivitäten widerspiegelt, hat unterschiedliche Formen. Ist es nicht der Fall in die Tiefe, strampelt man willensstark mit dem Bike bergauf, jagt auf einem Schlauchboot über Stromschnellen oder läßt sich auf einem dreirädrigen Sitzgestell von einem Drachen über den stürmischen Strand ziehen. Wichtig ist, daß sich hinterher die Gewißheit einstellt: Ich hab es geschafft. Das dürfte auch Sir Edmund Hillary gedacht haben, als er 1953 mit dem Sherpa Tensing Norgay als erster den Mount Everest bezwang.

Nicht ganz so hoch, aber auch in einer weißen Winterwelt liegen Neuseelands Skigebiete, wo die Saison von Juni bis Ende Oktober dauert. Zu den besonderen alpinen Erlebnissen zählt die Talfahrt auf dem 29 Kilometer langen Tasman-Gletscher.

Ballspiele und Wellenreiter

Eine ähnlich religiöse Begeisterung für Rugby dürfte nur noch in einigen Waliser Tälern existieren. Ausgerechnet dort verloren 1905 die All Blacks, Neuseelands Nationalteam, auf ihrer Englandtour ihr letztes Spiel durch eine zweifelhafte Schiedsrichterentscheidung. Ein Trauma, das wahren Rugbyfans bis heute zu schaffen macht. Auf dieser ersten Auslandstour erhielt das Team auch seinen Namen, kreiert durch einen Druckfehler in der Zeitung. Es sollte eigentlich «all backs» heißen, zur Beschreibung ihres früh attackierenden Spielstils. 1987 gewannen die All Blacks, auf dem Höhepunkt ihres Könnens, den

Voll drauf: Männersport Rugby

World Cup gegen Frankreich. Zum politischen Rugby-Eklat kam es 1981, als das südafrikanische Springbok-Team auf ihrer Neuseelandtour die Nation spaltete. Auf der einen Seite standen die unpolitischen Sportfans, auf der anderen die Apartheidsgegner, die bei ihren Demonstrationen die Schlagkraft der Staatsmacht am eigenen Leib erfahren mußten. Nachdem Südafrika sich 1992 offiziell von der Apartheidspolitik verabschiedet hatte, trafen auch die Rugby-Spieler wieder aufeinander. Noch im selben Jahr gingen die All Blacks mal wieder als Sieger vom Platz.

Der andere große Ballfanatismus, eigentlich ist es ja eine kleine, harte Kugel, gilt dem Cricket. Genau hundert Jahre sind es her, seit 1894 das erste nationale Team zusammengestellt wurde. 1898 reiste es zum ersten Match nach Australien. Bis in die siebziger Jahre hinein litten Neuseelands Cricketer unter ihrem Amateurstigma gegenüber den Profis aus Übersee.

1956 brachte den ersten Sieg in der mehrere Tage dauernden Spielserie. Der Verlierer hieß «West Indies». Den großen anderen Rivalen, die Pakistaner, besiegten die Neuseeländer erstmals im Februar 1973. Inzwischen war das Ein-Tags-Cricket eingeführt worden. Wahre Cricketpuristen läßt diese Turnierform jedoch kalt. Sie hocken lieber tagelang vor dem Fernseher, um das geschickte «spin bowling» des Werfers zu beobachten. Trifft er die drei kleinen Holzstäbe? Trifft der Schlagmann seinen Ball? Oder landet er im Handschuh des Fängers?

Noch eine Nummer kleiner ist der Golfball. Auf mehr als 400 Plätzen können die Freunde dieses Sports ihre Schlagkraft testen. Pro Kopf verfügt kein anderes Land über so viel kurzes Grün. Die Gebühren sind, gemessen am Weltstandard des Edelsports, sehr viel geringer. Auf den von lokalen Gemeinden oder dem Tourist Department verwalteten Plätzen besteht für ein paar Dollar uneingeschränkter Zutritt für jedermann.

Als beliebteste Frauensportart gilt Netball. Nach dem Import aus Australien gewannen die Auckländer Damen 1926 die erste nationale Meisterschaft. Das basketballähnliche Spiel (bis 1970 hieß es Women's Basketball) steht von der Zahl der eingetragenen Vereinsmitglieder hinter Rugby an zweiter Stelle. 1987 gewann das Nationalteam die Weltmeisterschaft in Schottland.

Ein Jahr nach der Unterzeichnung des Waitangi-Vertrags segelten erstmals Boote im Wellingtoner Hafen um die Wette. 1880 fiel der Startschuß zur Premiere der Auckland-Regatta, inzwischen die größte der Welt.

Nichts lieben Neuseeländer mehr, als sich in irgendeiner Weise mit Booten zu beschäftigen. Der Lohn für diese Leidenschaft: mehrere olympische Goldmedaillen, 1990 der Sieg von Skipper Peter Blake mit der Steinlager II beim Whitbread-Rennen rund um die Welt, der Admiral's Cup und verheißungsvolle Versuche beim America's Cup.

Mit der breiten Begeisterung ist im Segelgeschäft sehr viel Geld zu verdienen. Als die Whitbread-Segler im Januar 1994 in Auckland Anker warfen, herrschte Karnevalsstimmung. Rund um den Liegeplatz gab es im «Segel-Dorf» eine Boots-Schau, viel Essen, noch mehr zum Trinken und jede Menge Live-Entertainment. Da wundert es nicht, daß 1988 die Neuseeländer nach der Niederlage beim America's Cup gegen den Sieg des US-Katamarans protestierten. Derartige Bootskonstruktionen verstießen gegen das Reglement, hieß ihr Vorwurf. Nachdem zunächst ihr Einwand beim Schiedsgericht Gehör fand, mußten sie sich in der Berufungsinstanz endgültig geschlagen geben.

Auch sonst steht Wassersport hoch im Kurs. Die Untersuchung «Life in New Zealand» ergab 1990, daß von Männern (26 Prozent) und von Frauen (29 Prozent) Schwimmen als beliebteste Freizeitaktivität genannt wurde. Die waghalsigen Balanceakte der Surfer gehören an jedem Strand mit ausreichender Brandung zum maritimen Panorama.

Auf dem warmen Wasser vor der Ostküste des nördlichen Neuseeland hätte sich auch Hochseefischer Hemingway wohl gefühlt. Zur Jagd auf Marlin und Tiger-Hai laufen die Charterboote der Big-game Fishing Clubs mit ihren internationalen Gästen von Whangaroa, der Bay of Islands, Tutukaka, der Mercury Bay und Tauranga aus.

Fußmärsche

Das Abenteuer abseits der Zivilisation suchen die Neuseeländer auch beim Wandern. Die Gelegenheiten dazu sind vielfältig. Unzählige *Tracks* führen durch malerische Landschaft, die stundenweise Einsamkeit oder, in den Bergregionen, sogar tagelange Isolation bieten. Seit 1976 wird in Ergänzung zu den Tramping-Tracks des Hinterlandes das Walkway-System auch in ländlichen und Stadt-Gebieten ausgebaut. Die meisten Wege, die im Schwierigkeitsgrad zwar variieren, hauptsächlich aber kürzere Wanderstrecken sind, führen über Privatland.

Zu den beliebtesten mehrtägigen Wanderwegen gehört der Abel Tasman Coastal Track mit 24000 Wanderern jährlich, gefolgt von den Milford, Routeburn, Kepler, Lake Waikaremoana und Heaphy Tracks.

Auch in der Fußathletik haben neuseeländische Frauen eine eigene Domäne: die Marching Teams. Was während der Wirtschaftskrise in den dreißiger Jahren als kostenfreie Freizeit-Aufmunterung begann, erhielt mit dem Zweiten Weltkrieg eine straffere Militärnote. Als Trainer und Juroren nahmen jetzt Soldaten das Heft in die Hand. Auch das Outfit der Damen erhielt uniformellen Touch. In den fünfziger Jahren erlebte der zackige Sport seinen Höhepunkt. Etwa 3500 Frauen marschierten ihre Formationen mit Begeisterung, jeder Schritt 75 Zentimeter lang, jeder Fuß exakt fünfzehn Zentimeter gehoben. Bis heute ließ das Interesse mehr und mehr nach, und die Frauen können nur noch bei Festumzügen oder als Aufwärmakt vor Sportveranstaltungen gesehen werden.

Je rauher, je besser: Krafttraining nach Feierabend

Wie im Garten Eden

Essen und Trinken

Wie die einfallslose britische Küche eine so große Seefahrernation hervorbringen konnte, birgt gewisse Rätsel. Vielleicht war diese karge Kost – man denke nur einmal an die bis heute in heißem Wasser geschwenkten grünen Erbsen – aber geradezu Voraussetzung für die so entwickelte Genügsamkeit vom Kapitän bis zum Kombüsenjungen. Denn bei dem monatelangen Aufenthalt auf See spielte oft genug Schmalhans den Küchenmeister.

Inzwischen verfeinert Neuseeland den wenig raffinierten, importierten Speiseplan aus dem Mutterland mit heimischen Köstlichkeiten. Sonntags-Roast, Veggis, Kürbis und Kumara schmecken abwechslungsreicher, würzige Kompositionen kitzeln den Gaumen. Knoblauch ist salonfähig, über den (vergleichweise teuren) Yoghurt wird nicht mehr die Nase gerümpft, Rezeptzutaten avancierten sogar zum literarischen Inhalt: «Essig, wenn Ihnen danach ist. Oder Ingwerwurzel… und Knoblauch und Soja. Wir bekommen immer noch Soja aus Dunedin. Himmlisch. Dazu ein Schuß Sherry – meiner kommt aus Nelson, die Ernte ist dort besonders reich. Für den Sherry gebe ich alles. Und für den Wein, natürlich.» Keri Hulmes erzählt in ihren Kurzgeschichten auch von Kulinarischem.

Kiwimenü

Als Vorspeise bieten sich Meerestiere an. Vielleicht ein paar Muscheln in den Sand des Hot Water Beach auf Coromandel gesteckt. Oder, wer gerade in der Gegend von Kaikoura auf der Südinsel unterwegs ist, Crayfish (Languste), spottbillig vom Imbißstand an der Straße. Da wären auch noch die Austern von Stewart Island zu empfehlen, auf frischem Salat serviert, mit einem würzigen Dip und einigen Spritzern Zitronensaft verfeinert.

Die Auswahl an Hauptgerichten ist groß, denn Fleisch und Fisch sind von ausgezeichneter Qualität. Läßt sich mit Lamm-, Rind- und Wildgerichten noch ein bekannter Geschmack verbinden, so sind die acht-

zig Fischarten, darunter Hapuka, Tarakihi oder Snapper, bei uns größtenteils unbekannt. Als teure Delikatesse gilt mit über sechzig Dollar pro Kilo Whitebait. Die heimische Forelle sucht man vergebens auf der Speisekarte. Sie muß selbst gefangen werden, da der Handel per Gesetz verboten ist.

Nach Jahrzehnten einfachster Küche werden die Zutaten heute längst nicht mehr phantasielos in den Kochtopf und auf den Teller gelegt. Als in den fünfziger Jahren verstärkt Einwanderer, vor allem aus Europa, ins Land kamen, demonstrierten sie mit ihrer Essenskultur den Neuseeländern, daß Kochen ein Erlebnis sein kann. Auch der wachsende Tourismus und das weltweite Zusammenrücken der Nationen im Jet-set-Tempo ließen Ansprüche, kulinarisches Angebot und Service im Land steigen.

Mit der wirtschaftlichen Orientierung in Richtung Asien eröffneten auch viele Chinesen und Japaner in den letzten fünfzehn Jahren beim neuen Handelspartner Restaurants und Take Aways. Wer preiswert, schnell und gut essen will, dem seien diese asiatischen Imbißläden empfohlen.

In der Kategorie «schnelle Küche» rangieren neben den internationalen Fast-food-Ketten mit ihrem Einheitsgeschmack auch die vielen tausend Fish and Chips Shops. Es gibt die Ansicht im Land, daß dieser englische Beitrag zur Weltküche in Neuseeland zu einer Kunstform erhoben wurde. Voraussetzung: der Teig schmilzt im Mund, die Chips sind kroß und goldbraun und als Fisch wird Hoki verwendet.

In einem nationalen Wettbewerb wurde 1992 der beste Fish and Chips Shop gesucht. 100 000 Neuseeländer nominierten 3000 Läden. Gewonnen hat Gloria's Fast Food Cafe, Victoria Road, Devonport, Auckland. Die Gewinner meinten, ein Geheimnis ihres Erfolgs läge im regelmäßigen Erneuern des heißen Fetts.

Ohne Fett kommt die traditionelle Gartechnik der Maori aus. Der Geschmack des Essens aus dem *hangi*, dem heißen Erdofen, ist eine sehr neuseeländische Erfahrung. In einem zwei Meter langen und einem Meter tiefen Erdloch wird ein Holzfeuer entzündet, auf dem einige Steine liegen. Nachdem die Asche entfernt ist, werden auf die heißen Steine einige nasse Säcke gelegt. Abwechselnd kommen jetzt Fleisch und Gemüse in Kochfolie oder Drahtkörben sowie weitere nasse Säcke auf diesen heißen Untergrund. Zum Schluß wird der Ofen mit einer Schicht Erde abgeschlossen. Wenn die Sonne untergeht, kann der hangi geöffnet werden.

Ein süßer Nachtisch darf natürlich nicht fehlen. Obst kann erntefrisch fast überall am Straßenrand gekauft werden. Manchmal steht sogar nur ein Kasten für das Kleingeld dabei. Die Auswahl ist groß: Kiwis, Erdbeeren, Zitrusfürchte, Aprikosen, Boysenberries und Tangelos, eine Frucht, die sehr intensiv nach Mandarine und Orange schmeckt und für den Exportmarkt erst noch entdeckt werden muß.

Fast mystische Dimensionen hat die Pavlova angenommen. Seit die russische Ballerina Anna Pavlova in den zwanziger Jahren die Nation mit ihren leichten Sprüngen verzauberte, gehört das ebenso leichte Schaumgebäck mit Schlagsahne zum Standard-Dessert. Noch können sich Australier und Kiwis nicht einigen, wer dieses Kalorienkunstwerk als erster kreierte. Die andere große Nachtischliebe gehört der Eiscreme. Die Neuseeländer essen mit neunzehn Litern jährlich pro Kopf mehr davon als jedes andere Land. Es gibt vierzehn Eisfirmen, die selbst im Winter gut verkaufen. Wer unterwegs Eis schlecken will: Die Waffel heißt *cone*, der becher *tub*. Die Mengen sind riesig.

Für zwischendurch sei noch ein Stopp an einem der Tea Rooms für einen Devonshire Tea empfohlen. Für etwa fünf Dollar gibt es eine Kanne Tee, Scones (kleine Weizenmehlkuchen), Marmelade und Schlagsahne.

Geistige Getränke

Was trinken die Neuseeländer? Kaffee oder Tee, Bier oder Wein? Zunächst einmal: Die Teetrinkernation hat den Kaffee entdeckt, fast schon eine Kulturrevolution. Wo es früher nur Pulverkaffee gab, genießt man heute in netten Cafés Capuccino und Espresso.

Obwohl die Weinindustrie, begünstigt durch gute Böden und ausgezeichnetes Klima, expandiert und international gute Noten erhält, ist des Neuseeländers liebstes Getränk immer noch das Bier, möglichst kalt und ohne Schaum gezapft. Der Verbrauch liegt bei jährlich 130 Litern pro Kopf und gehört damit zur Weltspitze. In den letzten Jahren wurde es immer populärer, sein Bier selbst zu brauen. Schätzungsweise zehn Prozent des Bieres stammt aus privater Produktion. Der durchschnittliche Weinkonsum beträgt etwa 21 Liter. Die 6100 Hektar Anbaufläche verteilen sich überwiegend auf die Regionen Gisborne, Hawke Bay, Marlborough, Auckland und Poverty Bay.

Die Geschichte des Alkoholkonsums wechselt zwischen hemmungslosem Saufen und propagierter Prohibition. Ein Überbleibsel im Ringen um das Maßhalten ist die BYO-Praxis. Nur Lokale mit Lizenz dürfen alkoholische Getränke ausschenken. Wer nicht «fully licensed» ist, führt statt dessen das «Bring Your Own»-Kürzel im Schaufenster. Der Gast bringt hier zum Essen seinen eigenen Wein oder sein eigenes Bier mit, das er zuvor im Bottle Shop gekauft hat.

Bei den trinkfesten Rauhbeinen der Gründerjahre floß der Alkohol, vor allem Schnaps, in Strömen. Dabei galt das erste Bier, 1773 von James Cook im Dusky Sound gebraut, ausschließlich medizinischen Zwecken. Er wollte damit den in seiner Mannschaft grassierenden Skorbut heilen.

1831 eröffnete die erste Brauerei in Russell, 1878 gab es über hundert Bierfirmen im Land. Angesichts derartiger Alkoholströme organisierten und engagierten sich die oppsitionellen weiblichen Abstinenzvereine immer stärker. Unter Führung der Women's Christian Temperance Union und der New Zealand Alliance forderten die «wowsers» gesetzliche Regelungen, um diese Trinksitten einzudämmen. Um die Spaltung der Liberal Party zu vermeiden, lenkte Premier John Seddon 1893 ein. Er räumte den Wählern die Chance ein, bei den Parlamentswahlen auch über ein totales Alkoholverbot abzustimmen. Dafür wäre eine Drei-Fünftel-Mehrheit nötig gewesen.

Um die Weltkriegs-Soldaten vom Alkohol fernzuhalten, wurde 1917 die Ausschankzeit auf 18 Uhr begrenzt. Zwei Jahre später scheiterte die vollständige Prohibition an 3362 Stimmen. Mit der neuen Regelung kam es zum «six o'clock swill»: Die Männer tranken nach Feierabend, meistens um 17 Uhr, in der verbleibenden Stunde soviel wie sie konnten.

Bis in die siebziger Jahre «schickte» es sich nicht für Frauen, in öffentlichen Bars zu trinken. Inzwischen findet niemand mehr etwas dabei.

Unterwegs: Die Nordinsel

Die Wiege der Nation

Wenn sich die Fenster oben nicht zu sakralen Spitzbögen verjüngten und im Vorgarten zwischen prächtigen Hortensienbüschen nicht die steinernen Kreuze leuchteten, Neuseelands älteste Kirche könnte glatt mit einer weißgestrichenen Bretterbude verwechselt werden. Als die ersten europäischen Siedler 1836 Russells Christ Church errichteten, gab es Wichtigeres als herausgeputzte Betsäle. Aber so ganz mochten sie auf die Seelsorge nicht verzichten. Daß mahnende Bibelworte im pazifischen Paradies vonnöten waren, beweisen die Einschläge der Flintenkugeln im Fundament des Gotteshauses. Stumme Zeugen einer rauflustigen Vergangenheit in der «Wiege der Nation».

Hat die Natur der weißen Zivilisation im Norden Neuseelands nicht die Schönheit der Anarchie vorge-

Northland

zeichnet? Allein rund um die Bay of Islands erstreckt sich ein faszinierender Wirrwarr aus fast 150 Inseln, ausgefranster Küste, agavengesäumten Buchten und puderfeinen Stränden. Auf der Karte erinnert die vulkanische Genese des erkalteten Festlandes an Bleigießen im Pazifik. Wo die Vegetation Wurzeln in den Erdboden treiben kann, sprießen hemmungslos dschungelartige Mischwälder voller Kletterpflanzen. Aus grünem Dickicht leuchten roter Hibiskus und Pohutukawas. Kein Zweifel. Nicht nur bei schönstem Wetter stehen die schlicht zusammengehämmerten Holzhäuschen der Gründerjahre im Schatten dieser grandiosen Naturkulisse. Doch sie halten das historische Erbe auf erholsam rührende Weise lebendig.

Erst in den letzten fünfzig Jahren wurde das notwendige Straßensystem zur Erschließung des neuseeländischen Nordzipfels ausgebaut. Als die Wirtschaft im Land boomte, entdeckten immer mehr wohlhabende Städter das nördliche Vorland Aucklands und bauten dort ihr «bach», ihr Ferienhaus fürs Wochenende. Heute, wo viele sich den Luxus von einst nicht mehr leisten können, werden diese Urlaubsdomizile reihenweise zum Verkauf angeboten.

Küstenslalom

Wer mit dem Auto auf dem Highway 1 über Aucklands Harbour Bridge nach Norden aus der Stadt hinausfährt, wird bald merken, daß auf Northlands kurvenreichen Straßen ein natürliches Tempolimit gilt – ein Phänomen, das auch für viele andere Teile des Landes zutrifft. Die Straßenführungen erinnern mit ihren zahllosen Biegungen, Steigungen und Gefällen an Slalomkurse, die um und über grasbewachsene Vulkankegel führen. Trotz gar nicht so großer Entfernungen sollte für die Tourenplanung, egal ob mit Auto oder Fahrrad, lieber gleich großzügig gerechnet werden. Zusätzlich bremsen amtliche Warnschilder mit dem Hinweis «speed camera aera» chronische Bleifüße.

Zwei große Straßen durchqueren den Rodney Distrikt. State Highway 16 führt im Landesinneren durch Weinanbaugebiete und Farmland am Kaipara Harbour entlang. Bei Wellsford trifft der Highway, der noch nicht vollständig geteert ist, auf den Highway 1, der abwechslungsreicheren Hauptstraße nach Norden.

Orewa, das Zentrum der Hibiscus Coast, bietet einen zwei Kilometer langen Strand, an dem besonders ausdauernde Surffans auch noch im Mondlicht über die Wellen flitzen. Seit Dezember 1991 steht in der Kleinstadt eine Statue von Sir Edmund Hillary, dem neuseeländischen Bergsteiger, der als erster zusammen mit seinem nepalesischen Partner Tenzing Norgay den Mount Everest bezwang. Diverse Hinweisschilder nebenan klären auf: Bis zum Mount Everest sind es 11620, zum Nordpol 14050 Kilometer. Mitunter drängen sich Dutzende durchreisender Touristen zur Foto-Session um den sportlichen Nationalhelden. Wer hier Lust auf Wanderungen entlang der Küste verspürt, findet ausgebaute Wege wie den Fisherman's Cove Walkway mit einem begeisternden Blick auf den Hauraki-Golf. Ein Weg von der Army Bay zur Haruhi Bay bietet eine schöne Sicht auf die Tiri-Tiri-Matangi-Insel. Aber Vorsicht: Vorher

Ein Bootstrip läßt sich an jeder Ecke buchen

vergewissern, daß mit einsetzender Ebbe das Wasser ausläuft.

Der Nachbarort Waiwera wirbt mit seinen heißen Quellen. In zwanzig Pools sprudelt das Mineralwasser in unterschiedlichen Temperaturen. Mit rostfreien Rutschbahnen drumherum wird das familiengerechte Badeerlebnis angeboten.

Fünf Kilometer hinter Waiwera biegt eine Straße nach Puhoi ab. 1863 trafen hier die ersten Siedler ein, Auswanderer aus Böhmen. Siebzehn Jahre später waren 3000 Morgen Land kultiviert, eine Schule, ein Postamt und zwei Hotels gebaut. Es gab zwei Läden, eine Werft, und die Presbyterianer gingen in die St. Peter und Paul-Kirche. Ihre bunten Bleiglasfenster sind noch heute einen kurzen Halt wert. Im Puhoi Pub, dem mit vergilbten Fotos, angeklebten Geldscheinen und historischen Holzfällerutensilien dekorierten lokalen Treffpunkt, läßt die Hausband noch immer einen böhmischen Dudelsack erklingen. 1992 entdeckte ein US-Filmteam in der abgelegenen Idylle die Ähnlichkeit zu einer früheren amerikanischen Siedlung und verpaßte dem verschlafenen Örtchen für die Leinwand eine neue Identität: Aus Puhoi wurde für einige Wochen Haven Falls, Maine, USA.

Von den Häusern aus dem vorigen Jahrhundert zum Raumfahrtzeitalter sind es nur ein paar Kilometer. Drei Satelliten-Schüsseln funken bei Warkworth aus dem Farmland in den tiefblauen Himmel und stellen Neuseelands telefonische Verbindung mit dem Rest der Welt her. Wen die moderne Technik interessiert: Mitarbeiter eines Info-Büros lüften mit einer Video-Dokumentation die Geheimnisse der Telekommunikation.

Zum meistbesuchten Reiseziel an der Kowhai Coast gehört die Kawau-Insel, die nach einer halbstündigen Fährfahrt von Sandspit aus zu erreichen ist. Neuseelands erster Gouverneur, Sir George Grey, kaufte 1862 das Stück Land für 3700 Pfund und richtete sich hier sein exotisches Paradies ein. Wo früher einige Jahre lang Kupfer abgebaut wurde, liefen aus Südafrika importierte Affen, Zebras und Antilopen herum. Überall sproß weltweit zusammengesuchte Flora, darunter brasilianische Palmen, indischer Rhododendron, australischer Eukalyptus, italienischer Oleander und englische Eichen. Den verwaisten Wohnsitz des einstigen Minenmanagers baute er zum luxuriösen Mansion House um. Von den Tieren überlebten bis heute nur ein paar Wallabies und einige Kookaburras, die in der Dämmerung lauthals im Busch lachen.

Weniger einladend kontrastiert einige Kilometer nördlich ein Symbol industrieller Unabhängigkeit mit den grünen Wiesen und dem tiefblauen Hauraki-Golf: Die rotweißen Schornsteine der Ölraffinerie am Marsden Point ragen südlich von Whangarei in den Himmel. Um teure Ölimporte zu reduzieren und die eigenen Öl- und Gasvorkommen besser auszunutzen, wurde der Industriekomplex Ende der sechziger Jahre an der Einfahrt zum Whangarei Harbour errichtet.

Uhren und Unterwasserwelt

Mit der Ölverarbeitung vor der Haustür kam der wirtschaftliche Aufschwung ins 40000 Einwohner zählende Whangarei. Die Kleinstadt entwickelte sich zum kommerziellen und kulturellen Zentrum Northlands. Zweitausend Sonnenschein-Stunden beschert das subtropische Klima dem «winterlosen» Ort jährlich. Auf vulkanischem Boden sprießt viel Grün in Gärten und Parks. Vom 261 Meter hohen Mount Parahaki, einst der Standort von Neuseelands größtem *pa* – eine befestigte Maori-Siedlung –, bietet sich ein schöner Blick über Stadt und Hafen. Um den pa-Komplex am Mount Parahaki wurde bis vor zweihundert Jahren heftig gekämpft. Der verteidigende Parawhau-Stamm unterlag schließlich den Angreifern aus dem Süden und wurde nach der Niederlage verspeist. Heute ist der Aussichtspunkt gefahrlos zu erreichen, erst über den Riverside Drive, dann den Memorial Drive hinauf.

Das Buschland und die Wälder um Whangarei sind von Wanderwegen unterschiedlicher Schwierigkeitsstufen durchzogen. 1910 schenkte der Eisenbahnmanager und Amateurbotaniker Herbert Doobie der Stadt für Erholungszwecke knapp fünfzig Hektar Waldland am Parahaki. Drei Tracks von jeweils etwa zwei Kilometer Länge bieten sich für ein kurzes Eintauchen in den Busch an: Der Drummond Track und der Doobie Track beginnen an der Mair-Park-Brücke, die über den Hatea Drive zu erreichen ist. Der Ross Track, der an einer alten Goldmine vorbeiführt, nimmt seinen Anfang an der Dundas Road.

Zu den Attraktionen Whangareis gehören ein Uhrenmuseum, in dem über tausend Zeitmesser ticken, die Margie-Maddren-Farn-Sammlung mit seltenen neuseeländischen Arten sowie die fünf Kilometer nordöstlich gelegenen Whangarei Falls. Am A+P-Gebäude in der James Street erzählt ein vierzig Meter langes Gemälde des Künstlers Chris Wilke die Geschichte Northlands. Das Northland Regional Museum, sechs Kilometer westlich in einer schönen Parkanlage Maunus gelegen, beherbergt Ausstellungsstücke aus europäischer und Maori-Historie. Zum Museumskomplex gehören das Clarke Homestead, das Einblicke ins neuseeländische Familienleben zur Jahrhundertwende gewährt, sowie ein Kiwi House, in dem das lichtscheue Nationalsymbol im Dunkeln gehalten wird.

Von Whangarei lohnt der Abstecher zur Tutukaka-Küste mit ihren von Nadel- und Farnbäumen bewaldeten Steilhängen, die in eindrucksvolle Strände auslaufen. Es geht durch üppig grünes Farmland, vorbei an Obstgärten und den irisch anmutenden Steinmauern Glenbervies nach Ngunguru.

Einen Hügel weiter liegt Tutu kaka, Ausgangspunkt für Tauchtrips zu den Poor Knights Islands. Das ungewöhnlich klare Wasser des Marineparks begeisterte nicht nur Jacques-Yves Cousteau. Inzwischen avancierten die Inselgewässer zum Mekka für Sporttaucher aus aller Welt.

Kurz nach dem Ort Matapouri führt ein Fußweg hinunter zur Whale Bay mit malerischem Panorama: Eine schneeweiße Yacht dümpelt im türkisblauen Wasser, sanft rauschen die Wellen über den sauberen Strand, in der Ferne hängen weiße Wolken wie Wattebäusche dicht über den Hügeln. Wenn es voll wird, teilen sich vielleicht ein Dutzend Badegäste dieses Paradies und lagern im Schatten der Bäume. Einige Kinder toben in Badehose und leuchtfarbener Legionärskappe umher. Zum sonnigen Alltag gehört längst der Respekt vor dessen gesundheitsgefährdenden Schattenseiten.

Ein paar Kurven weiter auf der Küstenstraße hört der Asphalt an der Sandy Bay auf. Hierher kommen die Surf-Stars und -Sternchen, um am Strand und auf den Wellen ihre Schaukämpfe auszutragen. Wer nicht wieder umkehren will, muß die letzten 25 Kilometer bis Hikurangi am Highway 1 über rifflige Schotterstraßen fahren.

Wo alles begann

Eine gute Stunde dauert unsere Autofahrt von Whangarei nordwärts in die Subtropen bis zur Bay of Islands. Vor der sinkenden Sonne werfen grasbewachsende Vulkankegel lange Schatten. Das gleißende Abendlicht läßt goldene Schafherden auf grünen Wiesen leuchten und legt eine friedliche Stimmung über die Landschaft. Doch gelegentlich erzittert die Idylle. Entgegenkommende Trucker verwechseln auf dem Slalomkurs durch hügeliges Gelände ihre schweren Zugmaschinen mit spurtstarken Sportwagen. Selbst in Kurven donnern sie in erschreckendem Tempo vorbei.

Auf Kawakawas Hauptstraße erhalten die Dieseltrucks eine ungewöhnliche Konkurrenz. Im Sommer mischt sich dreimal täglich eine Dampflok unter den Stadtverkehr. Die schnaufende Lokal-Attraktion zieht die Waggons der «Vintage

Railway» gemächlich an Supermarkt, Polizeiwache und Takeaways vorbei ins zwanzig Kilometer entfernte Opua. Für Autofahrer bietet hier die Fähre die kürzeste Verbindung nach Russell.

Das sanfte Tuckern des Schiffsmotors beruhigt die permanent überwältigten Sinne. In jeder Richtung ein Postkartenmotiv. Junge Farnbäume spreizen lindgrüne Riesenfinger, türkisfarbenes Wasser schwappt gegen die weißen Bordwände wippender Luxusyachten, Salzwassergeruch mischt sich mit Diesel und Blütenduft.

Ob jene, die einst vor der Massenarmut englischer Großstädte, sadistischen Kapitänen, anklagenden Gerichten oder hartnäckigen Gläubigern hierher flohen, Muße zum Strandurlaub hatten? Anfang des vorigen Jahrhunderts hieß Russell noch Kororareka, was «süßer Pinguin» bedeutet. Der Ort galt als Sammelplatz für desertierte Seeleute, entflohene Sträflinge, Schnapshändler und Robbenjäger. Ehrbare Siedler waren in der Minderzahl.

Schon die Maori prügelten sich hier um Landbesitz und Fischereirechte. So war es auch ein verwundeter Häuptling, der einer Legende nach zur Stärkung um Pinguinbrühe bat. Vom Geschmack des Getränks überrascht, soll er dann «Ka reka te korora», wie süß ist der Pinguin, geflüstert haben.

Heute läßt sich gefahrlos durch das einstige «Höllenloch des Pazifiks» bummeln. Das verträumte Russell ähnelt eher einer lebensgroßen Puppenstube. Neben der kleinen anglikanischen Kirche hält noch eine Handvoll historischer Häuser die Erinnerung an jene frühen Jahre wach, als hier erstmals in Neuseeland eine Bank, eine Post und ein Zollamt eingerichtet wurden.

Wo das Duke of Marlborough Hotel mit seinen viktorianischen Schnörkeln an der Fassade die Strandpromenade schmückt, erteilte das englische Mutterland im August 1840 einem ehemaligen Sträfling die erste neuseeländische Lizenz zum Alkoholausschank. Der koloniale Grundstein für die Biertrinkernation war gelegt, das Bauwerk gehört allerdings schon zur vierten Generation. Wer auf der lauschigen Veranda keinen Durst auf ein schaumlos gezapftes Bier verspürt, sollte lieber einen saftigen Apfel-Blaubeer-Pie bestellen.

Nebenan dient das 1870 in neugotischem Stil erbaute Custom House heute als Polizeirevier. Daß in diesem Garten Eden jemand krumme Dinger drehen könnte, strapaziert allerdings die Vorstellungskraft. Wahrscheinlich dösen die Ordnungshüter täglich hinterm Schreibtisch und genießen wie wir einen lauen Lenz.

Geradeaus den Berg hinauf geht es zum Maiki Hill, auf dem einst der Fahnenmast stand, an dem Häuptling Hone Heke zwischen 1844 und 1845 viermal seine Wut ausließ, bevor er die Stadt endgültig niederbrannte.

Am anderen Ende des Ortes, über Flagstaff Road, York Street und Robertson Road zu erreichen, liegt die Christ Church, Neuseelands älteste Kirche. Beim Rückweg in Richtung Strand lassen sich an der Ecke York Street und Robertson Road in Russells Museum ein paar Epochen Stadtgeschichte nachvollziehen. Hier steht auch ein sieben Meter langer Nachbau von Cooks Segelschiff, der «Endeavour».

Auch mit dem Fahrrad zu erreichen: das Treaty House in Waitangi

Wieder am Strand angekommen, flimmert über der Wasserlinie, die am Horizont einige Surfer trägt, das geschäftigere Zentrum der Bay: Paihia. Mit dem Auto müssen wir zurück zur Fähre. Für den Personenverkehr besteht vom Anleger der Government Wharf auch eine direkte Schiffsverbindung.

Paihias Hauptstraße verläuft parallel zum Strand. Auf der einen Seite versprechen diverse Ausflugsanbieter den Blick ins maritime Paradies zum Sonderpreis. Dazwischen ködern Sportfischer Hobbyangler mit einer erfolgreichen Jagd auf den Blauen Marlin. Auf der anderen Seite warten die Skipper sanft schaukelnd auf ihre Passagiere.

Rundum formt der Pazifik den Alltag an Land: Ein Lieferant für Meeresfrüchte lädt kistenweise zappelnde Langusten aus. Fischrestaurants versprechen exotisch klingende Gaumenfreuden. Ein älteres Ehepaar schnallt sein aufgeblasenes Schlauchboot samt Ruder aufs Autodach. Surfschulen garantieren rasche Erfolge. Zwei Taucher verstauen gefüllte Sauerstoffflaschen in einem Wassertaxi. Nebenan wühlt ein Bagger im flachen Wasser Ankerplätze für weitere Schiffe frei. Über allem flattert der Weihnachtsmann an einer Fahnenstange und wünscht bei dreißig Grad im Schatten aus tiefblauem Himmel «Merry Christmas».

Von Paihia aus lassen sich sämtliche Ausflüge ins Labyrinth der 144 Inseln organisieren. Wer vier bis fünf Stunden zwischen strahlender Sonne und glitzernden Wellen an Deck zubringt, sollte auf ausreichenden Schutz achten. Zu viele ultraviolette Strahlen knallen ungefiltert durch das jährlich wachsende Ozonloch über der Antarktis. Doch mit der richtigen Vorsorge steht Fahrten zum «Hole in the Rock», zum Roberton Island oder der

Grand Cathedral Cave nichts mehr im Weg. Der Cream Trip führt über 60 Meilen entlang einer alten Schiffsroute, auf der einst abseits gelegene Siedler mit Post versorgt und die Milch von den Höfen eingesammelt wurde.

Vor der Brücke des Waitangi River liegt das Waitangi marae, auf dessen großer Rasenfläche Pfähle mit Maori-Schnitzereien aufgereiht sind. Im Wasser schaukelt neben der Brücke die Dreimastbark «Tui» mit einem kleinen Museum aus Schiffswrack-Accessoires an Bord.

Der marae-Komplex sollte nicht mit dem eigentlichen «Treaty House» verwechselt werden. Das liegt hinter der Brücke in einer schattigen Parkanlage. Am 5. Februar 1840 unterschrieben Häuptling Hone und nach ihm noch 45 weitere Maori-Führer den Vertrag, mit dem Neuseeland Teil des britischen Empires wurde. Fünfhundert Stammesfürsten setzten in den folgenden Wochen ihr Zeichen unter die Vereinbarung.

Es ist erstaunlich, daß dieser ehemalige Wohnsitz des Repräsentanten der britischen Krone erst 1932 zum Nationaldenkmal hergerichtet wurde. Governor General Lord Bledisloe erwarb Grund und Boden der ehemaligen Farm, sorgte für die Renovierung und machte das Anwesen der Öffentlichkeit zugänglich. Vor hundert Jahren wehte noch ein scharfer Geruch über den Rasen. Das verwaiste historische Domizil diente damals vorübergehend als Schafstall.

Derartige Freveltaten an der Geburtsstätte der Nation gehören der Vergangenheit an. Inzwischen entstand vor der glitzernden Wasserwelt eine weitläufige Oase, die mit paradiesischer Blütenpracht Bienen und Besucher gleichermaßen anlockt.

In der exotischen «Wiege» Neuseelands stehen die europäischen Anfänge in anschaulichem Kontrast zur jahrhundertealten Maori-Kultur. Wenige Meter vom Treaty House entfernt thront ein 35 Meter langes Kriegskanu mit dem unaussprechlichen Namen «Ngatokimatawhaorua» in einem luftigen Bootshaus. Das an Schnitzereien reich verzierte Kunstwerk aus Kauriholz läuft jedes Jahr einmal vom Stapel. Zu den nationalen Feierlichkeiten des Waitangi Day rudern 80 Maori-Männer die drei zusammengebundenen Baumstämme durch das fischreiche Küstengewässer an den Ehrengästen vorbei.

Beim jüngsten Treffen der Politprominenz machten sich die Sicherheitskräfte Sorgen, wie Prinz Charles, als eingeladener Repräsentant des britischen Königshauses, zwischen rotleuchtenden Pohntukawa-Bäumen und Farnen vor radikalen Demonstranten am besten zu schützen sei. Schließlich war er schon einige Tage vorher von einem Duftspray-Attentäter, der den «stink of royalty» beseitigen wollte, attackiert worden. Doch Prinz und protestierende Maori begegneten sich an historischer Stätte friedlich. Reibereien blieben mit einem traditionellen *hongi* auf die Nasen beschränkt.

So will es auch das Credo des *Whare Runanga*, eines ornamentreichen Versammlungshauses, vor dem die Prominententribüne jedes Jahr aufgebaut wird. «Du bist eingeladen, deinen Ärger, deine Unzufriedenheit und deine Fragen mitzubringen, aber wenn du gehst, nimm Frieden, Gutmütigkeit und Freundschaft mit», lautet die Besucherbotschaft.

Im Inneren symbolisiert jedes der 28 Wandreliefs Ahnengeschichte und Prestige eines neuseeländischen Maori-Stammes, in Holz geschnitztes, kulturelles Selbstbewußtsein der Ureinwohner. Zwischen Meeresrauschen und Lichteffekten raunt ein Männerbaß im Halbdunkel historische Mythen. Dazu strecken die polierten Vorfahren mit schillernden Muschelaugen ihren Betrachtern die Zunge heraus. Keine Unhöflichkeit, wie wir herausfinden. Nur eine Geste, die Furchtlosigkeit und herausfordernde Kraft demonstriert.

Draußen werfen mächtige Baumkronen ihre kühlen Schatten über Kultur und Geschichte. Die prächtige Aussicht verführt zum Schlendern und Schauen: Still teilt eine Sonnenuhr den Tag ein. Durch Blumenduft weht Kinderwispern. Eine japanische Reisegruppe kichert im Halbkreis schüchtern in eine Kameralinse. Drei Dutzend Mandelaugen blinzeln vom englischen Rasen voller Begeisterung über die Zauberwelt der Bay of Islands. Jetzt wissen wir es: Diese Faszination muß damals auch in den Augen der ersten europäischen Siedler geflackert haben.

Wind und Wellen: Zum Cape Reinga

Im Far North Regional Museum in Kaitaia hängt ein Reisebericht aus einer japanischen Zeitung am Schwarzen Brett. Auf der dazugehörigen Skizze Neuseelands fehlt die Nordspitze. Für die Japaner hört die Nordinsel scheinbar an der Bay of Islands auf. Doch der Far-North-Distrikt bietet zwischen neunzig Meilen Strand und dem versenkten Wrack der «Rainbow Warrior», zu

Der nördlichste Wegweiser: der Leuchtturm am Kap

dem in der Matauri Bay hinabgetaucht werden kann, eine Elegie aus Wind und Wellen.

Die Ngati-Kura-Maori machten Greenpeace das Angebot, das Schiff in den Gewässern zu versenken, in dem auch ihr göttlicher Vorfahr Mataatua seine letzte Ruhe fand. Seit Juli 1990 erinnert eine acht Meter hohe Skulptur des Bildhauers Chris Booth, in der die bronzene Schiffsschraube der «Rainbow Warrior» eingearbeitet ist, an den letzten Liegeplatz des «Kämpfers für den Frieden».

Setzen wir zunächst die Reise von Paihia aus fort. Die Puketona Road führt an den abends beleuchteten Haruru Falls vorbei. Der Highway 10 bringt uns ins Obstland rund um Kerikeri. Bill Hart, der seit fast zwanzig Jahren hier wohnt und sich mittlerweile zur Ruhe gesetzt hat, erinnert sich an Zeiten, als dort, wo jetzt die vielen «Orchards» stehen, noch weites Farmland war. «Viele haben als Farmer aufgegeben, ihr Land verkauft und auf Obstanbau umgesattelt», meint der passionierte Autobastler. Doch auch in ihrem neuen Metier müssen sich die Obstbauern offenbar ein Zubrot mit Straßenständen verdienen. Alle paar Meter wird auf frisches Obst hingewiesen. Es lohnt sich, hier zu einem Bruchteil der Ladenpreise einzukaufen.

Wer mit Tiefseefischern über ihre Fänge fachsimpeln oder selbst sein Anglerglück testen will, sollte zum kleinen Ort Whangaroa abbiegen. Der Hafen gilt als größter Tiefseehafen Neuseelands, und im Klubhaus des «Whangaroa Big Gamefish Club» findet sich immer ein auskunftsbereiter Sportfischer.

Als Rückszugsrefugium mit malerischer Küstenlandschaft empfiehlt sich der Campingplatz in der nahe gelegenen Tauranga Bay. Über eine Schotterstraße geht es an abgelegenen Farmhäusern vorbei zu einer ausgestorben wirkenden Feriensiedlung, in der vor allem ein Schild zu sehen ist: «For sale». Der Ausverkauf der Sommerdomizile fällt im ganzen Norden ins Auge. Murray Croad, seit 23 Jahren Immobilienmakler in Mangonui, hat die Erklärung schnell parat: «Den Luxus können sich nicht mehr viele leisten. Zum einen sind die Zinsen für ein Sommerhaus, das im Durchschnitt 100000 Dollar kostet, zu hoch. Zum anderen bezahlen wir zur Zeit 28 Cents pro Dollar an Steuern, und dann kommt noch die GST (Mehrwertsteuer) hinzu.»

In Awanui trifft der Highway 10 wieder auf den Highway 1. Bis zum Cape Reinga, dem nördlichsten Punkt Neuseelands, sind es noch hundert Kilometer. Entlang der Westküste erstreckt sich der Aupouri-Wald. Ein Warnschild weist darauf hin, daß die Feuergefahr im trockenen Busch sehr hoch ist. Die Straße schlängelt sich wieder einmal sehr kurvenreich über hügeliges Gelände. Wer hier mit dem Fahrrad unterwegs ist, muß neben den Steigungen und der in praller Sonne liegenden Straße auch gegen den nach Norden zunehmenden Wind anstrampeln. Doch für Wegzehrung ist gesorgt. An Straßenrändern werden im Süden der Halbinsel immer wieder Wassermelonen, Tomaten, Auberginen und Avocados angeboten.

Kurz hinter Motutangi macht Farmer Allan Summers am Straßenrand mit einer kleinen Skulpturensammlung seinem Ärger über Neuseelands Politiker Luft. Mit Gummistiefeln dekorierte Heuballen und Plakatwände schillern in der Sonne. Fast wäre auch er nach der Wirtschaftsreform und ihrer «Rogernomics» vor zehn Jahren Pleite gegangen. «Als die Zinsen für Kredite praktisch über Nacht von neun auf bis zu 28 Prozent stiegen, konnten viele Farmer nicht mehr investieren», erinnert er sich. Damals seien die Mittwochs- und Sonnabends-Ausgaben des *New Zealand Herald* seitenweise voll von Veröffentlichungen bankrott gegangener Betriebe gewesen. Doch inzwischen hätten sich die Zinsen normalisiert, so daß auch er optimistischer in die Zukunft blicken könne, meint er, während er seinen schnüffelnden Kälbern die Nase tätschelt.

Bis Te Paki ist die Straße asphaltiert. Die letzten zwanzig Kilometer geht es über baumloses, besonders hügeliges Gelande einer phantastischen Aussicht am Kap entgegen.

Einer der kürzeren Walkways, etwa dreißig Minuten, beginnt zwischen Parkplatz und Leuchtturm und führt über den Grat der Klippen hinunter zum Te Werahi Beach. Die Verlängerung der Route führt weiter am Strand entlang, über einen Bach zu einem Wegweiser, der am Fuße des Berges am Südende des Strandes steht. Für diese Strecke müssen noch einmal 45 Minuten veranschlagt werden. Von hier zurück zur Straße dauert es noch einmal eine Stunde.

Es sind aber auch längere Wanderungen möglich. Die Tracks führen an der Nordküste über Sandy und Tapotupotu Bay (hier gibt es einen Zeltplatz und eine Straßenzufahrt) bis zur Spirits Bay. Von Te Paki Trig, auf dem noch die Ruinen einer Radarstation aus Kriegszeiten vor sich hin rotten, hat man aus 310 Me-

Ein hölzerner Gigant: Tane Mahuta

ter Höhe einen einmaligen Rundblick. Die genaue Route erfragt man am besten im Information Center des Departments of Conservation.

Ausgedehnte Wanderungen sind auch entlang der Westküste über Cape Maria van Dieman, den Twilight Beach und Scott Point bis zum Ninety Miles Beach möglich. Aber bedenken: Sonne und Wind sind überall dabei. Der Ninety Miles Beach, der eigentlich nur sechzig Meilen lang ist, dient Einheimischen und Busunternehmen auch als Straße. Dort, wo der Maori-Legende nach die Seelen ihrer Verstorbenen entlangwanderten, um am Cape Reinga an einem alten Pohutukawa-Baum hinab ins Meer zu steigen, landeten die Pakehas Flugzeuge und stellten Geschwindigkeitsrekorde im Autorennen auf. Der von Norman Wizard Smith blieb nach seiner rasanten Fahrt 1932 zehn Jahre lang ungeschlagen.

König Kauri

In Kaitaias Museum hängt auch das Arbeitsgerät der «Kauri Gum Digger» an der Wand: Mit langen Sonden spürten die Einwanderer, die meisten kamen aus Dalmatien, vor einem Jahrhundert das kostbare Kauri-Harz auf. Mit einem Spaten gruben sie dann das bernsteinähnliche Naturprodukt aus. Dann wurden die Klumpen gewaschen, sortiert, gewogen und verpackt. Was die Maori als Kaugummi schätzten und zum Einfärben ihrer *mokos*, ihrer Gesichtstätowierungen, benutzten, war für die chemische Industrie ein begehrter Rohstoff für Lacke und Farben. Zur Jahrhundertwende suchten bis zu siebentausend Gum-Digger auf den nordneuseeländischen Harzfeldern nach den Überbleibseln der vor zigtausend Jahren abgestorbenen Baumriesen. Als das Altharz knapp wurde, schnitten die Digger die Rinde von lebenden Bäumen auf, um sie «ausbluten» zu lassen. An dieser Methode gingen viele gesunde Bäume ein.

Die größten Vertreter dieser für Northland typischen Koniferenart stehen im Waipoua Forest an der Westküste. Die kürzeste Verbindung ins Reich der Baumriesen ist, von Kaitaia kommend, die Autofähre über den Hokianga Harbour von «The Narrows» nach Rawene. Zwanzig Kilometer weiter führt die Straße durch Opononi und Omapere, zwei Strandorte, von denen Wassertaxis zu den großen, gegenüberliegenden Kahakaharoa-Sanddünen fahren. Archäologische Funde belegen, daß im Waipoua-Tal lange vor der Ankunft europäischer Siedler Maorip vom Stamme der Te Roroa siedelten, die bereits eine hochentwickelte Landwirtschaft betrieben.

Mit der Ankunft der Europäer veränderte sich das Gesicht Northlands drastisch. Seeleute entdeckten, daß sich Kauristämme hervorragend als Schiffsmasten eigneten. Das Holz war auch sonst wegen seiner guten Qualität sehr gefragt – wer einmal mit seinen Fingern über ein Stück polierten Kauriholzes gefahren ist, kann das Edle des Naturprodukts förmlich ertasten.

Zwischen 1870 und 1910 lief das Fällen der Kauristämme auf vollen Touren. Wo die mächtigen, jahrtausendealten Baumriesen der Landwirtschaft im Wege standen, brannten sie die Farmer einfach nieder. Schon 1920 gab es praktisch keine großen Kauriwälder mehr in Northland. Vor dem Kahlschlag erstreckten sich die Kauriwälder von Hamilton aus über den ganzen Nordteil der Insel.

Was übrig blieb, die Wälder von Puketi, Omahuta und Waipoua, wird heute geschützt. Der engagierte Einsatz für den Erhalt des Waipoua-Waldes, angeführt vom Aucklander Professor Walter McGregor, gilt heute als Neuseelands erste größere Naturschutzkampagne. Ihr Ergebnis: 1952 richtete die Regierung den 9105 Hektar großen Naturpark ein. 1987 kamen alle restlichen auf Staatsland wachsenden Kauris in die Obhut des Department of Conservation.

Per Gesetz sind jetzt auch die übrigen, auf Privatland stehenden Kauris geschützt. Unter erheblichem Protest der Landbesitzer reduzierte die Regierung im Juni 1993 die Anzahl der fällbaren Bäume. Viele Eigentümer sahen sich um mögliche Gewinne aus dem Holzverkauf gebracht – ein großer Kauri hat einen Wert von 50000 Dollar – und schlugen vorher noch schnell einige Festmeter aus ihrem Bestand.

Als größter lebender Kauri gilt der 1200 Jahre alte «Tane Mahuta» im Waipoua Forest, nur einige Minuten vom State Highway 12 entfernt. Ein paar Kilometer südlich liegt ein weiterer Parkplatz, von dem drei Wanderwege in den Wald führen. Bis zum «Te Matua Ngahere», dem zweitmächtigsten und voluminösesten Baumriesen, sind es gut fünfzehn Minuten. Die «Four Sisters» heißt eine Gruppe dicht zusammengewachsener Kauribäume, etwa hundert Meter vom Parkplatz entfernt.

Vom Te-Matua-Ngahere-Parkplatz führt ein etwa drei Stunden dauernder Fußmarsch auf dem Yakas Track an den Yakas-Kauris vorbei zum Waipoua River. Entweder kann der Fluß überquert werden, um zum Visitor Center zu kommen, oder man geht auf einem Track am Flußufer hinauf zum Highway. Das kann nach einem Regen aber sehr matschig sein. Da dann auch der zu überquerende Fluß anschwillt, sollte man sich vorab detaillierte Informationen auch über die anderen mehrtägigen Tracks in diesem Gebiet im Visitor Center holen.

Neben diesen sehr touristisch präsentierten Baumattraktionen des Waipoua State Forest bietet der kleinere, aber nicht weniger interessante Trounson Kauri Park – fünfzehn Kilometer in südliche Richtung zweigt eine Straße links vom Highway 12 ab – einen beeindruckenden Kauribestand. Ein halbstündiger Track führt unter anderem an einem 1200 Jahre alten Kauri und weiteren «Four Sisters» vorbei. Ein sechshundert Jahre alter umgestürzter Kauri läßt erkennen, wie kurz die Wurzeln sind, mit denen sich diese riesigen Stämme in der Erde festhalten. Vom Campingplatz aus starten interessante Nachtwanderungen zu Flußaalen, Kiwis und Opossums in den Wald.

Einen sehr guten Überblick über die neuseeländische Kauri-Geschichte bietet danach das Otamatea Kauri & Pioneer Museum in Matakohe. Einfach auf dem nach Süden laufenden Highway 12 bleiben.

Magnet des Pazifiks

Auckland

An der schmalsten Stelle zwängt sich Aucklands Häusermeer durch eine nicht einmal zwei Kilometer breite Landenge. An der Westküste schaukelt im Manukau-Hafen das Wasser der Tasman-See, im Osten, im Waitemata-Hafen, wogt der Pazifik. Nach Norden und Süden wachsen die Suburbs mit ihren Wohnvierteln, Einkaufszentren, Sportplätzen und Parkanlagen dann wieder in die Breite. Zu jedem der flachen Bungalows gehört vorn und hinten ein Stück Garten, meistens mit ein paar Schatten spendenden Bäumen bepflanzt. Längst hat die Stadt durch diese großzügige Wohnraumnutzung die Ausmaße von Groß-London übertroffen.

In der zwischen sechzig erloschenen Vulkanen eingebetteten Metropole leben und arbeiten etwa ein Viertel aller Neuseeländer. Doch immer mehr Menschen wollen sich im Wirtschaftszentrum des Landes

ihren Wohlstandstraum erfüllen. Wie ein Magnet zieht Auckland vor allem ungelernte Arbeitskräfte an: Maori aus dem Süden, Insulaner aus dem Pazifik. Doch für viele verkehrt sich der Traum vom schnellen Reichtum ins Warten auf Sozialhilfe. Ein bezahlbarer Platz zum Leben findet sich nur weit draußen in den Vororten von Otara und New Lynn, wo die Sozialmieten des staatlichen Wohnungsbaus gelten.

Wer sich dagegen das Haus in Strandnähe leisten kann, verlängert seinen Wohn- und Freizeitraum gleich bis auf die Planken des eigenen Segelbootes. Fast jeder vierte Haushalt besitzt ein schwimmendes Domizil. «City of Sail» heißt der Slogan, mit dem die Stadt ihr maritimes Image gern präsentiert. Schon am frühen Abend, etwa bei einer Fährfahrt hinüber nach Devonport, kann man sich davon überzeugen, daß viele Aukländer ihrer Segel-Leidenschaft schon wochentags nach getaner Arbeit frönen. Wenn am Wochenende die meisten Läden Samstag mittags schließen und die City dichtmacht, brechen auch die restlichen Aukländer bei schönem Wetter zu Strandpartys, Segeltörns und Barbeques auf. Neuerdings immer öfter mit Schirm und Schlapphut vor der strahlenden Sonne geschützt, beginnen dann die Freizeitrituale des Outdoor-Lebens.

Die ehemalige Hauptstadt

Genauso ruhig wie am Wochenende in der Innenstadt ist es früh morgens auf den grasbewachsenen Vulkankegeln, die als markante Landschaftspunkte zwischen den flachen Häusern emporragen. Wer noch vor dem Frühstück an Pohutukawa-Bäumen, Kauris und Nikau-Palmen vorbei auf den One Tree Hill spaziert, um von oben den Sonnenaufgang über Rangitoto Island zu erleben, wird angesichts der am Berghang blökenden Schafe feststellen, daß im Flair dieser Großstadt auch ein rührender, provinzieller Charme mitschwingt.

Gut hundertfünfzig Jahre alt, entwickelte sich hier, abseits von allen übrigen Weltstädten, eine Mauerblümchen-Metropole, die als besonderes Kennzeichen das Attribut «gemütlich» verdient hat. Sich sogar in einer Großstadt erholen, wo kann man das noch?

Natürlich ist die Siedlungsgeschichte der Stadt wesentlich älter als das, was die Stadtplaner heute vorzeigen können. Schon seit Jahrhunderten gab es an den Hängen und Terrassen des One Tree Hill, des Mount Eden – mit 196 Metern höchster Stadtberg – und des Mount Albert Maori-Siedlungen. «Maungakiekie» nannten die Maori den One Tree Hill, nach einer Pflanze, aus der sie Matten und Körbe flochten. Die vierzig Hektar große Terrassensiedlung des Waiohua-Stammes und ihres Häuptlings Kiwi Tamaki galt als eine der größten des Landes. 170 Terrassenflächen, auf denen Holzhütten standen und die Süßkartoffel Kumara wuchs, sind heute noch sichtbar. Die anderen wurden beim Bau der Straßen und Parkplätze rund um den Berg zerstört. Das gilt auch für die heilige Stätte auf dem Gipfel des pa, auf dem ein schlanker Obelisk neben einem krummen Pinienbaum an den «Father of Auckland», Sir John Logan Campbell, erinnert.

Als Governor William Hobson im Februar 1840, nach der Unterzeichnung des Vertrages von Waitangi, die Entscheidung traf, daß eine neue Hauptstadt am Golf von Hauraki entstehen soll, gab es erst zwei weiße Siedler in dem Gebiet: John Logan Campbell und William Brown. Die beiden Schotten hatten an der Coromandel-Küste von Hobsons Plänen erfahren, segelten sofort in den Waitemata-Hafen und schlugen am Strand ihr Zelt auf. Dann warteten sie darauf, daß ihre Glückssträhne begann. Sie sollten den richtigen Riecher gehabt haben.

Zeit für Begegnungen: Plaudern in der City

Im September traf die Bark «Anna Watson» mit Regierungsvertretern und Handwerkern an Bord ein, die den Grundstein für die neue Siedlung legten.

Etwas mehr als einen Apfel und ein Ei bekamen die Maori vom Stamm der Nagti Whatua schon, als sie dreitausend Morgen auf dem von ihnen nur noch spärlich bevölkerten Isthmus zwischen den Meeren verkauften. Zunächst gab es ein paar Pfund bar auf die Hand. Doch die Stammesältesten wollten mehr. Da erhielten sie zusätzlich eine Wagenladung Praktisches für den Alltag: fünfzig Handtücher, zwanzig Hosen, zwanzig Hemden, hundert Yards Stoff, zehn Herrenwesten, zehn Hüte, zwanzig Beile, einen Sack Zucker, einen Sack Mehl, zehn Eisentöpfe, vier Fässer Tabak und eine Kiste Pfeifen. Daraufhin willigten sie in den Handel ein. Die «Anna Watson» feuerte 21 Schuß Salut, und die Stadt erhielt den Namen «Auckland» nach einem Freund Hobsons, George Eden, dem Earl of Auckland und Vizekönig von Indien.

Campbell und Brown verdienten ihr Geld zunächst mit Bier und schickten später Kauri Harz und Flachs ins Mutterland. 1901, längst zu den wohlhabendsten Bürgern der Stadt gehörend, wählten die politischen Vertreter Campbell zum Bürgermeister. Da für ihn der Blick vom One Tree Hill «ein permanentes Fest und eine ewige Freude» war, schenkte er, «zur Erholung und zum Vergnügen für alle Neuseeländer», der Stadt den Cornwall Park, der sich heute rund um den Berg erstreckt. Die Bronzestatue des geadelten Wohltäters steht am Parkeingang an der Manukau Road.

Als Hauptstadt konnte sich Auckland jedoch nur 25 Jahre halten. Unter dem Druck der Südinsel-Provinz Otago, wo sich Dunedin durch den einsetzenden Goldrausch zur wohlhabendsten Stadt des Landes entwickelt hatte und entschlossen mit Separationsabsichten drohte, wurde der Regierungssitz ins näherliegende Wellington verlegt.

Citybummel

Nach der Morgenidylle auf dem One Tree Hill könnte ein Tag in der Millionenstadt etwa so beginnen: Frühstück in einem der Cafés in der Vulcan Lane, die am unteren Ende der Queen Street abzweigt. Hier und in der angrenzenden High Street, die sowohl teuer gefüllte wie auch radikal geräumte Schaufenster bietet, trifft sich derzeit Aucklands kleine Alternativszene. Für den Vormittag empfiehlt sich ein Blick auf Werke neuseeländischer Künstler in der City Art Gallery, Kitchener Street. Am 17. Februar 1888 als erste ständige Galerie Neuseelands eröffnet, besitzt sie heute neben alten auch moderne Meister wie Turner, Tissot und Gainsborough. Hinzu kommt die umfassendste Sammlung neuseeländischer Kunst. Dank ihrer Klimaanlage und den Sicherheitsvorkehrungen gehört sie zu den wenigen Galerien im Lande, die den internationalen Ausleihanforderungen genügen.

Für ein stadtnahes Mittagspicknick eignet sich der Albert Park, der gleich hinter der Art Gallery beginnt. Beim Blick in die Runde fallen nicht nur die vielen Büroangestellten mit ihren Lunchpaketen auf, es lassen sich auch Botanik und Baudenkmäler betrachten. Auf der anderen Seite der Princes Street ragt der verspielt gezackte Turm der Universität – auch «wedding cake» genannt – durch die Krone eines Würgfeigenbaumes. Im Schatten des subtropischen Gewächses, zwischen einer gußeisernen Kanone und einem Soldatenstandbild, diskutiert ein Maori-Dozent in Shorts mit einer Pakeha-Studentin.

Über die Wellesley Street geht es wieder hinunter zur Queen Street, Aucklands Einkaufsstraße, auf der nachmittags die großstadttypische Einkaufshektik herrscht. Die Straßenecke wird dominiert von der Fassade des Civic Theatre, eines großen Kinos. Wer noch Info-Material braucht, sollte nach links zum Visitor Centre am Aotea Square gehen. Das dazugehörige Aotea Centre mit seinen mehrere tausend Plätze umfassenden Hallen dient als Konferenz- und Performing-Arts-Komplex.

Direkt an der Straße ragt die eigenwillig geformte Town Hall wie ein Schiffsbug dem Betrachter entgegen. Wenn sich die Menschentrauben nach der Ampelaufforderung «cross» auf den Fußgängerüberwegen durcheinanderschieben, fällt auf, daß unter Aucklands Spaziergängern viele asiatische Gesichter sind. Neuseeland versteht sich nicht nur wirtschaftlich immer stärker als Teil des asiatisch-pazifischen Handelsraumes, es wirbt auch mit wachsendem Erfolg bei seinen asiatischen Nachbarn als Urlaubsziel. Inzwischen kommen bereits mehr Asiaten als Europäer ins Land.

Auf dem Weg hinunter zur Quay Street liegt linkerhand in der Customs Street das Old Customhouse, ein übriggebliebener viktorianischer Architekturkontrast zu den sonst schmucklosen, glatten Glasfassaden der Bürohochhäuser, die überall im Stadtkern die wenigen historischen Gebäude überragen. Ein Tip: Etwas Outdoor-Kunst gibt es ein Stück weiter in der Sturdee Street. Das große Wandgemälde in Airbrush-Technik, von den neuseeländischen Künstlern Hadley Hogkinson, Richard Fahy und James Balley entworfen und von der Telecom gesponsert, trägt den Titel «The World calls». Die ersten drei der sechs Bilder zeigen nachdenkliche, beinahe ängstliche Kindergesichter und die Erdkugel aus der Ferne. Die Botschaft: Es sind die zukünftigen Generationen, die damit fertig werden müssen, was wir der Erde heute antun.

An der «waterfront» gewährt das Maritime Museum der Hobson Wharf einen Einblick in die Segeltradition des Südpazifiks. Es gibt nicht nur viel historisches Anschauungsmaterial. Boots- und Modellbauer, Segelmacher und Holzschnitzer präsentieren ihr Handwerk in verschiedenen Workshops.

Wie vernarrt die Auckländer in ihren Bootssport sind, zeigte die Ankunft der Whitbread-Segler im Februar 1994. «Sie standen nachts um drei auf dem Dach meines Campers und tobten», erzählt ein Besucher aus Heidelberg, der abends noch in völliger Ruhe vor der Anlegestelle geparkt und sich schlafen gelegt hatte. Als er unsanft geweckt

Plakatierung des Kulturprogramms

wurde, herrschte Volksfeststimmung unter Flutlicht. Alle vier Jahre wird dieses neun Monate lange Segel-Abenteuer rund um die Welt über 33000 Seemeilen ausgetragen. Eine halbe Million Segelfans statteten den Schiffen, darunter auch die neuseeländische «Endeavour», während ihres vierwöchigen Stopover einen Besuch ab.

Wasserwelt und Feuerzauber

Eingebettet zwischen zwei Ozeanen, hing Aucklands Entwicklung immer auch von der Versorgung auf dem Seeweg ab. Bevor die neue Hauptstadt gegründet wurde, lag das Zentrum des Schiffsverkehrs in der Bay of Islands. Mit dem Wachstum der Stadt verlagerte es sich dann nach Süden.

Wo heute hinter dem Ferry Building die Fähren hinüber nach Devonport und in den Hauraki-Golf ablegen, lief 1846 die «HMS Driver» als erstes Dampfschiff in den Waitemata-Hafen ein. 1854 nahm der Dampfer «William Denny» den ersten Liniendienst auf, einen monatlichen Postverkehr nach Sydney. Viele der ersten Siedler aus den Gründungstagen Aucklands waren Schiffbauer. 1870 bauten sie die ersten flachbäuchigen Schuten nach amerikanischem Muster. Sie ließen sich ideal auch in flachen Hafengewässern navigieren und waren deshalb noch hundert Jahre später ein beliebtes Transportmittel. 1871 dockten bereits über zweihundert Schiffe in Auckland an, dreißig Jahre später, zur Jahrhundertwende, machten 6303 in dem aufblühenden Hafen fest. Sie alle gehörten zu den Vorläufern des heutigen Schiffsverkehrs, von dem die Fähren hinaus in den Golf nur ein kleiner Teil sind.

Ein Ausflug ins nördlich gelegene Devonport lohnt sich schon der guten Restaurants wegen. Per Straße läßt sich der Waitemata-Hafen auf der 1020 Meter langen Harbour Bridge, der «Nippon-clip-on», überqueren. In den nördlichen Vororten ziehen sich dann die schönen Strände von der Castor Bay bis zur Browns Bay hinauf.

Doch weiter draußen hat der Hauraki-Golf noch sehr viel mehr zu bieten: Als erstes neuseeländisches Meeresschutzgebiet wurde 1967 der 47 Inseln umfassende Hauraki Gulf Maritime Park eingerichtet. Die 13600 Quadratkilometer große Pazifikzone reicht von den Cuvier-Inseln im Osten bis zur Rangitoto-Insel vor dem Festland und von den nördlichen Poor Knights Islands bis zu den Aldermen Islands im Süden.

Die Doppelstrategie des neuen Schutzkonzepts sah vor, die Inseln weiter draußen im Pazifik ausschließlich unter Naturschutz zu stellen, während die Inseln vor der Küste auch der Naherholung dienen sollten. Auf einigen dieser Eilande werden vom Park Board Modellfarmen unterhalten, wo Besucher mitten im Wasser alle Aspekte ländlichen Farmlebens erfahren können. Die meisten Inseln gehören der Krone. Viele sind reich an Maori-Geschichte, die noch längst nicht vollständig erforscht ist, deren Überreste aber noch heute sichtbar sind. Die umfangreichsten archäologischen Untersuchungen fanden bisher auf der Insel Motutapu statt. Über 400 Maori-Siedlungen wurden entdeckt, darunter zwölf befestigte pa und über ein Dutzend Müllhalden, auf denen Essensreste, Muscheln und Knochen lagen, alle mit Holzkohle vermischt. Doch mit der

Hautnah am Hai: Kelly Tarltons Unterwasserwelt

europäischen Besiedlung einiger Inseln wurden viele dieser historischen Spuren zerstört. Das Maori-Wort *Hauraki* bedeutet «Wind aus dem Norden». Mit diesem Wind kamen auch die Arawa- und die Tainui-Kanus der großen Maori-Flotte, so die Legende. Historisch nachgewiesen gelten heute die Uri-Karaka als erste Bewohner des Golfs. Der Überlieferung nach sollen sie ausgezeichnete Fischer gewesen sein, die zwischen den Inseln in kleinen *mokihi*, Fracht-Katamaranen aus Flachsstielen und Raupoblättern, navigierten. Rangitoto, die jüngste der Vulkaninseln, schleuderte noch bis vor 200 Jahren Lava und Asche in die Luft. Die Maori haben vor 600 Jahren die Geburt der Insel als Folge großer Vulkanexplosionen miterlebt. Fußspuren in der ehemaligen Lavaasche auf der Nachbarinsel Motutapu lassen den Rückschluß zu, daß deren Ureinwohner schon kurz nach dem letzten Ausbruch Rangitotos wieder zu ihren aschebedeckten Gärten zurückgekehrt sind. Diese Asche diente ihnen dazu, den Mutterboden für den Anbau von Kumara anzureichern.

1854 kaufte die Krone den Maori das verstummte Eiland für fünfzehn Pfund, das sind etwa dreißig Dollar, ab. Zwischen 1920 und 1930 bauten mehrere hundert Sträflinge mit ihren Händen Straßen und Pfade. Während des Zweiten Weltkriegs sperrte die Regierung das bereits beliebte Ausflugsziel, und auf dem Gipfel wurde eine Radarstation eingerichtet.

Wer auf den verschiedenen Wegen, die zwischen ein und zwei Stunden dauern, unterwegs ist, sollte für das Wandern auf der Lava feste Schuhe tragen. Da das Vulkangestein die Sonnenstrahlen stark reflektiert, empfiehlt es sich außerdem, auf ausreichenden Schutz zu achten.

Die kürzeste Route zum Gipfel führt von der Rangitoto Wharf durch Lavafelder und ein Waldstück bis auf 259 Meter über dem Meeresspiegel. Vom Kraterrand bietet sich ein herrlicher Rundblick auf Auckland und den Hauraki-Golf. Noch ein kleiner Nervenkitzel für unterwegs: Die Geologen sind sich noch nicht ganz sicher, ob die Insel für immer still sein wird.

Aucklands Attraktionen

Für Aucklands halbes Dutzend offizieller Attraktionen empfiehlt sich eine Rundfahrt mit dem doppelstöckigen Explorer Bus, der stündlich vor dem Ferry Building abfährt und an sechs Stationen hält.

Über den Tamaki Drive geht es zunächst hinaus zur Mission Bay. Dort lädt ein flacher Strand zum Schwimmen ein, und Fahrrad-Verleiher halten alles für die Drahteseltour am Wasser entlang parat. Zur Erholung laden hinterher diverse Straßencafés ein. Das 1859 erbaute Melanesian Mission Building gehört zu den ältesten Gebäuden der Stadt.

Ein Acryltunnel führt am nächsten Stopp gefahrlos durch Kelly Tarltons Unterwasserwelt, vorbei an Haien, Tintenfischen und Piranhas. Seit kurzem wurde dem Riesenaquarium als neueste Attraktion eine Antarktis-Show zur Seite gestellt.

Für Aucklands Museum im Domain-Park sollte man sich etwas Zeit nehmen. Der Name «War Memorial Museum» irritiert zunächst. Doch der mächtige Bau mit dem gewaltigen Säulenportal beherbergt nicht nur die umfangreichste Sammlung der Maori-Kultur sowie neuseeländische Naturkunde und Militärgeschichte, er dient gleichzeitig als Mahnmal für die in beiden Weltkriegen gefallenen Auckländer. 12000 Namen stehen eingemeißelt in seinen «Halls of Memories». Selbst der Platz, auf dem das Museum errichtet wurde, birgt eine traurige Geschichte. «Pukekawa» hieß der Ort bei den Maori im Andenken an ihre Toten, «Hügel der bitteren Erinnerung».

In Parnell Village verdrängt ein buntes Treiben diese leidvolle Geschichte. In den restaurierten Häusern der Jahrhundertwende, die sich hinter dem Domain an einem Hügel hinaufziehen, residieren Boutiquen, Kunsthandwerksläden, Galerien, Restaurants und Cafés. Das dekorative Ambiente am oberen Ende der Parnell Road ist sehr offensichtlich auf die schnelle touristische Mark ausgerichtet. Zu den «nur» historischen Gebäuden gehört das aus Kauriholz gebaute «Ewelme Cottage» in der Ayr Street. Hier präsentiert auch das «Kinder House» Fotografien aus Aucklands Anfängen.

Wenn nicht gerade einige Busladungen japanischer oder koreanischer Touristen für den halbstündigen Shopping-Stopp ausschwärmen, herrscht tagsüber eine ruhige Alltagsatmosphäre im Viertel: ein Ladenbesitzer besprüht seine Blumenpracht mit Flüssigdünger, nebenan preist ein Obsthändler frische Erdbeeren an, ein alter Mann verteilt Handzettel der Zeugen Jehovas, ein muskulöser Parking Officer klemmt einen Strafzettel hinter einen Scheibenwischer, und aus dem «Bordwalk Cafe» krächzt ein weißer Kakadu «Hello?». Erst nach Feierabend kommt Leben in die Freiluftterrassen der Bars, und die Restauranttische füllen sich. Dann gesellt sich zu den edlen Schaufensterauslagen die adäquate Käuferschicht. Es wird klar, warum für Aucklands Alternativszene in der Parnell Road der «man with the Porsche» zu Hause ist.

Ponsonbys Geschichte

Als weniger «trendy» gilt die Ponsonby Road, doch auch sie hat sich nach einer wechselvollen Geschichte zu einem beliebten Zentrum Auckländer Restaurant-, Café- und Kauf-Kultur entwickelt. Die Straße führt durch einen Suburb, der das Wechselspiel Auckländer Stadtentwicklung besonders anschaulich verkörpert.

Vom schönen Blick auf den Hafen begeistert, bauten einige wohlhabende Auckländer Ende des letzten Jahrhunderts ihre Häuser entlang der neuen Lebensader. Zur Jahrhundertwende war der Stadtteil ans öffentliche Verkehrsnetz angebunden, und die elektrische Straßenbahn fuhr hier hinaus. Da dank des billigen Transportmittels jetzt auch Arbeiter und Inhaber kleiner Läden in Aucklands Westen zogen, verlor Ponsonby allmählich seinen Upper-Class-Charakter. Während der großen Wirtschaftskrise zwischen 1920 und 1930 verschlechterten sich die Lebensbedingungen in der Stadt rapide. Ponsonby und das nahe gelegene Freemans Bay verfielen vollends zu Slums. In den fünfziger Jahren zogen viele eingewanderte, einkommensschwache Pazifik-Insulaner in die verrotteten Häuser. Doch die Stadt wollte ihren heruntergekommenen Suburb sanieren. Nach und nach rissen die Bautrupps einen Teil der maroden Gebäude für einen neuen Motorway ab, andere wurden durch Neubauten ersetzt. Doch seit in den späten siebziger Jahren das Leben in der Innenstadt wieder attraktiver wurde, begann vor allem in Ponsonby ein Renovierungsboom. Meistens jungere Leute aus dem gutverdienenden Mittelstand investierten ihr Kapital in die billigen und plötzlich begehrten Hauser. Die verbleibenden Mieter aus dem Pazifik konnten nicht mitbieten und mußten sich jetzt weit draußen ein vergleichbar preiswertes Domizil suchen.

Als Ausgangspunkt für einen kleinen Rundgang bietet sich der Victoria Park Market an. Wo heute Kleidung, Kitsch und Kunst verkauft werden, rauchten vor einem knappen Jahrhundert Aucklands Müllberge durch den Schornstein. Die Stadtverwaltung hoffte, mit der 1905 gebauten Anlage die rasch wachsende Abfallflut in den Griff zu bekommen. Seinen Betrieb stellte der «city destructor» erst 1972 ein.

Die von Platanen gesäumte Franklin Road erhielt ihren Namen nach Lady Franklin, der Frau des tasmanischen Gouverneurs, der Auckland 1841 besuchte. Über die nach rechts abzweigende Middle Street führt der Weg durch einige der ehemals schlimmsten Slums der Stadt. Ein kleiner Zickzackkurs durch die vom Abriß verschont gebliebenen Straßen könnte so aussehen: links in die Ireland Street, dann rechts in die England, links in die Ryle und wieder rechts in die Georgina Street. Am Ende zweigt rechts die New Street ab, die nach St. Marys Bay hinunterführt. Rechterhand liegt das St. Marys College, wo die Operndiva Dame Kiri Te Kanawa ihre Gesangsstunden erhielt. Im Haus gegenüber, an der Ecke der St. Frances de Sales Street, residiert der katholische Bischof von Auckland. Um die Ecke herum geht es dann links in die St. Marys Road. In Richtung Ponsonby Road liegt rechts das Leys Institute, links gegenüber das Gebäude der ehemaligen Ponsonby Fire Station, in dem später ein Teegeschäft und dann ein Restaurant untergebracht waren.

An der Three Lamp Corner steht das Ponsonby Post Office aus dem Jahre 1911. Vom Stadtarchitekten John Campbell errichtet, gilt das Gebäude als gelungenes Beispiel edwardianischen Barockstils. Die Kreuzung erhielt ihren Namen nach drei Gaslampen, die einmal hier standen. Von historischer Bedeutung ist der Platz, weil an dieser Stelle 1840 die Entscheidung gefällt wurde, mit dem Bau von Auckland als neue Hauptstadt zu beginnen. Ein weiteres schönes Beispiel für übriggebliebene viktorianische Architektur ist die Renall Street. In den frühen siebziger Jahren sollten diese Gebäude einem Parkplatz weichen. Doch nach langem Hin und Her entschieden sich die Stadtväter dafür, dieses historische Erbe zu bewahren, und es entstand hier Aucklands erste «conservation area».

Über die Wood Street geht es zurück zur Franklin Road und hinauf zur Ponsonby Road. Links hinunter reihen sich eine Vielzahl schöner Häuser der Jahrhundertwende aneinander, besonders zu beachten Nr. 203 bis 209. Zwei auffallende Ladenfronten liegen bei Nr. 78 und 84 nebeneinander. Weiter in Richtung Crummer Road liegt auf der Westseite der Straße eines der besterhaltenen Beispiele später viktorianischer Architektur, Allendale, aus dem Jahre 1892. Auf dem Weg zur Karangahape Road führt der Weg noch an der Aucklands Savings Bank (1884) und der Unitarian Church (1901) vorbei.

Bunte Mischung

Seit die Insulaner aus Ponsonby verschwunden sind, verlor auch die Karangahape Road, von den Auckländern kurz «K-Road» genannt, ihr einst auffälliges Pazifikflair. Aber immer noch bieten dort eine Vielzahl der Geschäfte alles an, was Magen und Seele der Menschen aus Tonga, Samoa und Fidschi zum Wohlfühlen benötigen, vom tropischen Früchteangebot bis zum Video in der Muttersprache.

Aucklands Straßenbild hat viele Gesichter. Am Anfang der K-Road, dort, wo gegenüber die Liverpool Street abzweigt, sitzt Isabella Melvin auf einer Bank. Hinter ihr ragen verwitterte Grabsteine eines kleinen jüdischen Friedhofs aus verdorrtem Rasen. Isabella Melvin ist Polin und gehört zu den ersten europäischen Nachkriegseinwanderern. 1944 kam sie zusammen mit anderen Waisenkindern aus einem sibirischen Arbeitslager. Es sei damals nur eine Geste des guten Willens gewesen, die Gruppe aufzunehmen, erinnert sie sich. Eigentlich hätte man gar

Lebensfreude als Botschaft

keine Europäer gewollt. «Inzwischen hat Auckland eine große polnische Gemeinde», erzählt sie. «Doch viele empfinden das Leben hier wie eine Sackgasse, es fehlt die große Kultur.» Sie kann sich noch gut daran erinnern, wie komisch die Leute sie damals anschauten, als sie noch kein Englisch konnte. Nicht weniger skeptisch reagierten sie auf die fremden Essensgewohnheiten. «Knoblauch und Yoghurt kannte man hier nicht. Vielleicht wäre ich besser in Europa geblieben», meint die alte Frau noch nach einem halben Jahrhundert achselzuckend. Sehr viel optimistischer und sehr geschäftstüchtig nehmen die stets lächelnden Asiaten ihren Auckländer Alltag in Angriff. An der Ecke Quay Street und Britomart Place steht der grellbunt bemalte China Oriental Market. Durch die mit Lampions, Bannern und Drachen geschmückten Hallen wehen die Essensdüfte Asiens. «Okay, okay», nickt der chinesische Obsthändler fleißig, als der neuseeländische Marktkontrolleur die zu weit auf dem Gehweg stehenden Preistafeln moniert. In Windeseile sind die Schilder ordnungsgemäß beiseite geräumt. Schließlich warten drinnen schon die nächsten Kunden.

Coromandel und Waikato

Gut zwei Stunden Fahrt mit dem Camper über die Highways 1, 2 und 25, dann haben wir Aucklands Häusermeer gegen eine märchenhafte Kulisse aus bewaldeten Bergrücken, unzähligen Weidehügeln, Steilküsten und Stränden eingetauscht. Zur Rechten klettert an den aufsteigenden Hängen der Coromandel-Halbinsel wildwucherndes Buschland empor, zur Linken glitzert der Hauraki-Golf, aus dem parallel zur Straße die Holzmasten einer Überlandleitung krumm und schief aus dem blauen Wasser ragen.

Die zahlreichen einsamen Sandbuchten und die Urwald-Tracks im zugewucherten Binnenland locken nicht nur Durchreisende aus Übersee. Auch viele Städter brechen am Wochenende in das Erholungsgebiet auf, von dem vierzig Prozent als Forest Park und Coastal and Marine Reserve geschützt sind.

«Die Coromandel-Halbinsel ist die am schnellsten wachsende Tourismusregion des Landes», verkündete der *Hauraki Herald* Anfang 1994. Um 120 Prozent sei die Besu-

Märchenwälder und Goldsucher

cherzahl im Vorjahr gestiegen, wobei unter den Europäern die Deutschen vorneweg marschierten. Mit «nur» etwa 80000 überseeischen Gästen jährlich gehört Coromandel aber noch nicht zu den international als «major attractions» vermarkteten Gebieten. Noch brausen viele Besuchergruppen im Bus nur im Vorbeifahren für ein paar «snapshoots» auf einen «lookout» – zum Glück für jene, die den Busch und die abgelegenen Strände allein erleben wollen. Einsame Natur gibt es verständlicherweise dort, wo es moderne Verkehrsmittel schwer haben. Das sind auf Coromandel vor allem die Strände Fletcher's Bay und Stony Bay an der Nordspitze.

Leider zeichnet sich jetzt schon ab, daß die Coromandel-Region in den nächsten Jahren ihr letztes bißchen Unberührtheit verlieren wird. Was bisher meistens durch Mund-zu-Mund-Propaganda weitererzählt wird, soll trotz einiger lokaler Widerstände offensiver vermarktet werden. Schon jetzt verspricht der Tourismus mit viertausend Arbeitsplätzen ein zu lukratives Geschäft.

Ausverkauf der Natur

Doch fangen wir im Süden an: Thames gilt mit 6500 Einwohnern als größte Stadt des ehemaligen Goldgräber-Eldorados. Dies ist allerdings nur noch ein Drittel ihrer einstigen Größe. In den späten achtziger Jahren des letzten Jahrhunderts lebten hier 20000 Menschen, die in neunzig Kneipen ihr Glück bei der Goldsuche feierten, meistens aber ihren Frust hinunterspülten. Von den siebzig Minen, in denen früher gebuddelt wurde, blieb nur noch eine School of Mines übrig, in der heute das Goldwaschen mit vorprogrammiertem Erfolgserlebnis vorgeführt wird.
Die Landwirtschaft ersetzt inzwischen als größter Wirtschaftszweig die eingestellte Holzwirtschaft und die Suche nach dem Edelmetall. Doch die Diskussion um die Ausbeutung stillgelegter Goldfundstätten flammt immer wieder auf. Investoren versprechen sich noch einträgliche Gewinne aus den verrottenden Schächten. Da sich die Goldsuche dann aber nur im Tagebau rentieren würde, protestieren Umweltschützer vehement gegen die damit verbundene Zerstörung einer einmaligen Landschaft. «Love it or loose it», heißt ihre knappe Formel.

Hinzu kommen die Bedenken, daß die Chemikalien, mit denen das Gold aus dem zermahlenen Gestein herausgelöst werden muß, ins Grundwasser und ins Meer gelangen könnten. Noch gehören Coromandels Küstengewässer zu Neuseelands wichtigsten Gebieten für den Snapper-Fang und die Muschelzucht. Jährliche Einnahmen, die für die Fischer auf dem Spiel stehen: fast fünfzig Millionen Dollar.

Das Erforschen stillgelegter Minen auf eigene Faust ist nicht ungefährlich. Für einen Abstecher in Goldrauschzeiten sollte man lieber vorher bei Thames Goldmine Tours am Nordende der Queen Street hineinschauen. Der Gang über Thames Hauptstraße, einer Art Wildwest-Kulisse mit extensiv genutzter Werbefläche, läßt noch einen Hauch der ehemaligen Stadthistorie erahnen. Ein besonders auffallendes Stück Kolonialarchitektur ist das 1868 gebaute Brian Boru Hotel an der Ecke Pollen und Richmond Street. Ein anderes, über hundert Jahre altes Gebäude steht an der Ecke Pollen und Cochsame Street: das kleine Thames Historical Museum, das Bilder, Fotografien und Kleidungsstücke der Jahrhundertwende ausstellt. Einen schönen Rundblick über die Stadt und den Hauraki-Golf bietet der Monument Hill, auf dem ein Denkmal für im Ersten Weltkrieg gefallene Soldaten steht.

Nachdem der Goldstrom verebbt war, fällten die Anwohner fast hundert Jahre lang die mächtigen Kauri-Wälder. Erst dann ließen sie die Überreste stehen, so daß die Wunden des Raubbaus langsam heilen konnten. 70000 Hektar umfaßt heute der Coromandel Forest Park, der sich praktisch über die gesamte Halbinsel erstreckt.

Im Kauaeranga Valley östlich von Thames liegt eine der beliebtesten Regionen zum Campen und Wandern. Eine Vielzahl von Tracks durchzieht das Tal mit seiner Pinien-, Kauri- und Farn-Vegetation. Die meisten lassen sich an einem Tag bewältigen. Die populärsten Wege führen zu den Moss-, Creek- und zur Pinacles-Hütte im Hinterland, wo man für acht Dollar pro Person übernachten kann. Einfache Kochgelegenheiten sind vorhanden.

Im dichten Busch weisen immer wieder gezimmerte Überbleibsel wie die alten Kauri-Staudämme auf die Siedlungs- und Wirtschaftsgeschichte hin. Hoffmans Pool bietet sich als schöner Platz zum Schwimmen im Kauaeranga River an. Detaillierte Informationen über die Wege durch den Busch sowie einen Film über das Kaurifällen und das Goldgraben gibt es im Visitor Centre an der Kauaeranga Valley Road.

Die von menschenleeren Buchten gesäumte Westküstenstraße liegt immer wieder im Schatten von Pohutukawa-Bäumen. Malerische Ausblicke verführen zum Stoppen und Schauen. Im Ort Coromandel blieb die Zeit scheinbar stehen. Hier finden gesellschaftliche Aussteiger die Möglichkeit, neben den «normalen» Einwohnern ihre alternativen Lebensträume zu verwirklichen: Maler, die Landwirtschaft betreiben, Töpfer mit eigenem Gemüsegarten, Weber, die Schafe züchten und selbst Wolle herstellen.

Einst «Dunlop's Harbour» genannt, erhielt der Ort seinen Namen nach dem Schiff «HMS Coromandel», das 1820 anlegte, um Kauristämme für die britische Marine zu laden. Aber erst die Goldfunde im Driving Creek machten das verschlafene Nest 1852 international bekannt und ließen die Einwohnerzahl bis 1870 auf zehntausend ansteigen.

Zu den «handgemachten» lokalen Attraktionen gehört die «Driving Creek Railway» des Töpfers, Eisenbahnfans und Umweltschützers Barry Brickell. 1974 baute er die drei Kilometer lange Schmalspurbahn, um Ton- und Holzmaterial in seine Werkstatt zu transportieren. Über diverse Viadukte und durch zwei Tunnel geht es an einer Vielzahl einheimischer Bäume vorbei, die Brickell als Wiedergutmachung zur Aufforstung des Waldes pflanzte.

An der Nordspitze der Halbinsel ist Fitneß gefragt. Der sieben Kilometer lange Coromandel Walkway zwischen Fletcher und Stony Bay bietet herrliche Weitblicke über Land und Wasser. Wer will, kann sich bei einem vom Fletcher Bay Hostel angebotenen Bootstrip zur Stony Bay die halbe Strecke auch vom Wasser aus ansehen.

Zwar sind die meisten Straßen an dieser Nordspitze ungeteert, aber für echte Mountainbiker beginnt damit ja erst das Vergnügen. Die dürfte der erst kürzlich eröffnete Bicycle Track von Colville zur Fletcher und Stony Bay als Herausforderung interessieren.

Für Autofahrer nicht minder nervenaufreibend windet sich der Highway 25 als Querverbindung hinüber zur Ostküste. Vom Scheitelpunkt des Bergmassivs blicken wir auf ein herrliches Panorama: das zur Küste hin flach auslaufende Weideland wechselt mit grasbewachsenen Vulkankuppen, die in der Ferne als dunkle Inseln aus dem silbernen Wasser ragen. Riesengroße grüne Mehlklöße schwimmen in dem pazifischen Suppenteller.

Auf dem Weg nach Whitianga zweigt nach endlosen 25 Kilometern Haarnadelkurven eine Straße nach Matarangi ab. Dieser Abstecher lohnt sich nicht, es sei denn, man will sich eine aus dem Boden gestampfte Ferienhaussiedlung ansehen, die neben der Erholung wohl hauptsächlich als Investitionsobjekt dient. Unvermittelt geht es durch ein palmengesäumtes Tor, die Schotterstraße verwandelt sich in roten Asphalt, das Farmland in englischen Rasen, das Sumpfgebiet in einen künstlichen Teich mit dekorativer Holzbrücke. Dann endet die Straße vor dem Tor eines Golfplatzes.

Cooks Ankerplatz

Whitianga bietet sich als Standort für Ausflüge in die Mercury Bay an. James Cook ankerte hier am 5. November 1769, um im Auftrag der britischen Royal Society den Durchlauf des Planeten Merkur vor der Sonne zu beobachten. Während er mit dem Astronomen Charles Green an Land seine Beobachtungen machte, ruderten einige Maori zum Schiff, um etwas Tauschhandel zu betreiben. Als einer von ihnen sich weigerte, ein Kleidungsstück zurückzugeben, wurde er, sehr zum Ärger Cooks, kurzerhand erschossen.

Schon seit tausend Jahren siedeln Maori in dieser Gegend. Um 950 ließ sich der Stamm des legendären Maori-Seefahrers Kupe hier nieder, wodurch der Ort auch seinen Namen erhielt: Te Whitianga a Kupe, was soviel heißt wie «wo Kupe durchzog». Am 15. Dezember 1769 nahm Cook an dem nach ihm benannten Strand Neuseeland im Namen König Georgs III. in Besitz. Heute erwirtschaftet Whitianga, wo früher das Holz des Hinterlandes verschifft wurde, seinen Wohlstand durch Fischfang, Landwirtschaft und Tourismus. Um den Ort Cooks Beach herum, der mit einer Personen-Fähre zu erreichen ist, liegen die Traumstrände in Fußmarschnähe.

Zum 1992 eingerichteten Te Whitianga-A-Hei Marine Reserve gehören auch die Gewässer vor dem Strand von Cathedral Cove. Diese markante Steilküste ist zu Fuß in vierzig Minuten vom Hahei Beach aus zu erreichen. Über dem feinen Sandstrand erhebt sich ein gewaltiger Felsendom, der bei Ebbe auch durchquert werden kann. Ebenfalls bei Ebbe gibt der Hot Water Beach, einige Kilometer südlich, seine unterirdischen Thermalquellen frei. Jeder, der eine Schaufel dabeihat, kann sich dann seinen eigenen heißen Pool graben. Zur Not tun es auch die Hände. Aber Vorsicht, je tiefer, desto heißer.

Das Goldgewerbe bietet heute nur noch der kleine Ort Waihi, einer der bekanntesten Minenorte Neuseelands. Neben den Zeitzeugen

Jeder seinen temperierten Pool: Hot Water Beach

vergangener Schürfepochen – wie etwa dem Old Pump House – fördert die Martha Hill Mine 74 000 Unzen Gold und 520 000 Unzen Silber jährlich. Wie das gemacht wird, läßt sich auf einer Tour auch aus der Nähe ansehen.

Wem nach soviel Strand und Küste der Sinn nach Binnenland steht, sollte von Waihi in Richtung Paeroa fahren. Neben der Straße, die sich am Ohinemuri River entlangschlängelt, erheben sich nach ein paar Kilometern die Felswände der Karangahake Gorge. Am Fluß, der inzwischen von der Verschmutzung aus alten Goldgräberzeiten gereinigt wurde, liegen noch einmal Reste historischer Goldfelder. Gegenüber der alten Waikino Rail Station stehen noch Teile der Victoria Battery, in ihrer Blütezeit eine der größten Goldgewinnungsanlagen der Welt. Hierzu gehörten auch die alten Zyanit-Tanks, die für die Extrahierung des Edelmetalls benötigt wurden. Ein knapp funf Kilometer langer Fußweg verläuft am Fluß entlang und führt über einige alte Brücken zurück in die Zeit, als 1875 die fieberhafte Suche nach dem schnellen Reichtum begann. Für den Erhalt der historischen Atmosphäre engagiert sich auch die Goldfield Steam Train Society, die eine Dampflok auf der alten Bahnstrecke zwischen Waihi und Waikino verkehren läßt. Es lohnt auch ein kurzer Abstecher vom Highway in Höhe Waikinos ins Whaitaweta Valley. Hier rauscht das Wasser der Owharoa Falls über zwei Etagen ins Tal.

Wo Milch zu Pulver wird

In auffallendem Kontrast zur Berglandschaft Coromandels öffnet sich südlich von Auckland Neuseelands zweitgrößte Ebene, der Waikato-Distrikt. Hier brachten Generationen von Milchkühen den Farmen

Reichtum. Viele Weiden lagen Mitte des vorigen Jahrhunderts nach blutigen Auseinandersetzungen zwischen Maori und Pakeha brach und wurden erst langsam durch europäische Siedler kultiviert. Doch wo die Straßen wieder gerader werden und neben dem Rindvieh auch edle Pferderassen auf großen Koppeln galoppieren, bringt die einträgliche Milchwirtschaft nicht nur Zufriedenheit hervor.

Den Campingplatz in Te Aroha leitet im Nebenberuf eine Schweizer Biochemikerin. Die sonst in einer Molkerei tätige Wissenschaftlerin engagiert sich, nicht immer zur Freude der Branche, stark in Umweltfragen. Gleich in der Nachbarschaft, in Waitoa, stehe Neuseelands größte Milchpulverfabrik, die jetzt ihre Produktionskapazitäten erweitern wolle, erzählt sie. Doch schon jetzt setze sich überall in der Nachbarschaft der Milchpulverstaub auf den Autos ab. Würden diese nicht regelmäßig gewaschen, bilde sich Milchsäure, die den Fuhrpark schnell rosten lasse, so die Milchexpertin. «Die Anwohner sagen aber nichts, weil sie Angst um ihre Arbeitsplätze haben.»

Damit nicht genug: Immer noch werde in einigen Gebieten überschüssige Molke und Gülle einfach auf die Felder gesprüht, wodurch hohe Nitratkonzentrationen ins Grundwasser gelängen. Jetzt habe die Regierung Ende 1993 auf der Grundlage der neuen Umweltrechtsprechung des Resource Managements Acts erstmals eine Geldstrafe in Höhe von zehntausend Dollar gegen eine Firma in Te Awamutu verhängt. Die Umweltsünder hatten ihre Milchüberproduktion einfach in einen Fluß abgelassen. «Solche verhältnismäßig geringen Strafen werden aber nur belächelt», versichert die Umweltaktivistin.

Hauptstraße in Hamilton

Daß bei geplanten Betriebsinvestitionen auch immer mehr die Interessen der Maori berücksichtigt werden müssen – sie besitzen inzwischen in einigen Regionen die Land- und Wasserrechte –, zeigt ein anderes Beispiel. Dort, wo die Milch in Strömen fließt, wird den Tieren nach ihrer getanen Arbeit bisweilen auch das Fell über die Ohren gezogen. Ein paar Kilometer flußaufwärts von Te Aroha wollte eine Fellgerberei ihren Betrieb erweitern und fragte bei dem dort ansässigen Maori-Stamm um die Nutzung der Wasserrechte an. Der Stamm

stimmte schließlich unter einer Bedingung zu: Nach dem normalen Klärprozeß müsse das Wasser noch durch eine Schicht Erde gefiltert werden. Nur dann sei es «spirituell gereinigt» und dürfe in den Fluß zurückfließen.

Kanonen, Kunst und Königin

Im Zentrum Waikatos bietet sich ein Abstecher nach Hamilton an, mit 100000 Einwohnern Neuseelands größte Binnenstadt. Umgeben von sehr fruchtbarem Farmland, entwickelte sie sich durch die Gründung zahlreicher Agrarinstitute zum Forschungszentrum der Landwirtschaft. Mitten durch die Stadt fließt der Waikato River, Neuseelands längster Fluß, dessen parkgesäumte Ufer Oasen der Ruhe sind. Doch wo heute ein Raddampfer zu Sonnenscheinfahrten und Moonlight Dinner einlädt, navigierten 1863 Kanonenboote, mit denen die Maori-Stämme zum Landverkauf gezwungen wurden. Die Zeit friedlichen Nebeneinanders, als die Maori den Pakeha noch ihre landwirtschaftlichen Produkte verkauften, ging schnell vorüber. Über Landrechtsfragen kam es bald zum Konflikt. Soldaten marschierten ein, bezogen in Hamilton ihren größten Stützpunkt und erhielten als Sold konfiszierten Grundbesitz.

Heute gehören die aufgegebenen Stützpunkte der neuseeländischen Armee zu den ersten Grundstücken, die die Maori von der Stadt zurückerhalten. «Nach zwei Jahren Verhandlung gehören uns jetzt achtzig Hektar ehemaliges Militärgelände», erzählt Wayne Taitoko, wissenschaftlicher Mitarbeiter des Tainui Maori Trust Board. «Hier wollen wir Lagerhäuser und Trainingsplätze für Sportler einrichten und vermieten.»

Fast eine halbe Million Hektar Land verloren die Tainui während der europäischen Besiedlung im ganzen Waikato-Gebiet, bislang bekamen sie nur hundert Hektar zurück. Wayne Taitoko sieht ohnehin nur Chancen, Anspruch auf die etwa 50000 Hektar Staatsland geltend zu machen. «Wir werden nie alles wiederbekommen», räumt er ein. «Aber wir wollen wenigstens eine finanzielle Entschädigung.» Die Verhandlungen haben schon viel Kraft gekostet und das Maori-Lager gespalten, das merkt auch Wayne: «Die einen geben auf, die anderen geben ihr Leben.»

Hamiltons Ruf beschränkt sich aber nicht auf den der Agrarmetropole und des gut sortierten Einkaufszentrums für die umliegenden Farmen. Hier haben auch die bildenden Künste ein landesweit anerkanntes Zuhause: das Waikato Museum of Art and History. Hervorgegangen aus zwei separaten Institutionen, der 1940 gegründeten Waikato Art Gallery und dem 1965 eröffneten Waikato Museum, präsentiert das moderne Haus für Kunst und Geschichte seine Ausstellungen auf 5000 Quadratmetern. Das Museumsarchiv ist randvoll. Die Sammlungen umfassen unter anderem 2500 neuseeländische und australische Kunstwerke, darunter Fotografien, Gemälde und Skulpturen, sowie 15000 Objekte der Tainui-Kultur, zu denen Holz- und Steingravierungen, Webarbeiten und rituelle Artefakte gehören. Die Entwicklung der Hamilton-Region kann allein anhand von 12000 historischen Fotografien dokumentiert werden. Doch Museumsarchivar David Woodings ruht sich auf den bislang gesammelten Schätzen keineswegs aus. Im Januar 1994 fährt er wieder in die Antarktis, zum drittenmal, um das Inventar in der Hütte des Polarforschers Robert Falcon Scotts am Cape Evans zu katalogisieren.

Zu den thematisch stets wechselnden Ausstellungen in Hamilton gehört ein sozialkritischer Blick auf die Hausarbeit – *Invisible Lives: Women's Unpaid Work* – ebenso wie eine Hommage an die lokale Rugby-Tradition – *Showing Off: Waikato Wins the Shield*. Es wird sogar erwogen, Kunstwerken aus Schulklassen ein Forum anzubieten. «Mit solchen Ausstellungen könnten mehr Menschen aus der Region junge Talente kennenlernen», begründet Ken Price, Vorsitzender des Museum's Board of Management, die Überlegungen.

Grimmige Gesichter: Ein traditionelles Begrüßungsritual

Ein Teil der Exponate ist der Tainui-Geschichte gewidmet. Dazu gehört auch das Kriegskanu «Te Wi-

nika», ein Geschenk, welches das Museum 1973 von der amtierenden Maori-Königin Te Arikinui Dame Te Atairangikaahu erhielt.

Am 10. Februar 1994 herrscht Hochbetrieb auf dem Turangawaewae Marae, dem «Buckingham Palace» der Ureinwohner in Ngaruawahia. Der Ort liegt zwanzig Kilometer nördlich von Hamilton. Bestaunt von mehreren hundert Schaulustigen, stampfen zwei Dutzend in Reih und Glied stehende Maori-Krieger mit den Füßen, schlagen sich gegen die Brust, schneiden mit angemalten Gesichtern furchterregende Grimassen und stoßen markerschütternde Schreie aus. Plötzlich tanzt ein Krieger aus der Reihe, kniet in vorderster Front nieder und wartet mit bitterbösem Blick auf den Ehrengast. Immer wieder schnellt die flatternde Zunge in voller Länge zum Kinn herab. Bald darauf schreitet Prinz Charles, eine Stola aus Kiwifedern über der Schulter und von seinem Sicherheitsstab umringt, dem grimmigen Maori-Krieger entgegen.

Das medienwirksame Ritual ist Show und jahrhundertealte Tradition zugleich. Der strenge Begrüßungsblick dient als Test: Will der Besucher Krieg oder Frieden? Charles kam in friedlicher Absicht, auf Einladung der Stammesoberen und ihrer Königin. Der Abstecher nach Ngaruawahia gehörte schon oft zum Programm, wenn ein Mitglied des britischen Königshauses Neuseeland besuchte.

Nach fünf Maori-Königen steht mit Te Arikinui Dame Te Atairangikaahu seit 1966 erstmals eine Frau an der Spitze der monarchistischen Maori-Bewegung, der *kingitanga*. Zwei Jahre später erhielt sie in Anerkennung ihrer Position den Titel einer «Dame Commander of the British Empire», eine formale Würdigung ihrer auf Repräsentation beschränkten Macht.

So bleibt auch das Treffen mit Charles auf den Austausch von Nettigkeiten begrenzt. Die Maori-Redner erinnern ausgiebig an frühere Begegnungen beider Königshäuser. Doch was der Prinz gelangweilt als Pflichtprogramm über sich ergehen läßt, bietet den Maori die Chance, ihr kulturelles Selbstbewußtsein zu demonstrieren.

Auf der Medientribüne schieben sich die Kameramänner die besten Sichtplätze frei, während vier reich verzierte Kriegskanus auf dem Waikato River unter lauten Rudergesängen an dem Ehrengast vorbeiziehen. Anschließend führen die traditionell geschminkten und gekleideten Männer auf einem Ponton noch einen *Kapa haka*-Tanz auf. Rund um das Folklorespektakel interviewen Mitarbeiter eines Maori-Fernsehkanals sowie des hauseigenen Radiosenders die Stammesprominenz zum Geschehen.

Zu dem, was sich auf dem marae noch sehen lassen kann, gehört auch ein sehr gut ausgestattetes *koanga reo*, ein Kindergarten, in dem die Vorschulkinder mit der Maori-Kultur und der Sprache vertraut gemacht werden. Englisch wird dabei auf der Türschwelle zurückgelassen. Die Sprache der Weißen ist erst wieder auf der anderen Straßenseite, im stammeseigenen Health Centre, zu hören.

Glühende Verehrung

Manchmal reicht die englische Sprache wohl nicht mehr aus, um den Nervenkitzel, mit dem neuseeländisches Naturabenteuer angepriesen wird, auf den Punkt zu bringen. «Abseil» heißt das Zauberwort, wenn es in den Höhlen von Waitomo, siebzig Kilometer südlich Hamiltons, nach halbtägigem Training hundert Meter senkrecht in die Tiefe der «Lost World» geht. Wer dann immer noch Angst hat, dem bieten die Veranstalter ein «Tandem-Abseil» an.

Das Krabbeln und Schwimmen durch die unterirdischen Höhlensysteme gehören eher zur Kür einer Minderheit interessierter Höhlenfans. Doch es ist ein kribbelndes Abenteuer, (nach entsprechendem

Training) auf dem Rücken in einem Gummireifen liegend, lautlos mit der Strömung durch ein dunkles Höhlenlabyrinth zu treiben, in dem die besten Orientierungspunkte unzählige leuchtende Glühwürmchen sind. Wer einmal im Wasser ist, für den gibt's kein Zurück mehr.

Das Pflichtprogramm der Mehrheit beschränkt sich da lieber auf den Besuch der Glühwürmchen-Grotten. Wer jedoch zu einer anderen Tageszeit als am frühen Morgen in die Unterwelt hinabsteigen will, muß etwas Geduld mitbringen. Schon die aufgereihten Busse lassen keine Zweifel mehr: Die kleinen Würmer, die zum Insektenfang einen klebrigen, leuchtenden Faden ausrollen, gehören zu den meistbesuchten Sehenswürdigkeiten des Landes.

Wenn tagsüber die Erläuterungen der zahlreichen Führer der Reisegruppen im Höhlenlabyrinth durcheinanderhallen, sich Geschichtsdaten, naturkundliche Fakten und Anekdoten mischen, will sich der wohlige Grottenschauer nicht einstellen. Statt unterirdischen Zauber zu entfalten, erinnert das Geschiebe doch eher an U-Bahnhofsatmosphäre.

Dennoch gibt es auch hier ein Erlebnis, das eindrucksvoll in Erinnerung bleibt: Lautlos gleiten die vollbesetzten Boote, von einem stehenden Steuermann mit den Händen an den Felswänden entlanggezogen, über den stockdunklen Fluß. Mit der Stille kommt das Gefühl des individuellen Erlebens zurück. Wenn sich dann der zigtausendfach leuchtende Grottenhimmel auftut, entschädigen diese wenigen Sekunden für den minutenlangen Trubel am Anfang des Weges.

Einst Zeichen des gesellschaftlichen Ranges: Gesichtstätowierungen

Kalte Gipfel über heißem Land

Das Zentrum

Eine Forschungsstudie des New Zealand Tourism Board für den deutschen Markt brachte es an den Tag: Viele Befragte assoziieren mit Neuseeland hauptsächlich ein sicheres Reiseland und einen bekannten, weil europäisch geprägten Lebensstil. Es locken die vielfältige Landschaft, die geringe Kriminalitätsrate und der kontemplative Alltag. Das könnte jedoch dazu führen, daß Neuseeland als zu langweilig empfunden wird, fürchten die Tourismus-Manager. Es sei dringend nötig, die «exotischen Elemente» mehr herauszustellen. Da wären die fremde Flora und Fauna zu nennen, die Umkehr der Jahreszeiten, die Maori-Kultur und natürlich Vulkane und Geysire.

Keine andere Region bietet dieses exotische Element eindrucksvoller als das Vulkanplateau zwischen dem Lake Taupo und der Bay of Plenty: aufschießende Geysire, farbige Sinterterrassen, brodelnde Schlammlöcher und schweflige Dämpfe vermitteln einen Vorgeschmack vom höllischen Ambiente im Erdinneren.

Zitterndes Badehaus: Rotorua

«Rotoruas Einwohner reagierten nervös, als die Erdbeben kamen», meldete Christchurchs Tageszeitung *The Press* im März 1994. 150 kurze, aber heftige Erdstöße hatten zwei Tage zuvor die westlichen Suburbs der Stadt erschüttert. Ein Krisenstab erwog bereits, den Notstand auszurufen. Nicht wegen der Beben selbst, sondern als Vorsorge gegen die Hysterie, mit der die Anwohner reagierten. Im Hauptquartier des Katastrophenschutzamtes und bei

Bowling: Damensport vor Rotoruas Badehaus

der Polizei klingelten die Telefone ununterbrochen. Alle wollten wissen, ob das die Vorboten eines großen Vulkanausbruchs seien. «Als wir endlich vom Institut für Geologie die Auskunft erhielten, daß keine größeren Beben zu erwarten seien, konnten wir Entwarnung geben», erklärte der Vorsitzende des Sicherheitsstabes, Johnny Lepper.

Wieder ein Tag, der Bewegung in die lokale Erbebenstatistik brachte. Der Beliebtheit der Stadt, als «thermales Wunderland» auf einer der aktivsten Vulkanzonen der Erde gebaut, dürfte dieser Zwischenfall aber nicht schaden. Wer über die Hemo Road und dann die schnurgerade Fenston Street entlang nach Rotorua hineinfährt, kann nicht übersehen, daß hier das Geschäft mit zahlenden Besuchern blüht: Kilometerweit liegt ein Motel neben dem anderen, obwohl die Luft nach faulen Eiern riecht.

Doch halt: Der erste Stopp sollte dem Whakarewarewa-Thermalgebiet und dem Maori Arts & Crafts Institute an der Hemo Road gelten. Bei 400 000 Besuchern im Geschäftsjahr 1992/93 gab es einen Gewinn von 1,54 Millionen Dollar. Trotz der sehr kommerziellen Aufmachung lohnt sich der Besuch hinter dem Palisadenzaun: Neben fauchenden Geysiren und blubbernden Schlammlöchern demonstrieren fingerfertige Holzschnitzer ihre jahrhundertealte Kunst. Dieses Handwerk durfte traditionell nur von Männern ausgeübt werden, Frauen war nicht einmal die Anwesenheit gestattet. Nach der Arbeit an den Kauri- oder Totara-Stämmen sammelten die Künstler sogar die Holzspäne auf, damit sie nicht als Brennmaterial zum Kochen «entweiht» wurden.

Das bekannteste Haus der Stadt ist das 1908 in edwardianischem Fachwerkstil errichtete Bathhouse in den Government Gardens, auch «Tudor Towers» genannt. Über den englischen Rasen vor der Tür schieben Heerscharen weißgekleideter Bowling-Damen ihre Kugeln. Zehn Jahre lang rangierte das hier untergebrachte Museum unter dem Namen «Badehaus», was schließlich einen lokalen Maori-Protest hervorrief. Der Name sei unangebracht, weil durch ihn uralte heilige Schätze mit Schmutz und mit dem Waschen menschlicher Körper in Verbindung gebracht würden. Schließlich tagte der District Council und beschloß, daß der Name in Rotorua Art and History Museum umgewandelt werden sollte.

Der Kurort, am südlichen Ufer des Lake Rotorua gelegen, gilt sowohl als größte Tourismus-Attraktion der Nordinsel wie auch als rasch wachsendes Wirtschaftszentrum, wo das heiße Thermalwasser durch Champignonfarmen und Gewächshäuser geleitet wird. Die heute im Umland betriebene Schafzucht hatte einst therapeutische Zwecke: Heimkehrern aus dem Zweiten Weltkrieg sollte ein neues Arbeitsfeld angeboten werden. Im Agrodome lassen sich alle Aspekte dieses Agrarzweiges in einer Stunde erfahren.

Die Wurzeln Rotoruas liegen in dem Maori-Dorf Ohinemutu, direkt am See. Zwischen einem Meeting House und der St.-Faith-Kirche im Tudor-Stil steht die Keramikbüste Queen Victorias. Sie ist ein Geschenk ihres Sohnes, des Prinzen von Wales, an den Arawa-Stamm, der sich während der Landkriege loyal zur weißen Kolonialregierung verhalten hatte.

Höllisches Inferno

Nach der Maori-Mythologie entstanden sämtliche vulkanischen und thermalen Aktivitäten, weil einst Ngatoro-i-rangi, der Hohepriester des Arawa-Kanus, beim Abstieg vom Mount Ngauruhoe um Wärme gebetet haben soll. Im Schneesturm zitternd, flehte er seine göttlichen Schwestern in der Urheimat «Hawaiki» an: «Schickt mir Feuer, ich gehe an der Kälte zugrunde.»

In der Nacht zum 10. Juni 1886 erfüllte sich sein Wunsch noch einmal auf katastrophale Weise: Mount Tarawera explodierte, begrub die Maori-Dörfer Moura und Te Ariki unter 75 Fuß Asche und bedeckte fünftausend Quadratmeilen mit seinem tödlichen Niederschlag aus Lava und Gesteinsschlacke. 147 Maori und sechs weiße Siedler starben in dem Inferno. Die Detonationen dieser Nacht waren bis nach Auckland und Christchurch zu hören. Der Überlieferung nach sollen mehrere Menschen elf Tage vor dem Unglück ein Geisterkanu auf dem Tarawerasee gesehen haben. Für den Priester des Maori-Dorfes war das eindeutig ein böses Omen.

Verglichen mit den Opfern der Erdbeben-Katastrophen von Lissabon und San Francisco war diese Zahl zwar wesentlich geringer. Doch der Ausbruch des Mount Tarawera wog in mancher Hinsicht schwer. Mit ihm ging eine faszinierende Thermal-Attraktion verloren, die schon als achtes Weltwunder gehandelt wurde: die Pink and White Terraces. Schon damals kamen Besucher aus aller Welt nach Rotorua, um das einmalige Farbschauspiel der jahrtausendealten Sinterterrassen, über deren Bassinränder das blaue Wasser rieselte, zu bestaunen.

«Es sieht aus wie eine Farb-Kaskade, die sich in Stein verwandelt hat», beschrieb der deutsche Geologe Ferdinand von Hochstetter 1859 das Naturschauspiel.

Lange hielt sich das Gerücht, die Terrassen seien gar nicht zerstört, sondern nur verschüttet. Doch als Bruchstücke kilometerweit vom Unglücksort entfernt gefunden wurden, mußten die letzten Hoffnungen begraben werden.

Der Ausflug an den Rand des gewaltigen Kraters, der sich als Narbe über den Bergrücken hinzieht, wird heute mit dem Hubschrauber oder mit Geländewagen angeboten, wahlweise als kribbelndes Minuten-Intermezzo oder als ein Halbtagsvergnügen. Etwas Gänsehaut nach dem Motto: Hier passierte es, und ich war Gott sei Dank nicht dabei.

Auch was im Untergrund noch aus dem Schutt und der Asche von damals herausragt, entwickelte sich zum eindrucksvollen Anschauungsmaterial. Im Te-Wairoa-Tal, fünfzehn Kilometer östlich Rotoruas, hinter den Blue and Green Lakes, liegt ein ganzes Dorf, das Buried Village. Schon bevor die Häuser bis zur Dachkante verschüttet wurden, galt der Ort als Touristenattraktion. Von hier aus ruderten die Führer ihre Gäste mit Walbooten und Kanus über die Tarawera- und Rotomahana-Seen zu den Sinterterrassen.

1936 begannen die Ausgrabungen in dem Dorf, das 1931 vom Eigentümer Dudley Smith als Teil seiner Farm gekauft wurde. Heute blüht das Besuchergeschäft wieder. Mehrere kleine Museen präsentieren Fundstücke aus der heilen Welt vor dem glühenden Ascheregen: ein Babyschuh, Flaschen, Porzellan, Töpfe, Schnitzereien, Handwerksgerät und ein Bowler-Hut.

Als Überbleibsel weißer Siedlungsgeschichte stehen die Ruinen des ehemals zweistöckigen Rotomahana-Hotels, einer beliebten Ausflugsstation. Sechs Stunden nachdem der Berg begonnen hatte, Feuer und Asche zu speien, brach das Bauwerk unter der niederrieselnden Last zusammen und begrub einen englischen Touristen unter sich.

Dampfendes Land

Etwa dreißig Kilometer südöstlich Rotoruas dampft das grüne Waimangu Valley. Ein drei Kilometer langer Weg führt durch zikadenzirpenden Busch, vorbei an farbigen Felsen und sprudelnd gurgelnden Gewässern. Eines wird sogar als «größter kochender See der Erde» vorgestellt, dabei beträgt seine Temperatur gerade 50 Grad Celsius.

Am Ende des Weges läßt sich bei einer Schiffsfahrt über den Lake Rotomahana am Westufer die Stelle der ehemaligen Wunderterrassen betrachten. Wer alles im Tal erleben will, braucht für die Wanderung mehrere Stunden. Sollten die Füße irgendwann zu schwer werden, läßt sich der Rückweg auch mit einem regelmäßig verkehrenden Minibus bewältigen. Zum farbenprächtigsten Thermalgebiet gehört die einige Kilometer südlich Waimangus gelegene Region von Waiotapu, die «heiligen Wasser». Schon die Namen der stillen Seen und brodelnden Schlünde tragen bunte Namen: Rainbow Crater, Artist's Palette, Devil's Ink Pots, Opal Pool und Champagner Pool. Jede Farbe signalisiert ein bestimmtes chemisches Element: Gelb weist auf Schwefel hin, Orange auf Antimonsulfide, Purpur auf Mangan, Grün auf Arsensulfide und Weiß auf Siliziumoxid.

Die neunhundert Jahre alten Sinterterrassen sind seit der Zerstörung der Pink and White Terraces die größten Neuseelands. Sie werden durch das Siliziumoxid des Champagner-Pools gebildet, das sich nach dem Verdunsten des Wassers ablagert. Beim Gang entlang der sprudelnden «Champagnerquelle» verschlägt es einem den Atem. Einerseits, weil der wabernde Dampf streng riecht, andererseits, weil der Kraterrand mit seinen bunten Farben und bizarren Formen ein eindrucksvolles Naturschauspiel bietet. Sechzig Meter im Durchmesser und sechzig Meter tief ist die gigantische Sektschale, in der das 74 Grad heiße mineralreiche Wasser sprudelt. Die aufsteigenden Perlen entstehen nicht durch die Temperatur, sondern durch Kohlendioxid.

Der bekannteste Geysir der Region trägt den Namen «Lady Knox». Als ob er an eine Zeitschaltuhr angeschlossen wäre, zischt er täglich um Viertel nach zehn vormittags in die Höhe. Zum erstenmal schoß er seinen Wasserdampf gen Himmel, als einige Strafgefangene ihre Kleider mit Seife in dem heißen Wasserloch wuschen.

Das insgesamt neunzehn Quadratkilometer große Thermalgebiet, von dem aber nur ein Teil begehbar ist, steht unter Landschaftsschutz, alle Tiere und Pflanzen unter Naturschutz. Auf dem dampfenden Gelände ist Rauchen verboten. Zu leicht könnten sich Bäume und Sträucher wie die Manuka-Stauden entzünden.

Trotz derartiger Gefahren wurde neben dem heißen Untergrund der größte künstlich angelegte Wald der Erde gepflanzt. Der Highway 5 verläuft in Richtung Süden am Kaingaroa Forest vorbei, dessen Pinienbäume sich östlich der Thermalregion über 150 000 Hektar erstrecken. Zwei Gründen verdankt der Wald seine Entstehung: den billigen Arbeitskräften einer Wirtschaftsdepression und der Tatsache, daß dem Bimssteinboden Kobalt fehlt, was ihn als Farmland disqualifiziert. Doch wo einerseits um ungestörtes Waldwachstum gebeten wird, transportieren andererseits große Sattelschlepper das Holz zu den Papiermühlen, wo die mächtigen Stämme kleingeschnipselt werden.

Bevor vom Highway nördlich Taupos ein endloser Blick über Neuseelands größten Binnensee geboten wird, zischt es bei Wairakei noch einmal gewaltig neben der Fahrbahn. Ein geothermisches Kraftwerk wandelt den Dampf aus dem Untergrund in elektrischen Strom um. Eine Straße führt über das Bohrfeld und unter gekrümmten Rohrleitungen hinauf auf einen Lookout, von dem sich erst das ganze Ausmaß der Anlage überblicken läßt.

Zusammen mit dem neuen Ohaaki-Kraftwerk liefert Wairakei sieben Prozent des im Land produzierten Stromes. Obwohl der Dampfzufluß in den letzten Jahren um zwei bis drei Prozent zurückging, rechnen die Experten damit, daß er im Prinzip unbegrenzt vorhanden sein wird. Mit bis zu zweihundert Kilometern pro Stunde jagt der 120 Grad heiße Dampf durch die mehrfach gekrümmten Rohrleitungen zum Kraftwerk am Waikato-Fluß. Die Schleifen müssen sein, um ein Ausdehnen und Schrumpfen zu ermöglichen. Bei dreieinhalb Kilometer Rohrlänge kann dieser Faktor bis zu sechs Metern betragen.

Die Kraftwerksturbinen erzeugen eine durchschnittliche Nennleistung von 155000 Kilowatt. Schätzungen gehen davon aus, daß Neuseelands Reserven an geothermischer Energie bis zu zweitausend Megawatt betragen.

Kristallklares Wasser: Lake Taupo

Wie vom Band spult die junge Dame im Taupo Visitor Centre die Attraktionen des näheren Umkreises ab. Blitzschnell klappt sie eine Karte auf und kreist mit einem schwarzen Filzstift quietschend die Highlights ein: die Thermalpools bei De Bretts, das rechteckige City Centre zum Shopping, der Mini-Zoo und die Unterwasserfenster auf Cherry Island, der koloniale Charme im Huka Village. Weiter flußabwärts zeigt sie auf die Huka-Fälle und die Anleger für eine Flußfahrt, entweder gemütlich auf Neuseelands «African Queen» oder mit dem nötigen «thrill» auf einem der Jet-Boote. Wer nicht gleich alles behalten hat, dem empfiehlt sie, im Autoradio die Frequenz 100.4 FM einzustellen. Dort läuft ihr Vortrag noch einmal vom Band.

Bungy-Springen in Taupo: Je tiefer der Fall, desto höher der Adrenalinstoß

Natürlich vergißt sie auch nicht die Bungy-Plattform, dort, wo der grünblaue Waikato River am oberen Ende der Spa Road in einer großen Schleife an einer fünfzig Meter hohen Uferwand vorbeifließt. Zwanzig Meter ragt der Stahlarm über den Abgrund hinaus. Der erste, der den Sprung nach der Mittagspause wagt, ist ein kleiner Japaner. Neugierig stehen die Schaulustigen drumherum. Dann kommt das Kommando «3, 2, 1, bungy», und sein Schrei hallt beim Fallen in die Tiefe durchs Tal. Das Gummiband zieht ihn wieder und wieder in die Höhe, bis er schließlich mit dem Kopf über dem Wasser pendelt. Ein Schlauchboot kommt, er wird abgeseilt und kann anschließend seinen Sturz auf Videokassette mit nach Hause nehmen. Eine, die auch gesprungen ist: «Wenn du oben stehst, kannst du nicht mehr zurück, weil alle Augen auf dich gerichtet sind. Du bist stolz, wenn du es getan hast. Den Streß vom Fallen habe ich erst abends richtig gespürt. Da lief alles noch mal ab, und ich war plötzlich total

erledigt.» Trotzdem: Bislang ging immer alles glatt beim Nervenkitzel, auf den Neuseeland das Copyright beansprucht.

Wer seinen Adrenalinspiegel nicht durch tiefes Fallen in die Höhe schnellen lassen will, kann sich anderen Sportarten rund um den See widmen. Mit 606 Quadratkilometern gilt der Lake Taupo als Neuseelands größter Binnensee, vor zweitausend Jahren nach einer gigantischen Explosion aus einem eingestürzten Vulkankrater entstanden. Kürzlich entdeckten Wissenschaftler Aschepartikel aus dieser Zeit sogar in der nördlichen Polarregion.

Zurück zum Sport: An abgelegenen Uferstellen und vor allem in Flußmündungen, wie dem Waitahanui River, stehen immer mal wieder Männer bis zur Hüfte im Wasser und bilden einen «picket fence». Lake Taupo gilt als Anglerparadies, besonders wegen seiner Forellen.

Wer sich lieber zu den Fischen ins kristallklare Wasser gesellen möchte, kann das etwa am Strand der Acacia Bay, westlich von Taupo, tun. Hier lassen sich auch Ruderboote und Kanus mieten, mit denen – vorsichtshalber in Ufernähe – in einer Stunde zur Mine Bay gerudert werden kann, wo die Maori Bilder und Ornamente in Uferfelsen gemeißelt haben.

Daß es beim Bootfahren auf dem See doch immer wieder zu Unfällen kommt, beklagt Hafenmeister Doug Brown. Seine größte Sorge: zuviel Alkohol. «Ein oder zwei Biere beim Segeln oder Fischen sind an einem heißen Tag durchaus in Ordnung», meint der Kapitän. «Es gibt aber immer wieder Leute, die zuviel trinken und dann bis nach Einbruch der Dunkelheit draußen bleiben. Dadurch passieren die meisten Zwischenfälle.»

Hinzu komme, daß immer mehr Kinder mit motorisierten Dingis und auf Jet-Skiern unterwegs seien. «Wir haben schon Zwölfjährige gestoppt.» Schließlich sei es illegal, daß Kinder unter fünfzehn Jahren Boote steuern, die schneller als zehn Knoten fahren.

Bei den zahlreichen Wasseraktivitäten sollten die Wandermöglichkeiten nicht vergessen werden. Einen schönen Blick über den See und die dahinter liegenden Berge des Tongariro-Nationalparks läßt sich vom Waipahihi Botanical Reserve aus genießen. Es ist über die Shepherd Road zu erreichen. Der Lions Walk beginnt an der Two Miles Bay und führt am See entlang durch Busch und offenes Gelände zum Whareweka Point. Er bietet gute Gelegenheiten, das Wandern mit einem Picknick und einem Sprung in den See zu verbinden.

Schlafende Riesen

Die Vereinten Nationen verliehen dem Tongariro National Park im Dezember 1993 als erstem Nationalpark der Erde für seinen kulturellen Wert den World Heritage Status. Der Landschaft komme eine umfassende religiöse Bedeutung zu, so die Begründung.

Für die Maori waren der Mount Ruapehu (2797 m), der Mount Ngauruhoe (2291 m) und der Mount Tongariro (1968 m) *tapu*, heilige Stätten, wo sie ihre Toten begruben. Die ersten weißen Siedler sahen in den Gipfeln aber nur Herausforderungen, denen sie nicht widerstehen konnten. «Der schrecklichste Schlund, den ich je gesehen habe», schrieb der Botaniker John Bidwill 1839 nach der Besteigung des Mount Ngauruhoe in sein Tagebuch. Andere «Eroberer» folgten bald, die ersten Schaffarmer richteten sich 1850 ein.

Es gehörte schon sehr viel Weitblick dazu, bereits vor über hundert Jahren die Gefahr zu erkennen, die mit den Tongariros verbunden war. Häuptling Horonuku Te Heuheu Tukino vom Stamm der Ngati Tuwharetoa sah die ewige Ruhe der heiligen Orte gefährdet und handelte. Im September 1887 schenkte er das Land der neuseeländischen Regierung unter der Bedingung, daß daraus ein Nationalpark entstehen müsse. Der Tourismus ließ sich bald nicht mehr aufhalten. 1901 wurde die heute noch stehende Waihohonu-Hütte gebaut, 1909 die Eisenbahnlinie an der Westseite des Parks fertiggestellt. Damit brauchten die Besucher nicht mehr per Kutsche oder Pferd anzureisen. Whakapapa Villages Wachstum begann in den zwanziger Jahren.

An der Abzweigung National Park biegt der Highway 47 vom Highway 4 nach Osten ab. Die Straße führt durch ebenes, mit niederem Buschwerk, Tussockgras und Heide bewachsenes Gelände. Mächtig thronen die Vulkankegel am Horizont. Bei der langsamen Annäherung über das weite, flache Land an die majestätisch emporragenden Berge stellt sich gleichzeitig ein Gefühl von Spannung und Verlorenheit ein.

Wenn dann am Berghang die weit leuchtende Fassade des mächtigen Tongariro Chateaus auftaucht, traut man seinen Augen nicht. Für einen Moment erinnert die Szenerie des einsamen Prunkpalastes vor dem Bergpanorama an Stanley Kubriks Film *Shining*, in dem ein Hotel-Hausmeister in seiner winterlichen Isolation durchdreht. Doch im Winter ist es hier alles andere als einsam. 1929 entstand das herrschaftliche Hotel, mit dem gleichzeitig die Entwicklung des Whakapapa-Skigebiets begann. Die Südwesthänge am Ruapehu gehören seit 1979 zum zweiten großen Skigebiet.

Immer wieder erwachen die schlafenden Riesen. 1969 und 1975 zerstörten nach einer Eruption Ströme aus Schlamm und Vulkanasche, sogenannte «Lahars», Teile der Skigebiete. Um größeren Ausbrüchen vorzubeugen, wurde auf dem Mount Ruapehu ein Lahar-Warnsystem installiert. «Wenn im Winter Tausende auf den Hängen sind, wäre jeder Ausbruch eine Katastrophe», meint Barbara Curtis vom Department of Conservation (DOC). Noch wurde das System nicht gebraucht.

«Wir haben durch den lockeren Ascheboden hauptsächlich Erosionsprobleme. Deshalb härten wir zusätzlich die Oberfläche der Wege», erklärt die DOC-Mitarbeiterin. Mit dem Verhalten der Besucher ist sie nicht immer einverstanden. «Allein die Tatsache, daß wir eine ‹pack it in-pack it out›-Kampagne starten mußten, zeigt, wie unbedacht Abfälle weggeschmissen werden.»

Mit quengelndem Gepäck durch den Tongariro Nationalpark

Der beliebteste Track ist nach wie vor das Tongariro Crossing. Der «schönste Tagesmarsch Neuseelands» führt durch spektakuläres Vulkanterrain. Die siebzehn Kilometer lange Strecke, für die sieben bis acht Stunden veranschlagt werden sollten, beginnt am Ende der Mangatepopo Road. Der Weg windet sich aus dem gleichnamigen Tal hinauf auf einen Sattel zwischen Ngauruhoe und Tongariro. Wer sehr fit ist und ganz hoch hinaus will, kann einen zweistündigen Abstecher auf den Gipfel des Ngauruhoe einplanen. Der Crossing Track führt weiter am Red Crater vorbei, wo der Schwefelgeruch in der Luft verrät, daß der Krater immer noch aktiv ist.

Von diesem höchsten Punkt fällt dann die Strecke zu den grün schillernden, mineralhaltigen Emerald Lakes ab. Vorbei am Blue Lake geht es zu den heißen Quellen von Ketetahi, wo eine angenehme Fußbad-Pause mit herrlicher Aussicht eingelegt werden kann. Botaniker interessieren sich vor allem für die Algen in den heißen Pools, weil sie als erste Pflanzen schon zu Urzeiten in ähnlichen Gewässern wuchsen.

Unterhalb der Quellen säumt ein schattiger Totara-Wald den letzten Teil der Strecke. Da Start- und Zielpunkt an verschiedenen Orten liegen, sollte man sich vorher um Transportmöglichkeiten kümmern. Auskunft geben die Informationszentren. Das Department of Conservation warnt davor, diese Strecke im Winter ohne Bergausrüstung und entsprechende Erfahrung zu gehen.

Von den kürzeren Tracks führt ein sechs Kilometer langer Rundweg, der hundert Meter unterhalb des Visitor Center beginnt, zu den Taranaki-Fällen. Sie stürzen zwanzig Meter über den Rand einer Lavaschicht, die vor 15000 Jahren vom Ruapehu ins Tal floß. An den Rändern des Tracks, der ohne große Steigungen teils durch Wald, größtenteils aber durch die grasbewachsenen Ebenen führt, sind immer wieder Ascheablagerungen und Bimssteine zu erkennen, die noch von der Taupo-Explosion herrühren.

Vulkan im Abseits

Wenn die Sicht klar ist, kann man von der Höhe zwischen Ngauruhoe und Tongariro im Westen bis zum Mount Taranaki, dem «vegetationslosen Berg», hinübersehen. 2518 Meter erhebt sich der symmetrische Kegel über die flache Küstenlandschaft. Oft hängen von Westen heranziehende Wolken am Berg, die sich über dem aschehaltigen Boden abregnen, auf dem dann Taranakis saftiges Weidegras wächst. So liefert der Vulkan die Grundlage für eine reiche Milchwirtschaft. Auf den Weiden grasen wesentlich mehr Kühe als Schafe.

Eigentlich stand der Mount Taranaki einmal zusammen mit den anderen drei großen Vulkanen am Lake Taupo, so wissen die Maori zu erzählen. Alle hätten um die Buschschönheit Pihanga gebuhlt. Nach einem erbitterten Kampf mit Tongariro sei Taranaki nach Süden geflohen und habe als breiten Fluchtweg das Bett des Whanganui-Flusses zurückgelassen. Als er das Meer erreichte, blieb er durch einen Zauberspruch an diesen Ort gefesselt. Dort wartet er noch heute auf Erlösung. Aus Angst, daß er eines Tages wieder zurückkommen könnte, haben sich zwischen dem Taranaki

Ein Vulkan mit zwei Namen: Mount Egmont oder Mount Taranaki

und den anderen Vulkanen nie Maori angesiedelt.

Auch der Taranaki war einst ein heiliger Berg. 1978 gab ihn die Regierung in einer symbolischen Geste an die Maori-Stämme zurück, damit diese ihn «freiwillig» wiederum allen Neuseeländern schenken konnten. Drei Mountain Houses dienen hauptsächlich als Basispunkte für die Ausflüge: Dawson Falls, Stratford Mountain House und North Egmont Chalet. Entlang der Hauptrouten durch den Park liegen etwa zehn Hütten, die alle geöffnet sind, aber nach dem Wer-zuerst-kommt-mahlt-zuerst-Prinzip belegt werden.

Die Wege auf die Spitze sind nicht allzuschwer. Die Nordroute führt in etwa fünf Stunden über die Tahurangi Lodge und den «stairways to the stars». Die Südroute dauert etwas länger, beginnt am Visitors Centre in Dawson Falls und führt über Hooker Shelter, die Egmont Steps (notwendig, um die massive Bodenerosion aufzuhalten), den Fanthams Park und die Syme Hut hinauf zum Gipfel.

Zwischen den «verfeindeten» Vulkanen liegt der größtenteils unzugängliche Whanganui National

Park, 1987 als einer der jüngsten Parks eingerichtet. Mit dem Auto oder mit dem Fahrrad bietet sich die Zufahrt von Süden her an, immer am Fluß entlang. Die schmale Whanganui River Road, an der wegen des schwierigen Terrains dreißig Jahre gebaut wurde, schraubt sich zunächst an einem Bergrücken empor und bietet von der höchsten Stelle einen weiten Blick in das tiefliegende Flußtal, dem neuseeländischen Mekka für Kanuten.

Auch der Lyriker James Keir Baxter verfiel dem Zauber des Flusses und gründete Anfang der siebziger Jahre im kleinen Ort Jerusalem eine Kommune. In seiner «Sestina of the River Road», die oben auf dem Scheitelpunkt der Straße angeschlagen ist, heißt es: «I want to go up the river road, even by starlight or moonlight, or no light at all… then my heart will be light… and my soul can walk the rainbow bridge that binds earth to sky.»

1840 kamen die ersten Europäer ins Flußtal, Missionare, die den dort siedelnden Maori das Christentum bringen wollten. Zur Jahrhundertwende kurvten schon zwölf Ausflugsdampfer des Hatrick & Co. Riverboat Service auf dem Whanganui und brachten Ausflügler zum Pipiriki Hotel. Trotzdem blieben die kleinen Siedlungen isoliert; Erosion, Überflutungen und dichte Bewaldung setzten der Farmwirtschaft natürliche Grenzen.

An der Flußmündung liegt die Stadt Wanganui, eine der ersten Siedlungen der New Zealand Company. Im Queen's Park, dem kulturellen Zentrum der Stadt, stehen die wichtigsten öffentlichen Gebäude: die War Memorial Hall, das Wanganui Regional Museum, die Davis and Alexander Public Libraries und

Versteckte Idylle: Das Tal des Whanganui River

die Sarjeant Gallery. Das 1919 eröffnete Kunstmuseum in Form eines griechischen Kreuzes beherbergt neben europäischen Werken vor al-

lem Arbeiten neuseeländischer Künstler wie Edith Collier, Philip Trusttum und Anne Noble.

Die erste neu gegründete Stadt der englischen Siedlergesellschaft trug den Namen New Plymouth und gilt ihrer schönen Parks wegen als Garden City Taranakis. Bevor die Europäische Gemeinschaft Englands Tore für neuseeländische Produkte verengte, verdiente die Stadt gut als weltgrößter Exporteur von Cheddar-Käse. Als das Land durch die Ölkrise unter finanziellen Druck geraten war, entwickelte New Plymouth sein zweites Standbein: die Förderung von Öl und Gas. Vom Kapuni Gas-Reservoir und dem dreißig Kilometer vor der Küste liegenden Maui-Gasfeld werden große Teile der Nordinsel mit Brennstoff versorgt. Ein Teil des Rohprodukts wird in Motunui zu synthetischem Benzin verarbeitet.

Wesentlich angenehmere Düfte kitzeln die Nase in den weitläufigen Parkanlagen der Region, sei es in den Pukekura und Brooklands Parks von New Plymouth oder in den Pukeiti Rhododendron Gardens, zwanzig Kilometer südwestlich der Stadt. Wenn Anfang November die Flora in voller Blüte steht, feiert auch die ehemalige Siedlung der Plymouth Company eine Woche lang ihr Rhododendron-Festival mit Blumen- und Bonsai-Ausstellungen, Golfturnier sowie Keramik- und Webeexponaten unzähliger Kunsthandwerker. Zwischen Blumen und Farnen des Pukekura Parks staunen dann abends die Spaziergänger über einen beleuchteten Wasserfall. Doch das Kunstlicht ist bestenfalls ein schwacher Abglanz neuseeländischer Naturlichtspiele und verblaßt geradezu gegen einen Sonnenaufgang am East Cape.

Wo der Tag beginnt

Der Nordosten

Die Maori nennen das Land im Osten Tairawhiti, was soviel bedeutet wie «die Küste, auf die die Sonne vom Wasser her scheint». An diesem heute spärlich bevölkerten Ostzipfel des Landes kamen sie einst alle an, die Ureinwohner und die Briten unter der Führung von Captain Cook.

Bei Whangapaparoa, der «Walbucht», gruben sich um 1350 n. Chr. südlich des Cape Runaway die ersten Bootsspitzen der großen Maori-Flotte in den Sand. In den Kanus saßen die Vorfahren der Tainui und der Arawa-Stämme. Beide sollen so dicht beieinander gelandet sein, daß sich die Mannschaften sofort um den Besitz eines gestrandeten Wals in die Haare gerieten. An gleicher Stelle machten wenig später die Kanus Mataatua, Takitimu und Horoata fest, deren Maori-Besatzungen sich über das ganze Land verstreuten und von Whakatane bis hinunter zur Poverty Bay siedelten.

Diesen wenig werbewirksamen Namen verdankt die Bucht James Cook, der am 9. Oktober 1769 südlich Gisbornes am Kaiti Beach an Land ging und weder frisches Wasser noch Holz finden konnte. Als er auch noch von den Einwohnern unfreundlich empfangen wurde, ließ er sofort Segel setzen, um diese «ärmliche» Gegend wieder zu verlassen.

Üppigkeit in jeglicher Hinsicht sollte den englischen Seemann und seine Crew nach der Umrundung des East Cape auf der Nordseite der Halbinsel erwarten, so daß ihm auch hier die Wahl eines Namens für diese Gestade nicht schwerfiel: Bay of Plenty.

Zwar verbinden heute der Highway 2 sowie eine 335 Kilometer lange Küstenstraße Opotiki im Nor-

den mit Gisborne im Süden, doch das Raukumara-Gebirge, das sich im Zentrum der Halbinsel erhebt, steht seit jeher einer größeren Besiedlung der Gebiete «hinter den Bergen» im Weg. Deshalb gehört die Region zu den wirtschaftlichen Problemgebieten des Landes und liegt auch für zahlungskräftige Touristen zu weit abseits. Dabei weist der Nordosten, der durch seine Leelage im Windschatten der Gebirge relativ trocken liegt, einige der sonnigsten Gebiete Neuseelands auf.

Bay of Plenty

Die Bay of Plenty erstreckt sich von Tauranga im Westen bis zum Zipfel des Cape Runaway, wo die Maori vor Cooks Gewehren Reißaus nahmen. Die endlos langen Sandstrände zwischen dem Mount Maunganui und Opotiki locken über die Weihnachtszeit viele Neuseeländer an. Dann verdoppelt sich die Bevölkerung vieler Badeorte. Das milde Klima, in dem Kiwis und Tamarillos gedeihen, weckt bei vielen älteren Besuchern den Wunsch, ihren Lebensabend gleich ganz hier zu verbringen. Tauranga, am Südende eines natürlichen Hafenbeckens gelegen und größter Stückgut-Umschlagplatz Neuseelands, entstand aus einer Militärsiedlung. Nachdem alle Missionsversuche gescheitert waren, ersetzten Gewehre die Glaubenslehre. The Elms, die elegante Missionsstation in der Mission Street, erinnert noch heute an jene gescheiterte Bekehrung. Eingerückte englische Truppen sollten 1864 den Nachzug von Maori aus dem Osten unterbinden, die als Verstärkung im Waikato für ihren König kämpfen wollten. Es kam zur blutigen Schlacht um das Gate pa. 1650 Soldaten griffen mit schwerer Artillerie 250 Maori an. Ein Drittel der Angreifer, aber nur 25 Maori fielen. Die Militärmission war zunächst gescheitert, die Niederlage der Maori aber nur aufgeschoben. In den Schützengräben von damals stehen in der Cliff Road noch heute einige Kanonen. Nachzulesen ist die ganze Geschichte in der St.-George-Kirche, die auf dem ehemaligen Kampfplatz steht.

Einer der endlosen Traumstrände der Bay ist der Papamoa Beach. Wenn die Häuser des Ortes hinter den Dünen verschwunden sind, ist man bei kilometerlangen Spaziergängen nur von Wasser, Wind und weichem Sand umgeben. Selbst im Hochsommer bleibt viel Platz zwischen den muschelsuchenden, angelnden und schwimmenden Strandbesuchern. Ein kleiner Wermutstropfen: Die «sandflies» sind nicht zu übersehen.

Im Zentrum Whakatanes, einer Industriestadt, in der Milch, Lammfleisch und das Holz des nahegelegenen Kaingaroa-Waldes verarbeitet werden, steht der Pohaturoa-Felsen. In seinem Schatten unterschrieben die lokalen Maori-Häuptlinge den Vertrag von Waitangi. Viele der hier lebenden Ureinwohner leiten ihre Abstammung vom Mataatua-Kanu ab, dessen Modell in der Nähe des Felsens an die Landung vor über sechshundert Jahren erinnert. Übersetzt bedeutet das Maori-Wort *Whakatane*: «wie ein Mann handeln». Fast wäre das auf den Strand gezogene Kanu wieder ins Meer gedriftet. Doch Wairaka, eine der zurückgelassenen Frauen, rettete das Boot samt mitgebrachtem Hab und Gut. Dafür mußte sie ein Tabu brechen und die Paddel anfassen. Mit dem Ausruf «Kia whakatane au i ahau» (Ich will wie ein Mann handeln) stürzte sie sich ins Wasser. Ihre Statue steht auf einem Felsen am Whakatane Heads.

Fünfzig Kilometer vor der Küste dampft White Island, Neuseelands einziger Meeresvulkan. Die rauchspeiende Insel liegt auf einer Linie mit den Vulkangebieten Rotoruas, Taupos und des Mount Ruapehus. Früher wurde am Kraterrand Schwefel abgebaut, doch nachdem zwölf Menschen durch unvorhergesehene Ausbrüche starben, stellten die Unternehmen sämtliche Aktivitäten ein. Obwohl Ausflüge mit dem Schiff möglich sind, werfen viele Neugierige oft nur aus der Vogelperspektive einen Blick in die dampfenden Kegel. Die Insel steht als eine der Attraktionen im Programm der Rundflug-Anbieter.

Der Opotiki-Distrikt reicht von Ohiwa im Westen bis zum Cape Runaway. An dem 130 Kilometer langen Küstenstreifen leben nur knapp neuntausend Menschen. Vor Ankunft der Europäer galt Opotiki als bevölkerungsreiches Maori-Zentrum. Das Kowhai pa erstreckte sich am Flußufer von der King Street bis zum A. & P. Showground. Die Missionsversuche waren hier erfolgreicher. Als die Opotiki-Häuptlinge den Vertrag von Waitangi unterzeichneten, wünschten die zum katholischen Glauben Übergetretenen, daß dieses durch ein Kreuz hinter ihrem Namen zum Ausdruck gebracht werde. Der Regierungsabgeordnete James Fredarb fügte eine entsprechende handschriftliche Notiz auf dem Papier hinzu.

Doch mit dem Nachrücken weißer Siedler ließ der Konflikt nicht lange auf sich warten. Er eskalierte, nachdem der deutsche Missionar Carl Volkner von Anhängern der Hauhau-Bewegung 1865 als angeblicher Regierungsspion gehängt wurde. Als makabrer Höhepunkt reichten die Maori sein Blut zum Trinken in einem Kelch herum. Die Hauhau fühlten sich von den Missionaren betrogen, was einige Kirchenmänner durch ungeschicktes Verhalten zusätzlich förderten. So diente der katholische Bischof gleichzeitig den britischen Truppen als Kaplan. Angesichts der Waffengewalt klang die Predigt vom Christentum als friedliche Religion wenig glaubhaft.

Der weite Osten

Der Küstenstraße rund um die East-Cape-Halbinsel eilte früher der Ruf eines «staubigen Alptraums» voraus. Heute ist die Strecke geteert, Benzin, Unterkunft und Verpflegung sind in regelmäßigen Abständen vorhanden. Die vielen Strände und Buchten vermitteln ein Gefühl von unberührter und ursprünglicher Natur. Dazwischen wechseln sich vereinzelte Zeugen früher Maori-Besiedlung und lauschige Plätze ab: ein schön geschnitztes Meeting House in Te Kaha, die Wasserfälle in der Whanarua Bay, noch ein reich verziertes Maori Haus in Hicks Bay und der Welt größter Pohutukawa-Baum in Te Araroa. Von hier führt auch eine Straße über Privatland zum Leuchtturm am East Cape, doch Vorsicht vor den Kühen. Am schönsten ist der Ausflug am frühen Morgen, wenn die Sonne aus dem Meer auftaucht und die Farben des Festlands zum Leben erweckt.

In Tikitiki lohnt der Besuch der St. Mary's Church. Die Maori-Kirche, als Mahnmal für die im Ersten Weltkrieg gefallenen Soldaten des

Ngati-Porou-Stammes errichtet, ist reich mit Emblemen verziert. Westlich von Ruatoria erhebt sich der Mount Hikurangi. Auf den 1752 Meter hohen Gipfel fallen die ersten Sonnenstrahlen jedes neuen Tages. Deshalb war es für die spirituelle und kulturelle Identität der Ngato-Porou besonders wichtig, daß sie «ihren» Berg nach 120 Jahren zurückerhielten. Wie der nicht ganz einfach zu besteigende Berg am besten zu bewältigen ist, läßt sich im Information Centre in Gisbornes Grey Street in Erfahrung bringen.

Einen der schönsten Strände an der Ostküste bietet die Anaura Bay. Ein dreieinhalb Kilometer langer Track führt hinauf auf einen Bergrücken, von wo ein herrlicher Blick über die Bucht und Motuoroi Island geboten wird. Nach seiner Enttäuschung in der Poverty Bay landete Cook hier am 21. Oktober 1769, und die Maori begrüßten ihn freundlich mit Fisch, wildem Sellerie und Süßkartoffeln.

Die Straßen in Tolaga Bay wurden nach den Namen in Cooks Mannschaft benannt. Am Südende der Bay beginnt der fünf Kilometer lange Cooks Cove Walkway mit spektakulärer Sicht über Cooks Cove und dem «Hole in the Wall». Viele Stellen in dem Gebiet gehören zu den heiligen Stätten der Maori und sollten nicht betreten werden.

Mit etwa 30000 Einwohnern ist Gisborne die mit Abstand größte Stadt an der nördlichen Ostküste. Nahe an der Datumsgrenze gelegen, sehen ihre Einwohner als erste auf der Erde den neuen Tag anbrechen. Mit ihrem sonnigen Klima und den weitläufigen Stränden zieht Gisborne jedes Jahr zahlreiche Sommergäste an. Die Erinnerung an Cook und das größte Maori-Versammlungshaus Neuseelands gehören zum historischen Erbe der Stadt.

Am Fuß des Kaiti Hill markiert ein Granitstein die Stelle, wo der erste Europäer seinen Fuß auf neuseeländischen Boden setzte. An diesem Berührungspunkt der verschiedenen Kulturen steht auch das Poho-o-Rawiri, das reich verzierte Haus der Maori. Oben auf dem Berg blickt ein bronzener Cook über die weit geschwungene Bucht, an deren anderem Ende die weißen Klippen von Young Nick's Head in der Sonne leuchten. Sie wurden nach dem Schiffsjungen benannt, der Neuseeland als erster entdeckte.

Umrundung des Lake Waikaremoana

Wer der Natur zuhören will, muß im Urewera National Park wandern: das Singen der Vögel, das Schlagen eines Flügels, das Rascheln wilder Schweine im Dickicht oder einfach das sanfte Rieseln des Regens auf dem Blätterdach. Das 205000 Hektar große Waldgebiet gehört zu den entlegensten Regionen der Nordinsel, der Track um die Südwestseite des Waikaremoana-Sees, zwischen Onepoto und Hopuruahine, zu den schönsten Busch-Touren. Drei bis vier Tage sollte man für die Wanderung veranschlagen.

In der Tiefe des Waldes werden die Mythen lebendig. Hierin zogen sich die Tuohe, jene «children of the mist», zurück, die mit dem charismatischen Hauhau-Führer Te Kooti gegen die weiße Kolonialmacht kämpften. Auch nach dem Ende der Landkriege reisten Europäer durch dieses Gebiet auf eigene Gefahr. Noch zur Jahrhundertwende erlaubten die Maori dem Premierminister erst dann den Zutritt zu einem ihrer Versammlungshäuser, nachdem er Messer, Pfeife und Tabak abgelegt hatte.

Seitdem der Weg um den Waikaremoana-See zu Neuseelands Great Tracks zählt, stehen neue Toiletten, befestigte Campingplätze, modernisierte Hütten und Unterstände im Busch. Bevor es auf die Reise geht, sollte man sich im Visitor Centre des Department of Conservation in Aniwaniwa nach den Bedingungen für die Tour erkundigen. Die Mitarbeiter haben die neuesten Informationen über die Track-Beschaffenheit und über die Anzahl der Leute, die gerade wandern. Da oft auch Schulgruppen und Tramping Clubs unterwegs sind, kann es trotz der Abgeschiedenheit voll werden.

Für den größten Teil der Strecke spielt das keine Rolle. Es könnte jedoch unangenehm sein, wenn nach einem anstrengenden Stück Weg die Panekiri-Hütte mit ihren 36 Plätzen voll belegt ist. Bis zur nächsten Hütte oder dem Ende des Tracks bei Onepoto – je nachdem, aus welcher Richtung man kommt – wären es noch einmal etliche Kilometer.

Die meisten beginnen ihre Wanderung in Onepoto, denn sie wollen den Aufstieg auf die Panekiri-Berge als erstes hinter sich bringen. Eine Holztreppe und ein Seil mit dicken Knoten dienen nach der Wanderung auf dem Höhenrücken als letzte Kletterhilfen zur Hütte. An klaren Tagen lassen sich von dieser windigen Höhe sogar die schneebedeckten Gipfel des Tongariro und des Ruapehu ausmachen.

Was man bei dieser ersten Etappe des Weges geleistet hat, lassen Schultern und Beine am nächsten Morgen spüren, wenn das Gepäck wieder aufgeschnallt wird. Zunächst

Geschnitzte Mythen: Begleiter am East Cape

führt der Weg weiter über den Höhenrücken, bevor er bei Waiopaoa zum See abfällt. Meistens kommt man hier am Nachmittag an. Wer sein Nachtlager noch nicht in der Hütte oder auf dem Campingplatz aufschlagen will, kann etwa eineinhalb Stunden am See entlang bis zum Korokoro Campsite weitergehen. Ein lohnenswerter, etwa ein Kilometer langer Abstecher führt von hier aus zu den Korokoro-Wasserfällen.

Auf der letzten Etappe des Tracks wechseln sich Zeltplätze und Hütten im vogelreichen Wald ab. Die Marauiti-Hütte verfügt über achtzehn Schlafplätze. In drei Stunden läßt sich von hier aus die Te-Puna-Hütte erreichen, die als ehemals älteste Unterkunft renoviert und dem «Great Walk»-Standard angepaßt wurde. Nach einem sanften Anstieg führt der jetzt recht breite Weg zum Tapuaenui Campsite. Am Whanganui-Fluß geht es zur achtzehn Schlafplätze zählenden Whanganui-Hütte, der letzten vor dem Ende des Tracks.

Art déco in Napier

Auf den Zeitungen am Kiosk steht 1994, und Bill Clintons Whitewater-Affäre beherrscht die Titelseite. Doch irgendwie wollen die Schlagzeilen nicht zum Ambiente passen, das die stilvolle Architektur rund um den Blätterwald entfaltet. Gerade noch abgeschiedene Natur. Jetzt schlängeln sich markante Zickzackmuster über hervorspringende, kantige Stuckfassaden, rahmen farbige Bleiglasfenster ein und finden sich in geometrischen Verzierungen schmiedeeiserner Balkone wieder. Dekorative Lampen aus Milchglas und Stahlrohr flankieren die Flügeltüren diverser Hauseingänge. Ein Skandal aus den zwanziger Jahren wäre hier passender, vielleicht Josephine Bakers freizügiger Bananentanz.

Der Besuch in Napier entpuppt sich als Reise in die Vergangenheit. Zwischen den flachen, dekorativen Häuserzeilen erwacht die Erinnerung an jene elektrisierte Kulturepoche zwischen den Weltkriegen. Die Kulisse beeindruckte schon den Direktor des Londoner Science Museums. «Napier repräsentiert die kompletteste und bedeutsamste Gruppe von Art-déco-Gebäuden auf der ganzen Welt und ist ohne Zweifel einmalig», erzählte er daheim.

Die versunkene Ära europäischen und amerikanischen Glamours, konserviert in einem neuseeländischen Hafenstädtchen? Da legt sich die Stirn in Falten. Art-déco – der Name weckt eher Assoziationen an den Lifestyle von Paris, New York und die Weltstadt Berlin. Damals, in den «wilden Zwanzigern», lief in diesen Metropolen der nördlichen Halbkugel das Leben auf Hochtouren. Die Zeitungen schrieben über Wettrennen prunkvoller Ozeandampfer, Jazz und den Bubikopf für Frauen. Zwischen den Zeilen machte sich der Zukunftsoptimismus einer Nachkriegsära breit, genährt vom Glauben an Wissenschaft und Maschine. Hoch aufragende Wolkenkratzer und Geschwindigkeitssymbole waren die Zeichen der neuen Zeit. Häuser und Möbel zierten eckige Muster. Frauen emanzipierten sich, warfen Konventionen über Bord, kleideten sich männlich und tanzten als Bronzedamen oder gläserne Girls mit und ohne Schleier.

Doch 1931 stand in den Zeitungen jener fiebernden Kulturmetropolen auch etwas über eine Katastrophe am anderen Ende der Erde. Es war am 3. Februar, Viertel vor elf vormittags, ein schöner Sommertag. Zwei gewaltige Erdbeben mit Stärke 7,9 auf der Richter-Skala legten Napier in Schutt und Asche.

Für Nancy Hobson sind die Bilder von damals noch so lebendig, als ob sich alles erst gestern ereignet hätte. «Ich fühlte, daß etwas passieren würde. Mein erster Gedanke war, nach draußen zu laufen. Ich stand gerade auf der Straße, als vor mir die ganze Front des Hotels herunterfiel. Die Fahrbahn bewegte sich wie ein Schiffsdeck in rauher See.»

Die Erdstöße rissen Straßen auf, verbogen Eisenbahnlinien, kappten Telefon- und Stromleitungen, zerstörten Wasserrohre. Was das Beben übrigließ, ging kurz darauf in Flammen auf. Weil das Löschwasser fehlte, mußten die Feuerwehrmänner hilflos die Schreie der in den brennenden Häusern verschütteten Opfer hören. 258 Menschen starben in Neuseelands größter Naturkatastrophe. 600 Nachbeben gab es in den folgenden zwei Monaten. Auch die, die noch ein Dach über ihrem Kopf hatten, schliefen für eine Weile nicht mehr drinnen, sondern campierten verängstigt im Garten oder am Strand.

Nachdem sich der Schock gelegt hatte, begann der Wiederaufbau der völlig zerstörten Stadt. Arbeitskräfte aus dem ganzen Land halfen. Vor dem Beben hatten Sumpf und Meer Napiers Ausdehnung natürliche Grenzen gesetzt. Plötzlich gab es 3000 Hektar zusätzliches Land, ehemaligen Meeresboden, der durch die Erdbewegung hochgedrückt worden war. Wo einmal die Wellen rauschten, landen und starten heute Flugzeuge. «Faith and courage» hieß das Motto jener, die damals die Ärmel hochkrempelten und in nur zwei Jahren Napier sein neues Gesicht gaben. Der Zufall wollte es, daß sich hier einige der innovativsten Architekten des Landes trafen und die Siedlung am Pazifischen Ozean zur architektonisch modernsten Stadt ihrer Zeit machten.

Am Wiederaufbau beteiligten sich unter anderen die neuseeländischen Architekten Louis Hay und das Büro Natusch & Sons. Stanley Natusch, der in den zwanziger Jahren in London gearbeitet hatte, brachte von dort eine Fotomappe mit. Sie enthielt die Bilder der Pavillons, die 1925 auf der Pariser «Exposition Internationale des Arts Décoratifs et Industriels Modernes» standen, wo das Kunsthandwerk als «Style Moderne» seinen pompösesten Höhepunkt zelebrierte. Die Aufnahmen dienten Natusch als Inspiration für neue Entwürfe. Hay, ebenfalls der modernen Architektur gegenüber sehr aufgeschlossen, interessierte sich schon vorher für die Arbeiten des Amerikaners Frank Lloyd Wright. Aus dem Zusammenspiel mit weiteren lokalen Architekten entstand im Akkordtempo, wie der Phönix aus der Asche, der Welt einzigartige Art-déco-City.

Die künstlerischen Ausdrucksformen aus der nördlichen Hemisphäre, Symbole einer gelebten Aufbruchsstimmung, fielen nach der Katastrophe in Napier auf besonders fruchtbaren Boden. Auch hier mußte das zerstörte Alte durch etwas Neues ersetzt werden. Das Erdbeben hatte die architektonischen Auflagen für die Zukunft bereits diktiert: flache, höchstens eingeschossige Gebäude und standfeste Betonwände statt Ziegelsteinmauern. Alles ließ sich ausgezeichnet mit den ästhetischen Gestaltungsideen der Art-déco-Epoche verbinden.

Doch es sollten 50 Jahre vergehen, bevor eine Handvoll Architekturliebhaber den Wert und die Bedeutung dieser einmaligen kunstgeschichtlichen Kleinode wiederentdeckte. «Keine andere Stadt bietet diese Architektur des 20. Jahrhunderts in ähnlicher Form», betont Robert McGregor, Direktor des Napier Art deco Trusts. «Aber zunächst glaubte uns niemand von den offiziellen Stellen, daß dieses für Besucher interessant sein könnte.»

1985 organisierte die kleine, sich privat treffende Art-déco-Gruppe die Weltpremiere eines Films, den der Regisseur Peter Wells unter dem Titel *Newest City on the Globe* gedreht hatte. Daran sollte sich ein kleiner Rundgang durch die Innenstadt anschließen. Erwartet wurden 200 Gäste, es kamen mehr als 1000. Nach dieser eindrucksvollen Demonstration des architekturgeschichtlichen Interesses wurde zwei Jahre später der Art deco Trust gegründet und seither das Kunstimage selbstbewußt vermarktet.

«Gerade durch ihre Präsentation als Tourismusattraktion wollen wir die Häuser schützen», erläutert McGregor die Strategie des Trusts. Ein Ziel, die Wahrung eines einheitlichen Architekturstils bei Neubauten, hat er schon erreicht. Alle Gebäude tragen dem Erscheinungsbild der Stadt Rechnung. Doch eigentlich sei niemand an neuen Imitationen interessiert, meint McGregor. Viel wichtiger sei es, daß es zunehmend gelänge, auch die Besitzer der alten Häuser für Renovierungen im historischen Stil zu motivieren.

Bis auf das sehr sehenswerte Rothman's Building im Stadtteil Ahuriri liegen die meisten historisch wertvollen Objekte im Zentrum der Stadt. Für McGregor und sein Team ist ihr Erhalt ein Balanceakt zwischen Kunst- und Geschäftsinteressen. «Das Gute daran ist, daß sie ihre Besitzer jetzt in Schuß halten. Der Nachteil, daß durch den Erhalt der alten Bausubstanz diese Wirtschaftsregion nicht wachsen kann.»

Mit einem jährlichen Art deco Weekend steuert der Trust zumindest saisonal zum lokalen Wirtschaftswachstum bei. An jedem dritten Wochenende im Februar präsentiert er in stilvoller Atmosphäre ein abwechslungsreiches Kulturprogramm. Und das Interesse nationaler und internationaler Gäste wächst, wenn für ein paar Tage jene Nostalgieepoche des Nordens unter pazifischer Sonne mit Jazz, Bubikopf und Cocktails wieder zum Leben erwacht.

Wer selbst auf Art-déco-Spuren wandeln will, kann sich vor Ort an den Art deco Shop auf der Tennyson Street Nr. 163 wenden. Von hier aus starten regelmäßige Stadtführungen. Mit Hilfe des sehr informativen Faltblattes «Take a walk through Art deco Napier» läßt sich der Rundgang aber auch auf eigene Faust unternehmen.

Vom Bluff Hill Lookout wird deutlich, was Napier sonst noch zu bieten hat: eine endlose, baumgesäumte Strandpromenade, an der fast alle übrigen Sehenswürdigkeiten liegen, vom Kiwi House bis zum Aquarium.

Wer über den Highway 5 durch die zerklüftete Bergwelt des Ahimanawa-Gebirges zur Hawke's Bay fährt, dem wird der Kontrast zwi-

Eine Stadt mit Stil: Napier

schen dem kargen Hochland und der üppigen Küstenregion besonders auffallen. Neben dem satten Gras für Schafe, Rinder und Wild werden Zitrus-, Kiwifrüchte und Wein angebaut. Hastings, die Nachbarstadt Napiers, gilt als «Obstgarten Neuseelands», in dem Aprikosen, Kirschen, Nektarinen und Pfirsiche wachsen.

Das milde Klima läßt auch Freiluftaktivitäten verschiedenster Art gedeihen. Napiers Mission Vineyard wird bis 1997 jedes Jahr im März ein Weltstar-Konzert unter freiem Himmel anbieten. 1993 sang Dame Kiri Te Kanawa, begleitet vom New Zealand Symphony Orchestra, und 17 000 Gäste hörten zu. Im folgenden Jahr gastierte Ray Charles.

Hauptstadt im Wind

Wellington und die Kapiti-Küste

Das Siedlungsgebiet auf dem Südzipfel der Nordinsel wird von den Ruahine- und Tararua-Gebirgen der Länge nach geteilt. Östlich der Berge verläuft der Highway 2 durch die Wairarapa-Region in Richtung Wellington. Westlich führt der Highway 1 durch die größten Ebenen der Nordinseln, das Manawatu, um Palmerston North, hinunter zur Kapiti Coast und zur Hauptstadt. Ost-West-Verbindungen gibt es nur durch den Canyon der Manawatu Gorge und im Süden über das mit üppig grüner Flora bewachsene Rimutaka-Gebirge.

Wo sich heute beiderseits der Höhenzüge fruchtbares Farmland erstreckt, fanden die ersten Siedler nur undurchdringlichen Busch vor. Die einzigen Verkehrswege waren zunächst die Flüsse, an denen auch die meisten Maori-Dörfer lagen. Mit dem großflächigen Abholzen oder Abbrennen der Vegetation und den ersten Straßen zwischen Wellington, Wanganui und Napier begann ab 1870 die gezielte Erschließung dieses Landesteils.

Aus dem Busch gestampft

Als Teil dieser Erschließung sah ein Regierungsprojekt vor, eine Straße – den heutigen Highway 2 – durch den Seventy Mile Bush zu bauen.

FARMERS'
MUTUAL

Die nötigen Arbeitskräfte sollten im Ausland angeworben werden. Bald gingen arbeitssuchende Familien aus Dänemark, Norwegen und Schweden an Bord der Schiffe «Hovding» und «Ballarat» auf die Reise. Beide erreichten Napier am 15. September 1872. Von hier aus machten sich dreizehn dänische und acht norwegische Familien zu Fuß auf die vier Wochen dauernde Reise. Am Ankunftsort, dem heutigen Dannevirke, blickten sie auf Farnbäume, Büsche und verkohlte Baumstümpfe. Das krasse Mißverhältnis aus niedrigen Löhnen, teuren Lebensmitteln und harter Arbeit ließ viele Einwanderer, nachdem die Straße fertiggestellt war, weiterziehen.

Eine zweite norwegische Siedlergruppe machte dort Halt, wo heute der kleine Ort Norsewood steht. Hier verstand man es, aus der Tradition ein Geschäft zu machen: Eine Textilfabrik stellt Norweger-Pullover her.

In Woodville zweigt der Highway 3 durch die Manawatu Gorge nach Palmerston North ab. Die 1871/72 gebaute Straße erwies sich als schwierige Konstruktion. Die Arbeiter hingen teilweise an von oben herabgelassenen Seilen. Auch für Neuseelands zweitgrößte Binnenstadt mußte erst der Busch beiseite geräumt werden. 1864 erwarb die Krone den Manawatu District vom Rangitane-Stamm für 12000 Pfund, was etwa 24000 Dollar entspricht. Mit dem Namen «Palmerston» sollte der ehemalige englische Premierminister Henry John Temple, gleichzeitig der 3. Viscount Palmerston, geehrt werden. Die Post setzte 1871 ein «North» dahinter, um es von einer anderen Siedlung in Otago unterscheiden zu können.

Die Stadt verdankte ihr schnelles Wachstum der sich rasch entwickelnden Agrarwirtschaft des Umlandes und seiner Lage als Verkehrsknotenpunkt für Schiene und Straße. Schon um 1900 produzierten die Farmbetriebe der fruchtbaren Manawatu-Ebene große Mengen Butter, Käse und Gefrierfleisch für den Export. 1930 erhielten die 20000 Einwohner den Stadtstatus. Palmerston North macht weltweit als Sitz renommierter Agrar-Forschungsinstitute von sich reden. Seit über fünfzig Jahren bildet die Massey-Universität Farmer aus, betreibt Grundlagenforschung und praktiziert Technologietransfer. Zu den agrar- und tiermedizinischen Schwerpunkten gesellten sich inzwischen aber auch wirtschafts- und erziehungswissenschaftliche Fakultäten.

Die Gründung eines Horticulture and Food Research Institute trägt der Tatsache Rechnung, daß der Gartenbau Neuseelands am schnellsten wachsender Industriezweig ist. Betrug der Exportwert 1980 gerade 156 Millionen Dollar, so werden für das Jahr 2000 mehr als zwei Milliarden vorausgesagt. Die Forschungsgebiete reichen von der Molekularbiologie bis zur Lebensmittel-Verarbeitung. Zu den weiteren Forschungsstätten gehört das New Zealand Pastoral Agriculture Research Institute, wo Experten die Wechselwirkungen zwischen den Pflanzensorten- und den Pflanzenfressern studieren. Im Dairy Research Institute konzentriert man sich auf die Entwicklung und Qualitätsverbesserung von Milchprodukten.

Von den Kühen zur Kunst ist es nur ein kleiner Schritt. Im Square Edge, an der Ecke des City Square

Der «pazifische Monarch» sitzt vor dem Museum in Palmerston North

gelegen, lassen sich lokale Künstler bei der Arbeit beobachten. Dieses Community Arts Centre für mehr als dreißig Organisationen präsentiert ebenso Kunsthandwerksläden, Galerien und vegetarische Küche. Auf der Main Street liegen die Manawatu Art Gallery und das

Manawatu Museum gleich neben dem Globe Theatre. Die Gallery zeigt internationale Wanderausstellungen ebenso wie Skulpturen, Gemälde, Fotografien und Keramiken neuseeländischer Künstler. Die große, vor der Tür stehende Bronze-Skulptur des lokalen Bildhauers Paul Dibble trägt den Titel *Pacific Monarch*; die stellt den «act of settlement» dar.

Das Museum erzählt die Siedlungsgeschichte Manawatus. Es zeigt die Beziehung zwischen Maori und Pakeha auf und dokumentiert die Entwicklung von Erziehung, Landwirtschaft, Industrie und Verkehr der Region.

Das Credo des friedlichen Zusammenlebens symbolisiert der Name für den City Square: «Te Marae-O-Hine», was soviel heißt wie «der Hof für die Tochter des Friedens». 1878 wählten die seit Jahrhunderten hier lebenden Rangitane-Maori diesen Namen, mit dem sie den Wunsch nach Harmonie zwischen allen Ethnien Ausdruck verliehen. Die Holzschnitzarbeiten, die auf dem Square ausgestellt sind, sollen an diese Partnerschaften als wichtige Voraussetzung für die Stadtgründung erinnern.

Kapiti-Küste

Der vierzig Kilometer Westküstenstrand zwischen Paekakariki im Süden und Otaki im Norden gehörten zu Wellingtons beliebtestem Naherholungsgebiet. Viele Städter besitzen nur wenige Schritte von dem feinen, grauen Sand entfernt ein Ferienhaus und lassen am Wochenende die sonst eher kleinen Küstenorte aus den Nähten platzen.

Immer wieder bieten Obst- und Gemüsegärtner ihre frische Ware am Straßenrand an. Paraparaumu ist das Wirtschafts-, Wohn- und Verwaltungs-Zentrum und ließ als einer der ersten Orte im Land für die zahlreichen Gäste auch am Sonnabend die Geschäfte geöffnet. Neben dem milden Klima sind es sicher auch die luxuriösen Parkanlagen und Orchideengärten, die viele Pensionäre in den Nachbarort Waikanae übersiedeln lassen. Für den siebzigjährigen Bill hat es nach seinem letzten Job als Leiter eines kleinen Supermarktes in Wanganui nicht mehr zu einer eigenen Wohnung gereicht. Er lebt seit einem Jahr im klapprigen Wohnwagen auf dem Campingplatz. Sein mit großen Rostflecken übersätes Auto steht daneben, aus einem kleinen Transistorradio plärrt Mozart. Doch der alte Mann sieht keinesfalls unzufrieden aus. «Mehr brauche ich nicht», meint er schmunzelnd, während er, nur mit Badehose bekleidet, in einem Klappstuhl sitzend, von der Zeitung aufschaut und in den blauen Himmel blickt. «Hauptsache, ich habe noch einen Strand in der Nähe.»

Bills Lebensphilosophie bringt einige Tage später, an anderem Ort und zu anderem Anlaß, ein alter Holländer auf den Punkt: «Ich glaube, die Neuseeländer sind weniger materialistisch als wir.» Er meinte uns Europäer.

Auch Bill kennt die Maori-Kirche in Otaki, zwanzig Kilometer weiter nördlich, die als schönste des Landes gilt. Gegenüber liegt der Ngati-Toa-Häuptling Te Rauparaha begraben. In Otaki schlug einst der schießwütige «Maori Napoleon» seinen Festland-Stützpunkt auf. Nachdem er aus dem Waikato gejagt worden war, siedelte sich Te Rauparaha vor der Küste auf Kapiti

Island an und tauschte von Walfängern und Flachshändlern Gewehre ein. Gut bewaffnet, zog er dann gegen andere Stämme zu Felde, um seine Schmach zu tilgen und Rache für seinen getöteten Onkel zu nehmen. Meistens endeten seine Siegesfeiern in kannibalischen Festen.

Zwar hatte er den Vertrag von Waitangi unterschrieben, stand den Siedlungsplänen der Europäer aber immer ablehnend gegenüber. Auch als sich der kriegerische Häuptling in Otaki zur Ruhe gesetzt hatte und zum Christentum übergetreten war, traute Gouverneur George Grey dem Frieden nicht. Im Juli 1846 schickte er Truppen zur Kapiti Coast, um Te Rauparaha für zwei Jahre in Auckland festzusetzen. Einblick in Otakis Vergangenheit bieten noch eine katholische Missionsstation und ein kleines, aber interessantes Museum.

Seit 1897 dient Kapiti Island als Naturreservat, wo vor allem seltene Vogelarten ungestörte Brutreviere finden. Ein Besuch dort ist nur mit vorher eingeholter Erlaubnis des Department of Conservation in Wellington oder des Kapiti Information Centre von Paraparaumu möglich. Fünfzig Tickets täglich (für fünfzehn Dollar) sind das Limit. Wer das Okay in der Tasche hat, kann sich am Info Centre gleich nach den Bootsverbindungen erkundigen.

Wellington: Rundgang durch die Hauptstadt

«Nein, nein, in Wellington will ich nicht wohnen», winkt Dave ab. «It's a rat race.» Lieber fährt der Angestellte jeden Morgen mit der Bahn die gut dreißig Kilometer von Upper Hutt hinunter in die Hauptstadt.

Maori-Vater und sein Nachwuchs

Die City von Wellington

Wenn dabei die Eisenbahn eine Stunde lang von Station zu Station rumpelt, passiert sie Wellingtons ausgelagertes Industriegebiet. Als ob er etwas Kurzweil bieten will, balanciert der Schaffner zum Kontrollieren der Fahrkarten auf einem schmalen Steg von Waggon zu Waggon.

Allein in Upper Hutt sind hundert Unternehmen angesiedelt. Dabei ist der Ort noch kleiner als die sich ebenfalls rasch entwickelnde Schwesterstadt Lower Hutt. Wellington expandierte in den letzten dreißig Jahren hauptsächlich im Hutt Valley. Wo sich einmal Gärten und Milchfarmen erstreckten, stehen jetzt Lagerhäuser, Fabrikhallen und die Eigenheime vieler Hauptstadt-Pendler. Die notwendigen ebenen Flächen dafür sind in der hügeligen Hauptstadt nicht mehr vorhanden.

Noch bevor im Februar 1840 der Vertrag von Waitangi unterzeichnet war, landeten die ersten vier Schiffe der New Zealand Company am 22. Januar mit den ersten Wellington-Siedlern an Bord am Strand von Petone. Mit einem Feiertag erinnert sich die Region noch an jenes Landungsdatum. Wahrscheinlich läge heute die Metropole an dieser Stirnseite des Hafenbeckens, hätten die Überflutungen des Hutt River die Gründerväter nicht zum Umzug auf die Westseite gezwungen.

Nicht wissend, daß die geologische Verwerfungslinie unter dem Hutt Valley und der Stadt hinaus in die Cook Street verläuft, mußten die Siedler diesen Entschluß mit einigen Rückschlägen bezahlen. Das große Erdbeben im Jahre 1855 zerstörte und gebar gleichermaßen: es ließ viele Gebäude einstürzen und hob den Meeresboden um 1,5 Meter. Die ehemalige Küstenlinie längs dem Lambton Quay bekam über Nacht noch ein paar Meter Vorland. Vom 20000 Kilometer entfernten

London schien dieses geographische Zentrum des Landes damals der logischste Platz für eine Hauptstadt zu sein. Doch zunächst wurden die Erwartungen enttäuscht, Auckland machte das Rennen. Als jedoch die Kommunikation, vor allem mit der Südinsel, immer größere Schwierigkeiten bereitete – manchmal war die Post auf dem Seeweg über Sydney schneller in Auckland als auf dem direkten Weg –, lenkte die Regierung ein.

Seit 1865 Hauptstadt, ist Wellington heute die Stadt des öffentlichen Dienstes und der Politik. «Deshalb auch viel konservativer als die Metropole Auckland im Norden», meint Dave, der selbst täglich im Nadelstreifen unterwegs ist. «Hier muß man jetzt Leistung zeigen», betont er im Rückblick halb bewundernd, halb achselzuckend. Vor zehn Jahren hatte er rechtzeitig die Zeichen der Zeit erkannt, seinen Job im Verteidigungsministerium gekündigt und war in die Privatwirtschaft gewechselt. Kurz darauf strich die neue Labour-Regierung unter Premier Lange Hunderte Stellen in Wellingtons Ministerien, darunter auch Daves. So wie die leere Staatskasse Labour zum Sparen zwang, so trieb knappes City-Bauland die Grundstückspreise und damit die Neubauten in die Höhe. Keine andere neuseeländische Stadt bietet eine vergleichbare Architekturmischung, die von viktorianischen Holzhäusern bis zu futuristischen Glas- und Betongiganten reicht.

Schon im Regierungsviertel zwischen Bowen und Molesworth Street stehen die Stilepochen dicht nebeneinander. Vorbild des 1981 fertiggestellten, runden «Beehive» war das Motiv auf einer Streichholzschachtel. In diesem «Bienenkorb» sind die Büros der Abgeordneten – nicht wenige von ihnen sind Farmer –, des Premiers und der Kabinettssaal untergebracht. Gleich daneben werden das Parliament House, edwardianischer Klassizismus aus dem Jahre 1912, und die Parliamentary Library, neugotischer Stil von 1899, für hundert Millionen renoviert und erdbebensicher abgefedert.

In Richtung Innenstadt liegt gegenüber an der Ecke Whitmore Street und Lambton Quay das alte Government Building aus dem Jahre 1876. Das jetzt leerstehende Gebäude gilt nach dem Todaiji-Tempel im japanischen Nara als zweitgrößtes Holzhaus der Erde. Die scheinbar steinerne Fassade besteht aus Kauri-Holz. Nach der Renovierung soll hier die Jura-Fakultät der Universität einziehen.

Wellingtons erstes öffentliches Steingebäude war der High Court aus dem Jahre 1879 in der Stout Street. Geht man die Stout Street in Richtung Lambton Quay, liegt links an der Ecke das mit opulenter Dekoration des edwardianischen Barock verzierte Old Public Trust Building. Zur Erdbebensicherung wurde in dieses Gebäude aus dem Jahre 1908 ein Stahlgerüst eingebaut.

Der Lambton Quay ist die Shopping-Meile der City. In den Wolkenkratzern bezog die Geschäftswelt der Hauptstadt über der historischen Bausubstanz neue Entscheidungsebenen. Manchmal liegen Sein und Schein dicht beieinander: an der Ecke Hunter Street gibt es eine schöne Art-déco-Fassade, während gegenüber der Baustil mit dem Pinsel auf die Hauswand gemalt wurde. Am Ende des Lambton Quay siedelte die Bank of New Zealand von der stuckverzierten Klassizismus-Niederlassung auf die andere Straßenseite in dunkel verglaste Höhen.

Um mit der roten Cable Car vom Lambton Quay hinauf in den Suburb Kelburn zu fahren, muß man wieder ein Stück auf der Straße zurückgehen. Die Wagen der 1902 gebauten Anlage wurden früher von Pferden gezogen. Die moderne Bergbahn-Technik kam 1979 aus der Schweiz.

Von oben bietet sich ein weiter Blick über Stadt und Hafen. Bis zum überquellenden Botanischen Garten sind es nur ein paar Schritte. Nach dem Abstieg ins Tal, vorbei an exotischen Hölzern und Gewächsen, läßt sich die Spurensuche der Kolonialzeit auf der Tinakori Road fortsetzen. In Höhe der Hausnummer 251 steht ein kleines Workman Cottage aus den fünfziger Jahren des vorigen Jahrhunderts. Ein Rundgang über Sydney und Ascot Street läßt etwas von den Lebensverhältnissen in der frühen Gemeinde lebendig werden. Hier startete einer der ersten Versuche Neuseelands, ein Wohngebiet von architektonischem und historischem Wert zu schützen und neue Gebäude dem Charakter der Region anzupassen. Zurück auf der Tinakori Road, versperren an der Hausnummer 260 Bäume und Büsche den Blick auf die gut bewachte Adresse des Premierministers. Die Holzhäuser gegenüber, etwa Hausnummer 263, sind auch fast 150 Jahre alt.

Fast am Ende der Straße liegt das Geburtshaus von Katherine Mansfield, Neuseelands bekanntester Autorin. Sie lebte in der Hausnummer 25 von 1888 bis 1893. Die Katherine Mansfield Birthplace Society kaufte das Gebäude 1986 und richtete Haus und Garten im Originalzustand wieder her. Über die Molesworth Street gelangt man zurück ins Regierungsviertel. Von hier sind es nur ein paar Schritte über die Sydney Street

Sitz des Parlaments: der «Bienenkorb»

West zum National-Archiv und zum Gründungsdokument der Nation: dem Original des Vertrags von Waitangi.

Wer Lust hat, seinen Spaziergang am späten Nachmittag mit einem Glas Wein oder einem kleinen Imbiß direkt am Wasser abzurunden, dem sei ein Besuch im Hafen empfohlen. Es gibt dabei auch noch Gelegenheit, einen Blick in die seemännische Vergangenheit zu werfen: am Jervois Quay steht das Maritime Museum, in dem vom Schiffsmodell bis zu alten Seekarten nautische Accessoires ausgestellt sind. Dahinter füllen sich an warmen Sommerabenden die Pubs und Restaurants auf der Queens Wharf. Geschäftsleute trinken hier ihr eiskaltes, schaumloses Feierabend-Bier, während vorn am Bootsanleger Maori-Jugendliche ihr Abendbrot angeln. Die Stimmung ist ungezwungen. Sind die Sitzplätze knapp, so setzen sich auch schon mal zwei ältere Damen mit ihrem Weinglas auf den Betonfußboden. In der lauen Abendluft, beim Blick in die Runde, fällt es schwer, sich Wellingtons Ruf als windzerzauste Stadt vorzustellen.

Die hügelige Landschaft, die das Hafenbecken umrandet, gliedert die Stadt auf natürliche Weise in verschiedene Wohngebiete. In Thorndon wohnen Yuppies, die sich zum Dinner handgemachte italienische Pasta mit nach Hause nehmen, neben Denkmalschützern, die sich für den Erhalt der wenigen übriggebliebenen historischen Bauten einsetzen. In Newton, wo Einwanderer aus Europa, Asien und dem Pazifik eine neue Heimat gefunden haben, gibt es im Museum of New Zealand und der Art Gallery auch für Kunst und Kultur ein Zuhause.

Beim Ausflug zur Oriental Bay zeigt sich Wellingtons Schokoladenseite: Holzvillen aus der Jahrhundertwende schmiegen sich in die Hänge, Cafés am Straßenrand locken mit Cappuccino und frischem Fruchtsalat, an einer breiten Promenade spenden Norfolk-Fichten Schatten, und kleine Sandbuchten warten auf Badegäste, die sehen und gesehen werden wollen. Lang ist es her, als es hier noch einen unansehnlichen Slum gab, und am Ufer Wale zerlegt wurden.

Nach Dienstschluß ein Glas Wein: Treffpunkt Queens Wharf

Für die Fahrt auf dem knapp vierzig Kilometer langen Marine Drive um die Halbinsel Miramar sollte man sich einen halben Tag Zeit nehmen. Die Strecke führt über die Evans Bay hinauf zum Massey Memorial am Point Hals-

well und dann nach Süden zur Worser Bay. Surfer stoppen in der Lyall Bay, Wanderer bevorzugen den Küstenpfad zur Seehunds-Kolonie an der Owhiro Bay. Zurück in die City geht es über Happy Valley nach Brooklyn, dann rechts in die Brooklyn Road, von wo wieder einmal ein Blick über den Hafen möglich ist.

Die beste Aussicht bietet der knapp zweihundert Meter hohe Mount Victoria. Man muß zweimal hinschauen, wenn plötzlich einige Meter tiefer ein Flugzeug zur Landung auf Wellingtons Flughafen ansetzt. Die Jetreise durch den blauen Himmel ist zwar die schnellste Verbindung zur Südinsel. Die Fährfahrt über das Meer verspricht jedoch ein Panorama besonderer Art.

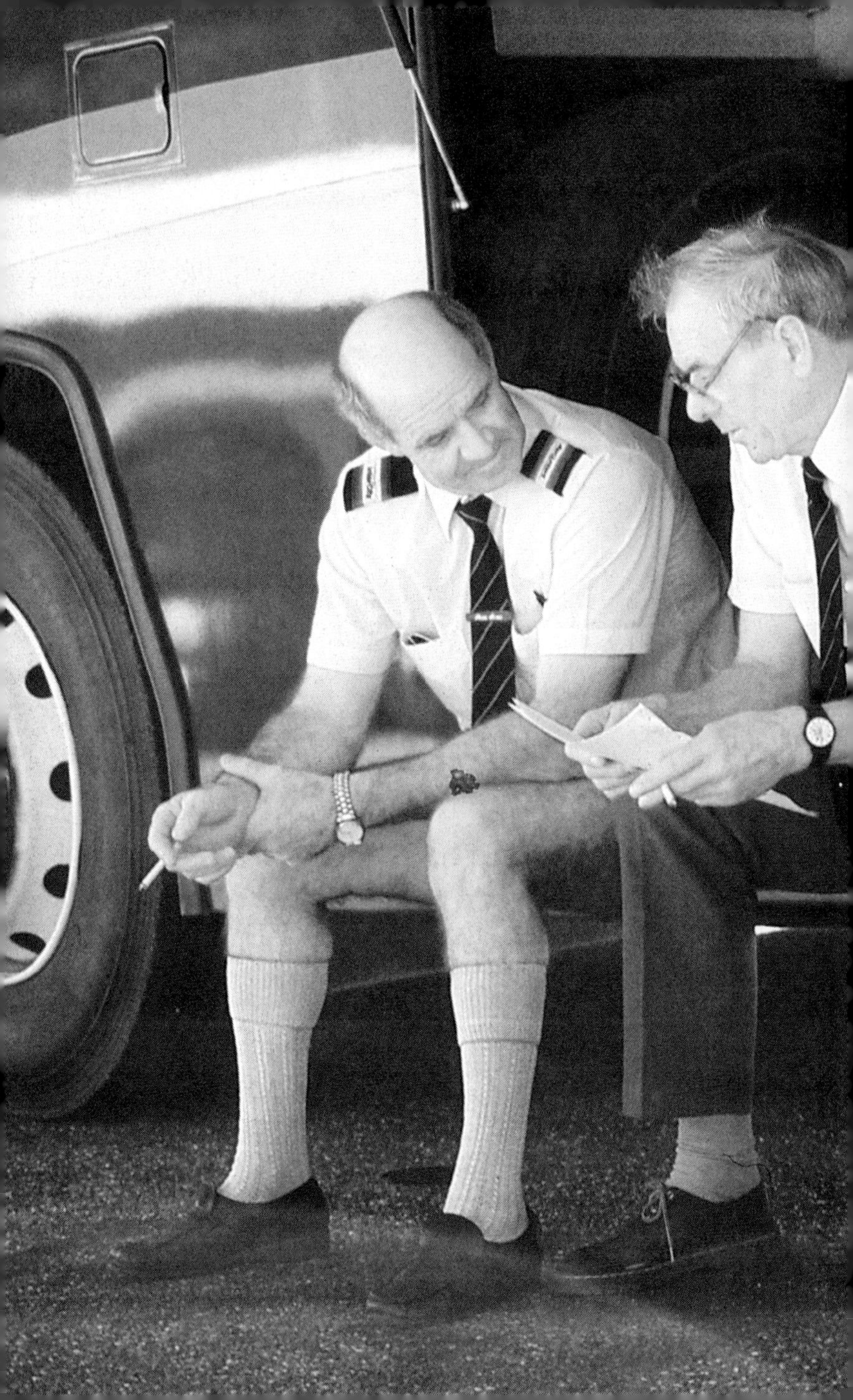

Unterwegs: Die Südinsel

Come to Marlborough Country

Wanderungen an der Nordspitze

Für die Schafe und Rinder in den doppelstöckigen Diesel-Trucks ist die Fahrt durch die Cook Strait kein Vergnügen. Stundenlang stehen sie in der glühendheißen Sonne an Deck geparkt, eingepfercht in Boxen ohne jeden Bewegungsraum. Erst als die «Arahanga», eine der drei Fähren, aus Wellingtons schützendem Hafenbecken hinausfährt, bläst ein kräftiger Wind durch die Herden.

Die Passagiere kümmert das Schicksal der schwitzenden Tiere kaum. Sie spionieren sämtliche Ecken des Schiffes aus, auf der Suche nach einem windgeschützten Platz mit guter Sicht. Etwa drei Stunden dauert die Überfahrt auf der achtzig Kilometer langen Strecke. Sofort nachdem die Fähre die offene See erreicht hat, werden am Horizont die Berge der Südinsel sichtbar. Sie zählt nicht einmal eine Million Einwohner. Einsamkeit. Seen, Fjorde und Gletscher. Regenwälder. Strände, Sonne und tausend Wanderwege.

Etwa eine Stunde vor der Ankunft in Picton schwenkt das Fährschiff in den Queen Charlotte Sound ein. Vergessen ist die windige See. Links und rechts ragen grüne

Berge und Hügelketten aus dem türkisblauen Wasser. Die Uferlinie schwenkt immer wieder in kleine Buchten zurück, um gleich darauf erneut dicht ans Schiff heranzukommen. Mal zweigt eine schmale Wasserstraße vom Hauptstrom ab, verschwindet hinter einer tiefblauen Kurve, eine neue Ader eines undurchsichtigen, schaukelnden Labyrinths. Vereinzelt ragt ein Haus aus dem Buschland, davor wippt ein Boot an einem kleinen Holzsteg. Steil fallen die Bergrücken ins Wasser, hinab zu den versunkenen Flußtälern, die seit dem Ende der letzten Eiszeit vom gestiegenen Meeresspiegel überflutet wurden. So kann die große Fähre mit ihren staunenden Passagieren an der nur einen Steinwurf entfernten grünen Einsamkeit vorbeifahren.

Wege am Wasser

Er trägt den Titel «Queen of the Walkways». Gemeint ist der 58 Kilometer lange Queen Charlotte Track von Ship Cove nach Anakiwa. Noch sind seine berühmteren Vettern, der Milford- und der Heaphy-Track, gefragter, zum Glück für jene, die beim Eintauchen in die Buschwelt am Wasser möglichst wenig gestört werden wollen. Absolute Abgeschiedenheit gibt es aber schon längst nicht mehr.

Mit gezieltem Marketing wollen das New Zealand Tourism Board sowie die Tourismus-Manager der Marlborough-Region den bis 1996 vom Department of Conservation generalüberholten Wanderweg bekannter machen. Mit knapp einer halben Million Dollar Renovierungskosten soll die Zahl der jährlichen Benutzer auf zehntausend verdoppelt werden. Der Vorteil des Tracks besteht in seiner flexiblen Nutzung. Durch die Nähe zum Wasser können sich Tramper, die nicht die ganze Strecke über vier bis fünf Tagen laufen wollen, per Schiff zu bestimmten Stellen bringen oder von dort abholen lassen. Wenn gewünscht, transportieren die Schiffstaxen auch das ganz schwere Gepäck zu vorher vereinbarten Anlaufstationen. Wer die ganze Tour laufen und tragen will: Kenner raten, den Track von Ship Cove am Nordende aus zu laufen. Die Anfahrt muß per Boot organisiert werden. Dann heißt es möglichst bald losmarschieren, denn Camping-Übernachtungen sind in der Bucht nicht erlaubt.

Schon lange bevor die Interisland-Fähren durch den Queen Charlotte Sound dampften, war Totaranui mit seinem reichen Angebot an Meerestieren eine wichtige Handelsroute für die Maori. Auch James Cook wußte den Schutz und die Schlemmereien von Ship Cove zu schätzen. Auf seinen drei Neuseeland-Reisen zwischen 1770 und 1777 machte er hier fünfmal Station. Es gelang ihm sogar, mit einer Vitamin-C-haltigen Pflanze den Skorbut in seiner Mannschaft zu kurieren. Bis auf das Denkmal mit Anker und Kanonen blieb die Bucht seit damals praktisch unverändert.

Die Abschnitte des Tracks variieren zwischen drei und sechzehn Kilometern, die Laufzeit beträgt zwischen zwei und vier Stunden. Von Ship Cove steigt der Weg durch Buchenwald auf einen Bergrücken, von wo sich ein schöner Ausblick auf den äußeren Sound und Motuara Island bietet. Dann geht es hinab zur Resolution Bay. Nicht weit vom Weg liegt ein Zeltplatz. Zusätzlich bietet Familie Teutscher zwölf Schlafplätze hinter ihrem Farmhaus an. Seit zehn Jahren lebt das Ehepaar hier, produziert seinen eigenen Strom, pflanzt Gemüse an, fängt Fische und pflückt Zitronen, Pfirsiche und Nektarinen im eigenen Garten.

Die nächsten Übernachtungsmöglichkeiten gibt es in Furneaux Lodge, acht Kilometer entfernt. The Croft, das Steinhaus für Backpacker, bietet Platz für 25 Leute. Ein Stück weiter können im Endeavor Resort, einem ehemaligen Gewerkschafts-Feriencamp, 32 Gäste untergebracht werden.

Luxuriöses Wohnen hält Punga Cove bereit: Wer hundert Dollar ausgeben will, kann sein eigenes Chalet mieten. Es gibt in der Camp Bay aber auch einen Zeltplatz, dazu einen Laden und ein lizenziertes Restaurant.

Es ist ratsam, sich vor der nächsten und mit sechzehn Kilometern längsten Etappe bis Portage richtig zu stärken. Der Track verläuft größtenteils auf dem Höhenrücken zwischen Queen Charlotte und Kenepuru Sound. Die Blicke über eine faszinierende Landschaft entschädigen für das Auf und Ab der Strecke. Neun Stunden sollten für diese Etappe veranschlagt werden. Es gibt jedoch noch einen Zeltplatz und Unterkünfte im Gem Resort nach etwa drei Stunden oberhalb der Bay of Many Coves. Wer es bis Portage schafft: Platz für's Zelt ist in der Cowshed Bay, ein Bett bietet das Portage Hotel.

Vom Torea-Sattel bis zur Mistletoe Bay sind es fünf Kilometer. Ein Platz in einem der drei DOC-Lodges muß vorher im Picton-Office gebucht werden. Auf dem letzten Abschnitt bis Anakiwa sind noch einmal zwölf Kilometer zu bewältigen.

Per Fahrrad auf Tuchfühlung mit der Natur

Im Wald geht es oberhalb der Onahau Bay vorbei, dann fällt der Weg zur Bottle Bay ab und schlängelt sich am Wasser entlang bis zur Umungata Bay. Hier gibt es nochmal eine Camp-Möglichkeit. Bis Anakiwa verläuft der Track erneut durch hohen Buchenwald bis zu einem kleinen Parkplatz. 800 Meter weiter befindet sich ein Bootsanleger. Nach Picton besteht eine Kleinbus-Verbindung.

Noch ein Tip für Mountainbiker: 1993 gab das DOC den Track für Räder frei, doch der Entschluß soll noch einmal überdacht werden. Am besten im DOC-Büro in Picton erkundigen.

Es gibt in der Marlborough-Region viele Alternativen für Zweirad-Sportler. Etwa die Strecke von Havelock, dem Zentrum für Muschelzucht, über Rai Valley hinauf zu den Muschelfarmen in der Okiwi Bay. Oder durch Wälder und Farmland nach Port Gore, wo das berühmteste Schiffswrack der Marlborough Sounds liegt. Der russische Luxus-Kreuzer «Michail Lermontov» schlitzte sich an den Cape Jackson Felsen den Bauch auf und sank. Wie dorthin geradelt werden kann und wo zwischendurch ein Schiff benutzt werden muß, vorher in Picton erfragen.

Wein und Wale

Von Picton bis Blenheim, der größten Stadt Marlboroughs, sind es über den Highway 1 knapp dreißig Kilometer. An dem «sonnigsten Ort Neuseelands» haben sich etwa zwei Dutzend Winzereien niedergelassen. Sie produzieren längst nicht mehr nur für den eigenen Markt, sondern exportieren nach Großbritannien, die USA, Kanada, Australien und Fidji. Für die ersten Siedler hieß die Stadt «Beavertown». Nach einer Überschwemmung der Wairau-Ebene mußten die Menschen in ihren Hütten auf die höchsten Möbelstücke klettern, wie Biber in ihren Dämmen.

Von den süßen Trauben Blenheims bis zu pinkfarbenen und weißen Salzseen sind es nur ein paar Kilometer. Auf dem Weg zum Tummelplatz der Wale in Kaikoura führt die Straße am Lake Grasmere vorbei, wo achtzig Prozent des neuseeländischen Tafelsalzes gewonnen wird. Die rötliche Farbe der Salzbrühe in einigen Vorratsbecken rührt von einer großen Zahl einzelliger Organismen her. Die konzentrierte Salzlösung fördert bei ihnen die Produktion eines roten Pigments. Wenn das Salz Anfang März vier bis sechs Wochen lang «geerntet» wird, beträgt die Tagesausbeute 6000 Tonnen.

Das Maori-Wort *Kaikoura* bedeutet soviel wie «das Essen von Langusten». Schon die Ureinwohner konnten dieser Köstlichkeit nicht widerstehen. Der polynesische Entdecker Tamatea Pokai Whenua soll einst die Suche nach seinen drei weggelaufenen Frauen so lange verschoben haben, bis er genug Langustenfleisch gegessen hatte.

Schon einige Kilometer vor dem Ort bieten Crayfish-Verkäufer am Straßenrand ihre Ware zu Spottpreisen an. Zwanzig Dollar für eine große Languste? Bitte sehr! Und schon wird der frisch gekochte Gourmet-Lunch in Zeitungspapier eingewickelt. Wahrscheinlich hat sich auch der Maori-Halbgott Maui, bevor er die Nordinsel aus dem Meer zog, hier entsprechend gestärkt. Der Maori-Name für die Kaikoura-Halbinsel heißt «Tau-

Mit der Kamera zum Wal-Treff: Kaikoura

manu-o-te-wa-ka-a-Maui», der Sitz in Mauis Kanu, von dem er seinen Fang aus dem manchmal über die Küstenstraße schwappenden Wasser zog.

Der Fischfang gehört auch heute noch zum wichtigsten Industriezweig des Ortes. Sechzig Boote sind vor der Küste regelmäßig im Einsatz. Die meisten haben sich auf den Crayfish-Fang spezialisiert. Wer nichts gegen Ölzeug und Fischgeruch hat: Einige Fischer lassen sich bei ihrer Arbeit auch von Besuchern über die Schulter schauen. Am besten, man erkundigt sich an der Werft. Hier gibt es auch den besten Crayfish, der aber oft schon am frühen Nachmittag ausverkauft ist, da auch die lokalen Händler hier ihre Ware erstehen.

Schon die frühe europäische Stadtgeschichte rankt sich um die Jagd nach den Meerestieren. Der Schotte Robert Fyffe gründete 1843 die erste Walfang-Station. Die Verbindung zu jener Zeit stellte noch das Fyffe House her, 1860 vom Cousin George auf Walknochen-Pfeilern gebaut. Heute wird auf die Riesensäuger nur noch mit der Kamera geschossen. Der letzte Wal, der in Neuseeland getötet wurde, fiel 1964 vor Kaikoura der Harpune zum Opfer. Zwar müssen die Meeresgiganten nicht mehr um ihr Leben fürchten, aber Ruhe bei ihrer täglichen Zwei-Tonnen-Mahlzeit haben sie nicht mehr. Per Schiff und Flugzeug rucken ihnen die «whale watcher» möglichst dicht auf den Leib, um die winkende Schwanzflosse als letzten Gruß des prustenden Dickhäuters vor dem Abtauchen auf Zelluloid zu bannen.

Meistens sind es Pottwale, die sich auf dem Weg von und nach antarktischen Gewässern für einige Tage in den achthundert Meter tiefen Canyons vor Kaikouras Küste am überreichen Plankton satt essen. Sie können bis zu zwei Stunden unter Wasser bleiben, länger als alle anderen Wale. Um ihren Sauerstoffvorrat zu strecken, verlangsamen sie ihre Herzfrequenz. Wenn er aufgetaucht ist, braucht der Pottwal bis zu zehn Minuten, um Lungen und Blut wieder mit ausreichend Sauerstoff zu füllen. Wer die Wale beobachten will, sollte vorsichtshalber zwei oder drei Tage in Kaikoura einplanen, denn bei schlechtem Wetter werden alle Bootstouren gestrichen.

Den geologischen Kontrast zu den Meerestiefen bilden die Gipfel des Kaikoura-Gebirges im Hinterland. Tagestouren bieten das Puhi Puhi Scenic Reserve, Fyffe Palmer Scenic Reserve und das Tal des Kowhai River. Viele Wege führen auf den 1602 Meter hohen Mount Fyffe: die Route vom Ende der Postmans Road gehört zu den weniger anstrengenden.

Mit dem entsprechenden Kleingeld läßt sich auch eine grandiose Talfahrt arrangieren. Für hundert Dollar gibt es ein Mountainbike und einen Hubschrauberpiloten, der Radler und Rad auf die Bergspitze hinauffliegt. Bei diesem Heli-Biking braucht man ja nicht in einem Rutsch hinunterzurasen. In 1100 Meter Höhe kann an der Mount-Fyffe-Hütte erst einmal ein Gipfel-Picknick eingeschoben werden.

Geburtsort der Premiers: Nelson

In Nelsons Environment Centre hängt ein Zettel im Fenster, auf dem steht «Freiwillige Mitarbeiter gesucht». Die Nachricht darf nicht als Indiz für mangelndes Umweltinteresse gewertet werden. Schließlich wurden 1993 mehr als 40000 neue Bäume im Stadtgebiet gepflanzt. Allein die Schulkinder pflanzten 3000 Setzlinge im Marsden Valley und noch einmal über 5000 in anderen Stadtteilen. In Nelsons Parks und an den Wanderwegen wurden 6000 junge Bäume eingegraben. Das sonnige Klima garantiert ein rasches Wachstum der Pflanzen. Weniger an die Umwelt als an ihre Erträge auf den Plantagen denken die Obstbauern der Region und die Tabakpflanzer im nahegelegenen Motueka. Fast eine Viertelmillion Tonnen heimischer Beeren, Steinobst, Bohnen und Tomaten verlassen jährlich auf dem Seeweg die Stadt. Hinzu kommen eine halbe Million Tonnen Holzstämme und -schnipsel.

Im Sommer 1992 feierte Nelson seinen 150. Geburtstag. Beim Blick in die Geschichte fällt die Vorreiterrolle für die restliche Nation auf: 1842 schon die Festschreibung des ersten Acht-Stunden-Tages, die erste Brauerei, die erste Rennbahn, das älteste College und am 14. Mai 1870 das erste Rugbyspiel zwischen dem Nelson Rugby Club und dem Nelson College. Hier drückte der in Nelson geborene Atomphysiker Lord Ernest Rutherford die Schulbank. Auch sonst kamen einige kluge Köpfe aus der Region, allein sieben ehemalige Premierminister.

Auf dem geschichtsträchtigen Hügel der Stadt, dem Church Hill am Ende der Trafalgar Street, steht heute die Nelson Cathedral, an der von 1925 bis 1965 gebaut wurde. Siedlerführer Arthur Wakefield schlug hier 1842 die Markierung ein, an der die Vermessung von Nelsons Straßen ausgerichtet wurde. Sie zu bauen, war für die Männer der ersten Stunde ein hartes Brot. Die in London vorgefertigten Pläne waren von Stadtplanern entworfen worden, die das Terrain gar nicht kannten.

Als es 1843 zu einem Zusammenstoß mit den Maori in der Wairau-Ebene kam, bei dem Wakefield und 21 weitere Siedler getötet wurden, bauten die übrigen zu ihrem Schutz hastig ein Fort auf dem Hügel. Ein Teil des ehemaligen Walls ist heute noch südlich der Kirche zu erkennen. Zu den besser erhaltenen Zeugen der Kolonialzeit gehören Isel und Broadgreen House, sowie Bishopdale, seit 1868 Sitz des Bischofs von Nelson.

Zwischen den Sandstränden und Apfelplantagen im Nordwesten leben viele vom Großstadtleben enttäuschte Aussteiger. Die Wohngemeinschaften sind überall im Motueka-Tal bis hinauf in die Golden Bay zu finden. Die älteste, die Riverside Community in Lower Moutere, stammt aus dem Jahre 1940. Drei christliche Pazifisten zogen sich damals auf eine kleine Obstplantage zurück, um dort ihre Ideale von Gewaltlosigkeit, Ablehnung von Privatbesitz und Profit zu leben. Werden heute ihre Mitglieder weitgehend akzeptiert, gingen frühere «Generationen» für ihre Überzeugung mitunter sogar ins Gefängnis. Nach Jahren wirtschaftlicher Engpässe gelang es inzwischen, die Existenz der Kommune finanziell besser abzusichern. Dreißig Kilometer vor Motueka zweigt rechts eine Straße nach Mapua ab. Im Schatten hoher Bäume liegt Neuseelands einzige Nudisten-Kolonie.

Es gibt auch viele bekannte Handwerkskünstler, die sich die Nelson-Region ausgesucht haben, um kreativ tätig zu sein. Weber, Glasbläser, Maler und vor allem Töpfer sind es, die mit ihren Arbeiten die Anerkennung der Kunstszene und der durchreisenden Käufer finden. Neben dem sonnigen Klima, das die Kunden lockt, sind es vor allem die guten lokalen Rohstoffe wie Tonerde und Glasurmineralien, die hochwertige Kunstprodukte ermöglichen. Wer in diese Welt tief eintauchen will, sollte sich den «Guide to Nelson Potters» vom Tourist Office besorgen und einige der Werkstätten besuchen. Sonst bieten sich entweder ein Besuch im Craft Habitat am Highway 6, fünfzehn Meilen südlich Nelsons an, wo ein Querschnitt der lokalen Kunsthandwerksszene präsentiert wird. Oder ein Besuch in der Suter Art Gallery in der Bridge Street. Andrew Suter war von 1867 bis 1891 Bischof in Nelson. Nach seinem Tod vermachte der passionierte Kunstsammler seine Schätze der Stadt. In drei großen Hallen werden stets wechselnde Ausstellungen präsentiert. Dazu gibt es im Rahmenprogramm Filme und Performances.

Eine Performance besonderer Art hat die Naturkulisse eineinhalb Autostunden südlich Nelsons zu bieten: Den Nelson Lakes National Park. Um die von Buchenwald gesäumten Rotoiti- und Rotoroa-Seen und durch das umliegende Bergland ziehen sich vor der Kulisse der Südalpen eine Vielzahl von Tracks. Leider sind die Wespen in dieser Region genauso zahlreich. Besonders der Honigtau auf den Buchenstämmen ziehe die Wespen (hauptsächlich die German Wasp) an, erklärt das Department of Scientific And Industrial Research, die seit 1987 beobachtete Zunahme der Wespenpopulation. Durch diese Öko-Plage verzeichneten Bienenzüchter, Gartenbau- und Tourismusindustrie bereits spürbare finanzielle Einbußen.

Abel Tasman National Park

Zwischen der Tasman und der Golden Bay schiebt sich ein bergiger Festlandszipfel nach Norden ins Meer. Der Naturschützerin Perrine Moncrieff ist es zu verdanken, daß ein Großteil der Bäume an diesen Berghängen noch steht. Sie trieb die Initiative voran, das Landschaftsjuwel aus grauen Granitgipfeln, grünen Farnbäumen, goldgelben Sandstränden und türkisblauem Wasser der Nachwelt zu erhalten. Am 19. Dezember 1942, exakt 300 Jahre nachdem der Holländer Abel Tasman als erster Europäer vor der Küste ankerte, wurde in Kaiteriteri der nach ihm benannte Nationalpark eröffnet. Er ist mit 22533 Hektar der kleinste des Landes, gehört aber mit seiner grandiosen Küstenregion zu den feinsten Wanderzielen.

Wer einmal an einem jener herrlichen Strände gesessen hat und beim Spiel der kristallklaren Wellen und den Farbtönen am Horizont ins Träumen kam, wird sich nur schwer das tödliche Aufeinanderprallen zweier Kulturen in diesen Gewässern vorstellen können. Ahnungslos war der Holländer in der Golden Bay bei Wainui in verbotene Fischgründe der Maori gesegelt. Die aufgebrachten Männer vom Stamm der Ngati Tumatakokiri griffen die Eindringlinge vom Kanu aus an und töteten vier Holländer. Erst als man im vorigen Jahrhundert in der Küstenregion Gold fand, wurde aus der Murderers' Bay eine Golden Bay.

Der meistbenutzte Zugang zum Park liegt an der Tasman-Bay-Seite. In Marahau beginnt der 51 Kilometer lange Coast Track, der sich zwischen Manuka-Bäumen, Nikau-Palmen und Farnen hinauf bis Wainui erstreckt. Mit Abschnitten zwischen fünf und zwölf Kilometern kann der Track in drei bis fünf Tagen gegangen werden. Vor dem Start sind unbedingt die Gezeiten einzuplanen, da die Awaroa- und die Wainui-Bucht nur bei Ebbe passierbar sind. Die anderen Bays können auf dem Weg umlaufen werden.

Der Inland-Track verläuft vom gleichen Start- und Zielpunkt über Evans Ridge, den höchsten Punkt im Hinterland des Parks. Für die schwieriger zu gehende Strecke mit vier Hütten (ohne Kochgelegenheiten) sind vier Tage zu veranschlagen. Feste Wanderstiefel und ausreichender Wasservorrat sollten zur Ausrüstung gehören. Da DOC-Mitarbeiter in einigen Gewässern des Parks Giardia-Bakterien gefunden haben, darf nur noch abgekochtes Wasser getrunken werden. Gefiltertes Wasser bietet der Campingplatz in Totaranui an.

Dieses ist auch der Endpunkt der Straßenzufahrt. Wer mit dem Camper hierhin fahren will, hat eine kurvenreiche Strecke über eine gewaltige Höhlenlandschaft vor sich. Nicht weit vom Highway 60 liegen am Takaka Hill die 500 Meter langen Ngarua Caves, von denen ein Teil begangen werden kann. Ein Stück weiter zweigt die Canaan Road ab. Sie führt zum Harwood's Hole, einem fünfzig Meter breiten und zweihundert Meter tiefen Loch, das durch den Einsturz unterirdisch ausgewaschenen Sandsteins entstanden ist.

Bei der Abfahrt auf der anderen Bergseite bietet sich ein schöner Blick ins tiefe Tal und hinüber zu den Rändern des Northwest Nelson Forest Park. In Central Takaka zweigt die Straße nach Norden ab. Die letzten zwanzig Kilometer geht es im Nationalpark auf einer sehr

Beliebtes Tramping-Gebiet: Abel Tasman National Park

schmalen Schotterstraße durch dichten Wald. Noch einmal ist ein Bergrücken im Serpentinen-Tempo zu nehmen, bevor man durch eine große Baumallee auf das Totaranui Information Centre zufährt. Der Campingplatz hat keine Elektro-Anschlüsse. Der Park läßt sich natürlich auch von See aus «erobern». Sea-Kayak-Unternehmen und Wasser-Taxis bieten ihre Dienste in Marahau und Kaiteriteri an. Unter kompetenter Führung, noch besser natürlich auf eigene Faust, kann man langsam im klaren Wasser dahingleiten, ohne drückendes Gepäck auf den Schultern, mit etwas Glück Seehunden und Delphinen bei ihren Wasserspielen zusehen, am späten Nachmittag einen der abgelegenen Zeltplätze an Land ansteuern und vor dem Schlafengehen noch eine Runde schwimmen – ein Traum für alle Wasserratten. Natürlich gilt auch hier: auf dem Wasser Sonnenhut, Brille und Schutzcreme nicht vergessen. Bei sich sollte man auch den in Büros des DOC, der Info-Centres oder Backpacker Hostels für sechs Dollar vorher zu erwerbenden «Facilities Use Pass» haben, der zusätzliche Informationen über die Nutzung der Tracks gibt.

Ein besonderes Erlebnis bietet der Nordwestzipfel der Südinsel: eine Fahrt mit dem Geländewagen von Collingwood auf die 25 Kilometer lange Dünenlandschaft des Farewell Split. Über neunzig Vogelarten kommen zu Zehntausenden aus der sibirischen Tundra hierher, um zu überwintern. Cook taufte die Landzunge Cape Farewell, weil es der letzte Zipfel war, den er von Neuseeland sah.

Verregnete Einsamkeit

Die Westküste

Eine Felsenschlucht im Norden und drei Hochgebirgspässe sind die einzigen Zugänge zur dünn besiedelten Westküste. Der schmale Küstenstreifen zwischen der Tasman Sea und den Südalpen ist eine Welt für sich: Über den herandonnernden Wellen hängt die Brandungsgischt in der salzigen Luft, die menschenleeren Strände sind mit Tang und Treibholz übersät, moosbedeckte Bäume werden vom ewigen Westwind zu bizarren Skulpturen geformt, aus jeder Felsspalte wuchern grüne Gräser und Farne.

Vieles von der Siedlungsgeschichte versank längst wieder in der üppigen Flora: verfallene Dörfer, ausgebeutete Gold- und Kohleminen, gescheiterte Farmversuche. Wo Mitte des vorigen Jahrhunderts viele tausend Goldsucher im Handumdrehen Städte in den undurchdringlichen Busch bauten und am Wochenende ihren Streit über Gold und den rechten Glauben handfest auf der Straße austrugen, zirpen heute nur noch Zikaden. Von den einst hundert Tanzhallen und Kneipen in Charleston steht noch eine.

Übrig blieb auch ein besonderer Menschenschlag. Der «Westcoaster» ging mit seinen Charakter-

zügen und seinem Lebensstil in die neuseeländische Folklore ein: abgehärtet durch Wetter und wirtschaftliche Notzeiten, bodenständig, gastfreundlich, unabhängig und bierliebend. Besonders ärgerlich können die Rauhbeine allerdings werden, wenn allzu radikale Naturschützer mit ihren Forderungen die letzten Arbeitsplätze in Kohlegruben oder Sägewerken gefährden.

Poltergeist und Strandparty

Wer von Norden zur Westküste fährt, muß den Highway 6 benutzen, der auch durch die kleine Ortschaft Murchison führt. Die friedliche Idylle zwischen den wenigen Häusern wurde in diesem Jahrhundert schon zweimal jäh unterbrochen. Jessie Bradley, heute achtzig Jahre alt und für das kleine Museum in der Fairfax Street zuständig, erinnert sich noch genau an jenen 17. Juni 1929. «Zuerst war da dieses fürchterlich laute Rumpeln, und dann bewegte sich die Erde so stark, daß man nicht mehr laufen konnte.»

Seit Wellington 1855 erzitterte, hatte Neuseeland kein stärkeres Beben mehr erlebt. Alle Straßen nach Murchison waren durch Erdrutsche verschüttet. Es dauerte neun Stunden, bis einige Männer aus dem Ort die Nachbargemeinde Glenhope, 28 Meilen entfernt, erreicht hatten, um von dort einen Hilferuf nach Nelson abzuschicken.

Die meisten Häuser in der Stadt waren zerstört oder einsturzgefährdet, siebzehn Menschen kamen ums Leben. Der Schulhof diente als Notcamp, die meisten Familien bauten sich im Freien ihre Öfen aus Stein, um wenigstens kochen zu können. Es dauerte mehrere Wochen, bevor die ersten Tischler zum Neuaufbau der Häuser kamen.

Die Straße hatte sich in der Nähe des Maruia River, dem Epizentrum des Bebens, um vier Meter gehoben. Der Fluß schwenkte in ein neues Bett, die alte Brücke stand auf dem Trockenen. Achtzehn Monate blieb die Hauptverbindungsstrecke zur Westküste gesperrt, der Verkehr mußte nach Reefton umgeleitet werden. Die bis heute stark gefährdete Region, die auf der Hauptfaltlinie der Südinsel liegt, bebte 1968 noch ein zweites Mal so stark, daß größere Schäden entstanden. Der Knick aus dem Jahre 1929 ist zwar am Highway markiert, aber inzwischen längst abgeflacht und zugewuchert.

Bei der Fahrt längs dem Buller River in Richtung Westküste kann man sich kaum vorstellen, daß hier vor 120 Jahren zigtausend Menschen wohnten. Allein Lyell war damals mit dreitausend Einwohnern so groß wie Picton heute. Alle hatten nur eines im Sinn: schnell durch Gold reich werden.

Die Erschließung der Region hatten zähe Einzelgänger geleistet. Als erster Europäer erforschte der Landvermesser Thomas Brunner zusammen mit einem Maori namens Kehu 1846 die unwegsame Buller-Region und einen Teil der Westküste auf der Suche nach neuen Siedlungsplätzen. «Zwei oder drei Meilen ist das Äußerste, was in dieser Landschaft täglich zu schaffen ist. Überall türmen sich große Granitfelsen konfus übereinander, das dichte Unterholz ist mit Büschen und Dornengestrüpp zugewachsen, dazwischen verrotten große Mengen Holz. Und alles auf den steilen Abhängen eines Gebirges, zwischen denen immer wieder senkrechte Felswände und tiefe Schluchten Schwierigkeiten machen. Man muß es selbst erlebt haben, um es zu verstehen», schreibt Brunner auf seinem eineinhalb Jahre dauernden Fußmarsch ins Tagebuch. Die Fahrt auf dem Highway durch die von steilen Felswänden gesäumte «Buller Gorge» gehört inzwischen zu den bequemen Sightseeing-Touren.

Hinter dem Durchbruch öffnet sich eine weite Küstenebene. In der Kohlestadt Westport läßt sich im Coaltown Museum an der Queen Street der Nachbau eines Minentunnels inspizieren. «Westküste» und «Kohle» gehören für viele Neuseeländer zusammen. Die staatlichen Minen sind der größte Arbeitgeber, der Rohstoff mit fast neun Billionen Tonnen die größte Energie-Ressource. 1910 übernahm die Regierung das Kohlemanagement, um den Industriezweig zu rationalisieren. Von damals zwei Dritteln der nationalen Produktion sank der Anteil der Westküsten-Kohle auf ein Drittel, während die Fördermenge der Nordinsel entsprechend anstieg.

Als lohnenswerter Abstecher empfiehlt sich die Seehundkolonie in der Tauranga Bay. Zwar hängen oft dicke Wolken am Himmel, doch das trübt die ausgelassene Strandstimmung keineswegs. Als wir an einem Sonntag hier vorbeikommen, haben sich zu den Seehundsuchern einige Kleinkünstler und Drachenverkäufer gesellt. Man weiß ja: An der Westküste fällt der meiste Regen nachts. Das Motto des Tages: «A Gypsy Fair». Während gigantische Drachen als Krake, Kugelfisch und Platypus (Schnabeltier) am Himmel schaukeln, lassen sich einige Drachen-Sportler auf ihren Dreiradgestellen von den zerrenden Windfängern in Höchstgeschwindigkeit über den Strand ziehen. Je gewagter die Akrobatik, desto größer die Zufriedenheit. Das sportliche Messen mit den Elementen, ein männliches Sonntagsvergnügen.

An der Zufahrtsstraße zur Tierkolonie stehen ein paar selbstgebaute Mobile Homes. In diesen busgroßen Eigenheimen fahren jene durchs Land, die sich vom neuseeländischen Durchschnittsleben verabschiedet haben. Auch Pete hält sich schon seit Jahren mit mundgeblasenen Glaskunstwerken über Wasser. Zwischendurch findet er noch reichlich Zeit, sein rostendes Domizil auszubessern. Sein Nachbar bietet den Blick in die gute Stube auf Rädern für einen Dollar an. Ob als Einnahmequelle oder zur Abschreckung allzu Neugieriger bleibt offen – er ist nicht zu Hause.

Daheim sind jedoch die Seehunde. Hinter den reisenden Kunsthandwerkern führt ein kurzer Weg auf einen Hügel. Von oben läßt sich ein Dutzend Tiere beobachten, die gelangweilt zwischen der tosenden Brandung auf den Steinen dösen.

Forscherspuren: Heaphy Track

Viele Wanderer zieht es an der Westküste nach Norden in Richtung Karamea und weiter zum Kohaihai River. Dort wartet das ganz große, fünf- bis sechstägige Abenteuer. Dort beginnt (oder endet, je nach Richtung) der Heaphy Track.

Das europäische Engagement in der Heaphy-Region begann mit den vom Nelson Province Council initiierten Streifzügen von Thomas Brunner und seinem Landvermesser-Kollegen Charles Heaphy. Sie waren die ersten Weißen, die von Collingwood aus auf diesem Buschpfad liefen. Als nächster, allerdings erst vierzehn Jahre später, wählte James Mackay diese Route zur Westküste. Er wollte mit einigen Maori in Greymouth über den Erwerb von Land verhandeln. Im Regierungsauftrag kaufte er schließlich die ganze Küste für dreihundert Dollar.

1886 begann die Arbeit am Track vom Ostende. 1893 wurde der Anschluß zum Heaphy River hergestellt. Damit gab es erstmals eine Verbindung von der Tasman Bay zur Tasman Sea. Die sechzehn Kilometer am Strand und das Ende an der Karamea Road bei Kohaihai erhielten erst 1912 ihren Track-Charakter. Mit der Gründung des North West Nelson Forest Park fiel der Weg 1965 in die Zuständigkeit des New Zealand Forest Service. Nachdem die Hütten ersetzt, Flüsse überbrückt und der inzwischen überwucherte Weg gesäubert war, konnte er wieder benutzt werden. Heute gehört die 77 Kilometer lange Strecke zu den beliebtesten Fernwanderwegen.

Wer den Track von Norden nach Süden läuft, hat den Vorteil, daß es mehr bergab geht, wenn erst einmal die Steigungen am Anfang geschafft sind. Zwischen fünf und sechzehn Kilometer lang sind die Streckenabschnitte, an denen sieben Hütten stehen. Sie führen durch abwechslungsreiche Vegetation. Nach anfänglichem Buchenwald und Buschland geht es über die mit Tussock-Gras bewachsene Ebene der Gowland Downs. Tropisch wird die Natur etwa ab der Lewis-Hütte. Farne und Nikau-Palmen sind die Vorboten der nahenden Küste, leider aber auch die Sandfliegen.

An der Mündung des Heaphy River treffen zwei alte Grünstein-Pfade der Maori aufeinander. Archäologen schätzen, daß sie sich schon vor fünfhundert Jahren auf der Suche nach der kostbaren Jade hier trafen. Ob auch sie dabei die letzten sechzehn Track-Kilometer an der Küste bis zum Hokaihai River hinuntergegangen sind, läßt sich nur vermuten. Sicher ist aber, daß man auf dem Track für wechselndes Wetter gerüstet sein muß und daß vor Beginn ein «Heaphy Track Hut and Camp Pass» zu erwerben ist. Da der Paß aber keinen Schlafplatz in einer der Hütten garantiert, sollte man für die alternativ bereitstehenden zehn Campsites vorsichtshalber ein Zelt einpacken.

Sowohl am Kohaihai-Rastplatz wie auch am anderen Ende, an der Brown-Hütte, wurde ein Telefon installiert, von dem aus kostenlos die Frage des Abholens geregelt werden kann. An der Brown-Hütte und in Karamea gibt es Landepisten, so daß sogar der Rückflug zum jeweiligen Startpunkt möglich ist.

Verborgene Schätze

Die Natur hält längs der Westküste viele Schätze bereit, seien es nun wertvolle Mineralien oder einfach nur eigenwillig geformte Steine. Zu den viel bestaunten Kuriositäten, die Wind und Wasser am Dolomite Point modelliert haben, gehören die Pfannkuchen-Felsen, die Pancake Rocks. Sie entstanden vor dreißig Millionen Jahren durch Ablagerungen aus Schlamm- und Kalksteinschichten zunächst auf dem Meeresboden. Durch unterirdische Kräfte wurden sie nach oben gedrückt, dann begann der Erosionsprozeß der Elemente: Die weicheren Schichten lösten sich schneller auf, und zurück blieben steinerne Pfannkuchen.

Zu den Attraktionen des kleinen Rundwegs zum Dolomite Point, der auch von Rollstuhlfahrern benutzt werden kann, gehören auch verschiedene «blowholes», ausgewaschene Felskammern, aus denen die hineintosenden Wassermassen donnernd in die Höhe schießen. Für den erholsamen Zwischenstopp wurde der vorher leere Highway direkt gegenüber dem Naturschauspiel mit der nötigen Infrastruktur versehen: ein Parkplatz, ein Café, ein Souvenir-Shop, ein Visitor Centre und Toiletten. Hinter der nächsten Kurve ist alles wieder nur grün.

Durch Barrytown fährt man fast so schnell, wie es dauert, das Ortsschild zu lesen. Doch hier sorgten die eigensinnigen Westcoaster für Wirbel mit einer Minengesellschaft.

Goldmine im Tagebau: Ross

Am Strand soll jährlich eine Viertelmillion Tonnen Ilmenit abgebaut werden, ein Mineralsand, dessen Titandioxid bei der Herstellung von Farben, Papier, Plastik, Textilien und Gummi benötigt wird. Die ersten fünf Millionen Dollar wurden schon in Verarbeitungsanlagen investiert, doch noch wehren sich die besorgten Anwohner vehement, daß ihnen der Boden unter den Füßen weggebuddelt wird. Die Strandschändung brächte der wirtschaftsschwachen Region nicht einmal dauerhafte Arbeitsplätze, so das Argument der Umweltschützer. Für den befristeten Abbau müßten qualifizierte Fachkräfte eingesetzt werden, und die seien in Barrytown und Umgebung nicht vorhanden.

Die 7000 Einwohner von Greymouth, der größten Stadt an der Westküste, sichern ihren Lebensunterhalt hauptsächlich durch Kohleabbau und Forstwirtschaft. Wo einst das Mawhera pa stand, wird auch heute noch das meiste Land im Stadtgebiet von den Maori vermietet.

Wer das Imitat einer alten Goldgräbersiedlung aus wilden Westküstenzeiten sehen möchte, muß südlich Greymouth nach Shantytown abbiegen. Für die Stadt wurden historische Holzhäuser aus dem ganzen Land zusammengetragen und vor Ort renoviert.

Auch in Hokitika sind die goldenen Zeiten mit hundert Kneipen längst vorbei. Als 1954 auch der Hafen geschlossen wurde, der neunzig Jahre vorher zu den geschäftigsten ganz Neuseelands gehörte, ging es noch einmal ein Stück bergab. Doch die Stadt überlebte durch andere Schätze: Seit tausend Jahren gilt der nahegelegene Arahura River als größte Fundstätte für Jade. Mehrere Kunsthandwerksbetriebe bieten die Möglichkeit, den «Grünstein-Bildhauern» über die Schulter zu schauen. In den umliegenden Wäldern wird Sphagnum-Moos gesammelt und als Nährboden für Zimmerpflanzen, hauptsächlich Orchideen, nach Asien exportiert.

Während vielerorts Gold nur noch Geschichte ist, halten sich in Ross hartnäckig die Gerüchte. Eine Zeitungsschlagzeile vom Mai 1993 titelte: «Ross sitzt auf Gold im Wert von siebenhundert Millionen Dollar.» «Die Einheimischen wissen seit Generationen, daß unter ihrer Stadt ein beachtlicher Berg Gold liegt, aber wir warten erst einmal ab, was passiert», meint Gemeindemitglied Peter Bennett. Ein Geologe des Handelsministeriums, Colin Douch, hatte kurz vorher einen Report veröffentlicht, in dem er erklärte, daß Ross wahrscheinlich die reichste Stadt Neuseelands sei.

1865 begannen die Schürfarbeiten auf dem Goldfeld, das zwischen 1882 und 1917 knapp 41000 Unzen abwarf. 1907 fand hier ein Glückspilz das größte Goldnugget Neuseelands, den «Honourable Roddy». Die Nachbildung liegt im örtlichen Museum, das Original als Besteck im Buckingham Palace. «Doch das Feld wurde nie vollständig ausgebeutet, der wahre Boden nie entdeckt und die gesamte Größe nie bestimmt», meint Colin Douch. Sollten die Tagebauarbeiten einmal beginnen – deren Umfang nur von einer großen, höchstwahrscheinlich australischen Gesellschaft bewältigt werden könnte –, dann müßte die Stadt versetzt werden, was im vorigen Jahrhundert schon einmal geschah.

Für Janette Corkran vom örtlichen Informationszentrum steht fest: «Es wird noch etliche Jahre dauern, bevor etwas passiert.» Erst solle die Ergiebigkeit der lokalen Mine weiter untersucht werden. Schon jetzt klafft ein riesiges Loch hinter dem Ort. Die ersten Goldkrümel liegen in mindestens zehn Meter Tiefe. Die Schürflizenz gilt noch für weitere elf Jahre. Bis dahin will der Minenbesitzer aus Greymouth 48 Millionen Dollar aus dem Boden gewaschen haben.

Damit nicht auch Privatleute gesetzwidrig im Garten nach den 700 Millionen buddeln – als Grundbesitzer gehört einem das Land nur einen Fuß tief, alles darunter ist Regierungseigentum –, sorgt der Staat vor: So mußte etwa der neue Wirt des Empire Hotels mit seinem Kaufvertrag unterschreiben, daß er nicht nach Gold graben würde.

Der schnellste Gletscher

Stets randvolle, tropfende Regenwolken, darunter Flüsse aus Eis und ein paar Meter weiter ein undurchdringlicher grüner Dschungel. Naturkontraste, die es so dicht beieinander nirgendwo sonst gibt. Nur an der Westküste der neuseeländischen Südalpen, im Westland National Park, wagen sich Gletscher so weit in warme Regionen hinab.

Der dreizehn Kilometer lange Fox-Gletscher endet 245 Meter über dem Meeresspiegel, sein kleiner Bruder, der zehn Kilometer lange Franz-Joseph-Gletscher, scheint in 275 Meter Höhe stehenzubleiben. Doch der Augenschein täuscht, die Eismassen sind ständig in Bewegung. Der krasse Temperaturunterschied am Anfang und am Ende des weißblauen Eisbreis lassen beide Gletscher mit eineinhalb Metern pro Tag ins Tal kriechen. Weltrekord.

Vor 14000 Jahren floß der Franz-Joseph-Gletscher noch direkt ins Meer. Inzwischen reicht der Schneefall auf den Gipfeln nicht mehr aus, um die abschmelzenden Eismassen aufzufüllen. Man muß ihnen heute von der Küstenstraße ein paar Kilometer entgegengehen. Bis zum Parkplatz am Franz-Joseph-Gletscher sind es fünf Kilometer durch schütteren Regenwald. Unterwegs zweigen bereits viele Tracks ins Umland ab, darunter auch der einstündige Rundweg am Peters Pool vorbei, in dem sich die Bergwelt in blauem Wasser spiegelt.

Eine Stunde dauert der Weg zur Gletscherzunge. Es geht über kleine Bäche, Moränenschutt und abgeschliffene Felsbrocken, auf denen nach dem Rückzug des Eises schon wieder Moose und Flechten wachsen. Wer auf den Gletscher hinauf will, sollte den Ausflug nicht ohne örtlichen Führer wagen.

Der erste Tourist an der Eispracht war 1872 der neuseeländische Premierminister William Fox. Während der nördliche Gletscher den Namen des österreichischen Kaisers erhielt, sollte der südliche an diesen Premierbesuch erinnern.

Die Zufahrt verläuft ähnlich: Fünf Kilometer Straße längs dem Fox River, das letzte Stück über Schotter durch Schlaglöcher und Bäche, dann noch einmal eine halbe Stunde zu Fuß bis zum Gletscher. Ein schöner Seitenspaziergang, der River Walk, zweigt vorher ab. Eine Hängebrücke aus dem Jahre 1929 schwingt über dem tosenden Fluß, dahinter schließt sich das grüne Dach des Regenwaldes an. Vom Ende der südlichen Gletscherstraße führt dann der Chalet Lookout Walk zum alten Aussichtspunkt, der aber nur einen Blick auf den unteren Teil des Gletschers gestattet.

Mit etwas Glück, oder auch Pech, läßt sich hier Bekanntschaft mit dem Kea, einem kleinen grünen Bergpapagei schließen. Merkwürdigerweise haben die furchtlosen Vögel eine Vorliebe für Gummi. Autoreifen, Scheibenwischerblätter, Fahrradsättel und sogar abgestellte Schuhe, alles wurde schon dem Schnabeltest unterzogen.

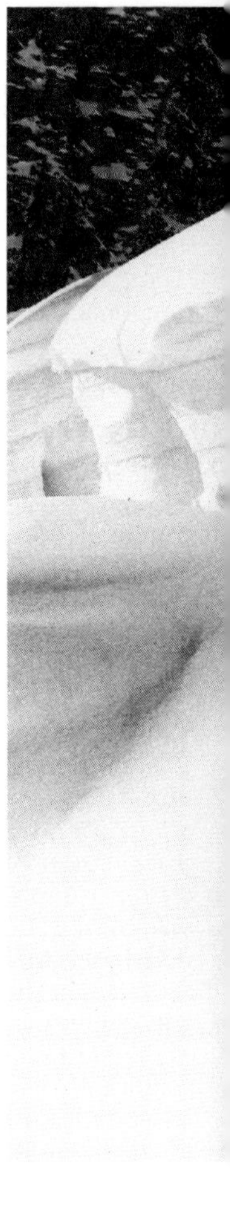

Englisches Flair vor alpiner Kulisse

Canterbury

Wo auf der endlosen Ebene vor tausend Jahren längst ausgerottete Zwei-Meter-Moas grasten, weiden heute Canterburys Schafe. Der größte Distrikt Neuseelands birgt in Geologie und Geschichte interessante Kontraste: Auf dem flachen Land zwischen alpinen Gipfeln und dem Pazifik siedelten englische Kirchenmänner in der Heimat ehemaliger Kannibalen.

Geschaudert haben muß es den «Canterbury Pilgrims», als sie nach ihrer Ankunft Mitte des vorigen Jahrhunderts von den unvorstellbaren Praktiken präeuropäischer Zeiten hörten. Wenn die Maori über den Lewis Pass nach Hokitika zo-

gen, um an der Westküste Jade zu suchen, nahmen sie für den langen Marsch einige Sklaven mit, die erst als Träger und dann als Wegzehrung dienten. Auf dem Rückweg stärkten sich die Krieger an der Paßhöhe und warfen die Überreste in die Cannibal Gorge. 1848 handelte die Regierung den inzwischen bekehrten Maori acht Millionen Hektar Land südlich des Ashley River für 4000 Dollar ab. Zwei Jahre später trafen im Hafen von Lyttelton die ersten vier Schiffe mit 782 Siedlern der Canterbury Association ein. Führender Kopf der britischen Siedlungsgesellschaft, einer Ansammlung aus Erzbischöfen, Grafen, Herzögen und Lords, war John Robert Godley. Als er 1850 in Canterbury eintraf, hatte der junge Tory vor allem eines im Sinn: mit der neuen Kolonie die Zivilisation aufrechtzuerhalten. Dazu sollte sie vor allem englisch, anglo-katholisch und konservativ geführt werden.

Doch das erhoffte «gentleman-farming» ließ sich im großen Stil nicht verwirklichen. Es zeigte sich sehr schnell, daß die einzig rentable Form der Landwirtschaft die Schafzucht war. Viele Siedler hatten aber von dem Geschäft mit Schafen keine Ahnung oder aber ihr Geld schon für Landkäufe ausgegeben, so daß für Schafe nichts mehr übrig war. Bald mischten sich unter jene, die mit einem Empfehlungsschreiben ihres Gemeindepfarrers angereist waren, notgedrungen weniger an moralischer Erneuerung interessierte australische «squatter». Die Männer vom Fach mit einem Faible fürs Grobe mußten 1850, zum Teil mit ihren Herden, vor einer großen Dürre daheim fliehen.

Auch die vom Großgrundbesitzer dominierte Klassengesellschaft ließ sich nicht verwirklichen. Zwar gibt es bis heute noch einige große Farmen in höhergelegenen Regionen Canterburys, doch bis zur Jahrhundertwende verfolgten alle Regierungen die Politik, das aufgekaufte Land der Ebene in kleine Wirtschaftsflächen aufzuteilen, um so auch dem «small man» seine Farm zu ermöglichen.

Als an der Westküste das Goldfieber grassierte, wollte auch Christchurch am Handel mit dem Edelmetall teilhaben. Rasch wurde ein Arbeiterheer rekrutiert und 1865 in nur zwölf Monaten eine Straße über das schwierige Terrain des Arthur's Pass gebaut. Erst ein Jahr zuvor hatte Arthur Dobson die Route ausfindig gemacht und so die Entdeckertradition in der Familie erfolgreich fortgesetzt. Seine Frau war die Tochter von Henry Lewis, der den nach ihm benannten Paß weiter nördlich gefunden hatte. Doch die höchste, holprigste und kurvenreiche Strecke über die Südalpen sollte den erhofften wirtschaftlichen Aufschwung nicht bringen. Es blieb billiger und bequemer, das Gold per Schiff zu verschicken. Der einzige Goldtransport durch die Berge betrug gerade einmal eine dreiviertel Unze. Da blieben die Unternehmungen im Unterland erfolgreicher: Hier wird bis heute Gras in Wolle und Wasser in Strom verwandelt.

Neu-England am Pazifik: Christchurch

Japanische Hochzeitspaare kommen gleich im Dutzend, um sich in Christchurchs neugotischer Kathedrale trauen zu lassen. Das alteuropäische Flair der «englischsten» Stadt Neuseelands bietet den Asiaten eine näherliegende Alternative als das Original. Diese Atmosphäre erzeugt nicht nur die Backsteingotik vieler Gebäude, die ab 1870 allmählich die Holzhäuser ersetzte. Es sind auch die sozialen Institutionen wie Ruder-, Cricket- und Tennis-Clubs. Im Christ's College, der ältesten Jungenschule der Stadt, wurde erst vor wenigen Jahren der Strohhut zur Schuluniform abgeschafft.

Die Bauarbeiten an der 1881 geweihten anglikanischen Kathedrale im Stadtzentrum zogen sich bis 1904 hin. Beim Blick in das Gotteshaus liegt der Schluß nahe, daß die Kirche knapp bei Kasse ist: zwei Dollar kostet eine Fotografiererlaubnis, zwei Dollar die Turmbesteigung.

Zwanzigjähriges Dienstjubiläum: Berufsnörgeler «Wizard»

Nach den 133 Stufen preist oben ein Schild das Zertifikat für diesen Kraftakt an, für nur einen Dollar fünfzig. Auch Infos über die Kathedrale oder fundamentale «Meditationen über die Einrichtung eines Visitor Centre» gibt es nur gegen klingende Münze.

Beim Rundblick vom Turm fällt die Zwei-Schichten-Architektur auf: Die detailreichen und schöneren historischen Gebäude um den Cathedral Square wie das alte Postamt aus dem Jahre 1879, das Regent Theatre von 1905 und das Press Building von 1909, liegen im Schatten der höheren Zweck-Neubauten. Stadtgründer Godley steht unten auf dem Square in Bronze gegossen der Kirche gegenüber. Als sein Landvermesser Edward Jollie das rechtwinklige Straßennetz der Stadt entwarf, ließ er in der Mitte diesen Platz für die Kathedrale frei. Die Fläche um den geweihten Ort avancierte immer mehr zum kommunikativen Treffpunkt für Einheimische und Touristen. Von hier fahren die Busse in die Vororte, schimpfen skurrile Sonderlinge öffentlich über Gott und die Welt. Der bekannteste Berufsquerulant, der «wizard», feiert 1994 bereits sein zwanzigjähriges Jubiläum.

Beim Schlendern auf der Worcester Street in Richtung Museum liegt vor der Brücke über den Avon River rechts das Information Centre. Bis 1924 waren in dem roten Backsteinhaus die Behörden der Stadt untergebracht. Schräg gegenüber blickt Polarforscher Robert Falcon Scott entschlossen in die Ferne. Er legte auf dem Weg zum Südpol in Christchurch einen Zwischenstopp ein und marschierte dann in der Antarktis in den Tod.

Hinter der Brücke zweigt die Cambridge Terrace nach links ab. Eine alte Gaslaterne steht vor dem Canterbury Club, der 1872 als Treffpunkt für die «Männer der Stadt» gegründet wurde. Die reichen Schaffarmer vom Lande trafen sich schon etwas länger im älteren Christchurch Club am Latimer Square.

Vorbei an der Bridge of Remembrance am Ende der Shopping Mall biegt die Straße mit dem Fluß nach Westen ab. Vom Uferweg unter Eichen und Weiden ist gegenüber die weiße St.-Michael-And-All-Angels-Holzkirche an der Oxford Terrace zu erkennen.

In Höhe der Antigua Street stehen am Flüßchen die letzten Bootsschuppen eines einst blühenden Gewerbes. Hier mündet die Cambridge Terrace in die Rolleston Avenue ein, an der linker Hand der Botanische Garten liegt. Danach kommen rechts die gotischen Steinhäuser des ehemaligen Canterbury College und der späteren Universität in Sicht. Jetzt beherbergen die traditionsreichen Häuser das Arts Centre. Wo einmal die verstaubte Disziplin Oxfords herrschte, weht jetzt der freie Geist zeitgenössischer Kunst. Galerien, Kunsthandwerksläden, Theater, Wochenendmärkte und Cafés bieten Ablenkung vom historischen Bildungs-Bummel.

Der sollte anschließend unbedingt mit einem Besuch des Museums fortgesetzt werden. Seit 1988 wird das vom österreichischen Neuseeland- und Moa-Forscher Sir Julius von Haast 1870 gegründete Haus erweitert und erdbebensicher renoviert. Bereits abgeschlossen und besonders eindrucksvoll ist die neue Ausstellung über das präeuropäische Leben der lokalen Maori. Zu sehen sind auch Überbleibsel von Scotts Polar-Expedition und Ausrüstungsteile von Hillarys Mount Everest-Besteigung. Viele Einwohner Christchurchs haben ihre besondere Beziehung zum Museum: Sie gehen hier auf Ahnenforschung und suchen nach Hinweisen über die Abstammung von den Siedlern der ersten vier Schiffe.

Bevor sich weiter im Nordwesten der Stadt der Hagley Park anschließt, vermittelt das Christ's College gleich neben dem Museum noch einen Eindruck altenglischer Eliteerziehung. Daß es in der einst auf christlichen Glaubenssätzen aufgebauten Stadt schon auf unterster Schulebene immer noch tiefsitzende Vorurteile gibt, mag ein kleines Erlebnis einer Elternratsvertreterin verdeutlichen. Als in einem der Suburbs in einer Grundschule die Eltern darüber entscheiden sollten, ob die Kleinen zukünftig auch Maori lernen sollten, drohten einige mit hochrotem Kopf, daß sie in dem Fall ihr Kind von der Schule nehmen würden.

Schroffe Höhen, flache Weiden

Die Banks-Halbinsel im Westen Christchurchs war tatsächlich einmal eine ganze Insel, so wie James

Cook sie irrtümlich kartografierte. Doch das ist schon eine halbe Million Jahre her. Dann schufen explodierende Vulkane und angeschwemmte Alpenerde die Verbindung zum Festland und ließen nur Lyttelton und Akaroa Harbour als aufgerissene und überflutete tiefe Krater zurück.

An der sonst wenig Schutz bietenden Ostküste empfahlen sich diese beiden Einschnitte als Plätze für sichere Häfen geradezu von selbst. Auch die Church-of-England-Siedler interessierten weniger die weiten Ebenen Canterburys als vielmehr der geschützte Hafen Lyttelton. Wanderten die ersten Familien noch im Zickzack auf dem Bridle Pass über die steilen Port Hills, ist heute die Stadt durch einen Tunnel mit Christchurch verbunden. Walfänger und Flachshändler besuchten ab 1830 regelmäßig die Halbinsel, mußten sich aber vor den Häuptlingen der Ngai Tahu in acht nehmen, denn diese waren noch Kannibalen. Das «Wettrennen um Akaroa», den schönsten Ort auf der Landzunge, begann 1835 mit dem Franzosen Jean Langlois. Fest überzeugt, daß dies der ideale Platz für eine neue Kolonie war, kam er 1840 mit einer Handvoll Siedler zurück – nur um zu sehen, daß der «Union Jack» schon gehißt war. Straßennamen wie «Rue Jolie» oder «Rue Lavaud» erinnern zwar an die französischen Anfänge, doch das viktorianische Ambiente prägt heute den Ort wesentlich stärker. In Sachen Naturzerstörung leisteten die Briten ganze Arbeit: Praktisch der ganze Wald wurde bis zur Jahrhundertwende abgebrannt, gerodet und durch ausgesäten englischen Rasen ersetzt. Eine Möglichkeit, die übriggebliebenen Kontraste aus schroffen Gipfeln und kleinen Sandbuchten kennenzulernen, bietet der wenig belaufene viertägige Banks Peninsula Track. Start und Zielpunkt ist Akaroa. Die Strecke führt über Privatland von Onuku, Flea Bay, Stony Bay, Otanerito Bay zur Mount Vernon Lodge. Eine gute Kondition sollte vorhanden sein, denn der Track steigt zweimal von Meereshöhe auf sechshundert Meter an.

Mit etwas Glück lassen sich unterwegs auch einige der seltensten Delphine beobachten: die kleinen, schwarz, grau und weiß markierten Hector's Dolphins. Schätzungen des Department of Conversation gehen von sechs- bis siebenhundert Tieren rund um die Banks-Halbinsel aus. Da die Delphine zum Füttern ihres Nachwuchses dicht an die Küste kommen, sind die Familien durch die Treibnetze der Küstenfischer stark gefährdet. Deshalb richtete das DOC vom Rakaia River im Süden bis hinauf nach Sumner Head eine vier Seemeilen breite Schutzzone ein, in der das Auswerfen von Netzen zwischen November und Februar verboten ist.

Auf der anderen Seite Christchurchs erstreckt sich nach Süden vor dem Horizont schneebedeckter Alpengipfel die größte Flachlandregion Neuseelands. Wenn diese Erde kultiviert wird, ist sie sehr anfällig gegen Winderosion, besonders durch den heißen, trockenen Nor'wester. Windschutzpflanzungen verhindern, daß sich der kostbare Mutterboden in Luft auflöst. Dank umfangreicher Bewässerungsanlagen konnte mit dem Wasser der Rangitata-, Ashburton- und Rakaia-Flüsse sowie jeder Menge Kunstdünger aus der ehemaligen Tussock-Wüste bestes Weideland gewonnen werden. Lange Brücken führen über die enorm breiten Flußbetten, in denen aber nur einige schmale Ströme fließen. Mit 1,75 Kilometern spannt sich die längste Brücke des Landes über den Rakaia- Fluß.

Doch importierte Flora gefährdet die für Canterbury typischen Flußlandschaften. Knackweide und Russel-Lupine vermehren sich so stark, daß etwas im Waitaki- und Mackenzie-Becken die Flußläufe zuwuchern. Dadurch drohen Überflutungen des anliegenden Farmlandes. Brut- und Futterplätze seltener Flußvögel werden zerstört und der Zugang für Kanuten und Angler versperrt. Mit dem Projekt «River Recovery» des DOC, finanziert durch den größten Stromproduzenten Electricorp, sollen einige von Canterburys Flüssen wieder in ihrem Urzustand hergerichtet werden.

Die beiden größten Städte im Flachland sind Ashburton und Timaru. Die Baumalleen und satten Schafweiden verdankt Ashburton seinem ausgeklügelten Bewässerungssystem. Als 1874 die Bahnlinie von Christchurch den Ort erreichte, begann seine Entwicklung zum Wirtschafts- und Handelszentrum für die umliegenden Farmen.

160 Kilometer südlich Christchurchs liegt Timaru. Wo heute künstlich angelegte Wellenbrecher einen geschäftigen Hafen umschließen, suchten schon die vor der unfreundlichen Küste entlangpaddelnden Maori Schutz. Te Maru nannten sie diesen «Ort der Zuflucht». Sehr lebhaft geht es im Hafen zu, wenn für den Orient-Export pro Stunde drei- bis fünftausend Schafe verladen werden. Sie treten von hier aus lebend ihre letzte Reise nach Saudi-Arabien an.

Stauseen und Wasserkraft

Von Timaru führt der Highway 8 durch eine teils unwirtliche, karge Landschaft zu den großen, mit Gletscherwasser gefüllten Stauseen ins Hinterland. Wer in die hinter dem Burke Pass beginnende baumlose, gelbbraune Hügellandschaft aufbricht, wird zwischen Alpenpanorama und Seen meistens allein sein. Vielleicht pfeift gerade noch ein heißer Wind über die trockene Graswüste. Wieder zeigen die Inseln ein anderes Gesicht.

Seit der Schotte James McKenzie 1855 für tausend gestohlene Schafe ins Gefängnis ging, trägt das Mackenzie-Becken seinen Namen. Er hatte die Tiere in den einsamen Landstrich im Alpenvorland getrieben, um sie zu verstecken. Die Temperaturunterschiede zwischen glühendem Sommer und beißendem Winter sind extrem. Auch ein Grund, warum die Menschen lieber näher zur Küste siedeln. Im Regenschatten der Berge fallen weniger als 500 Millimeter Niederschlag pro Jahr.

Die Seen, die sich um das Mackenzie-Becken herum gruppieren, werden durch Regen- und Schmelzwasser aus den Hochalpen gespeist. Die Wassermassen von Lake Tekapo, Lake Pukaki und Lake Ohau fließen über den künstlich gestauten Lake Benmore in den Waitaki River, einem der größten Flüsse Neuseelands. Die untereinander verbundenen Wasserreservoirs der Waitaki-Region dienen, abgesehen von Erholungszwecken, hauptsächlich der hydroelektrischen Stromerzeugung. Durch ein zusätzliches, 58 Kilometer langes Kanalsystem lassen sich die Wasserstände

Typisch für Canterbury: Breite Flußbetten

der oberen drei Seen von Twizel aus kontrollieren. Insgesamt produzieren zwölf Wasserkraftwerke 34 Prozent des nationalen Strombedarfs. Der 76 Quadratkilometer große Benmore-Stausee enthält halb soviel Wasser wie Wellingtons Hafen. Per Tiefseekabel wird ein Teil dieser Energie durch die Cook-Straße auf die dichter besiedelte Nordinsel geleitet.

Diese Form der Stromgewinnung birgt auch ihre Risiken. Normalerweise sind die Seen der Südinsel im Sommer voll, während sie auf der Nordinsel vom Winterregen gefüllt werden. Gibt es im Süden einmal trockene Winter mit wenig Schnee, dann ist auch im Sommer wenig Wasser in den Stauseen. Die Stromproduktion sinkt. 1991 und 1992 floß daher die Energie in umgekehrter Richtung durch die Leitung. Wenn der Wasserspiegel in den Seen sinkt, wirkt sich das auch negativ auf ihre Mehrfachnutzung als Erholungsgebiet und auf die angeschlossenen landwirtschaftlichen Bewässerungssysteme aus.

Leben kommt in die Einsamkeit, sobald die Kiwis auf den Gewässern ihrer Sportleidenschaft nachgehen. Auf dem Lake Ruataniwa, südlich Twizel, werden mehrmals jährlich nationale Ruderwettbewerbe ausgetragen. Auch der milchgrüne Lake Tekapo verliert seine majestätische Ruhe, sobald die Freizeitkapitäne mit ihren Jet-Booten darüber hinwegdonnern. Im Sommer treffen sich hier Wasserski-Enthusiasten zu ihren Wettkämpfen. Beschaulicher wirken See und Berge beim Blick durch das Altarfenster der Church of the Good Shepherd. Neben der kleinen Kirche steht ein Bronze-Collie, Ohren und Nase nach oben gerichtet, als ob er auf die nächste Anweisung seines Herrchens wartet. Eine Farmersfrau modellierte den vierbeinigen Schafshüter, im Andenken an seine lebenden Vettern. Sie hätten seit Beginn der Schafzucht wertvolle Arbeit geleistet, aber oft genug nicht den ihnen gebührenden Dank dafür erhalten.

Landung auf dem ewigen Eis des Mount Cook

Bis auf eine Ski Lodge an seiner Westseite blieb der Lake Ohau bislang völlig unberührt von kommerzieller Geschäftigkeit. Von seinem steinigen Ufer bietet sich ein schöner Fernblick auf den Mount Cook, wenn das Wetter mitspielt.

Alpine Highlights

Die Männer des Kanus Araiteuru hatten südlich Oamarus an der Ostküste Schiffbruch erlitten. Einige von ihnen gingen auf Erkundungstour ins Landesinnere. Dabei saß der Maori-Junge Aoraki auf den Schultern seines Großvaters, dem Häuptling. Als die Sonne aufging, verwandelte sie die ganze Gruppe zu Stein und Aoraki in den höchsten Berg Neuseelands. So erzählt es die Legende.

Nur noch 3754 Meter mißt der Mount Cook, nachdem im Dezember 1991 zehn Meter von der Spitze abbrachen. Weitere 22 schneebedeckte Gipfel aus Grauwacke ragen in den Südalpen mit über 3000 Metern in die Wolken, über 140 sind mehr als 2000 Meter hoch.

Der Highway 80 führt an der Westseite des Lake Pukaki entlang hinauf zum Mount Cook Village in den 1953 eingerichteten Nationalpark. Dem 70000 Hektar großen

Gebiet, das bis auf fünf Ausnahmen alle höchsten Gipfel des Landes umfaßt, wurde 1986 der World Heritage Status verliehen.

Die Querstraße am Ende des Highways endet rechts herum vor dem Hermitage Hotel und links herum am Hauptquartier des Nationalparks. Die Bergregion ist kein Tramping-Gebiet, die Wege beschränken sich mit maximal vier Stunden auf Halbtags-Touren. Die einzige Ausnahme: der Copland Valley Track. Doch diese hochalpine Strecke hinüber in den Westland National Park, mit ihrem Scheitelpunkt in 2148 Meter Höhe, ist nur etwas für erfahrene Bergwanderer mit entsprechender Ausrüstung. Seit 1882 versuchten sich die Kiwis am Gipfel des Mount Cook. Doch erst 1894 schafften Tom Fyfe, John Clarke und George Graham den Aufstieg, damals über die Nordroute. Noch einmal fünfzig Jahre später trainierte Edmund Hillary hier seine Fähigkeiten, bevor er zum Mount Everest aufbrach.

Der Berg erhebt sich zweieinhalbtausend Meter vom Talboden in die Höhe. Dieser lange Aufstieg wird oft von europäischen Bergsteigern unterschätzt, die zwar höhere Gipfel kletterten, aber mit kürzeren Aufstiegen.

Auf beiden Seiten des Mount Cook fließen Neuseelands größte Gletscher zu Tal, im Westen der Hooker, im Osten der Tasman Glacier. Vom Hermitage Hotel führt ein zweistündiger Weg über zwei Schwingbrücken zum See am Ende des Hooker-Gletschers. Der Tasman-Gletscher ist über eine zehn Kilometer lange Schotterstraße, die vor dem Ort vom Highway 80 abzweigt, zu erreichen. Vom Parkplatz an den Blue Lakes führen zwei Wege entweder hinauf zu einem seitlichen Aussichtsplatz über den Gletscher oder zum See an der Gletscherzunge.

Ein vorher unbekanntes Bergabenteuer begann hier oben, als Sir Harry Wigley 1955 sein mit Kufen ausgerüstetes Flugzeug auf dem Tasman-Gletscher landete. Inzwischen sind es jährlich 40000, die auf diese Weise zur Fototour oder aber einer der längsten Skiabfahrten der Welt aufbrechen. Der Höhenunterschied auf dem 29 Kilometer langen Eisriesen beträgt 2250 Meter. Es führt allerdings kein Lift wieder hinauf.

Goldenes Licht und goldener Boden

Otago

Wenn die Merino Breeding Association zur Schafsauktion nach Cromwell ruft, herrscht Hochbetrieb in Central Otago. Dann kommen einige hundert Farmer, parken Auto oder Flugzeug neben dem Highway und mustern das Angebot, um ihre Herden aufzustocken. Da keiner die Katze im Sack kaufen will, schaut jeder den Tieren gehörig ins Maul oder wühlt im «Schafspelz». Wo Fliegenbefall diagnostiziert wird, muß das Tier in eine Mini-Waschanlage, in der es mit einer blauen, insektizithaltigen Lösung getränkt wird.

Dann beginnt die Show: Wild gestikulierend und in atemberaubender Geschwindigkeit preist der Auktionator die Qualitäten seiner blökenden Ware an. Einige Kollegen waten mit Schlips und Kragen knietief in der Merinoherde und feuern zögerliche Interessenten zum Mitbieten an.

«Das hier ist Sheep Country», meint Neal Wallace, Reporter beim *New Zealand Farmer*, der nationalen Zeitung für die Agrar-Zunft und blickt in die Runde. Überall sonnenversengte Hügel, das Heu wächst schon auf der Weide. «Sheep Country», das heißt 20000 Hektar große Farmen und 10000 Tiere. Das sei viel Land für wenig Schafe, meint Wallace. Auf besserem Boden rechne man mit fünfzehn Tieren pro Hektar. Die teuersten Mutterschafe gehen an diesem Tag für siebzig Dollar weg. Kastrierte Schafsmänner bringen die Hälfte.

Der Preis für die teure Merinowolle sank in den letzten Jahren von sechzig auf dreißig Dollar pro Kilogramm. «Doch es geht wieder bergauf», bekräftigt der Landwirtschafts-Reporter. Trotz des härteren Wettbewerbs auf dem freien Markt wollten die Farmer weiterhin auf staatliche Subventionen verzichten, betont er, da diese ohnehin nur eine künstliche Situation schaffen würden. Auch die Schafzüchter in Otago zögen es vor, unabhängig zu sein und allein durch gute Qualität zu überzeugen.

Nervenkitzel auf dem Wasser: Rafting

Ins Seenland

Der Wetterwechsel von der Westküste nach Otago ist verblüffend. Gerade noch dichte Wolken im Tal des Haast River, hin und wieder gießt es kurz, aber heftig, dann, auf der anderen Seite in Makarora, reißt der Himmel auf, und die Sonne taucht die umliegenden Bergkuppen in goldenes Licht. Auch den Maori, die von der Westküste kamen, um im Binnenland Jade zu tauschen, fielen die unterschiedlichen Regenmengen – 6000 Millimeter jährlich im Westen, 2000 Millimeter im Osten – bei ihren Wanderungen über den Paß auf. Bei ihnen hieß er Tiori-patea, was «der Weg voraus ist klar» bedeutet.

Seit Charles Cameron 1863 als erster Europäer diesen Weg durch den Regenwald nahm, sollten noch einmal hundert Jahre vergehen, bevor die Westküste über eine durchgehende Autostraße mit Otago verbunden wurde. Während der Wirtschaftskrise in den dreißiger Jahren leisteten 400 Männer mit Spitzhacke und Schaufel den größten Teil der Arbeit. Als sie in den Zweiten Weltkrieg zogen, ruhte das Projekt und wurde erst 1965 beendet. Seither kann die ganze Südinsel umfahren werden.

Auf der Otago-Seite öffnet sich nach dem Auftauchen aus Dunst und moosbewachsenem Wald, in dem die jüngsten Wolkenbrüche Geröllawinen von den Berghängen über die Straße spülten, eine grandiose Szenerie. Die Elemente inszenieren ein Naturschauspiel. In die feuchte Luft mischt sich der Geruch mehrerer tausend Schafe. Ihre Wolle schimmert noch vom Horizont her. Dahinter fallen zweitausend Meter hohe, spärlich bewachsene Bergrücken steil ins grünblaue Wasser des Lake Wanaka hinab. Rasch ziehende Wolken werfen lebende Schatten auf Hänge und Wellen. Wechselndes Licht zaubert ineinander verschwimmende Grüntöne auf die ruhige Wasserfläche des langgezogenen Sees.

Die Wälder, die hier einst standen, fielen dem Holzhunger der Goldrauschzeit zum Opfer.

Horatio Hartley und Christopher Reilly fanden die ersten Nuggets am Westufer des Clutha River. 1862 retteten dann zwei Maori-Schafhirten ihren Hund aus dem Shotover River und sammelten nebenbei bis zum Abend 25 Kilo Gold ein. Sofort schossen die «shantytowns» in Central Otago wie Pilze aus dem Boden.

Heute lebt die Region vom Farmbetrieb und vermarktet die goldene Vergangenheit als Tourismus-Attraktion. Lake Wanaka eignet sich im Sommer für Wassersport aller Art, im klaren Wasser der Hawea-, Hunter- und Clutha-Flüsse tummeln sich die Forellen. Im Winter verwandeln sich die goldbraunen Berge im Süden des Sees in die weißen Skiparadiese von Treble Cone und Cardrona.

Über eine schmale Landenge führt die teils ungeteerte Straße hinüber zum Lake Hawea. Der See besitzt nicht die sandigen Ufer wie sein größerer Nachbar, da sein Wasserspiegel für die Stromgewinnung um zwanzig Meter angehoben wurde. Auch hier wieder intensives Türkis. Nach einem kurzen Schauer brechen sich über dem Wasser die Sonnenstrahlen in der nassen Luft als Regenbogen. Keine Menschenseele. Nur eine Kuhherde steht am Strand und nimmt ein abkühlendes Fußbad in den seichten Wellen. Statt Surfsegel flattern frischgewaschene Hemden und Hosen im Wind. Sie hängen ein paar Kilometer weiter neben einem einsamen Campmobil an der Wäscheleine. Gegenüber, an der Ostseite des Sees, ziehen tiefhängende Wolken über die kahlen Gipfel des Corner und des Dingle Peak. Wo sie aufreißen, leuchtet die Sonne die Schluchten des zerklüfteten Bergmassivs aus.

In Wanaka liegt das Hauptquartier des Mount Aspiring National Park, durch dessen nördlichen Waldzipfel der Highway 6 schon bei der Paßüberquerung führte. Das mit 287000 Hektar zweitgrößte Naturschutzgebiet des Landes wurde 1964 eingerichtet.

Zu den vielen Wanderwegen, die hier angeboten werden, gehört auch der besonders im Sommer sehr beliebte Routeburn Track, der am Südende des Parks liegt. Buszubringer von Te Anau und Queenstown führen zu den Endpunkten des Tracks. Die 39 Kilometer lange Strecke läßt sich an zwei bis drei Tagen bewältigen. Sie verläuft über den 1277 Meter hohen Harris-Sattel und führt dabei vom Mount Aspiring in den Fjordland-Nationalpark.

Zwischen Oktober und Mai sind die vier DOC-Hütten normalerweise besetzt, und man benötigt für die Übernachtung einen Great Walk-Hüttenpaß. Im Winter verwandelt sich der Track in eine alpine Landschaft mit all ihren Gefahren und ist deshalb für «Normal-Tramper» gesperrt.

Bungy-Metropole Queenstown

Die Naturkulisse ist einmalig, doch über Queenstowns «handgemachte» Attraktionen streiten sich die Geister. Dabei steht Queenstown für eine Entwicklung, die im ganzen Land zu beobachten ist. «Simply the best», befand Tourismus-Minister John Banks und überreichte James Boult, dem Managing Director von «Shotover Jet Limited», die Auszeichnung für den herausragendsten Tourismus-Schlager 1993. Die roten Schnellboote, die mit Queenstown-Besuchern in atemberaubendem Tempo durch die Felsenschlucht des Shotover River donnern, seien «ein nationales Abbild des Tourismus in unserem Land», befand die Jury stolz.

In einem Leserbrief an die *Otago Daily Times* beklagte sich dagegen ein Gast aus Wellington: «Ich bin kürzlich 3000 Kilometer mit dem Auto durch die Südinsel gefahren und bekam den Eindruck, daß der Abenteuer-Tourismus boomt. Überall gab es Helikopter-Hiking, Fallschirmspringen oder Jet-Skiing. Das ist alles schön und gut, aber man sollte Ohrenstöpsel gegen die Lärmbelästigung mitbringen. Touristen aus Übersee kommen zu uns, um dem Lärm und den Menschenmassen europäischer Städte zu entfliehen, da kann es doch nicht Neuseelands Interesse sein, ein sauberes und grünes, aber lärmverschmutztes Image zu entwickeln.»

Dabei fing alles so ruhig an. 1860 siedelte William Gilbert Reeves am Ufer des Lake Wakatipu und begann eine Farm aufzubauen. 1863 zwang ihn die Regierung, den Platz zu räumen, da die Stelle offiziell als Ort für eine Stadt vorgesehen wurde. Ursprünglich als «The Camp» bekannt, sollen Goldsucher den Ort als «Fit for a Queen» bezeichnet haben, woraus dann Queenstown wurde.

Heute bringen Besucher aus aller Welt das Gold in Form ausländischer Währung in die Stadt. Damit das Geschäft mit den zahlenden Gästen möglichst profitabel wird, bleiben nicht nur die Läden sieben Tage in der Woche bis spät abends geöffnet, auch alle örtlichen Medien gönnen sich beim Anpreisen der Superlative keine Ruhe: Im Fernsehen stellt Kanal 5 sämtliche Sehenswürdigkeiten vor und vergißt auch Banköffnungszeiten und Zahnarzt-Sprechstunden nicht. Im Radio erklingen die «local news» auf 99 FM.

Daß Queenstown hart daran arbeitet, die «Bungy-Metropole der Welt» zu bleiben, wird gleich am Highway 6 deutlich, wenn er an der Kawarau-Brücke vorbeiführt. 43 Meter sind es im freien Fall bis zum Fluß hinunter, wobei man wählen kann, ob oder wie tief man ins kühle Naß eintauchen will. Ein mageres Geschäft mit der Angst? Weit gefehlt. Oben stehen die Furchtlosen Schlange. Wem der Kick noch nicht reicht, sollte per Bus zum Skippers Canyon aufbrechen. Mietwagen ist die Fahrt auf der exponierten Straße jedoch verboten. Aus 71 Meter Höhe dauert der Adrenalinstoß von der dortigen Brücke ein Augenzwinkern länger.

Gegen all die übrigen Einzel- oder Kombi-Thrills aus Tandem-Fallschirmspringen, Rafting, Jetboot-Rasereien oder Helicopter-Sightseeing muten ein Spaziergang durch die Queenstown Gardens, ein Besuch des Motor Museums oder eine Fahrt mit dem Dampfschiff T.S.S. Earnslaw über den Lake Wakatipu fast schon wie Rentnerur-

Die St.-Pauls-Kathedrale und Robert Burns in Dunedin

laub an. Zu den spektakulären Ortsabenteuern gehört auch eine Gondelfahrt auf den 466 Meter hohen Bob's Peak von der Brecon Street aus. Vier Minuten lang schwebt die Kabine an einer der steilsten Seilbahnstrecken der Welt hinauf. Oben warten ein Restaurant und eine einmalige Aussicht. An der Ostseite des Sees liegen gegenüber die Gipfel der «Remarkables». Ihr höchster Punkt, Double Cone, beträgt 2343 Meter. Hier gibt es eines der beiden in Stadtnähe liegenden Skigebiete. Das andere erstreckt sich weiter im Norden an den Hängen des Coronet Peak.

Zu Füßen dieses nördlichen Berggebiets liegt das renovierte historische Städtchen Arrowtown, mit einem interessanten Museum zur lokalen Goldgeschichte. Seit 1896 lebten hier, abseits der übrigen Bevölkerung, auch Chinesen, die nach dem Edelmetall suchten. Ihr ehemaliges Domizil kann heute besichtigt werden.

Mit geborgter oder gekaufter Goldpfanne läßt sich in dem Gebiet noch ein schwacher Abglanz des einstigen Fiebers erleben. Wer nicht motorisiert ist: Von Queenstown fährt ein roter Doppeldeckerbus zweimal täglich nach Arrowtown.

Schotten und Albatrosse

Auch Dunedin, Otagos Hauptstadt an der Ostküste, erhielt 1993 einen Tourismuspreis: Für die «Akzentuierung des architektur-historischen Erbes der Stadt». Es wurde für Bürgermeister Richard Walls, der die Auszeichnung im Schottenrock entgegennahm, auch höchste Zeit, sich etwas zum Aufpolieren von Dunedins Image einfallen zu lassen. Noch vor 120 Jahren Neuseelands größte und wohlhabendste Stadt, drohte sie immer mehr ins touristische Abseits zu geraten.

Dabei eilt dem Edinburgh der Antipoden – Dunedin ist die gälische Übersetzung von Edinburgh – der vielversprechende Ruf voraus, ein Ort der Kultur, der Bildung und der schottischen Traditionen zu sein. Eine reiche Ansammlung viktorianischer und edwardianischer Bauten entführen in vergangene Epochen, strahlen aber auch Ruhe und Besinnlichkeit bis in die Gegenwart aus.

Die Spaltung der Presbyterianer in Schottland ließ die Idee reifen, am anderen Ende der Welt eine neue Siedlung zu gründen, in der «Frömmigkeit, Redlichkeit und Fleiß» an erster Stelle stehen sollten. Diese schottische Vergangenheit blieb bis heute lebendig: Der Handel mit karierten Kilts floriert, hier wird der einzige Whisky des Landes hergestellt, und 1993 gab es dreihundert Haggis-Zeremonien mit Dudelsackmusik, Schwerttanz und Fleischpudding-Essen. «Burns Supper» heißt das gastronomische Happening im Gedenken an den fanatisch verehrten schottischen Dichter Robert Burns, dessen Neffe Thomas zu den Stadtgründern von 1848 gehörte.

«Robbies» Denkmal am Oktogon, dem achteckigen Stadtkern, steht vor der anglikanischen St.-Paul's-Kathedrale. Der Blick des trinkfesten Poeten richtet sich auf ein längst verschwundenes Pub auf der gegenüberliegenden Seite des Platzes. Neben der Kirche stehen die italienisch angehauchten «Municipal Chambers» aus dem Jahre 1880, in dem auch das Visitor Centre untergebracht ist, dahinter die Town Hall. In der Mitte des zum Ausruhen gestalteten Achtecks stellt eine Keramik die seltenen Yellow-Eyed-Pinguine, auch Hoiho genannt, vor, die auf der Otago-Halbinsel noch innerhalb der Stadtgrenze leben und brüten.

Schon ein Bummel entlang der Church Street gewährt einen ersten Eindruck in die glorreiche Vergangenheit, in dem das Geld nicht in Farmen, sondern in Industrie, den Schiffbau und Versicherungen investiert wurde. Viele neuseeländische Firmen haben ihre Wurzeln im viktorianischen Dunedin.

Am unteren Ende der Straße wacht Justitia über dem Eingang des Law Courts von 1899, die Polizei residiert in einer Nachahmung Scotland Yards, und im Allied-Press-Gebäude entsteht die 1861 gegründete *Otago Daily Times*, Neuseelands älteste Tageszeitung.

Viele Details, draußen und vor allem drinnen, birgt der im flämischen Renaissancestil erbaute Bahnhof an der Anzec Avenue. Bei seiner Eröffnung 1906 war eine lokale Zeitung nicht nur vom Charme seiner Erscheinung überwältigt, sondern auch von den luxuriösen Toiletten.

Südlich der Bahnstation steht das Early Settlers Museum an der Ecke Cumberland und High Street. Zu dem Komplex gehören eine edwardianische Galerie sowie eine Art-déco-Busstation, und Neuseelands erste Dampflock steht hier jetzt unter Glas. Gegenüber erhebt sich auf einem Plateau die First Presbyterian Church mit ihrem 54 Meter hohen Turm. Sie gilt als eindrucksvollste neuseeländische Kirche des neunzehnten Jahrhunderts und lohnt einen Besuch.

Beim Rückweg über High Street und Princess Street empfiehlt sich noch ein Blick auf die Bank of New Zealand (1879) und das vom italienischen Architekten Louis Boldini

Ein Schluck Bier am Nachmittag

entworfene Southern Cross Hotel aus dem Jahr 1883.

Doch es geht noch eindrucksvoller: Nordwestlich des Oktogons liegt die Royal Terrace. An der Hausnummer 42 gewährt das Olveston House, das ehemalige 35-Zimmer-Heim des jüdischen Kaufmanns David Theomin, einen interessanten Einblick in das luxuriöse Leben einer Millionärs-Familie der Jahrhundertwende. Zwischen Seide, Samt und Edelhölzern stehen handbemalte chinesische Vasen, venezianische Weingläser, Delfter Porzellan und Chippendale-Möbel.

Mit dem wachsenden Wohlstand ihrer Bürger hielten auch Bildung und Kultur Einzug in die Stadt: neben der ersten Tageszeitung des Landes entstanden hier die erste höhere Schule für Mädchen, die erste Universität, die erste elektrische Straßenbahn, und aus dem Hafen ging das erste Gefrierfleisch auf die Reise nach England. An die Seite von acht Kirchen und einer Synagoge gesellten sich Museen und 1884 die erste Art Gallery im Logan Park Drive.

Auf Bildung und Kunst setzt Dunedin auch heute noch, wenn es darum geht, die Stadt attraktiver zu machen. An der erweiterten Universität und neu eingerichteten Fachschulen studieren inzwischen 15000 Studenten. Zum Semesterbeginn flattert über der Stuart Street ein Banner mit der Aufschrift «Welcome back students». In Pubs und Cafés wie «The Percolater» in der Lower Stuart Street trifft sich eine kulturell und politisch aktive Studentenszene, die der traditionsorientierten Stadt subkulturelle Tupfer aufsetzt.

Die Kehrseite dieser interessanten Mixtur repräsentiert die staatlich geförderte Kunst. Eine neue Galerie im Octagon will der neue Direktor der Dunedin Public Art Gallery, John McCormack, zur feinsten im Lande machen. «Ich wünsche mir eine Galerie, die einladend aussieht und die Leute von der Straße herein holt, die ein Café und einen Buchladen hat», meint McCormack. «Eine Galerie ist ein Platz, wo sich Leute und Ausstellungen treffen, der eine Vielfalt aus Geschichte, Kulturen und Standpunkten in Kontakt bringt, wo Kunst präsentiert und diskutiert, aber auch verherrlicht wird.» Für McCormack steht außer Zweifel, daß sich mit der neuen Galerie die Lebensqualität verbessern und sie ein Beitrag zur sozialen, kulturellen und ökonomischen Entwicklung der Region sein wird. Schließlich hatte eine Untersuchung des New Zealand Tourism Board erst kürzlich gezeigt, daß Museen und Galerien die beliebtesten Aufenthaltsorte internationaler Besucher seien.

Diesen Besuchern sei nach ihrem Citybummel unbedingt noch ein Ausflug an den herrlichen Strand von St. Kilda und ein Besuch der Otago-Halbinsel empfohlen. Wirklich hautnah läßt sich die faunareiche, bergige Idylle des Landzipfels bei einer zwei- bis dreitägigen Radtour erleben.

Die sich am Ostufer des Otago Harbour hinschlängelnde, schmale Portobello Road führt in eine ländliche Region, mit deren Artenvielfalt sich Dunedin als «Wildlife Capital of New Zealand» schmückt. Robben faulenzen auf den Felsen, Yellow-Eyed Pinguine rudern mit ihren kurzen Flügeln aufgeregt im Wasser, doch die Krönung sind die Königsalbatrosse am Taiaroa Head. Ihr Brutplatz hier ist weltweit der einzige Ort, wo diese majestätischen Seevögel in der Nähe menschlicher Siedlungen ihren Nachwuchs aufziehen. Der sehr informative Besuch, verbunden mit einem Blick auf die Kolonie aus respektvoller Distanz, ist ein beeindruckendes Erlebnis. Vorabbuchungen, am besten über das Visitor Centre, sind jedoch Bedingung.

Als Abwechslung für den Rückweg nach Dunedin sollte die Highcliff Road gefahren werden. Dabei bieten sich aus vierhundert Meter Höhe nicht nur spektakuläre Blicke über eine liebliche Landschaft. Am Weg liegt auch Neuseelands einziges «Schloß», das Larnach Castle aus dem Jahr 1871. Glücklich wurde der Besitzer des Herrschaftshauses, der einflußreiche Politiker William James Mudie Larnach, jedoch kaum. Nach familiären Tragödien und finanziellen Debakeln erschoß er sich am 12. Oktober 1898 im Wellingtoner Parlament.

Riesenmurmeln im Sand

«Wow», ruft der achtjährige Colin und bleibt mit offenem Mund vor den kugelrunden Steinen stehen. Dann krabbelt er auf den meterhohen tonnenschweren Ball und hüpft begeistert in die Luft. Eine Grundschulklasse aus Palmerston bevölkert den Strand von Moeraki, eine Autostunde nördlich Dunedins. «Naturkunde live», steht heute auf dem Stundenplan.

Was dort wie zufällig liegengelassen aus dem Sand ragt, hat seit Jahrhunderten die Phantasien junger und alter Betrachter gleichermaßen angeregt: Große dunkle Steinkugeln, die zum Teil mit hellen Adern durchzogen sind oder auseinandergebrochen vom Meerwasser umspült werden.

Millionen Jahre alter Kinderspielplatz: Moeraki Boulders

Für die Maori waren die Kugeln zu Stein gewordene Essenskörbe aus dem Arai-Te-Uru-Kanu ihrer Vorfahren. Die Berge der Umgebung tragen die Namen jener urzeitlichen Passagiere. Diese Legende ist ein schönes Beispiel dafür, wie eine erlebnisreiche Geschichte mit markanten geographischen Landschaftsmerkmalen verwoben wird, um in einer Kultur ohne geschriebene Sprache geographisches Wissen lebendig zu erhalten.

Die geologische Forschung liefert eine andere Erklärung für die symmetrischen Steine. Sie wurden nicht an den Strand gespült, sondern waren in die weicheren Erdschichten der Klippen eingebettet. Während das Meerwasser die Küste abtrug, wusch es die Kugeln heraus.

Sie entstanden vor etwa sechzig Millionen Jahren in den sich ablagernden Sedimentschichten eines Ur-Ozeans. Die in den Schichten vorhandenen Mineralien kristallierten über Jahrmillionen gleichmäßig um eingeschlossene organische Kerne, wie etwa Muscheln, herum. 120000 Jahre dauerte es, bis eine Kugel von einem halben Meter Durchmesser entstanden war, vier Millionen Jahre für die größten Zwei-Meter-Exemplare.

Die äußere Schicht verhärtete sich zusätzlich, während im inneren ein Dehydrierungsprozeß eintrat. Die Kugeln schrumpften, und es entstanden Risse, die sich mit gelbem Kalziumcarbonat auffüllten. Dadurch entstanden die Adern. Zu dieser Zeit hob sich der Boden über den Meeresspiegel, und die Auswaschung konnte beginnen.

Eine zweite, für Geologen interessante Fundstätte liegt südlich von Moreaki am Katiki Beach. Bei einigen der organischen Kerne, um die sich hier Gestein kristallisiert hat, handelt es sich um ausgestorbene Meeresreptilien wie den Plesiosaurus oder den Mosasaurus. Die schönsten Funde sind im Geologie-Museum der Otago-Universität in Dunedin ausgestellt.

Die grüne Skyline

Fjordland und Southland

Im Fjordland wird der Regen in Metern gemessen, die Rekordmarke steht bei 8,37 m. Doch eine unvergleichliche Naturkulisse, die der Vater des «Dschungelbuchs», der englische Schriftsteller Rudyard Kipling, einmal als «achtes Weltwunder» bezeichnete, wiegt die nasse Kehrseite der tropfenden Wälder mit ihren leider nicht zu ignorierenden «sandflies» auf. Milford Sound und seine rauschenden Wasserfälle gehören zu den beliebtesten Reisezielen.

Wie gewaltig die Wassermassen zwischen den grünen Gipfeln wüten können, zeigten die Fluten, die im Januar 1994 in die Täler stürzten. Aufgeweichte Berghänge verschütteten Teile der Milford Road, der zum reißenden Strom angeschwollene Hollyford River spülte in einigen Kurven die halbe Asphaltdecke weg. Für einige Tage war der Landweg in die einzigartige Welt der Fjorde versperrt.

Heritage Highway

120 Kilometer lang ist der World Heritage Highway, die Milford Road von Te Anau zum Milford Sound. Vierzehn Zeltplätze, die meisten mit Feuerstellen, Picknick-Tischen und Toiletten, liegen entlang der Straße. Gezahlt werden die zwei Dollar Übernachtungsgebühr in eine «Honesty Box».

Wie viele andere Bergstraßen ist auch die Milford Road ein Kind, das aus der Wirtschafts-Depression der dreißiger Jahre unter viel Schweiß und Muskelkraft geboren wurde. Mit Schaufel und Schubkarre schufteten sich die Männer in fünf Jahren die ersten achtzig Kilometer durch die Landschaft. Nach den Yards bezahlt, die sie täglich schafften, fiel der Lohn während der Regentage entsprechend mager aus. Die zahlende Behörde, das Public Works Department (PWD), hieß im Arbeiterjargon schlicht «paid wet or dry».

Unterwegs erscheint die Landschaft mal grandios im Sonnenlicht, mal gespenstisch im Nebel, aber immer beeindruckend schön. Auf der anderen Seite des Te-Anau-Sees ragen die dunklen Kuppen der Stuart und Murchison Mountains in die tiefhängenden Wolken. In einem unzugänglichen Tal leben die letzten 140 Takahe-Exemplare, einer vom Aussterben bedrohten flugunfähigen Vogelart. Nur mit dem Boot sind die nebenan in den Wäldern liegenden Glühwürmchen-Höhen zu erreichen.

Hinter Te Anau Downs, wo auch die Fähre zum Startpunkt des Milford Tracks ablegt, biegt die Straße vom See weg und klettert über die Moränenwände eines eiszeitlichen Gletschers. Das U-förmige Eglinton-Tal mit seinen steilen Felswänden wurde vom Eis der Urzeit ausgefräst. Jetzt wiegt sich im Sommer ein goldgelbes Meer aus Tussockgras in der weiten Ebene.

Nach gut vierzig Kilometern beginnt der Fjordland National Park, mit über einer Million Hektar größer als alle anderen Nationalparks zusammen. In den glasklaren Mirror Lakes spiegeln sich nicht nur die umliegenden Gipfel, es lassen sich auch tauchende Enten auf ihren Unterwasserreisen beobachten. Gelegentlich schnappt sogar mal einer der dicken Fische nach dem Federvieh.

Auf der «Allee des verschwindenden Berges» sieht es tatsächlich so aus, als ob der Berg am Straßenende langsam untertaucht, wenn man ihn beim Fahren mit den Augen fixiert – im Auto natürlich nur ein Experiment für den Beifahrer.

Nach dem Lake Gunn auf der linken Seite und dem Lake Fergus auf der rechten kommt ein Unterstand am Divide-Paß, wo die Routeburn und Greenstone Valley Tracks beginnen. Von den Seen an wird die Straße schmaler, teilweise sogar nur einspurig. Es ist ratsam, langsamer zu fahren, da gelegentlich große Touristenbusse um die Kurve kommen.

Eine dieser Kurven liegt am Marian Hill, wo sich von einem Haltepunkt am Straßenrand aus fünfhundert Meter Höhe ein herrlicher Blick ins Hollyford-Tal bietet. Ein Stück weiter zweigt auch die Lower Hollyford Road ab, die zum Anfang des Hollyford Tracks führt. Der 56 Kilometer lange, moderate Weg, der dem Hollyford River zur Martins Bay folgt, avanciert immer mehr zum Geheimtip der Fjordland-Wanderer. Man muß vier Tage für eine Strecke rechnen.

Unterwegs sind auf der Milford Road immer wieder Bautrupps damit beschäftigt, die Straßenschäden der letzten Regenfluten zu beheben. Nur ein paar flatternde Bändchen markieren die Grenze zum weggebrochenen Fahrbahnrand.

Ein Erlebnis besonderer Art ist die Fahrt durch den stockdunklen, eineinhalbspurigen Homer-Tunnel. Aber keine Panik, langsam fahrend kommt man auch am entgegenkommenden Autobus vorbei. Die über einen Kilometer lange Röhre durch den Felsen beginnt in einer Höhe von 922 Metern und tritt 793 Meter oberhalb des Cleddau-Tals wieder aus. Von dort schlängelt sich die Straße aus der Region von Bergblu-

Der Milford Sound mit dem Mitre Peak

men und alpinem Flachs in einen üppigen Regenwald hinab. Wenn es regnet, was auf dieser Westseite der Berge häufig der Fall ist, rauschen von den umliegenden felsigen Höhen zahllose Wasserfälle ins Tal.

Nach all der unberührten Natur mutet das Ende der Straße fremd an. Zwar ist die Sicht vom Parkplatz in den Milford Sound, über dem sich in der Mitte der «Bischofshut» des 1692 Meter hohen Mitre Peak erhebt, ein überwältigender Anblick. Doch dann führt ein überdachter Fußweg zu einem vollklimatisierten High-Tech-Bootsterminal, der mit Türöffnung per Lichtschranke, Bordkarten-Service und modernster Toilettenhalle schon für den Besucherstrom der Jahrtausendwende angelegt ist. Wildnis ade.

Parkfreuden, Parksorgen

Bis zu diesem Datum erwarten die Milford-Veranstalter viertausend Gäste täglich. «Milford ist leider schon jetzt keine Wildnis-Erfahrung mehr», meint Simon Hayes, Conservation Officer in Te Anau. Das sei nun mal so, wenn die Besucher in Scharen hereinströmen. 400 000 wollen zur Zeit jährlich das Naturwunder der Westküste sehen, meistens nur für einen Tag. Auf dem Milford Track, dem «schönsten Wanderweg der Welt», laufen dagegen nur etwa zehntausend Tramper. Doch das ist gewollt. Das DOC begrenzt die tägliche Wanderquote auf achtzig Fußgänger, vierzig, die auf eigene Faust unterwegs sind, und vierzig, die sich führen lassen.

Der 54 Kilometer lange Track darf nur nach vorheriger Anmeldung und nur in Richtung Milford gelaufen werden. Übernachtungen in den drei DOC-Hütten sind jeweils nur einmal erlaubt. Wenn für die bislang nicht begrenzten Strecken des Routeburn und des Kepler Tracks das Interesse weiter so wächst wie bisher, wird das DOC überlegen, ob hier zum Schutz der Natur auch ein Besuchslimit eingeführt werden muß.

«Den Kepler Track haben wir 1987 nur gebaut, um die anderen zu entlasten», erzählt Hayes. «Doch das Konzept ging nicht auf, im Gegenteil. Es kamen nur noch mehr Leute, die diesen Track zusätzlich laufen wollten.»

Die DOC-Mitarbeiter haben eine schwierige Nuß zu knacken. Der noch aus den fünfziger Jahren stammende National Parks Act schreibt ihnen vor, das Gebiet zu schützen, aber gleichzeitig jedem den Zugang zu ermöglichen. Unter dieser Prämisse sei es gar nicht so schlecht, wenn sich die Besuchszahlen an einem Ort konzentrierten, resümiert der DOC-Mitarbeiter. Doch das erfordere auch die entsprechende Infrastruktur. Hayes: «Wir müssen besser vorausplanen. Leider fehlt Neuseeland in Sachen Tourismus dafür noch die nötige Erfahrung.» So sei schon jetzt abzusehen, daß bei viertausend Besuchern täglich die Abwasserklärung, bei der alles durch einen Filter aus Sand ins Meer fließt, nicht mehr ausreichen werde.

Wer auf einem der Schiffe in den Sound hinausfährt, erlebt eine windige Welt, die ihr eigenes Wetter schafft und mit ihren Dimensionen ungewohnte Maßstäbe setzt. Das Auge verliert in dieser gigantischen Kulisse jegliches Entfernungs- und Höhenmaß. Fünfzehn Kilometer lang ist der Fjord, 1200 Meter ragen die Felsgipfel an den Seiten steil aus dem Meer. 160 Meter stürzen die Bowen-Fälle neben der Anlegestelle in die Tiefe, 155 Meter die Sterling-Fälle draußen im Sound. Wenn die einmotorigen Flugzeuge, deren Dröhnen bei ihren unablässigen Starts laut von den nahen Felswänden widerhallt, dem Mitre Peak entgegenfliegen, werden sie sofort von der Nähe vorgaukelnden Fjordkulisse geschluckt. Ähnlich winzig geraten die Schiffe, die an den gegenüberliegenden Felswänden entlangfahren. Doch Platz für viertausend Gäste täglich?

Was viele Tagestouristen nicht mitbekommen: Die DOC-Mitarbeiter versorgen nicht nur sie mit den nötigen Informationen, sondern versuchen auch die gestörte Fauna in den Wäldern wieder ins Lot zu bringen. «Eingeführte Säugetierarten wie Wiesel, Ratten und Rotwild sind unsere größte Sorge», beklagt Hayes. Diese vermehrten sich sehr schnell und fräßen die heimischen Vögel entweder gleich ganz oder aber zumindest deren Futter.

Der letzte Kakapo ging dem Nationalpark 1986 verloren. Um gefährdeten Bodenvögeln ein sicheres Revier zu geben, entfernte das Department of Conversation alle Ratten auf Breaksea Island im Dusky Sound und siedelt dort bedrohte Arten an. Mit dem Aussetzen ganzer Spezies auf säugetierfreien Inseln verfolgen die Mitarbeiter heute noch eine Strategie, die Richard Henry als erster staatlich bezahlter Naturschützer schon vor hundert Jahren praktizierte.

Am 29. Januar 1894 wurde er zum «Curator and Caretaker of Resolution Island» ernannt. In den ersten drei Jahren brachte er 474 Kakapos vom Festland auf die Insel. Doch der Traum, seine «beloved old New Zealanders» zu schützen, brach sechs Jahre später zusammen, als er am Strand der Insel ein Wiesel sah. Es war herübergeschwommen. Obwohl er nach erfolgloser Jagd auf den Erzfeind resigniert aufgeben wollte, überredete man ihn weiterzumachen. Seine Beobachtungsmethoden, Fotografien und Notizen bildeten für das DOC die Grundlagen der heutigen Rettungsversuche für den Kakapo.

Eine Alternative zum Milford Sound bietet der schwerer zugängliche Doubtful Sound im Südwesten Te Anaus. Nur ein Zehntel des Besucherstroms vom «bekannteren Bruder» findet den Weg hierher. Den seltsamen Namen erhielt die Stelle, wie könnte es anders sein, von James Cook. 1770 sichtete er den Fjord, bezweifelte jedoch, daß er bei den vorhandenen Windverhältnissen wieder hinaus käme.

Was Cook nie zu Gesicht bekam, beeindruckt die Besucher heute in doppelter Hinsicht: Eine tiefblaue maritime Landschaft verzweigt sich in viele Arme. Im klaren Wasser tummeln sich Delphine und Robben. Die steilen Ufer sind dicht mit Farnen, Buchen und Rata-Bäumen zugewachsen. Gleichzeitig verbirgt sich 213 Meter unter dem Westarm des Lake Manapouri ein gewaltiges Wasserkraftwerk, das den 176-Meter-Höhenunterschied zwischen dem See und der Deep Cove im Doubtful Sound zur Stromproduktion nutzt.

Schon 1904 kamen die ersten Ingenieure auf die Idee für dieses Projekt, doch erst als sich der Aluminiumproduzent Comalco Anfang der sechziger Jahre in Southland niederlassen wollte, realisierte die Regierung das Vorhaben. Dazu mußte ein zehn Kilometer langer, unterirdischer Ablaufkanal von den Turbinen zum Meer in das fünfhundert Millionen Jahre alte Gneisgestein gebohrt werden. Für den Transport von Maschinen und Material entstand eine steile Straße von Deep Cove über den Wilmot-Paß zum Westarm des Sees. Auf ihr fahren heute die Touristenbusse zum Bootsanleger im Sound.

Als 1966 Pläne vorgelegt wurden, die vorsahen, den Wasserspiegel des Sees um elf Meter zu erhöhen, zwang ein landesweiter Protest von Naturschützern die Planer zum Umdenken. Manapouri wurde zum Symbol für die Kurzsichtigkeit der Technik-Lobby, die an der gewachsenen Natursensibilität vieler Neuseeländer gescheitert war. 1973 fiel die Entscheidung, den vorhandenen Wasserstand zu belassen und dafür weniger Strom zu produzieren. Heute wird die Einhaltung dieses Wasserstandes regelmäßig von den «Guardians of Lake Manapouri» überwacht.

Im äußersten Süden

Gleich hinter der südlichen Nationalparkgrenze liegt ein neuer Zankapfel, um den ein hitziger Streit zwischen Naturschützern und Kleinholz-Managern entbrennt. Im Waitutu-Wald will eine Forstfirma ihre Kettensägen an zwanzig Kilometer wertvollen Baumbestand anlegen, der direkt an das südliche World-Heritage-Gebiet anschließt. In den Augen der Umweltschützer ein nicht wieder gutzumachender Naturfrevel. Es sei eine Treppe in die Vergangenheit, in der jeder einzelne Schritt der Bodenentwicklung, des Klimas und der Vegetation innerhalb der letzten Million Jahre zurückverfolgt werden könne, so ihr Argument. Und: In diesem unberührten Gebiet Holz zu schlagen, wäre auch für die Tierwelt, darunter einige bedrohte Spezies, ein Desaster.

Waitutu dürfe ganz legal abgeholzt werden, weil die Regierung den Wald absichtlich aus dem Forest Amendment Act ausgeschlossen habe, beschwert sich die Royal Forest and Bird Protection Society. Dieses Gesetz regelt das Zerkleinern aller sich in Privatbesitz befindenden Wälder mit Ausnahme des Maori-Landes auf der Südinsel. Und die Maori wollen verkaufen, sehr zum Ärger der «Greenies».

Highway 6 und 1 treffen weiter östlich in der südlichsten Stadt Neuseelands, in Invercargill, aufeinander. Der schottische Einfluß aus den Gründerjahren läßt sich noch an den Straßen ablesen. Viele tragen die Namen schottischer Hochlandflüsse. An der Südseite des Queens Park liegt das pyramidenförmige Southland Museum, in dem auch eine Art Gallery untergebracht ist. Im Pyramiden-Tuatarium kann Neuseelands Urzeitechse lebend besichtigt werden. In der City fallen einige der historischen Gebäude dadurch auf, daß sie heute in kühnen Farben erstrahlen.

Was dem Durchreisenden nicht unbedingt auffallen wird: In Invercargill und vor allem in und um die südlichere Hafenstadt Bluff ist der Bedarf an Elektrizität immens. In den Kühlhäusern beider Städte lagern Millionen Schafs- und Rinderhälften, die dann vom Südzipfel der Südinsel ihre Reise in die hungrigen Mägen in aller Welt antreten.

Gegenüber Bluff, am Tiwai Point, schluckt Neuseelands einzige Aluminiumfabrik, im Besitz eines australischen und zweier japanischer Konzerne, die größten Strommengen. Jährlich verarbeitet der Betrieb mit seinen 1500 Beschäftigten eine halbe Million Tonnen australisches Aluminiumoxid zu 244000 Tonnen Aluminium. Das Manapouri-Kraftwerk wurde eigens gebaut, um den dafür benötigten Strom zu liefern: 16000 Kilowatt pro Tonne Aluminium – soviel wie ein Durchschnittshaushalt in zwei Jahren verbraucht.

Überall dort, wo die Asphaltstraße aufhört und nur noch Steine und Staub unter den Rädern liegen, beginnt meistens ein Stück noch unberührter Natur. So ist es auch auf dem Highway 92, der an der Südküste Richtung Dunedin durch die Catlins-Region verläuft.

Ein Abstecher sollte über Waikawa zur Curio Bay führen, wo bei Ebbe ein fossiler Wald aus dem Meer auftaucht. Das Wasser wusch an der Küste versteinerte Stämme von Kauri- und Norfolk-Pinien frei, die im Jura durch Vulkanausbrüche verschüttet wurden.

Ob es der richtige Zeitpunkt für einen Besuch in den Cathedral Caves ist, sagt dreißig Kilometer weiter eine Gezeitentabelle am Highway. Bei Ebbe führt ein Weg am Strand zu den ausgewaschenen Steinkathedralen. Weiter nach Norden finden sich an der Küste noch etliche einsame Plätze. Von einem öffentlichen «Versteck» an der Roaring Bay lassen sich Yellow-eyed-Pinguine bei ihren Strandspielen beobachten.

Insel des glühenden Himmels

Wenn die Boote am frühen Morgen aus dem Hafen von Bluff auslaufen, suchen die Fischer in der Foveaux Strait vor allem nach einem: Stewart-Island-Austern. Nirgends sonst gedeihen die wohlschmeckenden Meerestiere so üppig wie hier.

Sollte einer der Fischer mit seinen prall gefüllten Austernsäcken erst gegen Abend zurückkehren, bietet sich ihm ein grandioses Lichtspiel: Die «Aurora australis» färbt den Himmel glühend rot. Für die Maori hieß Stewart Island deshalb Rakiura, die «Insel des glühenden Himmels».

Doch die Ureinwohner hatten noch einen zweiten Namen für die buschreiche und kaum bevölkerte Insel: Te Punga O Te Waka A Maui. Für sie war es der Anker des Südinsel-Kanus, von dem der Halbgott Maui am Anfang der Zeit die Nordinsel geangelt hatte.

Auf der Insel haben sich die Vegetation und die Szenerie, seit sie erstmals von Menschen betreten wurde, kaum verändert, heißt es immer wieder. Bislang gibt es gerade 25 Kilometer Straße, der Rest gehört den Fußgängern.

Das Department of Conservation bietet viele Informationen über die Tracks rund um die Insel. Mit etwas Glück läßt sich unterwegs der tagaktive Stewart Island Kiwi beobachten, der vor allem an der Mason Bay im Westen unterwegs ist.

Für die ganze Nordwestschleife, mit Aufstieg auf den 976 Meter hohen Mount Anglem, sollten zehn Tage veranschlagt werden. Es gibt aber auch Tagestouren in der Nähe von Halfmoon Bay, dem einzigen Ort (auch als Oban bezeichnet), der mit den Häusern in den umliegenden Bays gerade 450 Einwohner zählt.

Ein Bootsausflug auf die Ulva Island führt zu einer Begegnung mit dem Lebenswerk von Charles Traill. In dem Vogelschutzgebiet betrieb er das «südlichste Postamt der Welt» und studierte ausgiebig Flora und Fauna der Insel.

Die vielfältigen Unternehmungen der ersten Siedler, Sägewerke, Zinnminen und Walfangstationen, sind längst verfallen. An ihre Stelle traten als Haupterwerbsquellen der Fischfang und der Tourismus. Um die Unterkunft kümmert man sich aber besser im voraus.

Für die Maori in Southland gibt es bis heute ein Ritual, das eine Brücke zur Vergangenheit schlägt. Als die Insel 1864 an die Krone ging, wurde ihnen das Recht zugesprochen, einmal im Jahr 250 000 Muttonbirds einzufangen. Von den Ureinwohnern als Leckerbissen und Lieferant für Daunenfedern geschätzt, kommt es jedes Jahr zwischen April und Mai zur großen Vogelküken Ernte. Wenn die Vögel am Abend mit der Taschenlampe eingesammelt werden, rötet sich erneut der Himmel. Vielleicht diesmal aus Zorn über das finstere Ritual. Danach kehrt wieder Ruhe ein auf Stewart Island.

Service

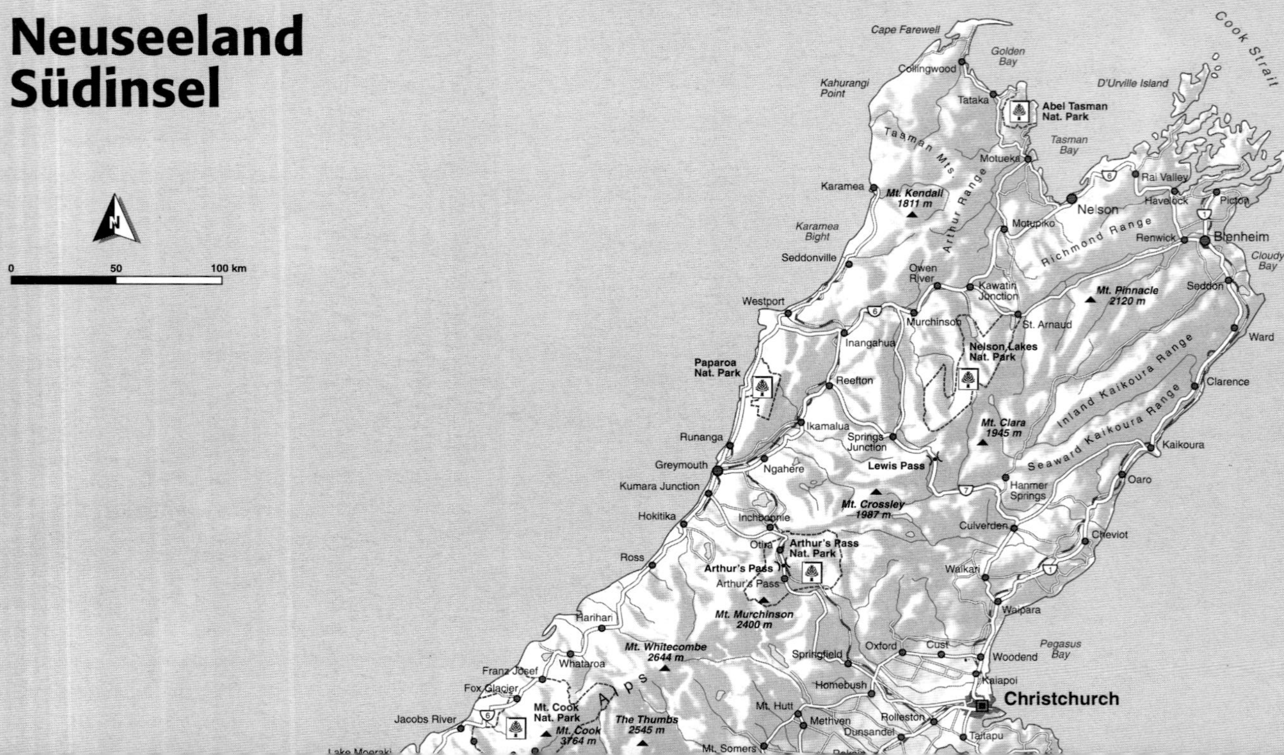
Neuseeland
Südinsel
N
0
50
100 km
Cook Strait
Cape Farewell
Golden Bay
Collingwood
Kahurangi Point
D'Urville Island
Tataka
Abel Tasman Nat. Park
Tasman Bay
Tasman Mts.
Motueka
Arthur Range
Karamea
Mt. Kendall 1811 m
Rai Valley
Havelock
Picton
Nelson
Motupiko
Richmond Range
Renwick
Blenheim
Karamea Bight
Seddonville
Cloudy Bay
Owen River
Kawatiri Junction
Seddon
Mt. Pinnacle 2120 m
Westport
Murchinson
St. Arnaud
Ward
Inangahua
Nelson Lakes Nat. Park
Paparoa Nat. Park
Reefton
Clarence
Inland Kaikoura Range
Mt. Clara 1945 m
Ikamalua
Springs Junction
Runanga
Kaikoura
Seaward Kaikoura Range
Greymouth
Ngahere
Lewis Pass
Kumara Junction
Hanmer Springs
Oaro
Mt. Crossley 1987 m
Hokitika
Inchbonnie
Culverden
Cheviot
Otira
Arthur's Pass Nat. Park
Ross
Arthur's Pass
Waikari
Mt. Murchinson 2400 m
Waipara
Harihari
Mt. Whitecombe 2644 m
Springfield
Oxford
Cust
Pegasus Bay
Woodend
Franz Josef
Whataroa
Alps
Kaiapoi
Fox Glacier
Homebush
Christchurch
Mt. Cook Nat. Park
Mt. Hutt
Jacobs River
The Thumbs 2545 m
Methven
Rolleston
Mt. Cook 3764 m
Dunsandel
Tai Tapu
Mt. Somers
6
7
1

Pazifischer Ozean
Neuseeland
Nordinsel
Südinsel
Auckland
Wellington
Christchurch
Dunedin
Invercargill
Clandeboye
Timaru
Makarora
Twizel
Omarama
Mt. Aspiring
Mt. Tutoko
3027 m
Big Bay
Milford Sound
Mt. Brewster
2423 m
Kurow
Ikawai
Glenavy
Luggate
Tarras
Lauder
Queenstown
Cromwell
Oamaru
Morrisons
Lake Wakatipu
Te Anau Downs
Hyde
Fiordland Nat. Park
Lake Te Anau
Te Anau
Eyre Mts.
Athol
Middlemarch
Palmerston
The Key
Roxburgh
Clarks Junction
Waitati
Blueskin Bay
Mossburn
Lumsden
Raes Junction
Otago Peninsula
Dunedin
Dipton
Riversdale
Tapanui
Waihola
Ohai
Mt. Stuart
Winton
Milton
Waipahi
Clinton
Balclutha
Orepuki
Edendale
Molyneux Bay
Owaka
Invercargill
Fortrose
Papatowai
Bluff
Waikawa
Foveaux Strait
Paterson Inlet
Stewart Island
Muttonbird I.

Neuseeland Nordinsel

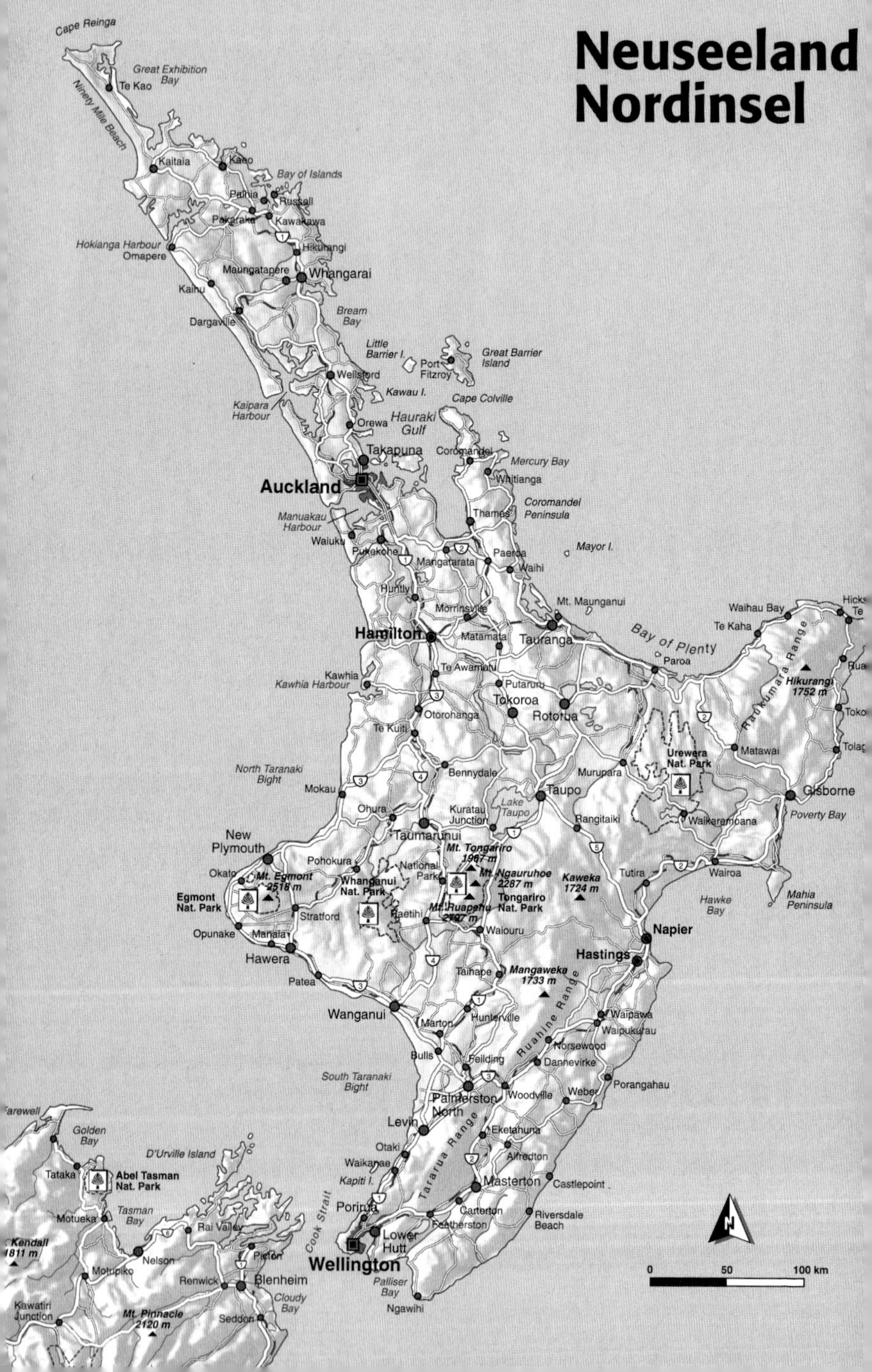

Reise-planung

Information

Das Fremdenverkehrsamt von Neuseeland in Frankfurt ist die für Deutschland, Österreich und die Schweiz zuständige Außenstelle des New Zealand Tourism Board und Ansprechpartner für viele Reisefragen. Der von hier zu beziehende jährlich aktualisierte «Neuseeland Reiseführer» vermittelt einen ersten, bunt bebilderten Eindruck: Neuseelands Touristikzentren von ihren sonnigsten Seiten. Neben dieser sehr werbewirksamen Aufmachung bietet er aber auch viele Detailinformationen und Preise.

Fremdenverkehrsamt von Neuseeland
Friedrichstraße 10–12, 60323 Frankfurt am Main, Tel. (069) 9712110, Fax (069) 97121113.

Wer aus Deutschland, Österreich oder der Schweiz kommt, braucht weder ein Impfzeugnis noch ein Visum. Das wird direkt bei der Einreise am Flughafen in den Paß gestempelt, der mindestens noch drei Monate über das Abflugdatum hinaus gültig sein muß.

Geld

Für den Aufenthalt im Land müssen bei der Einreise unter Umständen pro Kopf und Monat 1000 Dollar nachgewiesen werden. Das kann aber auch eine Kreditkarte sein. Mit diesem Plastikgeld läßt sich fast überall im Land, auf jeden Fall in allen Touristikzentren, bezahlen. Nur in den dünner besiedelten Landstrichen empfiehlt es sich, ausreichend Bargeld dabeizuhaben.
Reiseschecks in Neuseeland Dollar sind in Deutschland nicht leicht zu bekommen, deshalb lieber gleich US-Dollar oder DM-Schecks mitnehmen, die werden von jeder Bank eingetauscht.
Es bestehen keine Ein- und Ausfuhrbeschränkungen für neuseeländische oder andere Währungen, egal, in welcher Form. Ein Neuseeland-Dollar entspricht 100 Cents. Münzen gibt es für 5, 10, 20 und 50 Cents sowie 1 und 2 Dollar. Banknoten für 5, 10, 20, 50 und 100 Dollar.
Der Wechselkurs für einen Dollar liegt zur Zeit (März 1994) etwa bei einer D-Mark.

Reisezeit

Durch das milde Klima und die fehlenden extremen Temperaturschwankungen ist das ganze Jahr über Saison. Die Hochsaison, vor allem für alle Wanderaktivitäten, zieht sich von Weihnachten bis Anfang Februar hin. Dann fahren auch die Neuseeländer in die Ferien. Wenn Anfang Februar die Schulferien im Land zu Ende gehen, wird es etwas ruhiger auf den Campingplätzen. In der Regel sind dann auch ohne Vorausbuchung immer Plätze zu bekommen.
Die angenehmsten Temperaturen stellen sich zwischen September und Mai ein. Obwohl im Sommer (Dezember bis Februar) die Durchschnittstemperaturen statistisch 25 Grad Celsius nicht

übersteigen, wird es in einigen Gebieten recht heiß. Vor allem in der Region um Nelson oder im Seengebiet Zentral-Canterburys knallt die Sonne acht bis neun Stunden täglich. Da kann es schon unangenehm warm im Auto werden. Und wenn der kühlende Wind fehlt, kommt man auch auf dem Fahrrad ins Schwitzen.
Wer lieber bei gemäßigteren Temperaturen im Herbst (März bis Mai) oder Frühling (September bis November) seine Stipvisite machen möchte, sollte sich auf jeden Fall warme Kleidung für den Abend und vor allem gutes Regenzeug mitnehmen. Es regnet meistens nicht lange, dafür mitunter aber heftig.
Im Winter bietet sich beim Skifahren von den schneebedeckten Berghängen rund um Queenstown ein herrlicher Blick über blaue Seen und grüne Wälder.

Anreise

Flugzeug

Als nationale Fluggesellschaft fliegt Air New Zealand dreimal wöchentlich direkt von Frankfurt über Los Angeles nach Auckland. Ohne Flugzeugwechsel sind die Inseln im Südpazifik nach 25 Stunden Flugzeit zu erreichen. Bis zu drei Zwischenaufenthalte können die Fluggäste mit ihrem Flugticket (Economy-Preis etwa 2600 DM) ohne Mehrkosten unterwegs einlegen. Zu den angeflogenen Zielen gehören Western Samoa, Fidschi, Neu-Kaledonien, Norfolk Island, Tonga, Tahiti und die Cook-Inseln. Großzügig ist bei Air New Zealand auch die Gepäckbeförderung: Jeder Fluggast kann auf der Westroute über die USA zwei Gepäckstücke mit je 32 Kilogramm Gewicht einchecken.
Mit dem Round-The-World-Ticket bietet Air New Zealand zusammen mit Lufthansa und anderen Fluggesellschaften eine weitere interessante Reisevariante. So könnten nach dem Hinflug über die USA auf dem Rückweg verschiedene Ziele in Südostasien angeflogen werden: Singapur, Bangkok, Denpasar, Kuala Lumpur, Hongkong, Seoul und Tokio. In Auckland hat man Anschluß an die 31 inländischen Flughäfen und kann die speziellen Flugpässe der Air New Zealand nutzen, z. B. den *Explore New Zealand Air Pass.*

Air New Zealand, Friedrichstr. 10 – 12, 60323 Frankfurt, Tel. 0130-817778, Fax (069) 97140390.

Preislich in der gleichen Größenordnung liegen die australische Fluggesellschaften Qantas und Singapore Airlines. Beide Fluggesellschaften fliegen die Asienroute. Zu den günstigeren Anbietern gehören United Airlines (über die USA) und Malaysia Airlines (über Kuala Lumpur) mit jeweils etwa 2300 DM in der Hochsaison.
Einige hundert Mark lassen sich auch sparen, wenn in der Nebensaison (außerhalb der europäischen Sommerferienzeit) geflogen wird. So kostet ein Ticket mit Malaysia Airlines im Mai etwa 2000 Mark. Auch Air New Zealand bietet dann ähnliche Billigtarife an. Es lohnt sich, die Angebote mehrerer Reisebüros zu vergleichen.

Schiff

Wer nicht gern fliegt, die Entfernung zum anderen Ende der Welt auf dem Wasser erleben möchte und genug Zeit und Kleingeld hat, kann auch mit dem Frachtschiff anreisen. 41 Tage dauert die Überfahrt von Hamburg (Abfahrt alle zwei Wochen) über Rotterdam, den Suezkanal, Melbourne und Sydney nach Auckland. 7000 DM kostet die Reise in der Eignerkabine, 5360 DM in der Fahrgastkabine. Ausführliche Informationen gibt es bei:
Frachtschiff-Touristik Kapitän Peter Zylmann
Exhöft 12, 24404 Maasholm, Tel. (04642) 6202 oder 6068, Fax 6767.

Ankommen

Einreise

Neben dem Reisepaß und dem Flugticket ist die *Arrival Card* vorzulegen, auf die bereits im Flugzeug die persönlichen Daten einzutragen sind. In den Paß wird dann ein Visum für drei Monate eingestempelt. Es kann sein, daß das Flugzeug noch vor der Landung mit Desinfektionsmitteln ausgesprüht wird, um Neuseeland von bislang nicht vorhandenen Tier- und Pflanzenkrankheiten freizuhalten.
Lebensmittel, Pflanzen und Tierprodukte dürfen nicht mitgebracht werden. Selbst bei versiegelter Babynahrung

bleibt der Zollbeamte hart. Sonst darf jeder, der älter als 17 Jahre ist, 200 Zigaretten oder Tabakwaren von insgesamt 250 Gramm sowie 4,5 Liter Wein oder einen Liter Alkohol zollfrei einführen.
Noch ein Hinweis für die Abreise: Vor dem Abflug nicht alles Geld ausgeben. Es sind noch 20 Dollar Ausreisesteuer zu zahlen.

Erste Orientierung

Auf den beiden internationalen Flughäfen Auckland und Christchurch liegen kostenlose Info-Materialien aus. So zum Beispiel der umfangreiche *Auckland Visitors Guide* mit zahlreichen Karten, Übernachtungsadressen, Busverbindungen, Autovermietern und ersten Tips für Kunst und Kultur.
Es gibt auch ein Travellers Information Centre im International Terminal, von wo eine Unterkunft gebucht werden kann. Es ist täglich von 5.00 bis 3.00 Uhr geöffnet.
Der Flughafen von Auckland liegt 23 Kilometer außerhalb der Stadt (Christchurch 11 Kilometer). Der erste *Airbus* ins City-Zentrum fährt um 6.20 Uhr, der letzte um 20.20 Uhr. Wer nachts ankommt, sollte sich ein Taxi zu einer ruhigen Unterkunft nehmen und sich erst einmal ausschlafen und akklimatisieren. Nach 25 Stunden Flugzeit und einem Zeitunterschied von 12 Stunden (bei neuseeländischer Sommerzeit) macht sich der Jet-lag bemerkbar. Da ist es vernünftiger, die ersten Tage ein paar Mark mehr für einen guten Schlafplatz auszugeben, als übermüdet durch die Gegend zu laufen und in einer lauten Mehrbett-Unterkunft abzusteigen.

Rumkommen

Flugzeug

Wenn die Zeit knapp ist, bietet sich als Transportmittel das Flugzeug an. Neben mehreren kleinen Gesellschaften versorgen hauptsächlich Air New Zealand, Ansett New Zealand und Mount Cook Airlines die Inlandsfluggäste. Dabei ist Wellington die Drehscheibe für den nationalen Luftverkehr.
Für Reisende aus Übersee bietet Air New Zealand zwei verschiedene Flugpässe an, die die Flugpreise innerhalb Neuseelands wesentlich vergünstigen.
Der *Explore New Zealand Pass* gilt auf allen Inlandsflügen von Air New Zealand, Air New Zealand Link und Mount Cook Airline. Der Airpass besteht aus mindestens drei und höchstens acht Flugcoupons und ist nur in Verbindung mit einem internationalen Ticket gültig. Die Preise liegen zwischen 135 Dollar für drei Flugcoupons und 1120 Dollar für acht Coupons.
Werden weniger als drei Coupons benötigt, bietet Air New Zealand eine Ermäßigung der Tarife von 10 bis 20 Prozent an, je nach Saison.
Der *Explore New Zealand Pass* muß vor Reiseantritt in Deutschland gekauft werden. Umbuchungen ohne Änderung der Reiseroute sind auch noch nach Antritt der Reise möglich. Kinder bis zu vier Jahren ohne Sitzplatzanspruch reisen kostenlos. Bis zum dreizehnten Lebensjahr gilt eine Ermäßigung von 67 Prozent.
Mount Cook Airline bietet den *Kiwi Air Pass* für 849 Dollar an. Er ist nur außerhalb Neuseelands erhältlich und bietet für 30 Tage eine unbegrenzte Anzahl von Flügen auf dem gesamten Streckennetz. Die einzige Einschränkung: Jede Verbindung innerhalb von Neuseeland darf nur einmal angeflogen werden.
Ansett hat einen *Discover New Zealand Tarif*, der eine Ermäßigung von 20 Prozent auf alle Economy-Preise für Erwachsene gewährt.

Air New Zealand
Privat Bag, Auckland,
Tel. (09) 3797515, Fax
(09) 3880575.

Ansett New Zealand
P. O. Box, 4168 Auckland,
Tel. (09) 3096235, Fax
(09) 3096434.

Mount Cook Line (Airline/Landline)
P. O. Box 4644, Christchurch,
gebührenfreie Reservierungen Tel. 0800800737.

Zug

Mit kleinem Bahnhof wurde eine Touristin aus Wales im März 1994 in Christchurch als 500000. Passagier des *TranzAlpine Express* gefeiert. Neuneinhalb Stunden dauert die Rückfahrt mit dem «Flaggschiff» der neuseeländischen Zugflotte quer durch die Südalpen nach Greymouth an die Westküste und kostet 77 Dollar.
Mit dem *3 in 1-Travelpass*, der vor Reiseantritt in Übersee gekauft werden muß, läßt sich das Streckennetz von

Bahn, Bus und Fähre kombinieren. Nach den Preisen bis März 1995 kosten (für Kinder gelten die Altersgrenzen von fünf bis fünfzehn Jahren, darunter reisen sie kostenlos, allerdings ohne Sitzplatzanspruch): der 8-Tage-Paß (3 Wochen gültig) 425 Dollar (Kinder 285 Dollar), der 15-Tage-Paß (5 Wochen gültig) 530 Dollar (Kinder 355 Dollar) und der 22-Tage-Paß (8 Wochen gültig) 650 Dollar (Kinder 435 Dollar).
Die meisten Züge haben große Panoramafenster, bequeme Sitze und Speisewagen. Während man sich entspannt zurücklehnt, zieht draußen, wie auf einer Leinwand, eine grandiose Kulisse vorbei.
Der *Overlander* fährt tagsüber in zehn Stunden von Auckland nach Wellington, der *Northerner* nachts. In gut vier Stunden ist der *Geyserland Express* von Auckland in Rotorua. Der *Bay Express* braucht fünfeinhalb Stunden von Wellington nach Napier. Der *Southerner Express* fährt in knapp zehn Stunden von Christchurch nach Invercargill. Der *Coastal Pacific* ist in fünfeinhalb Stunden von Christchurch in Picton, von wo Fähranschluß besteht. Fahrräder (eins pro Person) werden, abhängig vom vorhandenen Platz, für zehn Dollar mitgenommen. Sonstige Ermäßigungen (bei begrenztem Platzangebot, notwendiger Vorausbuchung – mindestens 48 Stunden – und bestimmten Verkaufsbedingungen) sind: Saver Fare (30 %), Super Saver Fare (50 %), Youth-Hostel-Mitglied (30 %), VIP Backpacker-Karte (30 %), Tagesreisen (30 %). Kinder unter drei Jahren reisen kostenlos, von vier bis vierzehn zahlen sie die Hälfte.
Buchungen sind in den meisten Reisebüros möglich oder zentral und kostenlos beim **Central Reservations Office**, Tel. 0800802802, täglich von 7.00 Uhr bis 21.00 Uhr geöffnet.
Etwas teurer ist der *4 in 1-Travelpass*, der zusätzlich eine Flugstrecke mit Ansett New Zealand einschließt. 8 Tage (3 Wochen gültig): 616 Dollar (Kinder 413 Dollar); 15 Tage (5 Wochen gültig): 721 Dollar (Kinder 483 Dollar); 22 Tage (8 Wochen gültig): 841 Dollar (Kinder 563 Dollar). Flugtickets gibt es aber nur in den InterCity Travel Centres in Auckland, Rotorua, Wellington, Christchurch und Queenstown.

Bus

Das Busnetz ist Neuseelands wichtigstes Transportsystem. Die drei großen Unternehmen InterCity, Mount Cook und Newmans verbinden die meisten Städte und Ortschaften im Land. Mit dem *Kiwi Coach Pass* von Mount Cook kann das gesamte Streckennetz von allen drei Linien benutzt werden sowie die Busse von Great Sights Gray Line und Northliner. Ebenfalls eingeschlossen ist eine Flugstrecke über die Cook-Straße zwischen Wellington nach Nelson oder Blenheim mit Air Nelson. Die Preise (Sept. 1994): 7 Tage (11 Tage gültig) für 398 Dollar, 10 Tage (16 Tage gültig) 477 Dollar, 15 Tage (23 Tage gültig) 553 Dollar, 25 Tage (35 Tage gültig) 692 Dollar, 33 Tage (45 Tage gültig) 735 Dollar.

Den *Newmans Coach Pass* (der auch von Northliner, Mount Cook Landline und Kiwi Experience akzeptiert wird) gibt es für eine oder für beide Inseln. Der Preisunterschied beträgt je nach Paß-Dauer um die 40 Dollar.

InterCity Coachlines
Beach Road, CPO Box 3625, Parnell, Auckland, Tel. (09) 3584085, Fax (09) 3664406; Wellington, Tel. (04) 4725111.

Newmans Coachlines
P. O. Box 90-821, Auckland, gebührenfreie Reservierungen Tel. 0800733500.

Mount Cook Line (Airline/Landline)
P. O. Box 4644, Christchurch, gebührenfreie Reservierungen Tel. 0800800737.

Neben den reinen Busunternehmen bieten eine Vielzahl von Backpacker-Bussen ihre Dienste an und locken mit unterschiedlichen Angeboten. Das reicht vom kostenlosen Transport von Auckland nach Coromandel, wenn man dort mindestens zwei Tage im White House Backpackers übernachtet, bis zum erlebnisreichen «Abklappern» des ganzen Landes mit den Bussen von Kiwi Experience. Deren Reisepässe sind sechs Monate gültig, und die Busse halten sogar zum Einkaufen vor dem Supermarkt. In allen Backpacker-Unterkünften liegt ausführliches Prospektmaterial dieser alternativen Bus-Unternehmen. Wer mit dem Rucksack unterwegs ist, wird hier viele interessante Gesprächspartner finden.

Kiwi Experience
36 Custom Street, P. O. Box 1553, Auckland,
Tel. (09) 3661665.

Magic Bus Company
P. O. Box 949, Auckland Central, Tel. (09) 3585600.

Vielleicht gibt es auch die Überlegung, sich neben der größtenteils individuell zusammengestellten Reiseroute für ein paar Tage einer organisierten Bus-Tour anzuschließen. Hier verdient besonders das Konzept der **Green Beetle Bus Company**, P. O. Box 31-228, Auckland, besondere Erwähnung. Sie bietet mehrtätige Northland und Coromandel «Eco»-Touren an, auf denen abseits ausgetretener Tourismuspfade Begegnungen mit einheimischen Charakteren, Marae-Aufenthalte, die letzte Ruhestätte der «Rainbow-Warrior» und «leise» Naturerfahrungen angeboten werden. Nähere Auskünfte:
Outdoor Adventure Companie
Ferry Building, Downtown Auckland, Tel. (09) 3585868.

Auto

Ganz nach britischer Tradition fahren die Neuseeländer auf der linken Straßenseite. Anerkannt werden neben dem internationalen auch der deutsche, schweizerische und österreichische Führerschein. Wenn die Asphaltstraße aufhört («seal ends»), sollte man lieber den Fuß etwas vom Gas nehmen, es könnte sein, daß auf unübersichtlicher Strecke jemand direkt auf der Straßenmitte entgegenkommt. Das gleiche gilt auch für die vielen Brücken mit nur einer Fahrspur, bei denen man nie genau weiß, wer Vorfahrt hat. Die Höchstgeschwindigkeit beträgt innerhalb der Ortschaften 50, sonst 100 Kilometer pro Stunde. Der Autokauf lohnt im Gebrauchtwagenparadies nur bei einem mehrmonatigen Aufenthalt, wobei vor der Abreise noch genügend Zeit für den Wiederverkauf eingeplant werden sollte. Wer die Angebote in den Zeitungen studiert, wird schnell feststellen, daß die Preise recht hoch liegen. Für wenige Wochen Rundreise empfiehlt sich eher ein Mietfahrzeug. Das Mindestalter beträgt 21 Jahre. Da auch die Reparaturkosten nicht billig sind, muß meistens eine spezielle Unfallversicherung abgeschlossen werden. Die Kaution liegt in der Regel bei 500 Dollar. Für drei bis sechs Tage muß man für die Durchschnittsmiete eines Mittelklassewagens ohne Kilometerbegrenzung mit 125 Dollar rechnen. Darüber hinaus gilt die Devise: je länger, desto billiger. Normal- und Superbenzin kosten knapp einen Dollar pro Liter, der Dieselpreis liegt bei 60 Cents.
Wer Mitglied beim ADAC oder ähnlicher Clubs ist, kann gegen Vorlage des Mitgliedsausweises kostenlos die Leistung der Automobile Association (AA) in Anspruch nehmen. Dazu gehört auch das gute Kartenmaterial. Büros gibt es in fast allen größeren Orten.
Paradiesische Zustände herrschen für Wohnmobil-Reisende. Man darf fast überall stehen, die größtenteils gut ausgebauten Straßen und die geringe Verkehrsdichte (besonders auf der Südinsel) gewährleisten entspanntes Fahren.
Für die etwas ausgiebigere Dusche und die große Wäsche gibt es überall im Land gut ausgestattete Campingplätze. Zu den besten gehören die Top 10 Holiday-Parks, die etwa 20 Dollar für zwei Personen und Camper kosten. Entsorgen lassen sich WC und Abwasser aber auch an vielen Tankstellen und öffentlich gekennzeichneten «Dump points».
Ganz billig ist dieses Reisevergnügen natürlich nicht: Die Preise variieren zwischen Zweibett-Campern in der Nebensaison für 80 Dollar pro Tag bis zu Fahrzeugen mit sechs Betten, die in der Hochsaison 250 Dollar täglich kosten können.
Da besonders in der Hochsaison von November bis März die Camper knapp werden, eventuell auf andere Größen auszuweichen ist oder unvorhergesehene Dinge kurzfristig zu regeln sind, empfiehlt sich für die zufriedenstellende Abwicklung ein kompetenter Ansprechpartner auf dieser Seite des Globus. Als deutsche Vertretung des neuseeländischen Wohnmobil-Vermieters Adventure Rental Vehicles kennt der Nürnberger Norbert Lux das Geschäft seit zehn Jahren aus dem Effeff. Hinzu kommt, daß der Autor mehrerer Neuseelandbücher auch mit den Besonderheiten des Landes bestens vertraut ist, auf viele Fragen die richtige Antwort weiß und mit seinem Team gern bei der Urlaubsplanung behilflich ist. Hier läßt sich auch umfangreiches neuseeländisches Kartenma-

terial (inklusive DOC-Karten) erwerben.

Adventure Rental Vehicles
Norbert Lux, Postfach 920113, D-90266 Nürnberg, Tel. (0911) 304090, Fax (0911) 304099.

Fahrrad

Unter freiem Himmel mit eigener Muskelkraft an tosenden Küsten entlang radeln, die warme Meeresluft schmecken, aber auch vom Wind fast umgepustet zu werden, vom Regen naß bis auf die Knochen zu sein und nach den vielen Steigungen keuchend, schwitzend und von den «sandflies» attakiert am Straßenrand sitzend – trotzdem, Neuseeland mit dem Fahrrad erleben ist ein gewaltiges Fest für die Sinne. Wer dabei lieber auf seinem eingefahrenen Drahtesel sitzen möchte, sollte ihn einfach mit ans andere Ende der Welt nehmen. Bei Air New Zealand kein Problem. Da zwei Gepäckstücke erlaubt sind, kann eines das Fahrrad sein und kostenlos mitgenommen werden. Das Zweirad sollte aber vorher angemeldet werden und für den Transport entsprechend hergerichtet sein: Lenker querstellen, Pedale abmontieren und Lampen einwickeln. Gelegenheiten zum Erfahrungsaustausch über Gelände und Fahrtzeiten gibt es unterwegs genug. Es wimmelt geradezu von stramm dreintretenden Zweiradfahrern. Die meisten sind allein unterwegs, und viele kommen auch aus Deutschland. Als Anhaltspunkt für die Dauer einiger Touren sollten bei einem Tagesschnittt von etwa 70 Kilometern eingeplant werden: von Auckland zur Bay of Islands und zurück über die Kauri-Küste, 900 Kilometer, 14 Tage; von Auckland zur Coromandel-Halbinsel und zurück über Hamilton, 500 Kilometer, 10 Tage; von Picton über die Westküste bis Queenstown, 1050 Kilometer, 16 Tage; von Rotorua am einsamen Eastcape entlang zum Lake Waikaremoana, 650 Kilometer, 10 Tage.
Die Radfahrerin Dagmar Wittek war einige Monate unterwegs und hat noch ein paar besondere Tips parat: «Ein Rad mit fein abgestimmter Gangschaltung ist unerläßlich, Leichtzelt und wasserdichte Fahrradtaschen sind ratsam. Wer die Inseln (in drei bis vier Wochen) ausschließlich per Rad kennenlernen will, sollte schon zu Hause mit einem Aufbautraining beginnen.
Aus den Großstädten lieber mit dem Vorortzug hinausfahren. Sonst radelt man, wie in Auckland, endlos lange Kilometer durch stinkenden Stadtverkehr. Bus- und Lastwagenfahrer überholen mitunter nur im Millimeterabstand. Das Radfahrerparadies beginnt etwas abseits der Hauptverbindungsstraßen (vor allem auf der Nordinsel). Hier besteht kaum Gefahr, von der Piste gedrängt zu werden.
Schaffen es die Beine nicht mehr bis zum nächsten Campingplatz, auch ruhig mal am nächsten Farmhaus nachfragen, ob man das Zelt irgendwo aufbauen kann. Der Vorteil der Campingplätze ist natürlich, daß sie mit allem, was die klatschnasse und hungrige Radlerin braucht, ausgestattet sind: Trockenraum, Trockner, große Küche.
Auf sehr stark befahrenen Strecken, etwa Wanganui – Wellington, empfiehlt es sich, die Räder lieber auf Bus oder Bahn zu verladen. Wer bei der Überfahrt mit der Fähre etwas Geld sparen will, sollte rechtzeitig vorher dasein und einen der zahlreichen Wohnmobilfahrer bitten, das Rad im Camper mitzunehmen.
Eine besonders abenteuerliche Fahrt, mal über Schotterpiste, mal über Asphalt, ist die Holpertour auf Neuseelands höchster Straße von Arrow Junction (zwanzig Kilometer östlich Queenstowns) hinauf nach Crown Terrace und dann über Cardrona nach Wanaka.
Die Überquerung des Haast-Paß ist vom Osten zur Westküste einfacher als umgekehrt. Auf der zehn Kilometer langen Abfahrt vom Paß Richtung Küste saust ein eindrucksvolles Panorama aus tosenden Wasserfällen, Farnen und Schluchten vorbei. Am Fox-Gletscher auf die Keas achten. Wenn sich die Vögel über Reifen und Sattel hermachen, wird es schwierig, Ersatz zu finden.
Eine sehr schöne und abwechslungsreiche Strecke führt von Nelson nach Picton über den Queen Charlotte Sound. Die 110 Kilometer sind leicht an einem Tag zu fahren. Es lohnt aber auch eine (kostenlose) Übernachtung in der Aussie Bay.»
Wer sein eigenes Rad aus irgendeinem Grund nicht mitnehmen kann und sich in Neuseeland die Ausrüstung mieten will:

Adventure Cycles
Fort Lane, hinter der Queen Street, P. O. Box 91-296, Auckland, Tel. (09) 3095566, Fax (09) 3094211; die Preise variieren hier von 15 bis 25 Dollar pro Tag und 120 bis 250 Dollar pro Monat. Aber immer daran denken: Man ist darauf angewiesen, daß das Rad mehrere Wochen problemlos funktionieren muß. Zum Vergleich mal ins gelbe Telefonbuch schauen. Ein anderes Angebot macht:

Wild Cycles
P.O. Box 1553, Auckland, Tel. (09) 3661665 oder gebührenfrei (0800) 656548: Fünf Wochen Radmiete (360 Dollar), zehn Gutscheine für Busstrecken (210 Dollar), Fährbenutzung mit Rad (30 Dollar). Start oder Endpunkt der Reise können Auckland, Wellington, Queenstown oder Christchurch sein. Hier (und auch bei anderen Firmen) kann das Rad auch mit Rückkaufgarantie erworben werden.

Kiwi Bikes
Tricketts Road, RD 6, Christchurch, Tel. (03) 3479059, Fax (03) 3510565, auf der Südinsel.

Venturetreks
164 Parnell Road, P. O. Box 37-610, Parnell, Auckland, Tel. (09) 3770320, bietet kompette Touren (aber nicht ganz billig).

Bicycle Association of New Zealand
P. O. Box 1454, Wellington, gibt detaillierte Zweirad-Informationen.

Trampen

Das Reisen mit dem Daumen hat in Neuseeland Tradition. Es ist eine gute Möglichkeit, kostenlos viel vom Land zu sehen und gleichzeitig eine Menge freundliche Leute kennenzulernen. Aber es kostet Zeit. Einige Faustregeln, die die Wartezeit etwas verkürzen können: einigermaßen aufgeräumt aussehen, die Sonnenbrille absetzen (Blickkontakt kann manchmal Wunder bewirken), den Walkman abnehmen, sich am Straßenrand aufstellen, Brücken und unübersichtliche Haltezonen vermeiden, am besten mit aufgeschnalltem Gepäck ein paar Schritte gehen. Allein der Anblick, daß man es ja selber versucht, hat schon manchen Neuseeländer auf die Bremse treten lassen.

Länger bleiben

Eine Verlängerung des Aufenthalts über die gewährten drei Monate hinaus ist mit vielen Formalitäten und Zusatzkosten verbunden. Da das Rückflugdatum des vorzulegenden Tickets innerhalb der drei Monate liegen muß, wäre eine Umbuchung nötig. Zusätzlich müßte ein neues Touristenvisum beim Department of Immigration beantragt werden. Zur finanziellen Absicherung sind noch einmal 1000 Dollar pro Person und Monat nachzuweisen.
Wer auswandern will, sollte von der Bonner Botschaft zunächst *schriftlich* einen *Self Assessment Guide* anfordern. Mit dieser Punktliste lassen sich erst einmal die generellen Chancen ausrechnen. Sind die Voraussetzungen danach gegeben, können die richtigen Bewerbungsunterlagen angefordert werden. Hier liegen die Bearbeitungsgebühren je nach Kategorie zwischen 465 und 1650 Mark.

New Zealand Embassy
Bonn Center, HI 902, D-53113 Bonn, Tel. (0228) 228070.

New Zealand Consulate-General
28A Chemin du Petit-Saconnex, CH-1209 Genf, Tel. (022) 7349530.

Lesen

Reiseführer

Die Bücherliste zum Thema Neuseeland ist in kurzer Zeit recht lang geworden. Deshalb nur ein paar Tips: Kritisch, mit sehr vielen Details zum politischen und kulturellen Alltag, durch die alphabetische Gliederung aber nur mit vielem Hin- und Herblättern zu benutzen, präsentiert sich das Express Reisehandbuch Neuseeland von Wolf-Rüdiger Gericke, Mundo Verlag. Auch Ferdinand Dupuis Panther blickt mit seinem *Neuseeland-Buch*, beim VSA Verlag, Hamburg, erschienen, hinter die Kulissen des sonnigen Scheins.
In aufwendigerer Form, vor allem mit mehr Farbbildern, stellen *Richtig Reisen: Neuseeland*, Joachim Fischer, DuMont Verlag, Köln, und *Apa Guides Neuseeland*, Nelles Verlag, München, Sozialgeschichte, Politik und Kultur des Landes vor. Während im

DuMont-Buch der Serviceteil sehr umfangreich ist, fällt er im Apa Guide etwas knapp aus.
Sehr viele Adressen, Wegbeschreibungen, Sehenswürdigkeiten und Transporthinweise bietet die *Lonely-Planet*-Ausgabe von Neuseeland, das *New Zealand Handbook* von Jane King, Moon Publications, und das *Neuseeland-Handbuch* von Conrad Stein, Stein Verlag, Kiel. Mit diesen Büchern bleibt auch kein Reiseproblem im hintersten Winkel des Landes mehr ungelöst. Für Fotofreunde gibt es *Neuseeland* vom DuMont Verlag, Köln, im Leineneinband und den *Panorama-Bildband Neuseeland* vom Bucher Verlag. Es geht aber auch sehr viel billiger mit dem *HB Bildatlas Special Neuseeland* vom HB Verlag. Gewohnt brillante Bilder sind auch im *GEO Special Neuseeland* zu finden. Dazu gibt es Einwanderer-Erfahrungen, Maori-Geschichte(n), Wildniswanderungen und einen Info-Teil auf 40 Seiten.

Sachbücher

Einen Einblick in Neuseelands Flora und Fauna bietet Matthias Schellhorns *Reiseführer Natur – Neuseeland*, BLV Verlagsgesellschaft. Preiswerter ermöglicht das auch Norbert Lux mit seinen kleinen Bänden *Flora Neuseelands* und *Fauna Neuseelands*. Auch in Anglerfragen weiß der Autor von Anglerparadies am schönsten Ende der Welt Rat und hat dazu noch einige *Lammrezepte aus Neuseeland* in petto. Alle Bücher sind im Lux Verlag, Fürth, erschienen.

Neuseeländische Literatur

Von Keri Hulme gibt es in deutscher Übersetzung den von Symbolen und Mythen der Maori durchwobenen Roman *Unter dem Tagmond*. Es ist die Geschichte eines Mannes, einer Frau und eines Jungen, die in der stürmischen Westküsten-Landschaft versuchen zueinander zu finden. Eine Kurzgeschichtensammlung von ihr trägt den Titel *Der Windesser*. Beide Bücher sind im S. Fischer Verlag, Frankfurt, erschienen, der auch die *Gesammelten Werke Katherine Mansfields* in deutscher Übersetzung veröffentlicht hat.
Sehr beeindruckend sind die autobiographischen Werke Janet Frames, die ihre zunehmende Isolation und ihre Erfahrungen in psychiatrischen Anstalten beschreiben. *Ein Engel an meiner Tafel* und *Gesichter im Wasser* sind beide im Piper Verlag, München, erschienen. Zu den neueren neuseeländischen Publikationen gehören die Bücher von Alan Duff. Der Autor beschreibt Charaktere, die der Normalbürger nicht mag, und den Maori-Alltag in dieser Gesellschaft. So auch in seinem Buch *Once were warriors*.
Für Frauenliteratur steht der Name Beryl Fletcher: zu ihren jüngsten Werken gehören *The Iron Mouth* und *The Word Burners*. Die Probleme einer alleinerziehenden Mutter sind für Marilyn Duckworth das Thema in ihrem Roman *Disorderly Conduct*. Shonagh Koeas berichtet in *Staying home and beeing rotten* von dem neuen Leben nach einer gescheiterten Beziehung. Rosie Scott befaßt sich in ihrem Buch *Glory Days* mit Typen am Rande der Gesellschaft, Transvestiten, Drogenabhängigen und schildert trotz aller Probleme die hier zu findende menschliche Wärme.
Die Bücher von Maurice Gee sind durch einen sehr anspruchsvollen literarischen Stil gekennzeichnet und werden auch als akademische Literaturlektüre benutzt. Seine Geschichte *Plumb* beleuchtet das Leben einer neuseeländischen Familie aus den verschiedenen Perspektiven der einzelnen Mitglieder.

Alltag von A-Z

Angeln

Regionale Angelscheine werden in Fachgeschäften oder in jedem New Zealand Tourist & Publicity Reisebüro ausgestellt. Die Tageskarte kostet 7 Dollar, Wochenkarten 19 Dollar, Monatskarten 26 Dollar und Saisonkarten 39 Dollar. Es gibt auch eine nationale Touristenlizenz für 56 Dollar. Als bester Fluß für das Forellenfischen gilt der Tongariro River in der Zeit zwischen Mai und Oktober.

Zu den wohlschmeckenden Speisefischen gehören ebenso Snapper, Flunder, Cod und Hapuka. Wer kein Angelgerät kaufen will, kann sich vielerorts auch welches leihen. Weitere Informationen zum Angeln von Süß- und Salzwasserfischen:
New Zealand Professional Fishing Guides Association
P. O. Box 16, Motu, Gisborne.

Apotheken

Apotheken verfügen neben den allgemeinen Geschäftszeiten auch über einen 24-Stunden-Notdienst. Wer im Ort einsatzbereit ist, steht in der lokalen Presse oder an jeder Apotheke («chemist shop»). Für verschreibungspflichtige Medikamente ist auf jeden Fall ein Rezept vorzulegen.

Ärzte

Vor der Abreise empfiehlt es sich, eine Auslands-Krankenversicherung abzuschließen. Sollte mal eine Plombe aus dem Zahn fallen oder muß andere ärztliche Hilfe in Anspruch genommen werden, ist die Rechnung sofort zu bezahlen. Kostenfreie Behandlung wird in Ausnahmefällen nur bei einem Unfall gewährt.

Arbeiten

Mit dem normalen Touristenstempel im Paß ist das Arbeiten im Land nicht erlaubt. Bei kleineren Gelegenheitsjobs, etwa als Saisonarbeiter auf Obstplantagen, wird aber schon mal ein Auge zugedrückt.

Baden

Jeder, der sich länger im Wasser aufhält, etwa beim Surfen, sollte sich mit entsprechender Kleidung und starken Sonnencremes vor einem Sonnenbrand schützen. Für viele Schwimmer gehört das T-Shirt schon zur Badebekleidung. Das Wasser an den Stränden ist meistens sauber. Vorsichtig sollte man mit Gewässern in Nationalparks sein. Das Department of Conservation fand im Abel-Tasman-Nationalpark Giardia-Parasiten, die starken Durchfall und Magenkrämpfe verursachen können. Wer hier Wasser trinken will, sollte es vorher unbedingt abkochen, filtern oder chemisch reinigen.
Beim Testen der Thermalquellen in freier Natur nicht mit dem Kopf unter Wasser tauchen, da durch Kleinstlebewesen die Übertragungsgefahr einer Hirnhautentzündung besteht.

Banken

Sie sind montags bis freitags durchgehend von 9 bis 16.30 Uhr geöffnet. Geldautomaten arbeiten von 7 bis 23 Uhr. Es gehört zum Bedienungsstil, daß man sich an den vorgesehenen Haltepunkten anstellt und wartet, bis der gerade frei werdende Bankangestellte sein «next please» ertönen läßt.

Behinderte

In einigen Nationalparks hat das Department of Conservation rollstuhlgerechte Wege angelegt. So kann der Dolomite Point Walk, der im Paparoa National Park zu den Pancake Rocks führt, mit dem Rollstuhl befahren werden. Das gilt auch für den kurzen Whakapapa Natur Walk im Tongariro National Park, der 200 Meter über dem Visitor Centre beginnt. Wer sich detailliert über behindertengerechte Einrichtungen informieren will, kann sich in der Region Auckland an das **Disability Resource Centre**, 14 Erson Avenue, Royal Oak, Tel. 6258069, wenden.
Ein Ansprechpartner für den Bereich Wellington wäre das **Disabled Person's Advice Bureau**, Disabled Resource Trust, John Kennedy Good Centre, Woburn, Tel. 5693091.
Für den Stadtbereich von Roturua können kostenlos Rollstühle ausgeliehen werden. So bei: **Mike Hale Pharmacy**, John Cubbon Phar macy und Davis Meek Pharmacy, Tutanekai Street.
In Christchurch hilft der **Disabilities Information Service**, 314 Worcester Street, Tel. 3666189, montags bis freitags von 9 bis 17 Uhr geöffnet.

Bushwalking

Was in europäischen Breiten schlicht «Wandern» oder «Bergwandern» heißt, erhält in Neuseelands exotischer Natur die klingenden Namen «Tramping», «Trekking», «Bushwalking» oder «Backpacking». 20 Prozent des Landes sind ausgewiesene Landschafts- und Naturschutzgebiete, da gehört das Buschabenteuer zu den beliebtesten Freizeitaktivitäten der Neuseeländer. Über tausend Hütten warten an den Wanderwegen durch unberührte und malerische Natur. Zwischen 4 und 14 Dollar kostet die Übernachtung auf den DOC-Hütten, mehr als 350 sind kostenlos. Nicht alle sind mit Kochgelegenheiten ausgestattet. Es empfiehlt sich daher, eigene Kochutensilien (mit Flüssigbrennstoff, da Holz oft naß ist) und Proviant mitzunehmen.
So harmlos das Wandern im Busch auch klingen mag, die Gefahren sollten nicht unterschätzt werden. Bei den Streifzügen über Berge und Täler daran denken: Das Wetter kann sehr wechselhaft sein, deshalb ist auch bei strahlendem Sonnenschein Kleidung mitzunehmen, die warm und trocken hält. Wer noch keine eigene Buscherfahrung gemacht hat, sollte mit jemandem zusammen gehen. Es empfiehlt sich, für unterwegs ein Notausrüstungs-Set einzupacken. Dazu gehört: eine Trillerpfeife, ein Taschenmesser, ein Kompaß, ein Notizblock und Stifte, ein paar Tafeln Schokolade, Heftpflaster, eine elastische Binde, einige Angelhaken und Schnur, Streichhölzer und Feuerzeug.
Wenn es kalt, naß und windig wird, kühlt der Körper bei ungenügendem Schutz aus, und es kann zur Hypothermie kommen, dem Absinken der Körpertemperatur unter 35 Grad. Schwäche- und Schwindelanfälle, Sprach- und Sehschwierigkeiten, Schüttelfrost und lethargi-

sches Verhalten, das bis zur Bewußtlosigkeit führen kann, sind die Folge. Sofortmaßnahmen: An geschützter Stelle rasten, dem Betroffenen trockene Kleidung anziehen oder in den Schlafsack stecken, ein warmes, süßes Getränk reichen, waagrecht legen, kein Alkohol, kein Warmrubbeln, viel Zeit zum Regenerieren lassen.
Weitere Wander-Tips: Ein gutes Frühstück schafft Energie für den Tag, unterwegs ausreichend (wenn möglich heiß) Trinken, nie Hochwasser führende Flüsse überqueren (eine der häufigsten Todesursachen beim Tramping), bei jemandem eine Nachricht hinterlassen (wohin, welche Route, wann zurück). Unterwegs in die Hüttenbücher eintragen, die Unterkünfte sauber halten und verbrauchtes Feuerholz wieder auffüllen. Im Busch gilt die Devise: Nimm nichts außer Fotos mit, hinterlasse nur Fußabdrücke.

Bar-B-Q

Neuseeländische Barbeques gibt es in allen Variationen: ein Feuer aus Treibholz am Strand, über das ein Wagenrad und Alufolie gelegt werden, ein selbstgezimmerter Grillrost im Garten, eine gasbetriebene Röststelle im Park mit Münzeinwurf. Das Fleisch-, Fisch- und Gemüsegrillen, angereichert mit Saucen und Salaten, gehört zur Outdoor-Kultur.

Botschaften und Konsulate

Die Adresse der **Deutschen Botschaft** in Wellington ist: 90 Hobson Street, Thorndon, Tel. (04) 4736063. Das **Deutsche Konsulat** in Auckland findet man: 52 Symonds Street, City, Tel. (09) 3773460.
Das **Österreichische Konsulat** befindet sich 22 Garrett Street, Wellington, Tel. (04) 8019709. Die **Schweizer Botschaft** liegt 22 Panama Street, Wellington, Tel. (04) 4721593.

Bungy Jumping

«Der schnellste Weg zu mehr Selbstbewußtsein», so nennen es die einen, die anderen bekommen allein vom Zuschauen eine Gänsehaut. Die neuseeländische Version des Mannbarkeitsritus der Neuen Hebriden begann ihren Siegeszug in Queenstown. Heute kann man sich dort mit einem Sprung aus 43 Meter und aus 70 Meter Höhe den Adrenalinstoß holen, der tagelang «high» machen soll. Die Plattformen in schwindelnder Höhe gehören inzwischen landesweit zu den Lokalattraktionen. Der freie Fall am Gummiseil ist aber längst keine rein männliche Mutprobe mehr. Es stehen auch immer mehr Frauen an, die für fünfzig Dollar und mehr fachgerecht in die Tiefe stürzen wollen.

BYO

BYO ist die Abkürzung von «Bring Your Own». Die Selbstversorgung bezieht sich auf das Mitbringen von Alkohol. Überall, wo die drei Buchstaben an der Restauranttür kleben, heißt das: «Wir haben keine Lizenz zum Ausschank von Alkohol», man muß seinen eigenen Wein (oder Bier) mitbringen. Der Ober entkorkt dann die Flasche und stellt sie auf den Tisch.

Camping

Gut ausgestattete Campingplätze gibt es auch noch in kleineren Ortschaften. Zu den besten Plätzen gehören Top Ten und Kiwi Motor Camps. Zur Ausstattung gehören Waschmaschinen, Trockner, Kühlschränke und diverse Küchengeräte.
Die oft von den Kommunen unterhaltenen Plätze sind preiswert, in den Touristenzentren aber teurer. Auf den Top-Ten-Plätzen kostet ein Campmobil mit zwei Personen um die 20 Dollar. Es wird bei dieser Motor-Camp-Kette aber eine geringe Ermäßigung gewährt. Dazu bekommt man einen roten Gutschein, dem man jeweils am neuen Campingplatz wieder abgibt. Ein Zeltplatz kostet etwa sechs Dollar, Wohnwagen (cabins) liegen bei 30 Dollar, etwas anspruchsvollere *Tourist Flats* bei 50 Dollar und aufwärts.
Es ist aber keineswegs so, daß nur auf den dafür vorgesehenen Plätzen Camping erlaubt ist. Camper oder Zelt dürfen praktisch überall aufgestellt werden, es sei denn, ein ausdrückliches «No Camping»-Schild verbietet es.
Das besondere Campingerlebnis bieten die Conservation Campsites des DOC. Oft nur mit Toiletten, Feuerplätzen, einigen Tischen und einer Wasserstelle ausgestat-

tet, liegen diese Plätze in besonders reizvoller Natur. Die Preise variieren, je nach Ausstattung, beim *Serviced Campground* zwischen sechs und neun Dollar, bei der *Standard Camping Area* (wo man sich selbst einträgt und das Geld in eine Box wirft) zwischen zwei und sechs Dollar. Die *Informal Camping Areas* sind kostenlos. Anzahl (insgesamt über 200) und Ausstattung der größeren Plätze sind im Infoblatt *Conservation Campsites* des **Department of Conservation**, P. O. Box 10420, Wellington, aufgelistet.

Einkaufen

Der Laden an der Ecke ist in Neuseeland die *Dairy*. Sieben Tage die Woche bis in die Abendstunden geöffnet, bekommt man hier lebenswichtige Dinge wie Milch, Brot, Zeitungen, Süßigkeiten, Tütensuppen und Konserven. Diese Läden sind aber teurer als die großen Supermärkte wie *New World* oder *Four Square*. Für einen hervorragenden Mittags-Lunch bieten sich die im Supermarkt zu kaufenden, frisch zubereiteten Salate an. Sonst sind für Gesundheitskost die *Health Food Shops* zuständig. Ihre Preise liegen nur geringfügig über dem, was andernorts zu zahlen ist. Ausgezeichnetes Obst und Gemüse gibt es an den vielen Straßenständen direkt vom Erzeuger und zu einem Bruchteil der Preise, die im Laden zu zahlen sind. Es kann sogar sein, daß an diesen Ständen niemand verkauft und für das Geld nur eine «money box» bereit steht.

Alkoholische Getränke gibt es nur in den *Bottle Shops*, die manchmal auch den Supermärkten angegliedert sind.

Es empfiehlt sich, Filmmaterial (besonders Dias) von zu Hause mitzunehmen und erst wieder dort entwickeln zu lassen. Beides ist im Land sehr teuer.

Zu den typischen Souvenirs gehört etwas aus Wolle oder Geschnitztes aus Holz oder Jade. Da die Originalstücke von ausgebildeten Maori-Schnitzern recht teuer und nur in begrenztem Umfang vorhanden sind, handelt es sich bei den meisten Artikeln um industriell gefertigte Nachbildungen traditioneller Formen.

Fähre

Nord- und Südinsel sind durch die InterIslander-Fähre zwischen Wellington und Picton miteinander verbunden. Die Fahrt über die sehr windige Cooks Strait dauert drei Stunden. Abfahrt von Wellington: Mi – So 8 Uhr, täglich 10 Uhr und 16 Uhr, Mo – Sa 18.40 Uhr. Abfahrt von Picton: Di – So 5.40 Uhr, Mi – So 12 Uhr, täglich 14.20 Uhr, Di – So 19.45 Uhr, Mo 22.20 Uhr. Eincheckzeit ist 30 Minuten vor Abfahrt. Wer sein Auto mitnimmt, muß eine Stunde vor Abfahrt da sein.

Der Preis für einen Erwachsenen beträgt 36 Dollar (einfache Fahrt!). In der Nebensaison sind es 28 Dollar. Die Fahrzeugpreise variieren je nach Größe zwischen 112 und 150 Dollar (Nebensaison 90 bis 112 Dollar).

Preise und Abfahrtzeiten können sich ändern. Auskunft und Buchungen sind unter Tel. (04) 4983999 möglich. Sonstige Anfragen: The InterIslander, NZ Rail Ltd., Private Bag, Wellington, gebührenfreie Reservierung: 0800658999, Fax (04) 4983721.

Feiertage

Da gibt es zwei Kategorien, nationale und regionale. Für das ganze Land gelten: *Christmas Day* und *Boxing Day* sind die Weihnachtsfeiertage, *New Year's Day* am 1. Januar, *Day after New Year* am 2. Januar, *Waitangi Day* am 6. Februar, *Good Friday*, *Easter Sunday* und *Easter Monday*. Da die «Kiwis» ihr langes Wochenende lieben, werden die beweglichen Feiertage sicherheitshalber immer auf einen Montag gelegt. Der Geburtstag der Königin wird an jedem ersten Montag im Juni gefeiert, der *Labour Day* an jedem vierten Montag im Oktober. Darüber hinaus hat jede Provinz ihren eigenen Jahrestag, der auch immer auf einen Montag gelegt wird (bis Donnerstag auf den zurückliegenden, sonst auf den folgenden). Die Stichtage für die variablen Ferientage sind: Auckland am 29. Januar, Wellington am 22. Januar, Northland am 29. Januar, Nelson am 1. Februar, Otago und Southland am 23. März, Taranaki am 31. März, Hawkes Bay und Marlborough am 1. November, Westland am 1. Dezember und Canterbury am 16. Dezember.

Festivals

Stadt und Land haben ihre individuellen Kulturereignisse. Segelregatten, Pferderennen und Kunstfestivals auf der einen und «Agricultural and Pastoral Shows» auf der anderen Seite. Neben Sportfesten und Landwirtschaftsschauen kommen im Agrarland auch die «Food and Wine Festivals» nicht zu kurz.
Hier ein paar Ereignisse, deren genaue Termine bei näherem Interesse zu erfragen sind: Am Neujahrstag gibt es in Waipu, Northland, die *Highland Games & New Zealand Championship Heavy Field Events*. Seit 121 Jahren werden 46 Kilometer südlich von Whangarei die Spiele im klassisch schottischen Kräftemessen veranstaltet. Auckland feiert auf dem Ellerslie Racecourse den *Cup Day*, Kaitaia die *Far North Rodeo A & P Show*. Te Anau präsentiert im Januar sein *Fjordland Summer Festival*. Christchurch und Napier veranstalten dann ihr *Summertime Festival*.
Im Februar sollte man sich das *Art Deco Weekend* in Napier nicht entgehen lassen. Mit Jazz, Kunst und Kulinarischem wird eine historische Epoche wieder lebendig.
Zum «International Kite Festival» werden hier vom 2. bis 12. März 1995 über 400 der weltbesten Drachenflieger erwartet.
An Aucklands Princes Wharft gibt es im Februar ein *Dragon Boat Festival*, auf der Ellerslie-Rennbahn das *Best of New Zealand Wine & Food Festival*. Derartige «Ernte-Veranstaltungen» sind typisch für den Folgemonat März. In diesem Monat findet auch die *Ngaruawahia Annual Regatta* auf dem Waikato River statt, eine Zelebrierung von Maori-Kultur auf dem Wasser. Wenn im April in Taihape der *Gumboot Day* ansteht, wird für das Gummistiefel-Werfen sogar der Highway 1 gesperrt. Eines der interessantesten Ereignisse im Mai ist der *Fletcher Challenge Marathon* in Rotorua mit Sport und Spaß für ein ganzes Wochenende. Zum sportlichen Winterhöhepunkt gehört das Rugby-Spiel um den *Bledisloe Cup*. Wellington präsentiert im Juni sein Film-Festival. Das *Wanaka Snow Festival* sucht seine Snow Queen und bietet allerhand Entertainment rund um die Winterwelt. Wer Blumen mag, sollte sich im November nicht das *New Plymouth Rhododendron Festival* entgehen lassen.

Frauen

1993 konnte Neuseeland bereits auf einhundert Jahre Frauenwahlrecht zurückblicken. Es gibt vier reine Frauenbuchläden im Land, wo Informationen zu frauenspezifischen Themen eingeholt und auch Kontakte zu speziellen Frauengruppen geknüpft werden können.

Women's Bookshop
228 Dominion Road, Mount Eden, Auckland.

Dimensions Women's Bookshop
266 Victoria Street, Hamilton, Tel. (07) 8380656.

Books for Women
Square Edge, Church Street, Palmerston North.

Kate Sheppard Women's Bookshop
145 Manchester Street, Christchurch.

Friedensgruppen

New Zealand Foundation for Peace Studies
29 Princes Street, Auckland, Tel. (09) 3732379; die Christchurch-Adresse: c/o Katie Bonas-Dewes, 35 Rata Street, Riccarton, Tel. (03) 3481353.

Peace Movement Aotearoa
65 Taranaki Street, Wellington, Tel. (04) 3828129.

GST

Die «Goods and Service Tax» (Umsatzsteuer) beträgt 12,5 Prozent. Sie ist in den meisten Fällen bereits im Rechnungsbetrag enthalten.

Informationen

Wer im Lande unterwegs ist, halte Ausschau nach dem kleinen grünen «i». Dort gibt es kostenlos diverse lokale und nationale Info-Broschüren. Meistens liegen hier auch Handzettel des DOC über die verschiedenen Wanderwege in den Nationalparks. Diese Faltblätter kosten aber in der Regel 50 Cent.

Auckland Airport Visitor Centre
Ground Floor, International

Terminal, Tel. (09) 2756467; in der City.

Auckland Visitor Centre
299 Queen Street,
Tel. (09) 3666888.

Visitors' Information Centre
Christchurch International Airport, Tel. (03) 3537774; in der City.

Christchurch/Canterbury Information Centre
Ecke Worcester Street und Oxford Street Terrace,
Tel. (03) 3799629.

Jugendherbergen

Bei den Informationszentren gibt es einen kostenlosen *New Zealand YHA Accomodation Guide*, in dem ausführlich beschrieben ist, wo die Jugendherbergen liegen, wie sie ausgestattet sind, wie man hinkommt und wo von dort aus die nächste Jugendherberge liegt. Die Preise in den 55 Youth Hostels rangieren zwischen 13 und 16 Dollar für erwachsene Mitglieder. Jugendliche über 15 Jahre bezahlen zwei Drittel des Erwachsenen-Preises, jüngere (in Begleitung) bezahlen die Hälfte.
Wer Mitglied der weltweit zusammengeschlossenen Internationalen Youth Hostel Federation ist, kann auch andere Vergünstigungen in Anspruch nehmen: Air New Zealand und Ansett New Zealand geben 50 Prozent Ermäßigung auf Standby-Flüge. Falls sich jemand vorab die umfangreiche Info-Broschüre schicken lassen will:
Youth Hostels Association Of New Zealand, National Office, P. O. Box 436, Ecke Gloucester und Manchester Street, Christchurch, New Zealand, Tel. (03) 3799970, Fax (03) 3654476.

Kinder

Neuseeland ist ein sehr kinderfreundliches Land. Nicht nur, daß viele Frauen von traumhaften Entbindungsbedingungen schwärmen (nicht antiseptisch, sondern in wohnlicher Atmosphäre mit Musik und Meerblick). Es gibt auch in vielen kleinen Orten Spielplätze sowie in Restaurants Kindermenüs und Hochstühle.

Kino

Aucklands **Civic Theatre** an der Ecke Queen und Wellesley Street sieht beinahe aus wie ein indischer Palast, ist jedoch ein gewöhnliches Kino. Gebaut wurde der schönste Filmpalast Neuseelands 1920. Das Programm erfährt man entweder aus der Zeitung oder per Anruf: (09) 3033179.
Zu den anderen interessanten Lichtspielhäusern gehört in Auckland **Charley Gray's** auf der Dominion Road in Balmoral, Tel. (09) 6386625 und **The Academy im Arts Centre** von Christchurch, Tel. (03) 660167.
Die größte Leinwand hat Wellingtons **Embassy** am Ende vom Courtenay Place, Tel (04) 3847657. Hier geht auch das jährliche internationale Filmfestival über die Bühne.

Klima

Die Jahreszeiten stehen in «Down under» kopf: Sommer ist von Dezember bis Februar, Winter von Juni bis August. Im Sommer scheint die Sonne im Durchschnitt sieben bis acht Stunden täglich, im Winter vier bis fünf. Wenngleich es im Winter im Süden schneit, liegen die durchschnittlichen Temperaturunterschiede zum Sommer nur um zehn Grad niedriger. Die Westseite der beiden Inseln ist feuchter als die im Schatten der Gebirge liegende Ostseite, wo jährlich über 2000 Sonnenscheinstunden verzeichnet werden.

Maße und Gewichte

Zwar wird das metrische System benutzt, bei Körpergrößen fragt man aber oft nach «wieviel Fuß?». Ein Fuß sind 0,3 Meter, ein Kilometer 0,62 Meilen, und null Grad Celsius sind 32 Grad Fahrenheit.

Nationalparks

Neuseeland hat zwölf Nationalparks und drei Maritime Parks. Diese sind (von Norden nach Süden): der **Urewera National Park** (1954 eingerichtet, 212672 Hektar), der **Tongariro National Park** (1887, 78651 Hektar), der **Egmont National Park** (1900, 33534 Hektar), der **Whanganui National Park** (1986, 74231 Hektar), der **Abel Tasman National Park** (1942, 22530 Hektar), der **Nelson Lakes National Park** (1956, 96121 Hektar), der **Paparoa National Park**

(1987, 30327 Hektar), der **Arthur's Pass National Park** (1929, 99270 Hektar), der **Westland National Park** (1960, 117547 Hektar), der **Mount Cook National Park** (1953, 70013 Hektar), der **Mount Aspiring National Park** (1964, 355518 Hektar) und mit 1,25 Millionen Hektar der **Fjordland National Park** (1952) als größtes Naturschutzgebiet. Die Maritime Parks liegen in der **Bay of Islands**, dem **Hauraki Gulf** und den **Marlborough Sounds**.
Alle Nationalparks sind der Öffentlichkeit zugänglich und mit einem Netz von Wanderwegen durchzogen. Unterkunft gewähren die Hütten und Unterstände des Department of Conservation, die es, abhängig von der Ausstattung, in vier Kategorien gibt: Für vier Dollar wird nur ein Bett geboten, für 14 Dollar auch Koch- und Waschkomfort.
Wenn in den Sommermonaten Januar und Februar die meisten Wanderer unterwegs sind, kann es in den Hütten eng werden. Die Benutzung der Tracks wird unterschiedlich geregelt. So ist die Zahl der Wanderer auf dem Milford Track limitiert, für den Abel Tasman Track braucht man einen Paß, einige sind ganzjährig geöffnet, andere im Winter geschlossen.
Im DOC-Stützpunkt in den Nationalparks oder den Information Centres gibt es die notwendigen Details. Einiges steht auf kostenpflichtigen Info-Blättern. Für ausführliche Informationen über die Nationalparks wendet man sich am besten an das: **Department of Conservation**, P.O. Box 10420, Wellington, Tel. (04) 4725821 oder **Department of Conservation**, Private Bag 68-908, (Ecke Liverpool Street und Karangahape Road), Newton, Auckland, Tel. (09) 3079279.
Zum umweltgerechten Verhalten in den Parks gehören: Rücksicht auf Tiere und Pflanzen nehmen, den eigenen Müll mitnehmen, Toilettenabfall abseits von Wegen und Flüssen vergraben, Seen und Bäche sauber halten, Vorsicht mit Feuer, Campspuren beseitigen, auf den Tracks bleiben, Rücksicht auf andere Tramper nehmen, die spirituelle Bedeutung bestimmter Regionen respektieren.

Notruf

Polizei, Feuerwehr und Krankenwagen sind unter 111 kostenlos zu erreichen. Wenn sich der Operator meldet, ihm sagen, welcher Notdienst gebraucht wird.

Öffnungszeiten

Die Läden sind montags bis freitags von 9 Uhr bis 17.30 Uhr und sonnabends von 10 Uhr bis 13 Uhr geöffnet. In Touristenzentren wie etwa Queenstown bleiben viele Läden bis in die Abendstunden geöffnet und verkaufen auch sonntags.
Die normalen Arbeitszeiten für Firmen und Büros sind montags bis freitags von 9 Uhr bis 17 Uhr.

Ozonloch

Hut, Sonnenbrille und Sonnenschutzmittel sollten zum täglichen «Gepäck» gehören. Ohne selbst für die rasch zunehmende Zerstörung der schützenden Ozonschicht über der Antarktis durch Fluorchlorkohlenwasserstoffe aus Kühlschränken und Spraydosen verantwortlich zu sein, müssen die Neuseeländer ausbaden, was die Industrienationen auf der anderen Seite des Globus verursacht haben. Der Anstieg der ultravioletten Strahlen schädigt das Immunsystem, verursacht Hautkrebs und kann zu Augenkrankheiten führen. Wer noch mit der Blässe des europäischen Winters anreist, sollte sich nicht längere Zeit ungeschützt den Sonnenstrahlen aussetzen. Wie viele Minuten täglich erlaubt sind, wird sogar im Radio durchgegeben.

Post

Die Postämter haben montags bis donnerstags von 9 Uhr bis 17 Uhr und freitags bis 20 Uhr geöffnet. Zum Service gehört neben dem Briefmarkenverkauf auch der Telefon- und Telegrammdienst sowie Telefax und Fernschreiber. In ländlichen Gebieten erledigen auch kleine Einkaufsläden den Postdienst. Eine Luftpostkarte (10 g) oder ein Aerogramm nach Europa kostet einen Dollar, ein Luftpostbrief (20 g) 1,80 Dollar. Wer sich (poste restante) seine Briefe an die Hauptpostämter (Central Post Office) schicken läßt, kann damit rechnen, daß sie dort einen Monat aufbewahrt werden.

Radio

Draußen im Land ist der Radioempfang manchmal auf einige Mittelwellensender begrenzt. In der Nähe größerer Städte gibt es jedoch viele Stationen, vom Rockspecial bis zur Info-Station, für Touristen. Kleinere Sender spulen auch mal ein Band mit Musiktiteln ab, die am nächsten Morgen noch einmal zu hören sind. Wo in Wellington Nachrichten aus dem Parlament zu empfangen sind, in Auckland die klassische Musik spielt oder in Hamilton seichte Unterhaltungsmelodien erklingen, kann am besten der umfangreichen Frequenztabelle in der Zeitschrift *Listener* entnommen werden, die gleich im Anschluß an die Fernsehprogramme abgedruckt ist.

Sandfliegen

Als Hine Nui Te Po, eine Maori-Göttin, zum erstenmal das Fjordland sah, soll sie die Sandfliegen erschaffen haben. Sie dachte, daß sonst die Menschen für immer in diesem schönen Landstrich wohnen würden. So ist es leider auch an vielen anderen schönen Plätzen. Kaum steigt man aus dem Auto oder hält das Fahrrad an, sind sie da. Zehn Arten leben in den Ufern und Stränden des Landes. Zwar trinkt nur das Weibchen Blut, doch es gibt ohne Frage viel zu viele davon. Der Juckreiz nach dem Biß will einfach nicht aufhören. Der einzige chemische Schutz ist «Dimp». Doch Vorsicht. Man kann es sich zwar auf die Haut reiben, doch das Fliegenmittel löst sogar Plastik auf. Die einzige andere Alternative: lange Hose, lange Ärmel.

Sprache

Als offizielle Landessprache gilt neben dem Englischen auch Maori. Die Sprache gewinnt immer mehr an Bedeutung, was allein schon an den vielen zweisprachigen Bezeichnungen für Behörden deutlich wird. Auch in den Schulen wird das Angebot für Unterricht in Maori erweitert. Die Buchstaben der Maori-Wörter werden wie im Deutschen ausgesprochen.

Strom

Mitgenommene Elektrogeräte können nur über einen entsprechenden Adapter betrieben werden. Zwar entspricht die Wechselstromspannung mit 230 Volt (50 Hertz) in etwa der deutschen Norm (die etwas höhere Spannung schadet den Geräten nicht), aber die flachen Stifte an Steckern und Steckdosen passen nicht.

Tauchen

Das wohl beste Tauchrevier Neuseelands bieten die Poor Nights Islands, 22 Kilometer vor der Ostküste Northlands gelegen. Als Teil eines Schutzgebietes kann sich hier die subtropische Flora und Fauna ungestört entwickeln. Die Sicht unter Wasser ist zwischen Januar und Mai mit bis zu 45 Metern am besten. Über die Charterbedingungen informiert man sich am besten in Tutukaka. Bei den Cavalli Islands vor Matauri Bay kann man zum Wrack des Greenpeace-Schiffes «Rainbow Warrior» hinabtauchen.

Telefonieren

Ein Ortsgespräch von einer Telefonzelle aus kostet 20 Cents. Immer mehr öffentliche Fernsprechzellen werden mit Kartentelefonen ausgerüstet. Die Karten gibt es in allen Postämtern, den Telecom-Verkaufsstellen und auch in den «Dairies». Die Ländervorwahlen sind: für Deutschland 0049, für die Schweiz 0041 und für Österreich 0043. Von der nationalen Vorwahlnummer (für Hamburg 040) wird die erste Null weggelassen, dann folgt die Rufnummer des Teilnehmers. Ein Gespräch nach Europa kostet im Selbstwähldienst etwa 2,80 Dollar pro Minute.

Umweltschutz

Die Neuseeländer nehmen den Schutz ihrer einmaligen Natur sehr ernst, was allein die Vielzahl nationaler und lokaler Organisationen dokumentiert. Dabei kommt es aber immer wieder zu Konflikten zwischen Wirtschafts- und Naturschutzinteressen. Verschärft werden diese Spannungen noch durch den Zweifel einiger Umweltschützer am Willen der Maori, zurückerhaltenes Land auch tatsächlich unangetastet zu lassen. Ökonomische Notwendigkeiten zwingen die Ureinwohner dazu, laut über mögliche Nutzungen des Landes nachzudenken, die

sich nicht immer mit den Absichten der «Greenies» decken.
Zu den größeren Umweltschutz-Organisationen gehören:
Maruia Society, Royal Forest And Bird Protection Society, Antarctic Southern Oceans Coalition, Greenpeace und **Friends Of The Earth**.

Zeitzonen

Neuseeland ist normalerweise der Mitteleuropäischen Zeit um elf Stunden voraus. Das wechselt aber mit den Sommerzeiten. Zwischen Ende März und Ende September, wenn die europäische Sommerzeit gilt, sind es nur zehn Stunden. Wenn dann von Oktober bis Ende März die neuseeländische Sommerzeit eingerichtet ist, sind es zwölf Stunden. Man braucht dann die Uhr eigentlich gar nicht umzustellen.

Regionale Tips und Stadtpläne

Die Nordinsel

Der Norden

Nördlich Aucklands erstreckt sich die Region Northland mit den Distrikten Rodney, Kaipara, Whangarei und Far North. Der zerfurchten Ostküste sind zum Pazifischen Ozean hin zahlreiche Inseln vorgelagert. Allein zur Bay of Islands, dem Touristikzentrum des Nordens, gehören 144 Eilande. In dem verträumten Russell und in Waitangi begann Neuseelands europäische Geschichte.
Die Westküste bietet einen relativ geraden Landabschluß mit langen Sandstränden, wie dem Ninety Mile Beach. Auf der Westseite des Far North Districts stehen die letzten großen Kauriwälder, die einst den ganzen Nordteil der Insel überzogen. Die größte Stadt Northlands ist Whangarei mit 44000 Einwohnern. Die anderen Stadtzentren sind Dargaville (4800 Einwohner), Kaikohe (3700 Einwohner) und Kaitaia (5000 Einwohner).

Whangarei

Information

Sowohl für Whangarei wie auch für Northland insgesamt gibt es Informationen im **Whangarei Visitors Bureau**, Tarewa Park, 92 Otaika Road (am Südende der Stadt, direkt am Highway 1), Tel. (09) 4381079.

Das District Office des **Department of Conservation** liegt 13 Kaka Street, Tel. (09) 6380299.

Automobile Association, 7 James Street, Tel. (09) 4387079.

Sehenswertes

Im **Clapham's Clock Museum** von Whangarei ticken 1000 Uhren, zu denen es viele interessante Geschichten gibt. Es liegt an der Water Street neben dem Rosengarten und ist täglich von 10.00 Uhr bis 16.00 Uhr geöffnet, Tel. (09) 483993.

Wer an einheimischen Farnen interessiert ist, sollte einen Blick in die **Margie Maddren Fernery And Snow Conservatory**, First Avenue, werfen. Über 80 Arten wachsen hier zwischen kleinen Wasserfällen und Teichen. Der Eintritt in der täglich von 10 bis 16 Uhr geöffneten Ausstellung ist frei.

Der **Mount Parahaki** bietet einen schönen Blick über die City und den Whangarei Harbour. Mit dem Auto ist der Gipfel über den Memorial Drive zu erreichen oder zu Fuß durch den Busch über einen der gekennzeichneten Wege, die am Mair Park beginnen.

In schöner Parklandschaft liegt das **Northland Regional Museum** ein paar Kilometer westlich der City, Richtung Dargaville. Zu dem Komplex am State Highway 14 gehören das **Clarke Homestead** aus dem Jahre 1885, ein **Exhibition Centre** und ein **Kiwi House**. Das Homestead ist Di bis Sa von 12.30 bis 15.30 Uhr und So von 10 bis 16 Uhr geöffnet, das Exhibition Centre So bis Fr von 10 bis 16 Uhr und Sa von 12.30 bis 15.30 Uhr.

Fünf Kilometer nordöstlich der Stadt (auf der Ngunguru Road) rauschen die **Whangarei Falls** 25 Meter in die Tiefe.

Unterkunft

Das **Whangarei Youth Hostel** liegt nur zehn Minuten von der City entfernt, 52 Punga Grove Avenue, Tel. (09) 4388954.

Backpacker-Unterkünfte sind: **Whangarei Falls Camp and Hostel**, Kiripaka Road, Tikipunga, Tel. (09) 4370609; **Hatea House Hostel**, 67 Hatea Drive, Whangarei, Tel. (09) 4376174; **Captains Landing**, 6 Dundas Road, Whangarei, Tel. (09) 4389614.

Den **Alpha Caravan Park** findet man 34 Farewa Road, Tel. (09) 4389867. Fünf Kilometer nordöstlich der Stadt, an der Straße nach Tutukaka, bietet der **Whangarei Falls Caravan Park** Zeltplätze und Cabins, Tel. (09) 4370609. Von hier aus lassen sich auch Tauchtouren arrangieren.

Zu den preiswerteren der zahlreichen Motels gehört das **Hibiscus Motel**, 2 Deveron Street, Tel. (09) 4376312.

Essen und Trinken

Direkt gegenüber dem Clock Museum bietet **A'Fare Coffee House** leichte Snacks und home made icecream.

Pizza gibt es in **Revas Pizza Parlour**, Ecke Dent und James Street.

Chinesische Mittagsgerichte (auch zum Mitnehmen) hat das **Flying Dragon Chinese Restaurant**, 214 Bank Street.

Sehr beliebt ist das **Café Monet**, 144 Bank Street, wo es etwas teurere Gerichte (18 Dollar für Hauptgang) gibt. Dinnerzeit ist von 18.30 bis 24 Uhr.

Umgebung

Auf der Fahrt nach Norden über den Highway 1 lohnen ein Halt am kilometerlangen **Strand von Orewa** sowie ein Abstecher nach **Puhoi**. Die heißen Quellen von **Waiwera** ähneln in der Hochsaison eher einem maritimen Rummelplatz. Da ist eine Kanufahrt auf dem Puhoi River entspannender.

Von Sandspit gibt es eine Fährverbindung zur **Kawau Island**, die nach dem Besuch des Mansion House zu kleinen Bushwalks einlädt. Der **Strand von Mangawhai** ist ein beliebter Treffpunkt für Surfer.

Von Whangarei aus empfiehlt sich ein Abstecher nach **Tutukaka** und **Matapouri**. Beim **Whangarei Deep Sea Anglers Club** in Tukukaka, Tel. (09) 4343818 gibt es ausführliche Informationen über Tauchtrips und Hochsee-Angel-Touren.

Hinter Matapouri unbedingt auf das Hinweisschild zur **Whale Bay** achten. Ein kurzer Fußweg führt durch den Wald hinunter zum Strand.

Bay of Islands

Informationen

Bay of Islands Information Centre, Maritime Reserve, Paihia, Tel. (09) 4027426, täglich von 8 bis 18 Uhr geöffnet.

Russell Information Centre, Ferry Terminal, Tel. (09) 4037596.

Department of Conservation, Maritime Park Headquaters, The Strand, Russell, Tel. (09) 4037685, täglich von 8.30 bis 17 Uhr geöffnet.

Sehenswertes

Auf der **Paihia Wharf** wiegen die Hochseeangler nach ihrer Rückkehr die Marline und Haie. Der Ort ist hauptsächlich Stützpunkt für zahlreiche Sightseeing-, Angel- und Tauch-Veranstalter. Eine der besten Möglichkeiten, die Bay of Islands vom Wasser aus kennenzulernen, ist der gut fünf Stunden dauernde **Cream Trip** von Fullers Cruises Northland, Tel. (09) 4027421; in Russell, Tel. (09) 4037866. Abfahrt ist von Oktober bis Mai täglich, in Paihia um 10 Uhr und in Russell um 10.15 Uhr. Die Fahrt kostet 49 Dollar (Kinder 24 Dollar).

Ein eindrucksvolles Erlebnis bietet der Segeltörn an Bord des Großseglers «R. Tucker Thompson». Die sechsstündige Insel-Kreuzfahrt (mit Devonshire Tea und Lunch) kostet 75 Dollar (Kinder 40 Dollar).

Sehr zu empfehlen ist der Besuch des **Waitangi House**, in dem am 6. Februar 1840 der Vertrag von Waitangi unterzeichnet wurde. Die herrlich gelegene Anlage beherbergt außerdem ein kunstvoll verziertes **Maori Meeting House** und ein beeindruckendes, 35 Meter langes **Maori-war canoe**. Sie ist täglich von 9 bis 17 Uhr geöffnet. Visitor Centre, Tel. (09) 4027308. Zu den historischen Gebäuden Russells gehören das **Pompallier House** (täglich von 10 bis 12.30 Uhr und 13.30 bis 16.00 Uhr geöffnet), die **Police Station** aus dem Jahr 1870, **The Duke of Marlborough Hotel** und die **Christ Church**, die älteste Kirche Neuseelands, gebaut 1835. Das kleine **Museum** an der York Street, Tel. (09) 403 77 01, ist täglich von 10 bis 16 Uhr geöffnet. Nach Russell fährt von Paihia nur eine Personenfähre. Eine Autofähre gibt es in Opua.

23 Kilometer nördlich Paihias liegt das Obstgarten-Städtchen **Kerikeri**. Zwischen saftigen Orangen, Mandarinen, Tangeloes und Kiwis hat sich hier auch ein Zentrum für Kunsthandwerk entwickelt, wovon man sich in der **Origin Art & Craft Co-Operative** am Highway 10 und vielen anderen Keramikstudios und Töpfereien überzeugen kann. An der Kerikeri Inlet Road steht Neuseelands ältestes Steingebäude, der **Stone Store** aus dem Jahre 1832. Während der Maori-Kriege lagerten hier Waffen und Munition. Nicht weit entfernt ergänzt das **Kemp House** als ältestes Holzgebäude des Landes aus dem Jahre 1821 das historische Flair der Region.

Ausführliche Beschreibungen der Wandermöglichkeiten sind im DOC-Info-Blatt *Bay of Islands Walks* beschrieben.

Unterkunft

Gemütliche Atmosphäre bietet **The Mousetrap**, 11 Kings Road, Paihia, Tel. (09) 402 81 82.

Von der **Centabay Lodge**, 27 Selwyn Road, Tel. (09) 402 74 66 ist es nicht weit zur Busstation und dem Postamt.

Twin Pines Tourist Park, Tel. (09) 402 73 22 liegt drei Kilometer außerhalb der Stadt, immer die Puketona Road entlang.

Eine eigene kleine Bay hat **Smith's Holiday Camp**, Tel. (09) 402 76 78, zweieinhalb Kilometer außerhalb Paihias Richtung Opua.

Das Gebäude, in dem **Russells Arcadia Lodge** an der Brind Road untergebracht ist, stammt noch aus dem Jahre 1896, Tel. (09) 403 77 56.

Russell Lodge, Chapel Street, Tel. 403 76 40, wird von der Heilsarmee geleitet. Die Preise schwanken zwischen 15 Dollar im Gemeinschaftsraum und 90 Dollar für ein luxuriöses Zimmer. Wer an Saisonarbeit als Obstpflücker interessiert ist, sollte in der

Hideaway Lodge, Kerikeri, Tel. (09)407 97 73 nachfragen. Zu dieser Unterkunft mit gutem Transport-Service (Anruf genügt) kommt man nach einem Kilometer, immer auf der Wiroa Road entlang.

Essen und Trinken

Zum Frühstück bietet sich das **Blue Marlin Cafe** an Pahias Wasserfront an.

Kleine Gerichte und Crêpes serviert das **Stage Door Cafe** in der Selwyn Mall.

Pizza, Lasagne und Quiche gibt es zum Lunch im **Cafe Over The Bay**, Paihia Mall.

Das **Traders Cafe** und das **Verandah Cafe** (man kann draußen sitzen) in Russells York Street bieten Sandwiches und Snacks.

Im **Duke of Marlborough Hotel**, The Strand, gibt es als Nachtisch hervorragende Apfel-Blaubeer-Torte.

Die Seafood-Platte im **Quarterdeck Restaurant**, The Strand, reicht für zwei.

Meherere **Cafés** reihen sich auf der Hauptstraße von Kerikeri aneinander.

Historische Atmosphäre und gutes Essen präsentiert der **Stone Store Tearoom** am Kerikeri Basin.

Organisch angebautes Obst und andere Gesundheitskost liegt im **Mother Earth Shop** bereit.

Far North und Kauriküste

Informationen

Northland Information Centre, Jaycee Park, South Road, Kaitaia, Tel. (09) 408 08 79, täglich von 9 bis 17 Uhr geöffnet.

Dargaville Information Centre, Normanby Street, Tel. (09) 439 83 60, Mo bis Fr 8 bis 17 Uhr, Sa und So 9 bis 16 Uhr geöffnet.

Community Business and Environment Centre, Taaffe Street, Kaitaia, Tel. (09) 408 10 92.

Sehenswertes

Das letzte Kapitel eines Umweltkrimis wurde in der **Matauri Bay**, östlich von Kaeo, geschrieben. Hier fand das im Auckländer Hafen vom französischen Geheimdienst zerbombte Greenpeace-Schiff «Rainbow Warrior» seine letzte Ruhestätte.

Anglerlatein und eindrucksvolle Landschaft bietet der Abstecher nach **Whangaroa**. Im Whangaroa Big Gamefish Club, Tel. (09) 405 03 99, hilft man ambitionierten Hochseeanglern gern weiter. In der **Tauranga Bay** wartet nach einigen Kilometern Schotterstraße ein traumhafter, leerer Strand und eine phantastische Küstenszenerie.
Idyllische Atmosphäre am Wasser bietet **Mangonui** an der Doubtless Bay. Die grandiose Komposition aus Hügeln, Buchten, kleinen Häusern und ankernden Booten läßt sich am besten vom **Rangikapiti pa** überschauen.

Auf dem Weg zum windigen **Cape Reinga** zweigt in Houhora die Straße zum **Wagener Museum** ab. Geboten wird ein buntes Ausstellungsprogramm von der Maori- und Kauri-Historie bis zu modernen Unterhaltungsformen per Walzenklavier und Musikbox, täglich von 9 bis 17 Uhr geöffnet.
Die Tracks rund um Cape Reinga sollten nicht ohne Karten und ausreichende Vorbereitungen für Strand-Camping gelaufen werden. Es gibt keine Hütten.
Endloser, schnurgerader Sandstrand und weiße Dünenlandschaft ziehen sich mit dem **Ninety Mile Beach** an der Westküste des Nordzipfels entlang. Zugangsstraßen sind bei Ahipara, West Coast Road, Hukatere und The Bluff.

Die Historie der Nordregion ist recht gut im **Far North Regional Museum** von Kaitaia aufgearbeitet. Zu finden ist es 6 South Road, Tel. (09) 408 14 03, geöffnet Mo bis Fr 10 bis 17 Uhr und am Wochenende 13 bis 17 Uhr.
Glühwürmchen in natürlicher Umgebung und Kiwis im Dunkelhaus bietet **Sullivan's Nocturnal Park**, Fairburn, täglich von 9 bis 23 Uhr. In südlicher Richtung aus Kaitaia heraus geht es nach ein paar Kilometern links ab.
Die Fährfahrt über den **Hokianga Harbour** von The Narrows nach **Rawene** ist als Südroute sehr zu empfehlen. In dem kleinen Ort, der drittältesten Siedlung des Landes, scheint die Zeit stehengeblieben zu sein.
Schöne Strände und Ausblicke auf die Sanddünen des Hokianga Harbour bieten **Opononi** und **Omapere**.

Im **Waipoua State Forest** stehen die letzten uralten Kauri-Riesen auf größerer Fläche zusammen. Etwa 13 Kilometer windet sich der holprige Highway 12 durch den grünen Wald. Die sich in die Höhe reckenden Waldattraktionen (**Tane Mahuta, Te Matua Ngahere**) sind nach gut beschilderten, kurzen Fußwegen zu erreichen. Das Forest Headquarter liegt am südlichen Ende des Waldes, etwas abseits vom Highway 12.
Imposante Kauri-Bestände gibt es auch im **Trounson Kauri Park**, etwa fünfzehn Kilometer weiter südlich. Der Eigentümer des herrlichen Campingplatzes führt mit interessanten Geschichten im Dunkeln durch den Wald.
Den informellen Höhepunkt der Kauri-Tour bietet das **Otamatea Kauri and Pioneer Museum** in Matakohe (südlich Dargavilles am Highway 12), geöffnet von 9 bis 17 Uhr. Hier gibt es alles, was zur Kauri-Geschichte wichtig, sehens- und anfühlenswert ist.

Unterkunft

Whangaroa Sunseeker Lodge, Old Hospital Road, Whangaroa, Tel. (09) 405 04 96.

Old Oak Inn, 19 Beach Road, Mangonui, Tel. (09) 406 06 65. Das schöne Gebäude mit dem Busstop von Intercity und Northliner vor der Tür stammt noch aus Kolonialzeiten.

Matauri Bay Holiday Park, Tel. (09) 405 05 25.

Tauranga Bay Holiday Park, Tel. (09) 405 04 36.

Mitten in der Stadt (neben Bushaltestelle) liegt das **Youth Hostel Kaitaia**, 160 Commerce Street, Te. (09) 408 18 40.

Viele Trips und Touren arrangieren Kerry und Peter vom **Main Street Backpackers**, 235 Commerce Street, Kaitaia, Tel. (09) 408 12 75.

Kauri Coast Motor Camp, Trounson Park Road, Tel. (09) 439 06 21.

Essen und Trinken:

Frischen Fisch bieten in Mangonui der **Fish Shop**, das **Old Oak Inn** und **Cafe Nina**.

Viele Takeaways und Restaurants reihen sich in Kaitaia an der Commerce Street auf.

Time Out Cafe hat eine Salatbar und viel Vegetarisches. Steak, Chicken oder Fisch gibt es im **Beachcomber Restaurant** am Kaitaia Plaza.

Auckland

Neuseelands größte Stadt mit knapp einer Million Einwohner liegt zwischen zwei Meeren, dem Pazifischen Ozean und der Tasman Sea. Kein Wunder, daß viele Freizeitvergnügungen mit Erholung am oder auf dem Wasser verbunden sind. Wer von der Harbour-Brücke über den Hafen schaut, dem schaukelt der Slogan «City of Sails» sichtbar vor Augen.
Doch die Stadt ist nicht nur auf dem Wasser in Bewegung. 45 000 Menschen pendeln täglich aus den Suburbs in die City zur Arbeit. Dazu gesellen sich Touristen, für die Auckland erste Anlaufstation ist. Trotz dieser Menschenmengen stellt sich, schon wenige Schritte abseits der geschäftigen Queen Street, ein Gefühl der Ruhe ein. Verstärkt wird dieser Müßiggang beim Bummel durch die vielen Parks oder dem Nachspüren von Stadtgeschichte in den inneren Suburbs. Im Zentrum überragen moderne Wolkenkratzer die Reste historischer Bausubstanz.

Informationen

Airport Travellers Information Centre, Tel. (09) 275 74 67, täglich von 5 bis 3 Uhr geöffnet.

Auckland Visitor Centre, Aotea Square, 299 Queen Street, Tel. (09) 366 68 88, geöffnet Mo bis Fr 8.30 bis 17.30 Uhr, Sa und So von 9 bis 17.00 Uhr.
Queen Elizabeth II Square, Auckland City, Tel. (09) 366 68 88, gleiche Öffnungszeiten.

Manukau City Information Centre, George Bolt Memorial Drive, Mangere, Tel. (09) 275 33 21, geöffnet täglich von 8.30 bis 20.30 Uhr.

Department of Conservation Centre, Ecke Karangahape Road und Liverpool Street, Tel. (09) 307 92 79.

Auckland Public Library, Lorne Street, City, Tel. (09) 377 02 09, Mo bis Do 9.30 bis 20 Uhr, Fr bis 21 Uhr, Sa 10 bis 13.30 Uhr, So 13 bis 17 Uhr.

Automobile Association, 99 Albert Street, Tel. (09) 77 46 60, Mo bis Fr von 8 bis 16.30 Uhr geöffnet.

Überall liegt die kostenlose *Tourist Times* aus, mit vielen Adressen und Veranstaltungen.

Sehenswertes

Wer zusätzliche historische und soziale Details bei einem Rundgang durch die Innenstadt erfahren möchte, sollte sich einer der neuen **Auckland Walking Tours** anschließen. Es gibt drei Angebote (zwischen 90 und 150 Minuten): *The City Skyline* (11 Uhr, 10 Dollar), *Walk on Water* (mit Fährfahrt nach Devonport, 12.45 Uhr, 15 Dollar) und *The Heart of the City* (15.30 Uhr, 10 Dollar). Start ist am Ferry Building. Nähere Informationen Walkland hotline (09) 309 90 60.

Einen Stadtblick von oben bietet die Plattform auf dem **United Bank Tower** (Zugang von der Queen Street), Mo bis Do 9 bis 17 Uhr, Fr 9 bis 20 Uhr. Keine Schließzeiten haben dagegen der **Mount Eden** und der **One Tree Hill**.

AUCKLAND

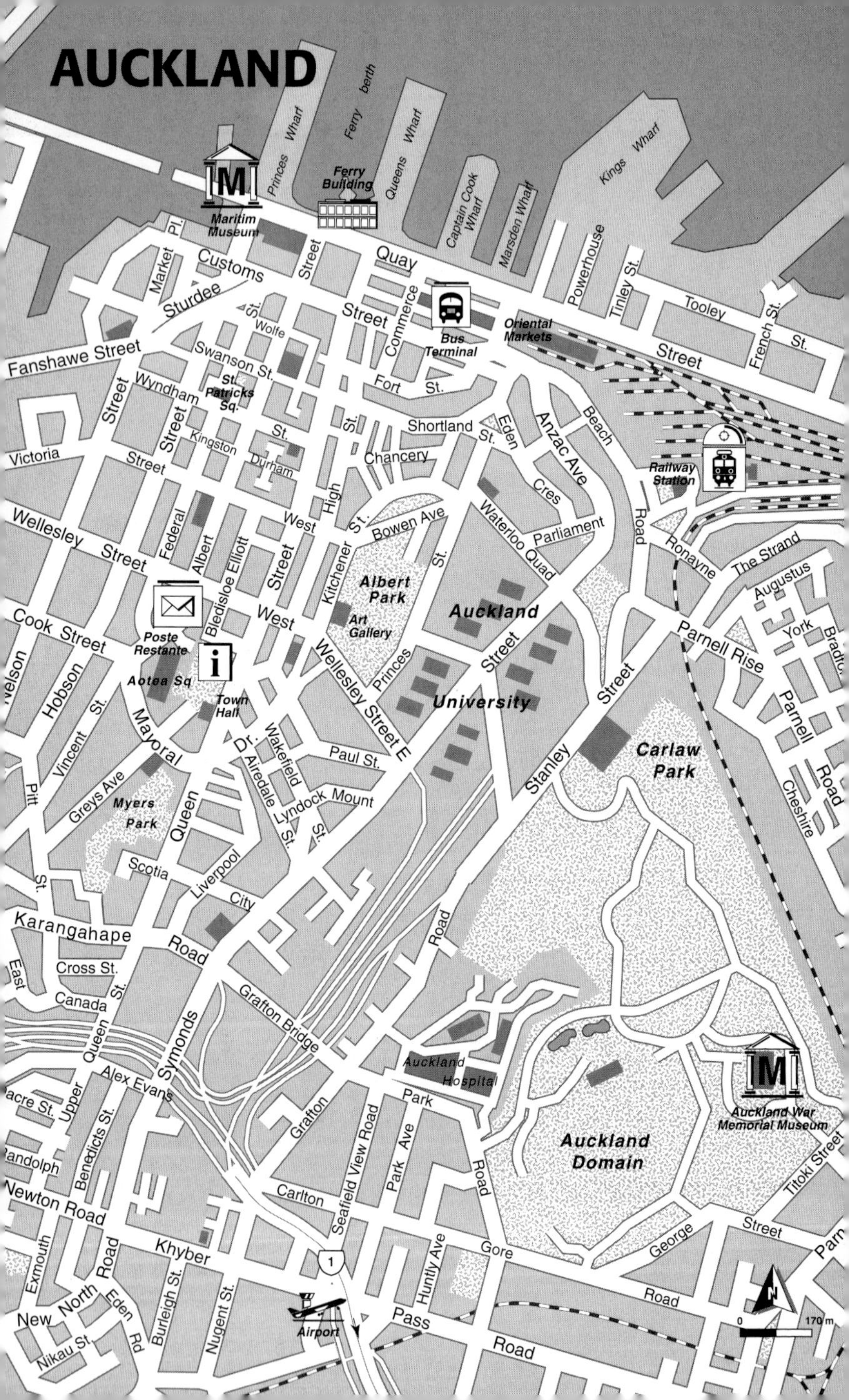
Princes Wharf
Ferry berth
Queens Wharf
Ferry Building
Captain Cook Wharf
Marsden Wharf
Kings Wharf
Maritim Museum
Quay Street
Customs Street
Market Pl.
Sturdee St.
Powerhouse
Tinley St.
Tooley Street
French St.
Bus Terminal
Oriental Markets
Commerce St.
Fanshawe Street
Wolfe St.
Swanson St.
Fort St.
Wyndham Street
St. Patricks Sq.
Shortland St.
Eden Cres
Anzac Ave
Beach Road
Railway Station
Victoria Street
Kingston St.
Durham St.
High St.
Chancery
Wellesley Street
West St.
Bowen Ave
Waterloo Quad
Parliament St.
Federal St.
Albert St.
Bledisloe Elliott Street
Kitchener St.
Albert Park
Art Gallery
Auckland University
Ronayne
The Strand
Augustus
York
Bradford
Parnell Rise
Parnell Road
Cook Street
Poste Restante
Aotea Sq
Town Hall
Wellesley Street E
Princes St.
Symonds Street
Stanley Street
Carlaw Park
Nelson
Hobson St.
Vincent St.
Mayoral Dr.
Wakefield St.
Paul St.
Airedale St.
Lyndock St.
Mount St.
Pitt St.
Greys Ave
Myers Park
Queen St.
Cheshire
Scotia Pl.
Liverpool St.
City Road
Karangahape Road
East St.
Cross St.
Canada St.
Grafton Bridge
Grafton Road
Auckland Hospital
Park Road
Upper Queen St.
Alex Evans St.
Macre St.
Benedicts St.
Randolph St.
Newton Road
Seafield View Road
Park Ave
Carlton Gore Road
Auckland Domain
Auckland War Memorial Museum
Titoki Street
George Street
Parnell
Exmouth St.
Khyber Pass Road
Burleigh St.
Nugent St.
Huntly Ave
Airport
Road
New North Road
Eden Rd
Nikau St.
1
N
0
170 m

Läden Cafés, Galerien und historische Stadtgeschichte finden sich bei Spaziergängen durch **Ponsonby** und **Parnell**.

Drinnen und draußen gleichermaßen beeindruckend ist das **Auckland War Memorial Museum**, Auckland Domain Tel. (09) 3090443, täglich von 10 bis 17 Uhr geöffnet, kostenlose Führungen. Vom Bus Terminal an der Commerce Street mit Linie 645 oder 655, vom Ferry Building an der Quay Street mit dem Explorer Bus zu erreichen.

Von polynesischer zur europäischen Segelgeschichte reicht das Ausstellungsgut im Hobson **Wharf Maritime Museum**, Western Viaduct, Waterfront, geöffnet Mo bis Do 10 bis 18 Uhr, Fr bis So 10 bis 21 Uhr, Tel. (09) 3581019.

Vielseitige Technikgeschichte beherbergt das **Museum of Transport and Technology**, Great North Road (Bus 045 von der Customs Street East), Mo bis Fr 9 bis 17 Uhr, Sa und So 10 bis 17 Uhr, Tel. (09) 8460199.

Wem es gefällt: Unter den Meeresspiegel und neuerdings ins ewige Eis der Antarktis entführt **Kelly Tarlton's** nachgebaute Wunderwelt, Tamaki Drive, Orakei, täglich von 9 bis 21 Uhr geöffnet, Tel. (09) 5280603.

Mit Sicherheit ein Gewinn ist der Besuch der **City Art Gallery**, Kitchener Street (neben dem Albert Park). Mo bis So von 10 bis 16.30 Uhr geöffnet.

Multikulturelle Atmosphäre läßt sich an der **Karangahape Road**, der ehemaligen polynesischen Lebensader Aucklands, schnuppern. Sehr lebendig ist der **China Oriental Market**, Ecke Quay Street und Britomart Place, täglich von 9 bis 16 Uhr. Mitten in der größten polynesischen Gemeinde findet jeden Samstag von 6 bis 12 Uhr der **Otara Fleamarket** auf dem Parkplatz des Otara Shopping Centre und der Otara Community Hall, Newburn Street, statt (geht von der East Tamaki Street ab).

Zehn Minuten von der Queen Street liegt der **Victoria Park Market** an der Victoria Street West (auch mit Explorer Bus zu erreichen), Mo bis So von 9 bis 19 Uhr.

Über die diversen **Harbour and Island Cruises** informiert ein Besuch des Fuller Cruise Centre an der Rückseite des Ferry Building oder Tel. (09) 3771771.

Unterkunft

International Backpackers Parnell, 8 Maunsell Road, Parnell, Auckland, Tel. (09) 3584584. Hier lassen sich Veranstaltungen von «Kiwi Experience», «Magic Bus» und «Green Beetle» buchen.

Berlin Lodge, 5 A Oaklands Road, Mt Eden, Auckland, Tel. (09) 6386545. Ein Anruf aus der Stadt, und man wird abgeholt.

Central City Backpackers, 26 Lorne Street, Tel. (09) 3583685.

Auckland City YHA Hostel, Ecke City Road und Liverpool Street, Tel. (09) 3092802. Ein ehemaliges Hotel mit Blick über die Queen Street.

Etwas teurer: **Aspen Lodge Bed and Breakfast Tourist Hotel**, 62 Emily Place, Tel. (09) 3796698.

Ascott Parnell, 36 St. Stephens Avenue, Tel. (09) 3099012.

Es gibt auch einen Campingplatz in der Stadt: **Remuera Motor Lodge And Camping Ground**, 16 A Minto Road, Remuera, Tel. (09) 5245126. Vom Southern Motorway die Abfahrt Green Lane nehmen, dann zur Remuera Road hinauf und oben auf dem Berg rechts in die Minto Road.

Essen und Trinken

Gopals Vegetarian Restaurant, 291 Queen Street, bietet Hare-Krishna-Küche.

Ebenfalls vegetarisch, von Pie bis Pasta, ist **Simple Cottage**, 50 High Street.

Café Birak, 167 Parnell Road, hat Holzkohlen-Hähnchenfilet und gegrilltes Lamm mit Wildreis.

Das **Rupian Cafe** in der Vulcan Lane öffnet schon um sieben Uhr.

Fünf Dollar kostet das Frühstück im **Birdcage**, 133 Franklin Street, Ponsonby.

Im **Prego**, 226 Posonby Road, dauert es nicht lange, bis die Pizza kommt.

Rockmusik zum Filetsteak bietet **Rogues Bar & Cafe**, 161 Symonds Street, City.

Wer einen Ausflug nach Devonport mit einem Fischessen verbinden möchte: **Something Fishy** (BYO), 71 Victoria Road, Devonport.

Ein Cappuccino im **Verona**, 169 Karangahape Road, und man hat einen Blick auf Aucklands Alternativ-Szene geworfen.

Ebenfalls auf der K-Road mit interessantem Publikum und gutem Essen: **Urbi et Orbi**.

Notfälle

Polizei, Feuerwehr, Krankenwagen, Tel. 111.

Zahnärztlicher Notdienst, Tel. 5206609.

Auckland Hospital, Park Road, Grafton, Tel. 3797440.

Greenlane Hospital, Greenlane Road, Tel. 6389909.

Initiativen

Auckland Epicentre, Queen Elizabeth II Square, Tel. (09) 3034319.

Greenpeace, Environmental Store, 16 High Street, Tel. (09) 3779893.

Friends of the Earth, 64 a Symonds Street, Tel. (09) 3034319.

Royal Forest and Bird Protection Society, Cathay Herbal House, Ecke St. Pauls und Airedale Street, Tel. (09) 3033079.

Buchläden

The Government Bookshop, 25 Rutland Street, Tel. (09) 3032919.

University Book Shop, 2 Lorne Street (Ecke Victoria Street) und 34 Princes Street (auf Uni Campus), geöffnet Mo bis Fr 8.30 bis 17.30 Uhr, Sa 9.30 bis 13.30 Uhr, Tel. (09) 3771869. (Frauenbuchladen: siehe «Frauen»)

Musik und Unterhaltung

Live Jazz gibt es im **Cause Celebre**, High Street; ebenso im **Kamariera**, 222 Ponsonby Road; Disco, Laser Lightshow und late night dancing bietet **Coliseum**, Jack Conway Avenue, Manukau. Der «Pacific Sound» in dem populären Nightclub ist umwerfend, geöffnet Mi bis Sa 20.30 bis 5.00 Uhr. Ebenfalls in Manukau: **Studio X**, 1 Ronwood Avenue, täglich 11 Uhr bis spät in die Nacht. Live-Bands präsentiert auch **Gluepot**, 283 Ponsonby Road. In **Limitz Bar and Cafe**, 51 High Street, gibt's alkoholfreie Getränke. **Shakespeares Tavern**, Ecke Albert und Wyndham Street, ist eine kleine Privat-Brauerei.

Viele City-Kinos liegen auf der Queen Street. Im Norden: **Devonports Twin Cinemas** findet man auf der Victoria Road, Tel. (09) 4454470. Im Süden liegt Neuseelands größter Kinokomplex: **Village 6 Cinema Complex**, Lakewood Court, Manukau, Tel. (09) 2634420.

Coromandel

Coromandel schiebt sich als Halbinsel östlich Aucklands nach Norden und teilt den Hauraki-Golf vom Pazifischen Ozean. Mit kleinen vorgelagerten Inseln, sehr schönen Sandstränden, dichtbewachsenen Bergrücken und buschreichen Tälern ist das überwiegend vom Department of Conservation verwaltete Gebiet ein Paradies zum Wandern, Schwimmen und Radfahren. Die Westküste ist gesäumt von alten Pohutakawa-Bäumen, der isolierte Nordosten bietet einsame Sandbuchten, die Ostküste grandiose Naturkulisse und heiße Quellen am Strand. Überall in der Region weisen historische Überbleibsel auf die frühe Besiedlung hin, als Gold gesucht und Kauri-Bäume gefällt wurden. Die größte Stadt ist Thames mit 6500 Einwohnern.

Information

Thames Information Centre, 405 Queen Street, Tel. (07) 8687284, Mo bis Fr 9 bis 17 Uhr, Sa und So 10 bis 15 Uhr geöffnet.

Department of Conservation Information Centre, Kauaeranga Valley, Tel. (07) 8686381, 8 bis 16 Uhr geöffnet.

Whitianga Information Centre, Albert Street, Tel. (07) 8665555, Mo bis Fr 9 bis 17 Uhr, Sa und So 10 bis 15 Uhr.

Green Spot Environment Centre, Railway Station, Queen Street, Thames, Tel. (07) 8689493.

Es gibt ein **Coromandel Busplan-Ticket** mit Hin- und Rückfahrt von Auckland, Rotorua oder Tauranga nach Thames. Damit lassen sich 20 Prozent vom Einzelfahrpreis sparen. Die Stationen, die mit dem Ticket abgefahren werden können, sind Coromandel, Whitianga, Hahei / Hot Water Beach, Tairua, Opoutere und zurück nach Thames.
Das Ticket gilt für Murphy Buses, Kiwi Safaris, Intercity und Kiwi Experience. Mit letzteren kann anschließend bis zu den Waitomo Caves weitergefahren werden.
Zu bekommen ist das Ticket (65 Dollar, Stand: September 1994) in Backpacker Hostels, Travel Centres, City Information Centres und Bus Ticket Offices. Nähere Informationen im Busplan-Hauptbüro, Thames, Tel. (07) 8688808.

Wer mit dem Auto oder Fahrrad unterwegs ist, sollte daran denken, daß die Straßen auf Coromandel sehr kurvig, steil und teilweise auch nicht asphaltiert sind. Bei der Reiseplanung lieber gleich etwas mehr Zeit veranschlagen.
Fahrräder können in den meisten Orten gemietet werden, so auch in Thames bei der **Sunkist Lodge**, 506 Brown Street, Tel. (07) 8688808.

Von November bis März besteht die Möglichkeit, von Coromandel über Waiheke Island zurück nach Auckland zu segeln. Buchung im Coromandel Information Centre. Für den umgekehrten Segeltörn bei der **Outdoor Adventure Company**, Tel. (09) 3585868, im Auckland Ferry Building nachfragen.

Sehenswertes

Thames gilt als Tor zur Coromandel-Halbinsel. Nachdem in der Region Gold gefunden wurde, entwickelte sich die Stadt um die Jahrhundertwende zu einer der größten Siedlungen Neuseelands. Das **Thames Historical Museum** ist im Sommer täglich von 11 bis 16 Uhr geöffnet.

Das **Kauaeranga Valley** im State Forest Park wird von mehr als 20 Walking Tracks durchzogen. Detaillierte Informationen gibt es im Visitor Centre des Department of Conservation, 13 Kilometer östlich von Thames. Ein Tagesmarsch (fünf Stunden) ist der **Waiotahi / Karaka Walk** mit Start und Ziel in Thames. Der Weg folgt dem Waiotahi-Fluß, führt dann in dichtem Wald (am besten lange Hosen tragen) bis zur Karaka-Waiotahi-Kreuzung. Von hier aus dem Karaka-Fluß wieder zurück nach Thames folgen. Über die Goldsuche im Norden informiert in **Coromandel** das **School of Mines Museum**, im Sommer von 10 bis 12 und von 14 bis 16 Uhr geöffnet. Die **Coromandel Stamper Battery** auf der Rings Road demonstriert, wie aus zerstampftem Erz Gold gewonnen wird. Im Sommer von 13

bis 15 Uhr geöffnet. Die **Driving Creak Railway** des neuseeländischen Töpfers Barry Brickell, im Norden der Stadt an der Kennedy Bay Road, fährt im Sommer um 17.05 Uhr und im Winter um 16.05 Uhr.
Der sieben Kilometer lange **Coromandel Walkway** führt am Nordzipfel von der Ost- zur Westküste. Zurück kann man auch mit dem Sea-Kayak rudern.

Whitianga bietet sich als Standort für Strandausflüge in die **Mercury Bay** an. Etwas südlicher liegt der herrliche **Hahei Beach**. Von einem Parkplatz über dem Ort führt ein 45-Minuten-Walk zur **Cathedral Cove**, wo man bei Ebbe durch einen Felsendom am Strand gehen kann. Am **Hot Water Beach**, wieder ein paar Kilometer südlich, kann jeder seinen eigenen Warmwasser-Pool am Strand graben. Achtung: Das klappt aber nur zwei Stunden vor und nach dem Ebbe-Tiefstand des Wassers. **Waihi** ist eine andere ehemalige Goldmining-Town, in der heute wieder Gold abgebaut wird. Informationen für Touren: **Waihi Gold Co. Information Centre**, Seddon Street, Tel. (07) 863 81 92, täglich 9 bis 17 Uhr geöffnet.

Unterkunft

Sunkist Lodge, Backpackers Hostel, 506 Brown Street, Thames, Tel. (07) 868 88 08. Ein ehemaliges Hotel aus dem Jahre 1860.

Hotel Imperial, Pollen Street, Thames, Tel. (07) 868 62 00. Live-Musik am Wochenende, bietet Lunch und Dinner.

Tui Lodge, 600 Whangapoua Road, Coromandel, Tel. (07) 866 82 37, zwischen Obstgärten und Farmland, auch Zeltplätze.

Meilen entfernt von der Zivilisation: **Fletcher Bay Backpackers**, Tel. (07) 866 89 89.

Coromandel Hotel, Main Road, Tel. (07) 866 87 60.

Coromandel Backpackers Lodge, 46 Buffalo Beach Road, Whitianga, Tel. (07) 866 53 80. Bietet Blick über den Strand, nicht weit, um morgens Muscheln zu suchen.

Buffalo Beach Tourist Park, Whitianga, Tel. (07) 866 58 54.

Rustikale Country Atmosphäre mit Kiwi-Originalen: **Coroglen Tavern**, am Highway 25, nördlich der Abzweigung zum Hot Water Beach, Tel. (07) 866 38 09.

Golden Cross Hotel, Ecke Rosemont Road und Kennedy Street, Waihi, Tel. (07) 865 83 23.

Essen und Trinken

Takeaway Pizzas, Steaks und Fischplatten gibt es im **Old Thames Restaurant**, 705 Pollen Street.

Auch Vegetarisches bietet das **Easy Street Café**, Sealey Street, Thames.

Kuchen, Doughnuts und Pizza hat das **Coromandel Bakehouse**, Wharf Street.

Vollkorn-Gebackenes, vegetarische Küche und Cappuccino findet man im **Star & Carter Deli and Cafe**, Wharf Road.

Sehr gutes Essen bis spät abends, gehobene Preisklasse, bietet **CC's Restaurant**, 20 The Esplanade, Whitianga.

Auf Fisch hat sich **Snapper Jacks**, Ecke Monk und Albert Street, Whitianga, spezialisiert.

Rührende Betreuung und gutes Essen, umgeben von einer Wanddekoration aus englischen Geschirrtüchern, gibt es in **Jacqui's Restaurant & Tearooms** (BYO), 14 Haszard Street, Waihi. Als Nachtisch zu empfehlen: Devil's Delight.

Das Zentrum

Im Zentrum der Nordinsel treffen viele Superlative aufeinander: Hier liegt Neuseelands größter Binnensee, der Lake Taupo (606 Quadratkilometer). Durch ihn fließt der Waikato River, mit 425 Kilometern der längste Fluß des Landes, nach Norden durch fruchtbarstes Farmland. Industrie- und Geschäftszentrum der Waikato-Region ist Hamilton, mit 100000 Einwohnern die größte Binnenstadt Neuseelands.
Das Land rund um Hamilton ist reich an Maori-Geschichte. Der Sitz der Maori-Könige liegt nicht weit entfernt in Ngaruawahia. In das südwestliche, zerklüftete «King Country» zogen sich vor hundertfünfzig Jahren viele lokale Maori auf der Flucht vor der europäischen Besiedlung zurück. Hier liegen die Waitomo Caves mit ihren unterirdischen Flüssen und Millionen Glühwürmchen.
Nordöstlich des Sees dampft es aus Erdspalten und blubbert in heißen Wasser- und Schlammlöchern. Rotorua (50000 Einwohner) hat sich durch zielstrebige Vermarktung der Thermalquellen zur interessanten Region für viele Besucher entwickelt.

Hamilton und Waikato

Informationen

Tourism Waikato Information Centre, im Municipal Building, Anglesea Street, Hamilton, Tel. (07) 8393360. Vermittelt auch Farmaufenthalte.

Department of Conservation, London Street, Hamilton, Tel. (07) 8383363.

Green Scene, 390 Victoria Street, Hamilton, Tel. (07) 8391079.

Sehenswertes

Für die Maori-Stämme von Waikato ist ihre königliche Residenz, das **Turangawaewae marae** in Ngaruawahia, von großer Bedeutung. Einmal im Jahr, zum großen Regatta-Tag im März, steht es allen Besuchern offen. Nähere Informationen: (07) 8248633.

Der stille Küstenort **Raglan** erwacht im Sommer zum Leben, wenn wasserhungrige Binnenländer und vor allem Surfer in Scharen kommen. Vor dem Ort zweigt die Te Mata Road nach Süden zu den sechzig Meter hohen **Bridal Veil Falls** ab. Von oben und unten gleichermaßen beeindruckend.

Interessante Kultur und gutes Essen gibt es beides im **Waikato Museum of Art and History**, Grantham at Victoria Street, Hamilton, Tel. (07) 8386533, täglich geöffnet von 10 bis 16.30 Uhr. Wer auch in der Stadt sein Wanderpensum erledigen will: Am Ufer des Waikato River liegen viele Grünanlagen, durch die schöne **River Walks** führen. Vom Cobham Drive geht es zu den **Hamilton Gardens**.

Acht Kilometer südwestlich Hamiltons strahlt der erste **Mormonentempel** der Süd-Hemisphäre ganz in weiß durch grüne Parklandschaft. Man darf zwar nicht hineingehen, hat aber von Templeview einen schönen Blick über den Waikato River.

Zwanzig Kilometer südöstlich liegt am Highway 1 das kleine Städtchen **Cambridge**. Doch Ähnlichkeiten mit dem englischen Namensvetter wollen sich nicht einstellen.

Die Attraktion der Region sind die **Waitomo Caves**, knapp 80 Kilometer südlich Hamiltons, bei Hangatiki vom Highway 3 abfahren. Der unterirdische Abenteuerspielplatz hat vom Abseilen in schwindelnde Tiefen und dem Dahintreiben auf Gummireifen durch dunkle, nur von Glühwürmchen erleuchtete Flußarme, viel Spektakuläres zu bieten. Buchen kann man im **Museum of Caves**, dem Informationszentrum, täglich von 8.30 bis 17.30 Uhr geöffnet, Tel. (07) 8787640.

Unterkunft

Helen Heywood YHA Hostel, 1190 Victoria Street, Hamilton, Tel. (07) 8380009. Man darf auch spät kommen.

Municipal Motor Camp, 1 Ruakura Road, Hamilton, Tel. (07) 8558255. Zwei Kilometer vom City Centre.

Cambridge Country Lodge, Peake Road, Cambridge, Tel. (07) 827 83 73.

Te Aroha Holiday Motor Park, Stanley Road, Te Aroha, Tel. (07) 884 95 67. Die Besitzerin hat gute Kontakte zu lokalen Umweltgruppen.

Die billigste Backpacker-Unterkunft an den Waitomo-Höhlen: **HTG Lodge**, Tel. (07) 878 74 42. Im Museum nachfragen. Einen Kilometer entfernt: **Juno Hall**, Tel. (07) 878 76 49. Waitomo Store Campground, Tel. (07) 878 76 39. Im Laden die Plätze buchen

Essen und Trinken

Auf Hamiltons Victoria Street liegen die meisten Cafés und Restaurants. **Oscars Kitchen**, 244 Victoria Street, hat asiatische Küche.

Viele Burger bietet **Totally Burgered**, 789 Victoria Street.

Italienisches gibt es in **Adriana's Restaurant**, 6 Alma Street. Wer sich schon immer mal am Nachtisch sattessen wollte: **Death by Chocolate Dessert Restaurant**, 783 Victoria Street, Hamilton.

Lasagne und Quiches verkauft **Frans Café**, 62 c Victoria Street, Cambridge.

Ohaki Cafe im Maori Village, Waitomo Caves, bietet kleine Mahlzeiten im Busch.

Rotorua

Informationen

Tourism Rotorua, 67 Fenton Street, Tel. (07) 348 51 79, Fax (07) 348 60 44, täglich von 8 bis 17.30 Uhr geöffnet.

Department of Conservation, Long Mile Road, Tel. (07) 346 11 55, wochentags 8 bis 17 Uhr, Wochenende 9 bis 17 Uhr.

Rotorua Environcentre, 183 Kawaka Point Road, Tel. (07) 347 91 79.

Sehenswertes

Das **Whakarewarewa Thermal Reserve** ist das dichteste Thermalgebiet der Stadt. Wie auch das **New Zealand Maori Arts & Crafts Institute** liegt es an der Hemo Road, Tel. (07) 348 90 47. Traditionelle Schnitzkunst vor dampfender Erde, eine beeindruckende Mischung.

In den **Government Gardens** gehen Bowling-Damen und Crocket-Spieler ihrem Rasensport nach. Das dahinter liegende **Rotorua Art and History Museum** bietet Einblicke in Kultur und Katastrophen der Vergangenheit. Wochentags von 10 bis 16.30 Uhr und am Wochenende von 13 bis 16.30 Uhr geöffnet, Tel. (07) 349 83 34.

Am Nordende der Stadt liegt das Maori-Dorf **Ohinemutu** am Seeufer, wo europäische und polynesische Baukultur aufeinanderstoßen. Zur **Mokoia Island**, in der Mitte des Sees gelegen, werden im Sommer Bootsausflüge mit Barbecue angeboten.

Unterkunft

Die thermalbeheizte **Ivanhoe Lodge** liegt im Stadtzentrum Rotoruas, 54 Haupapa Street, Tel. (07) 348 69 85.

Öffnungszeit rund um die Uhr und eigenen Schlüssel bietet **SPA Backpackers Lodge**, 69 Amohau Street, Rotorua, Tel. (07) 348 34 86.

Colonial Inn YHA Hostel, Ecke Eruera und Hinemaru Streets, Rotorua, Tel. (07) 347 68 10. Eigener Thermalpool.

Nicht weit vom Thermalgebiet: **Rotorua Thermal Holiday Park**, Old Taupo Road, gegenüber dem Golfplatz, Tel. (07) 346 31 40.

Bed and Breakfast bietet das **Morihana Guest House**, 20 Toko Street, Tel. (07) 348 85 11.

Essen und Trinken

Nach einem Rundgang durch die Government Gardens kann man sich in den **Orchid House Tearooms** stärken.

The Coffee Bean, Tutanekai Street, bietet leichte Kost und Cappuccino.

Ravioli, Spaghetti und Pizza gibt es im **La Pizza Forno**, 23 A Amohia Street.

Vegetarisches und gute Salate hat **Roundabout Bar and Café**, 83 Arawa Street, 1. Stock.

Kalifornische Cuisine kann man im **Café Alzac**, 59 Awara Street, probieren.

Viele Hotels bieten als Touristenattraktion Maori-Konzerte mit einem Hangi an. Wer das Geld ausgeben möchte (etwa 40 Dollar), hat in Rotorua die größte Auswahl, um von dieser Maori-Küche zu kosten.

Umgebung

Ein Blick in den Krater des **Mount Tarawera** ist beeindruckend. Nur muß etwas tiefer in die Reisekasse gegriffen werden, um per Helikopter oder Geländewagen hinaufzukommen.

Im **Buried Village** können die Folgen des Vulkanausbruchs von 1886 betrachtet werden. Zu erreichen über die Tarawera Road, die an den schönen **Blue** und **Green Lakes** vorbeiführt und am **Lake Tarawera** endet.

Die anderen Thermalgebiete liegen östlich und südlich Rotoruas: zum **Hell's Gate** geht es nach zehn Kilometern vom Highway 30 Richtung Whakatane ab, zum **Waimangu Thermal Valley** sind es knapp 30 Kilometer auf dem Highway 5. Das farbenprächtigste Thermalgebiet liegt bei **Waiotapu**, noch ein Stück weiter südlich.

Taupo und Tongariro

Informationen

Information Taupo, 13 Tongariro Street, Tel. (07) 378 90 00, täglich 8.30 bis 17 Uhr.

Wairakei Geothermal Information Centre, State Highway 1, Tel. (07) 374 82 16, täglich 8 bis 12 und 13 bis 16.30 Uhr.

Whakapapa Visitor Centre, Whakapapa Village, Mount Ruapehu, Tel. (07) 892 37 29, täglich geöffnet von 8 bis 17 Uhr.

Department of Conservation, Tongariro / Taupo Conservancy, Turangi, Tel. (07) 386 86 07.

Sehenswertes

Auch in der Taupo-Region gibt es Thermalgebiete: das **Wairakei Natural Thermal Valley** geizt nicht mit Dampf und spektakulären Namen wie «Satan's Little Garden» oder «Devil's Throat». Die Verwandlung von heißer Luft in Strom demonstriert die **Wairakei Geothermal Power Station**, gleich neben dem Highway 1. Nicht weit entfernt liegen die **Craters of the Moon**. An den **Huka Falls** rauscht der klare Waikato River durch eine Felsenschlucht. Wie klar das Wasser des Flusses ist, sieht man auch von der vierzig Meter hohen Plattform des **Taupo Bungy** an der Spa Road.

Je nach Jahreszeit sind im Tongariro National Park Tramping oder Skiing angesagt. Der **Tongariro Crossing Track** führt als Tagestour quer durch die faszinierende Vulkanlandschaft. Im Winter herrscht am Mount Ruapehu Hochbetrieb auf den Skigebieten von **Whakapapa, Tukino und Turoa**.

Unterkunft

Sunset Lodge, 5 Tremaine Avenue, Taupo, Tel. (07) 378 59 62. Kleinstes Hostel mit Seeblick.

Kostenloses Frühstück bietet **Burkes Backpackers**, 69 Spa Road, Taupo, Tel. (07) 347 09 31.

Taupo Hostel (YHA), 56 Kaimanawa Street, Tel. (07) 378 33 11. 500 Meter bis zum See.

Howard's Lodge, Carroll Street, National Park, Tel. (07) 892 28 27. Transport zu den Tracks möglich.

Whakapapa Holiday Park, Whakapapa Village, Tel. (07) 892 38 97.

Wer in einmaliger Umgebung mindestens 100 Dollar für eine Nacht ausgeben will: **THC Chateau Tongariro**, Tel. (07) 892 37 09. Es ist nicht zu übersehen.

Essen und Trinken

Nonni's Café and Restaurant, Ecke Tongariro Street und Seefront, italienische Küche.

Replete Food Company, 45 Heu Heu Street. Neuseeländischer Käse, Antipasta und Salate.

Der Osten

Mehr als 300 Kilometer windet sich die Küstenstraße (Highway 35) um das East Cape an menschenleeren Stränden und unberührtem Buschland vorbei. In die äußerste Ostecke des Landes, hinter die hohen Raukumara-Berge, kommen nur wenige Besucher. Für die meisten ist an den sonnigen, im Sommer überlaufenen Urlaubszentren der nördlichen Bay of Plenty mit Neuseelands größtem Stückguthafen Tauranga (53000 Einwohner), der südlichen Hawke Bay mit ihren Obstgärten, der Tölpel-Kolonie am Cape Kidnappers oder der Art-déco-Architektur Napiers (53000 Einwohner) Endstation.
Dabei bietet der Osten mit Gisborne als größte Stadt (32000 Einwohner) viel vom ursprünglichen Neuseeland: Natur pur und Maori-Schnitzkunst an Kirchen und Versammlungshäusern, denen noch keine touristischen Etiketten angehängt wurden. Im größten Urwaldgebiet des Landes, dem Urewera National Park, liegt der Lake Waikaremoana in stiller Schönheit. Zeit scheint hier keine Rolle zu spielen.
Doch viele Einheimische macht dieser Anblick unberührter Landschaft nicht satt. Sie wandern aus Mangel an Arbeitsplätzen aus den kleinen Orten mit einer Handvoll Häuser ab in städtische Regionen. Sie müssen zwangsweise die zeitlose Idylle gegen die Stechuhr eines Acht-Stunden-Tages tauschen.

Bay of Plenty

Informationen

Tauranga Information Centre, The Strand, Tel. (07) 5788103, Mo bis Fr 8 bis 17 Uhr, Sa 8 bis 12.30 Uhr, So 8 bis 15 Uhr.

Mount Maunganui Information Office, Salisbury Avenue, Tel. (07) 5755099, Mo bis Fr 8.30 bis 16 Uhr, Sa und So 9 bis 13 Uhr.

Department of Conservation, McLean Street, Tauranga, Tel. (07) 5787677.

Whakatane Information Office, Boon Street, Tel. (07) 3086058, Mo bis Fr 9 bis 17 Uhr, Sa und So 10 bis 14 Uhr.

Sehenswertes

Der Blick vom **Mount Maunganui** hinunter auf den schönen Strand bietet ein herrliches Küstenpanorama. Für erholungsbedürftige Muskeln gibt es **Hot Saltwater Pools** am Fuß des Berges. Ein idealer Ort zum Schwimmen und für stundenlange Strandspaziergänge ist der **Papamoa Beach**.

Alles über die Kiwi-Frucht erfährt man im **Kiwifruit Country** südlich von Te Puke.

Fünfzig Kilometer vor der Küste Whakatanes liegt die **White Island**, Neuseelands aktivster Vulkan. Die Insel ist per Boot oder Helikopter zu erreichen. Mit rechtzeitiger Vorausbuchung beim DOC, 28 Commerce Street, Tel. (07) 3087213, ist auch ein Besuch der **Whale Island** möglich.

Unterkunft

Bell Lodge, 39 Bell Street, Tauranga, Tel. (07) 5786344. Ein stadtnahes Luxus-Hostel in Parklage.

Waireinga YHA Hostel, 171 Elizabeth Street, Tauranga, Tel. (07) 5785064. Zentral gelegen, 200 Meter zum nächsten Supermarkt.

Papamoa Beach Holiday Park, Papamoa Beach Road, Tel. (07) 5420816. Sehr schön direkt am Strand gelegen (leider einige Sandflies).

Essen und Trinken

Frühstücksspezialist ist: **Monterey Coffee Shop and Dairy**, Cameron Raod, Tauranga.

Seafront Coffee Lounge hat Takeaways and Sandwiches, Ecke The Strand und Wharf Street.

Livemusik und gute Pub-Meals bietet **Cobb & Co**, Cameron Road, Greerton (Süd-Tauranga).

Im **Coastlands Takeaways**, 1076 Papamoa Beach Road, bekommt man chinesisches Essen zum Mitnehmen.

Etwas teurer direkt vor dem Campingplatz: **Bar Bluebiyou**, Papamoa Beach Road.

Marshalls Coffee Shop, Ecke Boon Street und The Strand,

Whakatane. Wieder mal ein gutes Frühstück und Salate.

East Cape

Informationen

Eastland & Gisborne District Information Centre, 209 Grey Street, Gisborne, Tel. (06) 8686139, täglich 8.30 bis 17 Uhr geöffnet.

Department of Conservation, 63 Carnarvon Street, Gisborne, Tel. (06) 8678531; wochentags 8 bis 16.30 Uhr.

The Earth Centre, 37 Bright Street, Gisborne, Tel. (06) 8678944.

Opotiki Visitor Information Centre, Bridge Street, Tel. (07) 3158484, Mo bis Fr 9 bis 16.30, Wochenende 8.30 bis 16.30 Uhr.

Department of Conservation, Ecke Elliot und St. John Street, Tel. (07) 3156103, wochentags 8 bis 16.30 Uhr.

Sehenswertes

Die Strände von **Ohiwa** und **Waiotahi** sind mehr als nur einen Blick wert. Am Nordende der Church Street, gegenüber der **St. Stephen's Church**, gewährt das **Opotiki Museum** einen Einblick in harte Zeiten früherer Jahre.

Stationen auf der Küstenstraße: das Meeting House in **Te Kaha, Whanarua Bay**, die weiße Anglikanische und die Katholische Kirche von **Raukokore, Hicks Bay, Te Araroa** mit dem größten und ältesten Pohutukawa-Baum und dem **East Cape Lighthouse**, die **Anglican Church** in **Tikitiki**. Am Ende der Tapuaeroa Valley Road, zwanzig Kilometer westlich von Ruatoria, beginnt der **Mount Hikurangi Track**, ein einsamer Weg, auf dem man sich im Nebel leicht verirren kann (sechs Stunden zum Gipfel).

Südlich von **Tolaga Bay** beginnt der leichter zu wandernde **Cooks Cove Walkway**.

Das Monument des Engländers steht in Gisbornes **James Cook Memorial Park**. Ein schönes Beispiel für Maori-Schnitzkunst ist das **Te-Poho-o-rawiri Meeting House**. **Gisbornes Museum and Art Gallery** ist Mo bis Fr von 10 bis 16 Uhr und am Wochenende von 14 bis 16.30 Uhr geöffnet.

Einer der schönsten Wanderwege im **Urewera National Park** ist der **Lake Waikaremoana Track** (50 Kilometer in drei bis fünf Tagen). Nähere Auskünfte gibt das **Te Urewera National Park Headquarter and Visitor Centre**, in **Aniwaniwa**, Highway 38, täglich 8 bis 12 und 13 bis 17 Uhr geöffnet.

Unterkunft

Opotiki Central Backpackers, 30 King Street, Tel. (07) 3155165. Im Stadtzentrum mit Veranda und Garten.

Hicks Bay Backpackers Lodge, Onepoto Beach Road Shop, Tel. (06) 8644731. Ein Stück Paradies.

House of the Rising Sun, Tokomaru Bay, Tel. (06) 8645858. Kostenlose Fahrrad- und Angelbenutzung.

Gisborne Backpackers, 690 Gladstone Road, Tel. (06) 8677141. 150 Meter zur Hauptstraße.

Gisborne YHA Hostel, 32 Harris Street, Tel. (06) 8673269. 24 Stunden geöffnet.

Waikanae Beach Holiday Park, Grey Street, Gisborne, Tel. (06) 8675634.

Essen und Trinken

In den Urewera National Park soviel Essen mitnehmen, wie man tragen kann. Am besten in Wairoa noch mal einkaufen.

The Establishment, Church Street (gegenüber der Post), Opotiki.

Leichte Kost vom Salat bis zum Seafood Dinner hat **Captain Morgan's**, 285 Grey Street, Gisborne. Gegrilltes gibt es im **Lyric Café**, 24 Gladstone Road.

Hawke Bay

Informationen

Napier Visitor Information Centre, Marine Parade, Tel. (06) 8357182, Mo bis Fr 8.30 bis 17 Uhr, Sa und So 9 bis 17 Uhr geöffnet.

Hastings District Information Office, Russell Street North, Tel. (06) 8760205,

Mo bis Fr 8.30 bis 17 Uhr, Sa 8.30 bis 12 Uhr. **Department of Conservation**, Marine Parade, Tel. (06) 8357369.

Napier Environment Centre, Clive Square West, Tel. (06) 8354626.

The Art Deco Shop, 163 Tennyson Street, Tel. (06) 8350022, Mo bis Fr 9 bis 17 Uhr und am Wochenende 10 bis 17 Uhr geöffnet.

Sehenswertes

Bei einem Bummel über die zwei Kilometer lange **Marine Parade** lassen sich viele Napier-Highlights erleben. Die frühe Geschichte der Hawke's Bay (inklusive eines zwanzigminütigen Films über das Erdbeben von 1931) präsentiert das **Hawke's Bay Art Gallery and Museum**, wochentags 10 bis 16.30, am Wochenende 13 bis 16.30 Uhr geöffnet.

Eine Erdbebensimulation (man fühlt es tatsächlich) ist die Attraktion des **Stables Museum**, 321 Marine Parade, täglich 9 bis 17 Uhr geöffnet.

Tierfreunde kommen im **Kiwi House**, im **Marineland** und im **Aquarium** auf ihre Kosten. Für sie empfiehlt sich auch ein Besuch der Gannet-Kolonie am **Cape Kidnappers**.

Sehr lohnend ist der Blick (allein oder unter sachkundiger Führung) auf Napiers **Art-déco-Architektur**. Führungen beginnen jeden Mittwoch und Sonntag (zwischen Dez. und Feb. häufiger) um 14 Uhr am Art Deco Shop.

Selbstgemachte Marmelade, Handwerkskunst und Kleidung gibt es sonnabends und sonntags von 8 bis 14 Uhr auf dem **Bay City Bazar** vor der Freilichtbühne.

Die **Mission Vineyards** in Greenmeadows ist die älteste Weinkellerei der Region und kann Mo bis Sa von 9 bis 17 Uhr und So von 13 bis 16 Uhr besucht werden.

Unterkunft

Farmatmosphäre und Reiten für 20 Dollar den halben Tag bietet das **Glenview Farm Hostel**, Aropaoanui Road, Highway 2 (32 Kilometer nördlich von Napier), Tel. (06) 8366232. Bei Anruf wird man von der Bushaltestelle an der Hauptstraße abgeholt.

Hastings Backpackers Hostel, 505 Lyndon Road East, Tel. (06) 8765888. Vermittelt Saisonarbeit auf den Obstplantagen.

Criterion Backpackers Inn, 48 Emerson Street Mall, Napier, Tel. (06) 8352059. Schlafen in historischer Art-déco-Atmosphäre.

Kennedy Park Camp, geht von der Kennedy Road in Marewa ab, Tel. (06) 8439126.

Essen und Trinken

Das **Courtyard Café** an der Ecke Hastings und Dickens Street, Napier, hat viel Auswahl zu günstigen Preisen.

Frische Fruchtsäfte und Eiscreme verkauft **Juices and Ices**, Ecke Clive Square und Emerson Street.

Mexikanisches und Italienisches serviert das **Hardrock Cafe** in der Hastings Street.

Neuseelands ältester Eiscreme-Hersteller, **Rush Munro's Icecream Garden**, sitzt in Hastings, 704 Heretaunga Street.

Der Westen

Ein majestätischer Vulkangipfel und ein märchenhaftes Flußtal sind die markantesten Landschaftsformen in der Westecke der Nordinsel. Der 2518 Meter hohe Mount Taranaki (Mt. Egmont) im Zentrum des Egmont National Park überragt weithin sichtbar den Distrikt Taranaki. Er steht auf einer Landzunge, die sich nach Westen ins Meer hinausschiebt. Auf den aschegedüngten Feldern grasen hauptsächlich Kühe. Ihre reichen Milcherträge sind die Basis für eine florierende Molkereiwirtschaft.
Das zweite wirtschaftliche Standbein Taranakis ist die Öl- und Gasindustrie. Große Förderanlagen auf dem Festland und vor der Küste gewinnen und verarbeiten die Rohstoffe. Mit dem Aufbau dieser Wirtschaftszweige entwickelte sich New Plymouth (46000 Einwohner) zum Wirtschaftszentrum der Region. Die Stadt, eine der ersten englischen Siedlungen in Neuseeland, steht auch auf historisch reichem Boden. Frühe Maori-Siedlungen und Kolonialgebäude sind die sichtbaren Beweise.
Der Whanganui River entspringt auf der Westseite des Mount Tongariro und fließt durch den Whanganui National Park über 317 Kilometer zur Tasman Sea. In Pionierzeiten diente der längste schiffbare Fluß des Landes Siedlern und Maori als Verkehrsweg, um miteinander Handel zu treiben. Trotz des Baus einer Straße konnte sich das Flußtal bis heute viel von seiner Urberührtheit bewahren. An der Flußmündung hat sich die Stadt Wanganui (41000 Einwohner) als Handels- und Kulturzentrum für das Landwirtschaft betreibende Hinterland einen Namen gemacht.

New Plymouth und Taranaki

Informationen

New Plymouth Public Relations Office, 81 Liardet Street, Tel. (06) 7586086, geöffnet Mo bis Fr 8.30 bis 17 Uhr, Sa und So 10 bis 15 Uhr.

Stratford Information Centre, Ecke Broadway und Miranda Street, Tel. (06) 7656708, geöffnet Mo bis Fr 9 bis 17 Uhr, Sa 9.30 bis 12 Uhr, Okt. bis März am Wochenende 10 bis 15 Uhr.

North Egmont Visitor Centre, am Ende der Egmont Road, North Egmont, Tel. (06) 7568710, zwischen Nov. und Ostern täglich von 9 bis 17 Uhr geöffnet, sonst 9.30 bis 16.30 und Di geschlossen.

Sehenswertes

Mehr als 300 Kilometer Tracks in allen Schwierigkeitsgraden durchziehen den vegetationsreichen **Egmont National Park**. Eine der beliebtesten Strecken ist mit 55 Kilometern der **Round-the-Mountain Track**, für den man fünf Tage veranschlagen sollte.

Das **Taranaki Museum** in New Plymouth stellt interessante Objekte zur regionalen Maori- und Pakeha-Geschichte aus. Es liegt an der Ecke Ariki und Brougham Street und ist Di bis Fr 10.30 bis 17 Uhr und am Wochenende von 13 bis 17 Uhr geöffnet.

Die **St. Mary's Church**, Vivian Street, ist die älteste Steinkirche Neuseelands aus dem Jahre 1846. Die Grabsteine auf dem Friedhof erzählen ihre eigene Geschichte.

Zeitgemäße Kunst Neuseelands und des Südseeraums präsentiert die **Govett Brewster Art Gallery**, King Street, Mo bis Fr 10.30 bis 17 Uhr und am Wochenende 13 bis 17 Uhr geöffnet.

Etwas ganz anderes: Eine Führung durch die örtliche **Power Station**, dem zweitgrößten Kraftwerk des Landes, gibt es Mi um 10 Uhr und So um 14 Uhr (über die St. Aubyn Street am Westende der Stadt).

Beleuchtete Brunnen und Wasserfälle sowie ein Tea House zwischen Rhododendron, Orchideen und Farnen bietet der **Pukekura Park** südlich der Gilbert Street. An ihn schließt sich der **Brookland Park** an.

Die Pioniertage Taranakis werden im **Taranaki Pioneer Village**, südlich Stratforts, am Highway 3, wieder lebendig. Mehr als 30 historische Gebäude können täglich von 10 bis 16 Uhr besucht werden.

Wer auf dem Weg nach Süden durch Hawera kommt und Elvis-Fan ist, sollte am **Elvis Presley Memorial Room**, 51 Argyle Street, halten. Aber vorher Kevin Wasley unter (06) 2787624 anrufen, damit jemand öffnet. Das **Tawhiti Museum** mit lebensgroßen Modellen aus der Taranaki-Geschichte liegt an der Ohangai Road.

Unterkunft

Hostel 69, 69 Mill Road, New Plymouth, Tel. (06) 7587153. Klein, mit schönem Blick auf den Mt. Taranaki.

Rotary Lodge, 12 Clawton Street, New Plymouth, Tel. (06) 7535720. Täglicher Shuttle zum Mt. Taranaki, ruhig, kleiner Laden und Waschmaschine.

Princes Tourist Court Motor Camp, 29 Princes Street, New Plymouth, Tel. (06) 7582566.

Camphouse, North Egmont. Näheres: North Egmont Visitor Centre, Tel. (06) 7568710.

Stratford Mountain House and Motel, East Egmont (Hotelpreise), Pembroke Road, Tel. (06) 7656100.

Essen und Trinken

Kauri Cottage Tearooms, Egmont Road, Egmont Village. Große Kuchenstücke.

Für eine richtige Mahlzeit: **Lucky's Restaurant**, Broadway Stratford.

Italienisches und Vegetarisches bietet **Bellissimo Café**, 38 Currie Street, New Plymouth.

Sehr empfehlenswert: **Citadel Café**, Powderham Street, New Plymouth.

Chinesisches zum Mitnehmen gibt es im **Lotus Chinese Takeaway**, 63 Devon Street.

Wanganui

Informationen

Wanganui Information Centre, 101 Guyton Street, Tel. (06) 3453286, Mo bis Fr 8.30 bis 17 Uhr, Wochenende 10 bis 14 Uhr.

Department of Conservation (Hauptverwaltung für Whanganui National Park), 299 Victoria Avenue, Wanganui, Tel. (06) 3452402.

Sehenswertes

Das **Wanganui Regional Museum** gilt als das schönste Regionalmuseum Neuseelands. Zu den Ausstellungsstücken gehört ein 23 Meter langes Kriegskanu, in dem noch einige Gewehrkugeln aus dem Jahre 1860 stecken. Das Museum im **Civic Centre** ist Mo bis Fr von 10 bis 16 und am Wochenende von 13 bis 16.30 Uhr geöffnet.

Zum Cultural and Civic Centre im Queens Park gehört auch die **Sarjeant Gallery** mit einem Kunstquerschnitt von modernen neuseeländischen Malern, Fotografien bis zu Cartoons aus dem Ersten Weltkrieg. Sie ist Mo bis Fr von 10.30 bis 16 Uhr, Sa und So 13.30 bis 16 Uhr geöffnet.

Einen weiten Blick über die Stadt bietet sich vom **Durie Hill**, auf den ein Fahrstuhl zum **War Memorial Tower** hinaufführt. Der Eingang zum Fahrstuhl liegt gegenüber der Wanganui City Bridge auf der Anzac Parade.

Auf dieser Ostseite des Flusses, an der Anaua Street, liegt die sehr schön durch Maori-Schnitzkunst verzierte kleine **St. Paul's Memorial Church**.

Ausflüge flußaufwärts in die unerschlossene Landschaft des **Whanganui River** können mit diversen organisierten Bootstouren (von Jet-Boat bis Kanu) oder eigenhändig unternommen werden. Kanus kosten 20 bis 40 Dollar pro Tag. Zeltplätze gibt es in Atene und Pipiriki.

Der 45 Kilometer lange **Matemateaonga Track** führt von Ramanui (nur mit Boot zu erreichen) quer über die Matemateaonga-Berge zur Mangaehu Road, knapp fünfzig Kilometer östlich von Stratfort (nähere Track-Infos beim DOC). An- und Abtransport für den Vier-Tage-Marsch (drei Hütten) müssen organisiert werden.

Unterkunft

The Riverside Inn, 2 Plymouth Street, Wanganui, Tel. (06) 3472529. River Trips können arrangiert werden.

Aramoho Holiday Park, 460 Somme Parade, Aramoho, City-Uferseite des Whanganui River, Tel. (06) 3438402.

Essen und Trinken

Dr. Johnson's Coffee Lounge, am Ende der Tudor-Court-Arkade, Whanganui, bietet Lunch für zwischendurch.

Viel Gesundheitskost hat das **Chamomile Whole Food Cafe**, 18 Maria Mall.

Steak und Salat hält das **Colonial Rooms Restaurant** in der Alma Road bereit.

Wellington und der Süden

Der Südzipfel der Nordinsel ist eine Region voller Gegensätze: Da ist die Hauptstadt Wellington, deren 300000 Einwohner sich mit ihren Eigenheimen über die Hügel eines natürlichen Hafenbeckens ausbreiten. Die Stadt der Politiker und Beamten kämpft mit dem Wind und der Angst vor Erdbeben gleichermaßen. Platzmangel treibt die Gebäude im Zentrum in schwindelerregende Höhen. Es blieb dennoch genug Lebenslust und Raum für Kunst und Kultur. In Wellington ist das nationale Symphonie-Orchester zu Hause, ebenso das Royal New Zealand Ballet, die Oper, Theatergruppen und viele Galerien. Ein Festival of Arts dokumentiert jedes Jahr künstlerisches Selbstbewußtsein.
Doch gleich hinter den Rimutaka-Bergen im Nordosten sieht alles ganz anders aus. Ruhige ländliche Ortschaften statt Hauptstadt-Hektik, Schafe statt Nadelstreifen. Wenn die Einwohner Wellingtons zur Naherholung in den Norden aufbrechen, fahren sie nicht ins Landesinnere, sondern an die Kapiti-Küste im Nordwesten. Hier haben sie in den kleinen Strandorten ihre Ferienhäuser und genießen Sand und Sonne.
Mehr als hundert Kilometer sind es nach Norden bis Palmerston North, der zweitgrößten Stadt des Binnenlandes. Die Metropole mit 70000 Einwohnern an den Ufern des Manawatu River ist ein wichtiger Verkehrsknotenpunkt und hat ein internationales Renommee als Zentrum landwirtschaftlicher Forschung.

Palmerston North und Wairarapa

Informationen

Palmerston North Information Centre, Civic Centre, The Square, Tel. (06) 3585003, Mo bis Fr 8.30 bis 17 Uhr und Sa 9 bis 13.30 Uhr geöffnet.

Kapiti Coast Information Centre, Coastlands Car Park, Paraparaumu, Tel. (04) 2988195, Mo bis Sa 8.30 bis 15.30 Uhr geöffnet.

Wairapara Visitor Information Centre, 5 Dixon Street, Masterton, Tel. (06) 3787373, Mo bis Fr 8.30 bis 17 Uhr, Sa 10 bis 12 Uhr, So 11 bis 15 Uhr geöffnet.

Sehenswertes

Zwei kulturelle Einrichtungen, die in Palmerston North einen Besuch lohnen, sind zum einen die **Manawatu Art Gallery** an der Main Street West, Di bis Fr 10 bis 16.30 Uhr geöffnet. Zum anderen das **Manawatu Museum** gleich nebenan, Di bis Fr 10 bis 16 Uhr und Wochenende 14 bis 16 Uhr. Für Sportfreunde ist ein Blick ins **Rugby-Museum** Pflicht. Es liegt nicht weit entfernt auf der Cuba Street und ist täglich von 13.30 bis 16 Uhr geöffnet. Eine schön gestaltete Parkanlage ist **The Square** im Stadtzentrum.

An der **Kapiti Coast** lohnt sich ein Ausflug auf **Kapiti Island** und ein Besuch im kleinen Ort **Otaki** mit seiner **Rangiatea Maori Church**. An den kleinen, aber touristischen Küstenorten liegt überall feiner, dunkler Sand.

Wer über die Highway 2 nach Süden fährt, kommt durch Norsewood und Dannevirke, zwei von Skandinaviern gegründete Städte. Das kleine **Norsewood Museum** erin-

WELLINGTON

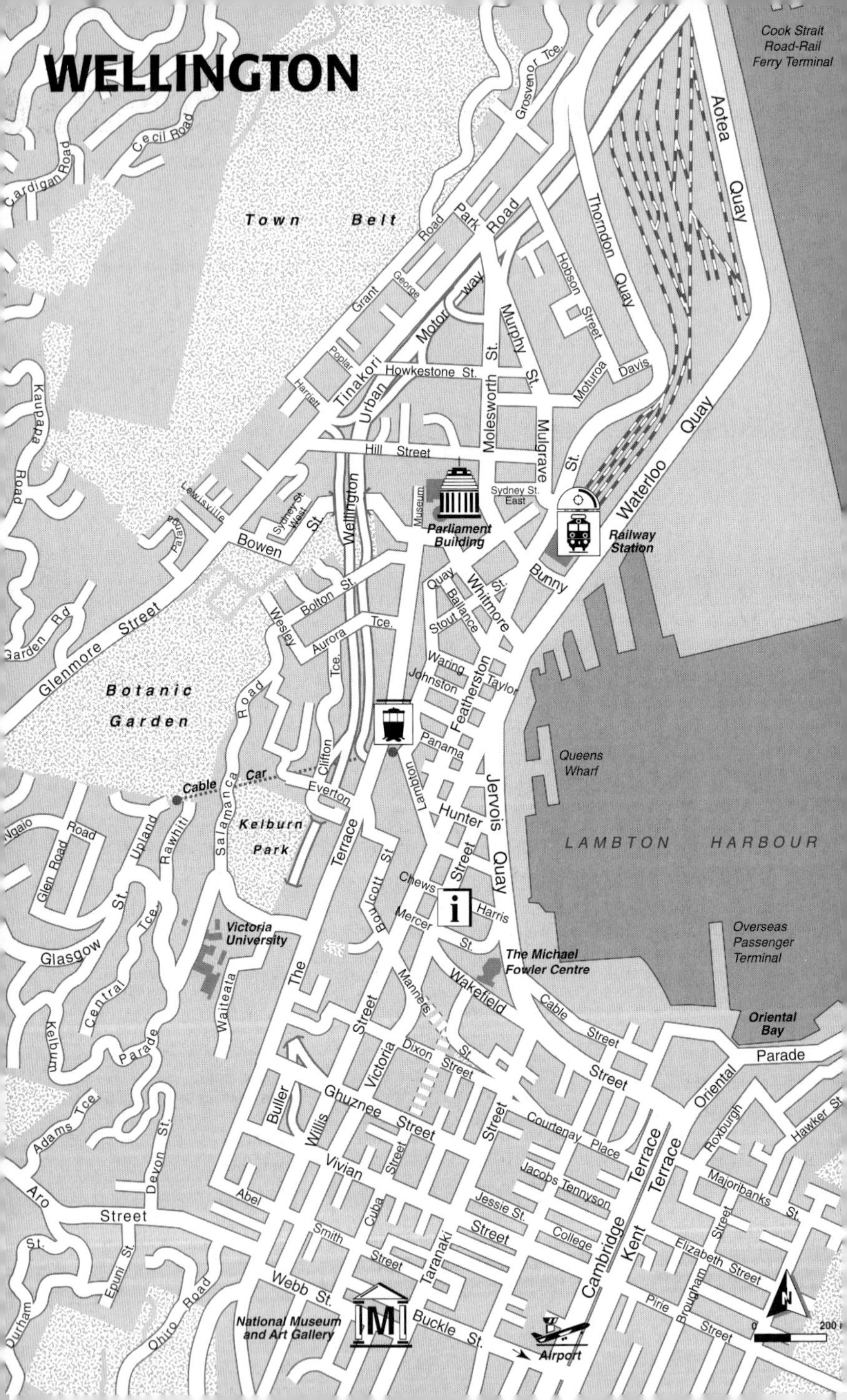
Cook Strait Road-Rail Ferry Terminal
Town Belt
Aotea Quay
Thorndon Quay
Waterloo Quay
Grosvenor Tce.
Cecil Road
Cardigan Road
Park Road
Grant Road
George
Urban Motorway
Tinakori Road
Poplar
Harriett
Howkestone St.
Hobson Street
Murphy St.
Molesworth St.
Mulgrave St.
Moturoa
Davis
Hill Street
Kaupapa Road
Lewisville
Patanga
Sydney St. West
Sydney St. East
Museum
Parliament Building
Railway Station
Wellington
Bowen St.
Bolton St.
Wesley
Aurora Tce.
Bunny
Quay
Ballance
Whitmore St.
Stout
Waring Taylor
Johnston
Featherston
Glenmore Street
Garden Rd
Botanic Garden
Road
Panama
Clifton Tce.
Cable Car
Everton
Lambton Quay
Jervois Quay
Hunter
Queens Wharf
LAMBTON HARBOUR
Ngaio Road
Glen Road
Upland
Rawhiti
Salamanca
Kelburn Park
The Terrace
Boulcott St.
Street
Chews
Harris
Mercer St.
Victoria University
The Michael Fowler Centre
Overseas Passenger Terminal
Glasgow St.
Central Tce.
Kelburn Parade
Waiteata
Manners St.
Wakefield
Cable Street
Oriental Bay
Oriental Parade
Victoria Street
Dixon Street
Buller
Willis Street
Ghuznee Street
Courtenay Place
Roxburgh
Hawker St
Adams Tce.
Devon St.
Vivian Street
Cuba Street
Jacobs Tennyson
Majoribanks St.
Aro Street
Abel
Jessie St.
Cambridge Terrace
Kent Terrace
Epuni St.
St.
Smith Street
Taranaki Street
College
Elizabeth Street
Brougham Street
Durham
Ohiro Road
Webb St.
National Museum and Art Gallery
Buckle St.
Airport
Pirie Street
N
0
200

nert noch an seine norwegische Tradition.

Jedes Jahr im März richtet Masterton die **Golden Shears International Shearing Competition** aus. Die besten Schafscherer schaffen mehr als eins pro Minute.

Unterkunft

Peppertree Hostel, 121 Grey Street, Palmerston North, Tel. (06) 3554054. Zwei Minuten Fußweg in die Stadt.

Barnacles Seaside Inn, 3 Marine Parade, Paraparaumu Beach, Tel. (04) 2986106. Schöner Blick hinüber zur Kapiti Island.

Otaki Oasis, 33 Rahui Road, Otaki, Tel. (06) 3646860. Mitten im Grünen und trotzdem nicht weit zum Pub.

Essen und Trinken

Viel schottische Atmosphäre, traditionelles Ale und hochlandgroße Tellergerichte gibt es im **Celtic Inn**, Regent Arcade, Palmerston North.

Wellington

Informationen

Wellington Information Office, Civic Square, Tel. (04) 8014000, Mo bis Fr 8.30 bis 17 Uhr, Sa und So 9 bis 17 Uhr geöffnet.

Department of Conservation, Boulcott Street, Tel. (04) 4725821.

Environment and Conservation Organizations (ECO), 178 Willis Street, Wellington, Tel. (04) 3846971. Keine Geschäfstzeiten, bei speziellen Fragen vorher anrufen.

Public Library, 2 Victoria Street, Tel. (04) 8014040, Mo bis Do 9.30 bis 20.30 Uhr, Fr 9.30 bis 21 Uhr, Sa 9.30 bis 17 Uhr.

In Wellington erscheinen zwei Tageszeitungen, *The Dominion* (morgens) und *The Evening Post* (abends).

Sehenswertes

Im Zentrum der Stadt liegt der **Civic Square**, um den sich verschiedene moderne Stadtattraktionen gruppieren. Am Wochenende ist es hier besonders voll. Zeitgenössische Kunst zeigt die **City Art Gallery**, täglich 10 bis 18 Uhr geöffnet, mittwochs bis 20 Uhr.

Das **Capital Discovery Place Children's Museum** bietet Kindern die Möglichkeit, das, was sie sehen, auch anzufassen, Mi bis So 10 bis 17 Uhr geöffnet.

Wellingtons größte Stadtbühne mit 2500 Plätzen für Oper bis Rock präsentiert das **Michael Fowler Centre**. Beeindruckend ist auch ein Blick in die **Central Library**, wochentags 9 bis 17 Uhr, Sa von 9 bis 13 Uhr geöffnet.

Die Wasserfront der Stadt erstreckt sich vom **Waterloo Quay** bis zur **Oriental Bay**. Viel Schiffshistorie findet sich im **Maritime Museum** am Jervois Quay, Mo bis Fr 9.30 bis 16 Uhr, Wochenende 13 bis 16.30 Uhr.

Die größten Schätze nationaler Maori- und Pakeha-Kultur beherbergt das **Museum of New Zealand**, Buckle Street, täglich 9 bis 17 Uhr geöffnet. Der Eintritt ist frei.

Vor dem Museum steht **The Carillion**, ein Denkmal für 17000 Neuseeländer, die im Ersten Weltkrieg fielen.

Über dem Museum präsentiert die **National Art Gallery** nationale und internationale Malerei, Skulpturen und Fotografien, täglich von 9 bis 17 Uhr geöffnet.

In den **National Archives**, 10 Mulgrave Street, liegt der Vertrag von Waitangi, das Gründungsdokument der Nation. Mo bis Fr 9 bis 17 Uhr, Sa 9 bis 13 Uhr.

Ein schönes Beispiel für Kolonialkunst ist die **Old St. Paul's Church** in der Mulgrave Street. Die ganz aus neuseeländischem Holz gebaute Kirche kann täglich von 10 bis 16.30, sonntags von 13 bis 16.30 Uhr, besucht werden.

Beim Bummel durch die **Ascot Terrace** wird das alte Wellington der Pioniertage wieder lebendig.

Katherine Mansfields Birthplace liegt 25 Tinakori Road und ist Di bis So von 10 bis 16 Uhr geöffnet.

Einen schönen Blick über die Stadt hat man bei einer Fahrt mit der **Cable Car** vom **Lambton Quay**, der Shopping-Meile, hinauf nach Kelburn. Von hier oben läßt sich ein Spaziergang durch die **Botanic Gardens** starten, der mit einem Nachmittagstee in den **Lady Norsewood Rose Gardens** abgeschlossen werden kann. Ein Fußmarsch durch Thorndon die Bowens Street hinunter führt zu den **Parliament Buildings** an der Molesworth Street. Von der Rezeption starten mehrmals täglich Führungen durch den «Beehive». Schräg gegenüber liegt das alte **Government Building** aus dem Jahre 1876, das größte Holzhaus der südlichen Hemisphäre.

Unterkunft:

Maple Lodge, 52 Ellice Street, Wellington, Tel. (04) 3853771. Nicht weit zum Courtenay Place, wo es gutes Essen und Unterhaltung gibt.

Beethoven House, 89 Brougham Street, Mt. Victoria, Wellington, Tel. (04) 3842226. Kostenloses Frühstück.

Rosemere Backpackers, 6 MacDonald Cres., Wellington, Tel. (04) 3843041. Spezialist für Informationen über Abel Tasman National Park, kostenlose Fährbuchung.

Port Nicholson YHA Hostel, Ecke Cambridge Terrace und Wakefield Street, Wellington, Tel. (04) 8017280. Ein ehemaliges Hotel in zentraler City-Lage.

Campingplätze liegen nur sehr weit außerhalb. Vom **Hartcourt Holiday Park**, 45 Akatarawa Road, Upper Hutt, Tel. (04) 5267400 besteht eine Bus / Zug-Verbindung ins Zentrum (etwa eine Stunde).

Essen und Trinken

Abwechslungsreiche ethnische Küche gibt es in der **Upper Cuba Street**. Hier liegen auch Bohemien-Cafés wie das **Midnight Espresso**.

Nochmal Nachtisch bis zum Umfallen: **Death by Chocolate**, 132 Oriental Bay Parade.

Vegetarisches bietet **Spice of Life**, 149 Willis Street.

Mit Frühstück, Lunch und Blackboard Menues hat das **Saint Pauls Cafe** am Saint Pauls Square, Thorndon, für jeden Hunger etwas.

Einer der ältesten Pubs in der Stadt ist **The Backbencher Pub and Cafe** in der Molesworth Street, gegenüber dem Parlament. Wellingtons Politiker hautnah, mal aus Fleisch und Blut, mal aus Pappmasché.

Nach Dienstschluß beginnen in den Restaurants und Bars an der **Queens Wharf** die Feierabend-Plaudereien bei einem Glas Wein oder Bier.

Festivals

Alle zwei Jahre (zuletzt Februar bis März 1994) findet das **New Zealand International Festival of the Arts** statt. Zum Programm gehören Tanzveranstaltungen, klassische Musik, Oper, Theater, visuelle Kunst und Literaturlesungen. Jedes Jahr im Januar startet das **Summer City Festival** in den Stadtparks und Gärten.

Die Südinsel

Der Norden

Dichtbewachsene Berge an der Golden Bay, traumhafte Strände im Abel Tasman National Park, unzählige abgelegene Buchten an der 1000 Kilometer langen Küstenlinie der Marlborough Sounds, die Natur zeigt sich gleich am Anfang der Südinsel von ihrer abwechslungsreichsten Seite. Schon die Fährfahrt durch die Wasserstraßen der ausgefransten Fjordlandschaft gehört zu den ersten aufregenden Landschafts-Highlights, die der dünnbesiedelte Südteil Neuseelands zu bieten hat. Nur etwa eine Million Menschen lebt auf einer Fläche, die halb so groß wie Großbritannien ist.
Im von der Sonne verwöhnten nördlichen Landstrich mit den größten Städten Nelson (33000 Einwohner) und Blenheim (19000 Einwohner) wachsen Tabak, Früchte und werden ausgezeichnete Weine angebaut. Ein Paradies, das gesellschaftliche Aussteiger, Künstler und sonnenhungrige Urlauber gleichermaßen anzieht. Der Busch und die Küste sind von zahlreichen Tracks durchzogen, auf denen im Sommer viele schwerbepackte Waldläufer die Hektik ihres Alltags hinter sich lassen wollen. Archäologische Funde beweisen, daß sich die Maori schon vor einem halben Jahrtausend in dieser Region niedergelassen haben. Ihre und die vergleichsweise junge europäische Geschichte ist in vielen kleinen Museen dokumentiert.
Ein Stück landeinwärts verzaubert das Panorama der hohen Berge und stillen Seen des Nelson Lakes National Parks. An der dünn besiedelten Nordwestküste kommen die Wale bei Kaikoura dicht an das Festland.

Nelson und Tasman

Informationen

Nelson Visitor Centre, Ecke Trafalgar und Halifax Street, Nelson, Tel. (03) 5469335, täglich 9 bis 17 Uhr.

Department of Conservation Field Centre, Ecke Trafalgar und Halifax Street, Nelson, Tel. (03) 5469335.

Nelson Environment Centre, 21 Alma Street, Tel. (03) 5489390.

Motueka Information Centre, 236 High Street, Motueka, Tel. (03) 5286543, täglich 9 bis 17 Uhr geöffnet.

Sehenswertes

Einen Einblick in die regionale Kunstszene bietet die **Bishop Suter Art Gallery** an der Bridge Street, in Nelsons Queens Gardens. Sie ist täglich von 10.30 bis 16.30 Uhr geöffnet. **Broadgreen** an der Nayland Road, **Stoke**, sowie **Isel House** an der Main Street, Stoke, sind zwei historische Häuser im Westen Nelsons.

Das **Craft Habitat**, zehn Minuten südlich Nelsons am Highway 6, präsentiert die Fingerfertigkeit lokaler Kunsthandwerker.

Über Neuseelands größte historische Fotokollektion verfügt das **Nelson Provincial Museum**, Main Road, Stoke, Di bis Fr 10 bis 16 Uhr, Wochenende 14 bis 17 Uhr geöffnet.

Der beliebteste Track im **Abel Tasman National Park** ist der 50 Kilometer lange **Coastal Track**. Durch den **North-West Nelson State Forest Park** zieht sich der 77 Kilometer lange **Heaphy Track** zur Westküste. Der **Nelson Lakes National Park** bietet Wandermöglichkeiten von einfachen Wegen am **Lake Rotoiti** und **Lake Rotoroa** bis zu schwierigen Hochgebirgs-Tracks.

Unterkünfte

Tasman Towers, 10 Weka Street, Nelson, Tel. (03) 5487950. Infos für Tramping und Sea-Kayaking im Abel Tasman National Park.

White Elephant, 55 Whakarewa Street, Motueka, Tel. (03) 5286208. Der Nationalpark liegt vor der Haustür.

Nelson YHA Hostel, 42 Weka Street, Tel. (03) 5488817. Schönes altes Haus mit moderner Einrichtung.

Richmond Holiday Park, 29 Gladstone Road, Tel. (03) 5447323. 13 Kilometer von Nelson entfernt.

The Yellow House, St. Arnaud, Nelson Lakes, Tel. (03) 5211887. Fünf Minuten bis zum See.

Essen und Trinken

Muscheln oder Salat, sehr zu empfehlen: **Chez Eelco**, 296 Trafalgar Street, Nelson.

Indisch, vegetarisch und rauchfrei: **Samadhi Indian Vegetarian Restaurant**, 30 Washington Road, Nelson.

Marlborough

Informationen

Picton Information Centre, Railway Station, Tel. (03) 5738838, täglich 9 bis 17 Uhr.

Department of Conservation, Auckland Street (gegenüber der Station), Tel. (03) 5737582.

Blenheim Information Centre, 1 Main Street, Tel. (03) 5789904.

Kaikoura Information Centre, The Esplanade, am Westende der Stadt, Tel. (03) 3195641, täglich 9 bis 17.30 Uhr.

Sehenswertes

Von Picton, wo die Fähre anlegt, und Havelock aus bieten sich viele Möglichkeiten, per Fahrrad oder Boot die **Marlborough Sounds** zu erleben. Das geht mit dem Sea Kayak auf eigene Faust, einem organisierten Segeltörn oder einem Postboot der Glenmore Cruises, Havelock. Die Linie liefert dienstags, mittwochs und donnerstags in die entlegensten Winkel des **Pelorus Sounds**, Tel. (03) 5742532 oder 5742276.

Der **Queen Charlotte Drive** bietet faszinierende Blicke hinab auf die grandiose Küstenlandschaft.

Von Anakiwa nach Ship Cove führt der 58 Kilometer lange **Queen Charlotte Track**, für den bei normaler Fitneß fünf Tage zu rechnen sind. In zwei Tagen schafft man den **Nydia Track** (22 Kilometer) zwischen Duncan Bay und Kaiuma Bay.

Das Department of Conservation bietet die Möglichkeit für **Conservation Holidays**. Man zahlt etwas fürs Essen, bekommt einfache Unterkunft und kann an Conservation-Projekten mitarbeiten.

In Blenheim lohnt ein Besuch der regionalen «Winemaker». Am zweiten Sonnabend im Februar gibt es auf dem Gelände der Montana Marlborough Winery das **Marlborough Wine and Food Festival**.

Über das Information Centre in Kaikoura lassen sich die verschiedenen Formen (Boot, Flugzeug) für das **Whale Watching** buchen. Sonst direkt bei: **Whale Watch**, Kaikoura Railway Station, Tel. (03) 3195045.

Unterkünfte

Picton Lodge, 3 Auckland Street, Tel. (03) 5737788. Nah an Fähranleger und Info-Centren.

The Villa, 34 Auckland Street, Picton, Tel. (03) 5736598. Hundert Jahre altes Haus mit kostenlosem Frühstück.

Wedgewood House, 10 Dublin Street, Picton, Tel. (03) 5737797.

Topspot Backpackers, 22 Deal Street, Kaikoura, Tel. (03) 3195540. Blick auf Berge und Meer.

Essen und Trinken

Wer sich mal etwas Anspruchsvolles genehmigen möchte, gutes Essen mit weißer Tischdecke: **Marlborough Terranean**, Picton, 31 High Street.

Suntrap Restaurant and Takeaway, 113 Beach Road, Kaikoura. Gegrilltes und Crayfish. In und um Kaikoura gibt es Crayfish spottbillig.

Canterbury

Die höchsten Berge und die größte Ebene Neuseelands liegen in Canterbury dicht beieinander. Gut 300 Kilometer, etwa eine Tagesfahrt mit dem Auto, sind es von Christchurch bis zum Fuße des 3754 Meter hohen Mount Cook.
Mit knapp 300000 Einwohnern hat sich die englischste Stadt außerhalb der Britischen Inseln zum wirtschaftlichen und kulturellen Zentrum der Region entwickelt. Vor ihren Toren weiden die Schafe auf endlosen Grünflächen.
In Akaroa, auf der nahegelegenen Banks-Halbinsel, dokumentieren noch die französischen Straßennamen den früheren europäischen Wettlauf um diese Region.
Wasser hat in unterschiedlicher Weise eine wichtige Bedeutung für Canterbury. Im Norden sorgen die Thermalquellen von Hanmer Springs für erholungssuchende Gäste. Im Süden treiben die angestauten Wassermassen großer Gletscherstauseen die Turbinen mehrerer Kraftwerke an und versorgen die Nation mit Strom.
Die im Regenschatten der Alpen liegenden Farmflächen werden durch große Bewässerungssysteme feucht gehalten. Das baumlose, mit goldgelbem Tussockgras bewachsene Hochland des Mackenzie Country dient ausschließlich als Weideland für Schafe. Zur Küste hin wiegen sich zwischen den grüner werdenden Wiesen immer wieder auch Weizenfelder. Von der Hafenstadt Timaru werden die Canterbury Schafe in «schwimmenden Schafställen» nach Saudi-Arabien exportiert.
Urlaubssaison ist in Canterbury immer: Im Sommer kommen Forellenangler und Bergwanderer, im Winter Skifahrer. Und auf dem ewigen Eis des 30 Kilometer langen Tasman-Gletschers treffen sich das ganze Jahr über Besucher aus aller Welt.

Christchurch und Nord-Canterbury

Informationen

Christchurch/Canterbury Information Centre, Ecke Oxford Terrace und Worcester Street, Tel. (03) 3799629, geöffnet Mo bis Fr 8.30 bis 17 Uhr, Wochenende 9 bis 16 Uhr.

Department of Conservation, 133 Victoria Street, Tel. (03) 3799758.

Environment & Peace Information Centre, Arts Centre, Hereford Street, Tel. (03) 3792257.

Akaroa Information Centre, 80 Rue Lavaud, Tel. (03) 3048600.

Hammer Springs Information Centre/Department of Conservation, Jollies Pass Road, Tel. (03) 3157128.

Sehenswertes

Bei einer Fahrt über den Lewis Paß lohnt ein Stopp an der **Thermal Pools** von **Hanmer Springs**. Der kleine Ort hat auch im **Hanmer Forest** einige schöne Wanderwege zu bieten.

Ein Highlight Christchurchs ist das **Canterbury Museum**, Rolleston Avenue, täglich 9 bis 16.30 Uhr geöffnet. Gleich daneben liegen die neogotischen Gebäude des **Arts Centres**, 2 Worcester Boulevard, täglich von 8.30 bis 17 Uhr, Sa und So 10 bis 16 Uhr geöffnet. Hier war vorher die Universität untergebracht.

Der Museumsbesuch läßt sich schön mit einem Gang durch die **Botanic Gardens** und einem Besuch der **Robert McDougal Art Gallery**, täglich von 10 bis 16.30 Uhr geöffnet, verbinden.

Christchurch, von dem Engländer Scott und den Amerikanern als Stützpunkt für Antarktisexpeditionen genutzt, will mit dem neuen **International Antarctic Centre** den Kontinent auch anderen Besuchern näherbringen. Es ist in der Orchard Road (fünfzehn Minuten Fahrtzeit vom Stadtzentrum entfernt) Okt. bis März täglich von 9.30 bis 20.30 und April bis Sep. 9.30 bis 17.30 Uhr geöffnet.

Etwas Zeit sollte man sich bei schönem Wetter für das bunte Treiben auf dem **Cathedral Square** lassen. Die hier errichtete **Anglican Cathedral** gehört zu den neugotischen Wahrzeichen der Stadt. Zu den anderen historischen Gebäuden zählen die **Cathedral of the Blessed Sacrament** in der Barbadoes Street, das **Press Building**, das alte **Post Office** und das

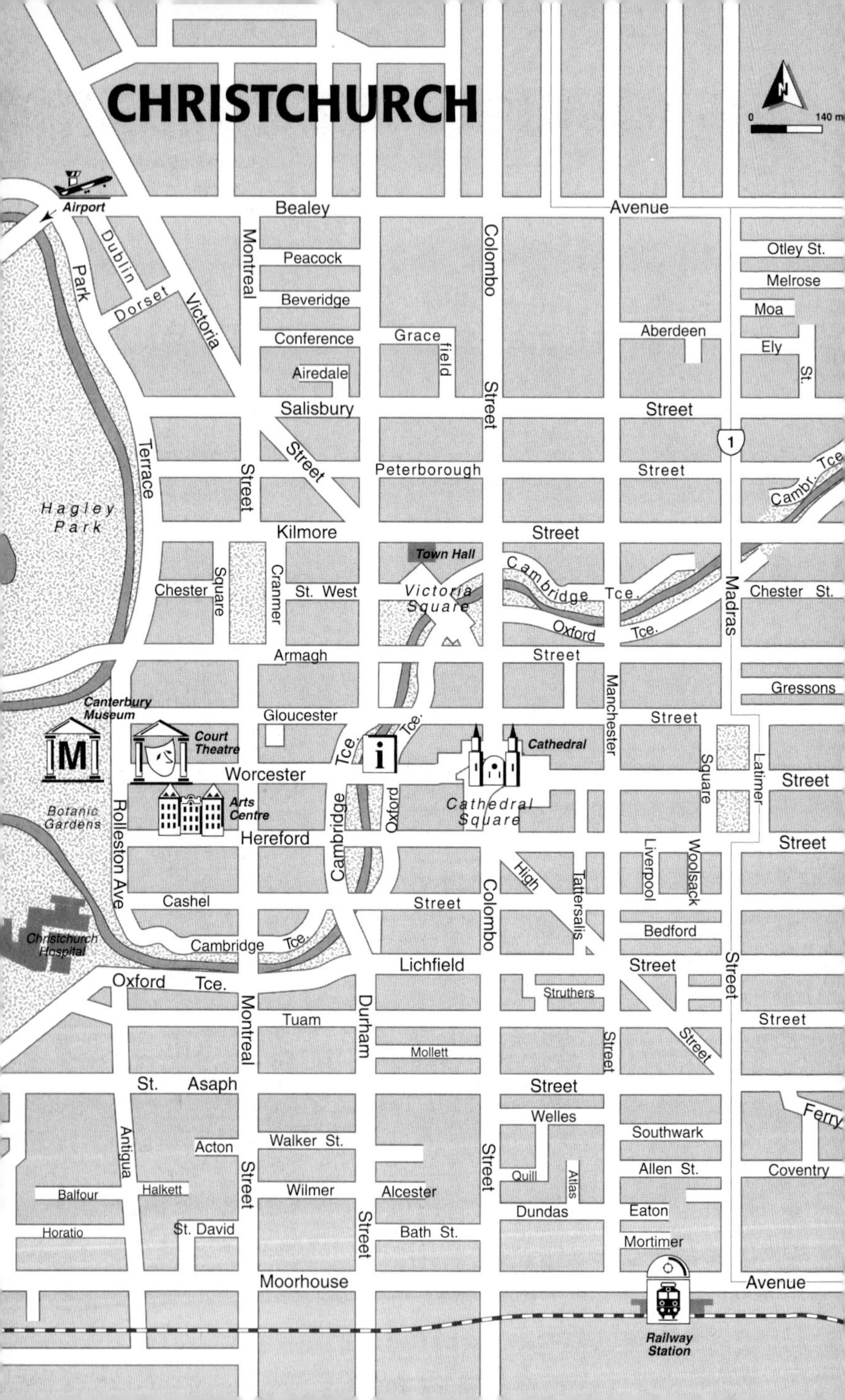
CHRISTCHURCH
0
140 m
Airport
Bealey
Avenue
Otley St.
Melrose
Moa
Aberdeen
Ely
St.
Montreal
Peacock
Beveridge
Conference
Airedale
Grace
field
Colombo
Street
Salisbury
Street
Dublin
Park
Dorset
Victoria
Terrace
Street
Peterborough
Street
Cambr. Tce
Hagley
Park
Kilmore
Street
Town Hall
Victoria
Square
Cambridge
Tce.
Oxford
Tce.
Chester
Square
Cranmer
St. West
Chester St.
Madras
Armagh
Street
Manchester
Gressons
Canterbury
Museum
Court
Theatre
Gloucester
Tce.
Street
Cathedral
Worcester
Square
Latimer
Street
Arts
Centre
Botanic
Gardens
Rolleston Ave
Cathedral
Square
Oxford
Cambridge
Hereford
Street
Liverpool
Woolsack
High
Tattersalls
Cashel
Street
Colombo
Bedford
Christchurch
Hospital
Cambridge
Tce.
Lichfield
Street
Street
Oxford
Tce.
Struthers
Montreal
Durham
Tuam
Street
Mollett
Street
Street
St. Asaph
Street
Ferry
Welles
Southwark
Antigua
Acton
Walker St.
Coventry
Street
Allen St.
Quill
Atlas
Balfour
Halkett
Wilmer
Alcester
Street
Dundas
Eaton
Horatio
St. David
Street
Bath St.
Mortimer
Moorhouse
Avenue
Railway
Station

Regent Theatre am Cathedral Square sowie das **Cramner Centre** am Cramner Square. Einen Kontrast zur dunklen Stein-Architektur bildet die weiße hölzerne **St. Michael And All Angels Church**.

Die hinter Christchurch liegenden **Port Hills** bieten einen schönen Ausblick bis zu den Südalpen und ins Hafenstädtchen **Lyttelton**.

In **Akaroa** auf der **Banks Peninsula** wird frühe Siedlungsgeschichte anschaulich. Hier liegt der erste geweihte Friedhof Canterburys, mit französischen Namen auf den Grabsteinen.

Unterkunft

Foley Towers Downtown Backpackers, 208 Kilmore Street, Christchurch, Tel. (03) 3669720. 700 Meter vom Stadtzentrum.

Stonehurst Hotel Backpackers, 241 Glouster St. Christchurch, Tel. (03) 3794620. Zentral und ruhig gelegen.

Corn Wilding YHA Hostel, 9 Eveleyn Couzins Avenue, Christchurch, Tel. (03) 3899199. Alte Villa für Familie und Single gleichermaßen.

Meadow Park Motor Camp, 39 Meadow Street, Christchurch. Fünf Kilometer nördlich der Stadt.

Chez La Mer Backpackers, Rue Lavaud, Akaroa, Tel. (03) 3047612. Nichtraucher-Hostel.

Akaroa Holiday Park, Morgans Road, Tel. (03) 3047471.

Essen und Trinken

Mexican Cantina, Ecke Worcester und Manchester Street, Christchurch City. Die mildesten und schärfsten Gerichte Mexikos.

Spagalimis Pizza Restaurant, 155 Victoria Street, Christchurch. Pizza von der Karte oder selbst zusammengestellt.

Chancery Restaurant, 98 Gloucester Street. Familienrestaurant mit neuseeländischer Küche.

Friday's Café, 753 Colombo Street, Große Toast-Sandwichs, am Wochenende Musik.

Kaffeetrinken als Kunstform: **Caffiends**, The Square.

Gutes Essen gibt es auch im Arts Centre, zum Beispiel das **Boulevard Bakehouse**. Frische Muffins und Cappuccino.

Astrolabe, 71 Beach Road, Akaroa. Brunch, guter Espresso, Pizza.

Vegetarisches, Seafood-Gerichte, frisch gebackenes Brot: **C'est La Vie Café**, 33 Rue Lavaud, Akaroa.

Festivals

Sieben Tage Straßentheater bietet das **World Buskers Festival** vom 28. Januar bis 4. Februar 1995. Die Outdoor Shakespeare Season ist Teil des **Summertime Festivals** im Februar 1995. Im gleichen Monat gibt es das **Festival of Romance**.

Alpen und Süd-Canterbury

Informationen

South Canterbury/Timaru Information Centre, 14 George Street, Tel. (03) 6886163, Mo bis Fr 8.30 bis 17 Uhr.

Mount Cook National Park Headquarters, Mount Cook Village, Tel. (03) 4351819, täglich 8 bis 17 Uhr geöffnet.

Sehenswertes

Forellenangler starten von **Ashburton** aus zu den umliegenden Flüssen. **Timarus Caroline Bay** bietet Sandstrand und zu Weihnachten einen großen **Christmas Carnival**. Daneben liegt das größte künstliche Hafenbecken des Landes.

Der malerischste der großen Binnenland-Seen ist der milchblaue **Lake Tekapo** mit der **Church of the Good Shepherd**.

Die Tracks im **Mount Cook National Park** sind nur für Halbtagstouren geeignet. Einer der beliebtesten von Mount Cook Village ist der **Hooker Valey Track**. Über die Tasman Valley Road geht es zum **Tasman Glacier**, dem größten Neuseelands.

Wintersportgebiete liegen am **Mount Hut**, östlich vom

Lake Tekapo, am **Lake Ohau** und auf dem **Tasman Glacier**.

Wer sich für die Technik der Wasserkraftwerke am **Waitaki River** interessiert: Es gibt ein **Waitaki Power Scheme Information Centre** in Twitzel auf der Wairepo Road, Mo bis Fr 9 bis 16 Uhr, Wochenende 10 bis 15 Uhr geöffnet. Hier lassen sich auch DOC-Touren zur Beobachtung der **Black Stilts** buchen. Sie gehören zu den seltensten Stelzvögeln der Welt.

Unterkunft

Mount Cook YHA Hostel, Ecke Bowen und Kitchener Drives, Tel. (03) 4351820. Deluxe Hostel mit kostenloser Sauna und 24-Stunden-Einlaß.

Tailor-Made-Tekapo-Backpackers, 9–11 Aorangi Crescent, Lake Tekapo, Tel. (03) 6806700. Bücher, Musik und großer Garten.

Mountain Chalets Lodge, Wairepo Road, Twitzel, Tel. (03) 4350785. Klein aber fein.

Selwyn Holiday Park, Selwyn Street, Timaru (am Nordende der Stadt), Tel. (03) 6847690.

Essen und Trinken

Casa Italia, im Old Customs Building, Timaru, Strathallan Street. Spaghetti bis Pasta.

Im Mount Cook Village gibt es (neben einem Laden) nur im **Heritage-Hotel**-Komplex etwas zu essen: Leichte Kost im **Coffee Shop**, teurer im **Alpine Room**.

Die Westküste

Wo die Bergkette der Südalpen nach Westen hin zum Meer abfällt, schließt sich bis zur Küste noch ein schmaler Festlandsstreifen an. Die West Coast ist von Karamea im Norden (500 Einwohner) bis Haast im Süden auf einer Straße befahrbar, eine Strecke von etwa 500 Kilometern, an der häufig nur ein paar vereinzelte Häuser stehen.
Drei Nationalparks bieten eindrucksvolle Naturphänomene, eine Handvoll Städte dokumentiert die einst von Gold und Kohle bestimmte Wirtschaftsgeschichte. Greymouth ist das kommerzielle Zentrum und mit 9000 Einwohnern größte Stadt der dünnbesiedelten und regenreichen Westküste. Dann folgen Westport (4600 Einwohner) und Hokitika (3500 Einwohner). Seit der Abbau von Bodenschätzen zurückging, trat in der industrieschwachen Region vielerorts das Geschäft mit dem Tourismus stärker in den Vordergrund. Mal wird mit einzigartiger Abgeschiedenheit, mal mit grandioser Kulisse geworben. Es ist tatsächlich alles vorhanden: Wanderpfade durch tropfnassen Dschungel im North West Nelson Forest Park, «Pfannkuchen»-Felsen im Paparoa National Park, die einzigartigen Gletscher im Westland National Park und die tiefen Wälder des Mount-Aspiring-Naturschutzgebietes.

Greymouth und Buller

Informationen

Karamea Visitor Information, Waverly Street, Karamea, Tel. (03) 7826820.

Buller Visitor Information Centre, 1 Brougham Street, Westport, Tel. (03) 7896658, Mo bis Sa 9 bis 17 Uhr.

Paparoa National Park Visitor Centre, täglich 8.30 bis 16 Uhr geöffnet.

Greymouth Information Centre, Ecke Herbert und Mackay Street (im Regent Theatre Building), Tel. (03) 7685101, im Sommer täglich 9 bis 18 Uhr geöffnet.

Sehenswertes

Vom Straßenende am Kohaihai River beginnt der 77 Kilometer lange **Heaphy Track** hinauf zur Golden Bay. Tief in die Kohlen-Geschichte entführt das **Coaltown Museum** in **Westport**, Queen Street, täglich geöffnet (Zeiten wechseln), Tel. (03) 7898204.

Der Highway 6 führt durch die landschaftlich reizvolle **Buller Gorge**, eine Felsenschlucht, die der zur Westküste fließende Buller River ausgewaschen hat.

Auf den Felsen in der **Tauranga Bay** südlich vom **Cape Foulwind**, lebt eine **Seehund-Kolonie**. Im Januar tollt der Nachwuchs im Wasser herum.

Zu den **Pancake Rocks** im **Paparoa National Park**, mit ihren diversen Gischt sprühenden Blow Holes, führt der kurze Dolomite Point Walk.

Südlich von Greymouth liegt **Shantytown**, eine historisch rekonstruierte Goldgräberstadt. Diese turbulente Ära dokumentiert auch das **West Coast Historical Museum** in **Hokitika**, Tancred Street, täglich 9.30 bis 17 Uhr geöffnet. **Westland Greenstone**, auch auf der Tancred Street, gewährt Einblick in die Kunst der Jadeverarbeitung.

Goldige Aussichten präsentiert Ross, das wahrscheinlich reichste Städtchen Neuseelands. Das **Goldfields Information Centre** erzählt von alten und neuen Goldfunden, der **Ross Historic Goldfields Walkway** führt in das Gebiet, wo einst der größte Goldklumpen des Landes gefunden wurde.

Unterkunft

Karamea Holiday Park, Tel. (03) 7826758.

Bazils Hostel, 54 Russell Street, Westport, Tel. (03) 7896410. Kostenlose Waschmaschinenbenutzung.

Punakaiki Backpackers, Ecke Webb Street und Dickenson Parade, Punakaiki, Tel. (03) 7311852. Schöner Blick auf die Pancake Rocks.

Beach House Backpackers, 137 Revell Street, Hokitika, Tel. (03) 7556859. In Strandnähe, doch ruhig.

Essen und Trinken

Mandala Coffee House, Palmerston Street, Westport. Vegi-Burgers und Kunsthandwerks-Gallery.

Regent Coffee Shop, Mackay Street, Greymouth, Sandwiches und selbstgemachte Suppen.

Goldstrike Sandwich Bar, Regent Theatre Building, Weld Street, Hokitika.

Westland

Informationen

Westland National Park Visitor Centre and Headquaters, State Highway Six, Franz Joseph, Tel. (03) 7520796.

Fox Glacier Visitor Centre, State Highway Six, Tel. (03) 7510807.

South West New Zealand World Heritage Centre, Haast, Tel. (03) 7500809. Das moderne Gebäude ist nicht zu übersehen.

Sehenswertes

Der **Franz Joseph Glacier Valley Walk** führt zur Gletscherzunge. Etwa eine Stunde Fußmarsch vom Parkplatz aus. Es gibt verschiedene Touren mit Führer auf den Gletscher.

Auf dem **Fox Glacier Valley Walk** erreicht man das Gletscherende des größeren Bruders. Einen kurzen Abstecher in den Regenwald bietet der **River Walk**. Am Anfang geht es über eine historische Hängebrücke über den rauschenden Gletscherfluß. Der **Copeland Track** hinüber nach Canterbury ist eine besondere Herausforderung für erfahrene Hochalpinisten.

Im westlich von Fox Glacier liegenden **Lake Matheson** spiegeln sich bei schönem Wetter die schneebedeckten Alpengipfel.

Der **Haast Pass** führt durch den Nordzipfel des Mount Aspiring National Park hinüber nach Otago. Zu den beliebtesten Tracks im Park gehört der am Südende liegende 39 Kilometer lange **Routeburn Track**.

Unterkunft

Chateau Franz, 8 Cron Street, Franz Joseph, Tel. (03) 752 07 38. 100 Meter zu Läden und Info-Zentrum.
Franz Joseph YHA Hostel, 2 Cron Street, Tel. (03) 752 07 54. Regenwald im Hinterhof.
Ivory Towers, Sullivans Road, Fox Glacier, Tel. (03) 751 08 38. Blick ins Fox Valley.

Essen und Trinken

Sowohl in Franz Joseph wie in Fox Glacier findet man nach einem kurzen Bummel über die Hauptstraße heraus, wo man sich am liebsten zum Essen hinsetzen würde.

Der Südosten

Der Wohlstand in der ehemaligen Gold-Provinz Otago (186 000 Einwohner) basiert heute auf anderen Wirtschaftszweigen. Neben der Schafzucht spielt vor allem der Tourismus eine wichtige Rolle. Dank der sehr abwechslungsreichen Natur und der ereignisreichen Geschichte gibt es vieles, was Besuchern geboten werden kann.
In Dunedin, mit 110 000 Einwohnern Hauptstadt der Provinz, kommt überall der schottische Einfluß seiner Gründerväter zum Vorschein. Auf der vorgelagerten Otago-Halbinsel geben sich seltene Yellow-Eyed-Penguine und Albatrosse ein Stelldichein. Nördlich und südlich Dunedins ist die Otago-Küste von zahlreichen schönen Stränden gesäumt.
Im zentralen Hochland bestimmen heiße Sommer und beißende Winter den Alltag. Tiefblaue Seen wie der Lake Wanaka und der Lake Wakatipu bieten eine vielseitige Wassersport-Palette, auf den umliegenden verschneiten Berghängen tummeln sich im Winter die Skifahrer.
Cromwell (2600 Einwohner) und Queenstown (3500 Einwohner) sind die größten Städte des Binnenlandes, alle durch den Goldrausch des letzten Jahrhunderts entstanden. Queenstown hat sich mit seiner malerischen Kulisse aus See und Bergen zum touristischen Zentrum für Abenteuer-Urlaub entwickelt. Hier gab es die ersten Bungy-Springer, hier donnern die Jet-Boote über den Shotover River.
Wesentlich ruhiger läßt sich die abgelegene Idylle der Catlins im Südosten erleben.

Dunedin und Clutha

Informationen

Dunedin Visitor Centre, 48 The Octagon, Tel. (03) 474 33 00, täglich 9 bis 17 Uhr geöffnet.

Dunedin Environment Centre, 217 Stuart Street, Dunedin.

Automobile Association, 450 Moray Place, Dunedin, Tel. (03) 477 59 45.

North Otago Information Centre, Severn Street, Oamaru, Tel. (03) 434 56 43, Mo bis Fr 9 bis 17 Uhr.

Clutha Information Centre, 63 Clyde Street, Balclutha, Tel. (03) 418 03 88.

Catlins Department of Conservation Visitor Centre, Ecke Campbell und Ryley Street, Owaka, Tel. (03) 415 83 41.

Kostenlos liegt vielerorts die Info-Zeitung *Otago Happenings* aus. Über Dunedins Kultur- und Musikszene informiert *FreeCopy*.

Sehenswertes

Die an der Thames und Tyne Street aufgereihten historischen Gebäude aus hellem, heimischem Kalkstein sind Wahrzeichen für **Oamaru**. Dazu gehören die **Forrester Gallery**, die **National Bank**, das **Criterion Hotel** und **Smith's Grain Store**. Viele öffentliche Gebäude in ganz Neuseeland wurden aus diesem Stein gebaut, darunter Christchurchs Kathedrale und Aucklands Stadthalle.
Nördlich des Cape-Wanbrow-Leuchtturms watscheln abends **Blue Penguins** unter reger Zuschauerbeteiligung in ihre Kolonie.

An der Küste liegen zwischen Hampden und Moeraki die **Moeraki Boulders**, große Steinkugeln, die vor Jahrmillionen auf dem Grund eines Urozeans entstanden.

In **Dunedin** stehen die meisten viktorianischen und edwardianischen Häuser an der **Royal Terrace** und der **High Street**. **Olveston,** 42 Royal Terrace, ist die prachtvollste dieser Villen. Einstündige Führungen sind täglich um 9.30, 10.45, 12.00, 13.30, 14.45 und 16 Uhr.

Die großen Kirchen der Stadt sind die anglikanische **St. Paul's Cathedral** am Octagon und die presbyterianische **First Church**, Moray Place.

Zu den Architektur-Schätzen gehören auch die **Municipal Chambers** am Octagon und die **Railway Station** an der Anzac Avenue.

Koloniale Kleinode liegen im **Otago Early Settlers Museum**, 220 Cumberland Street, wochentags 10 bis 17 Uhr und am Wochenende 13 bis 17 Uhr geöffnet.

Sehr viel Maori- und polynesische Geschichte präsentiert das **Otago Museum**, 419 Great King Street, Mo bis Fr 10 bis 17 Uhr, Sa und So 13 bis 17 Uhr.

Interessant ist auch ein Bummel über den Campus der **University of Otago**, Cumberland Street, der ältesten Universität des Landes (15000 Studenten).

Zu den ältesten Parkanlagen gehört der täglich geöffnete **Botanic Garden** am Nordende der George Street.

Eine der bedeutensten Kunstgalerien des Landes ist die **Dunedin Public Art Gallery**, Logan Park Drive, wochentags 10 bis 17 Uhr und am Wochenende 14 bis 17 Uhr geöffnet.

Touren gibt es nicht nur aus kunsthistorischen Anlässen. Wer erleben möchte, wie Whisky, Bier oder Schokolade gemacht wird, sollte sich nach den Führungen in den **Wilson Distillers**, der **Speights Brewery** oder der **Cadbury Confectionery Ltd.** erkundigen.

Dunedins **St. Clair Beach** rangiert bei Kennern unter den Top-Surf-Stränden. Die **Otago Peninsula** bietet mit der weltweit einzigen Albatros-Landkolonie (am Taiaroa Head), seltenen Yellow-Eyed-Pinguinen und gar nicht scheuen Seelöwen eine eindrucksvolle Tiervielfalt. Auch Neuseelands einziges Schloß, das 1871 erbaute **Larnach Castle**, ist hier zu finden. Es ist täglich von 9 bis 17 Uhr geöffnet.

Zu den herrlichen Naturschönheiten des Clutha Districts zählen der **Wangaloa Beach**, das **Nugget Point Lighthouse**, die **Purakaunui Falls** und die **Cathedral Caves** in der südlichen **Catlins Region**.

Unterkunft

Red Kettle Seasonal Hostel (11. Okt. bis 30. April), Ecke Corner Reed und Cross Streets, Oamaru, Tel. (03) 4345008. In dem Haus soll Janet Frame, eine der bekanntesten Autorinnen Neuseelands, gewohnt haben. Swimmingpool auf der anderen Straßenseite.

Moeraki Motor Camp, Moeraki Village, Tel. (03) 4394759. Blick über kleine Bucht, in der die Fischerboote schaukeln.

Elm Lodge, 74 Elm Row, Dunedin, Tel. (03) 4741872. Schöne Aussicht über die Stadt, Buchung für viele Touren.

Manor House International Backpackers, 28 Manor Place, Dunedin, Tel. (03) 4770484. Haus aus Kolonialzeiten.

Stafford Gables YHA Hostel, 71 Stafford Street, Dunedin, Tel. (03) 4741919. Schönes altes Haus mit eigenem Gespenst.

Tahuna Park Seaside Camp, Tahuna Park, St. Kilda, Dunedin, Tel. (03) 4554690. Nicht weit zu einem schönen Strand.

Papatowai Motor Camp (30 Kilometer südlich von Owaka), Tel. (03) 4158147.

Essen und Trinken

Potpourri Natural Food, 97 Stuart Street, Dunedin. Vegetarische Küche, Vollkorngebäck.

The Percolater, 142 Lower Stuart Street. Leichte Gerichte.

Governors Café, 438 George Street. Steaks, Pies, Sandwiches.

Mega Bite, 388 George Street. Kaffee, Salate, Quiche.

Sidewalk Café, 480 Moray Place. Gebackene Kartoffeln, Suppe und Salate.

Rembrant Coffee House, 280 Moray Place, Dunedin. Muffins als Kunstwerke.

Festivals

Festival of New Zealand Writing, 1. bis 9. April 1995. Dunedin.
Women's Book Festival, 17. bis 24. September 1995, Dunedin.
Scottish Week, 18. bis 26. März 1995, Dunedin.
Es gibt jährlich das **Dunedin Festival** (im Februar) mit Straßenkarneval und Drachenbooten sowie zwei **Film Festivals** (April / Mai und Juli /August).

Musik

Den typischen Dunedin Sound spielen die Bands im **Crown Hotel**, Rattray Street, oder der **Empire Tavern**, Princes Street. Sonst am Wochenende in der *Otago Daily Times* nachsehen oder abends in der Stadt einfach den Ohren folgen.

Queenstown und Central Otago

Informationen

Mount Aspiring National Park Headquarter, Ecke Ballantyne und Ardmore Street, Wanaka, Tel. (03) 443 76 60, im Sommer täglich von 8 bis 17 Uhr geöffnet. Im selben Gebäude sind auch das **Wanaka Visitor Information Office** und das **Department of Conservation**.

Visitor Information Network, Ecke Shotover und Camp Streets, Tel. (03) 442 82 38, Mo bis Fr 8.30 bis 17 Uhr, Sa 8.30 bis 12 Uhr.

Department of Conservation, 37 Shotover Street, Tel. (03) 442 79 33, täglich 8 bis 18 Uhr geöffnet. Hier gibt es alle wichtigen Tramping-Informationen.

Sehenswertes

Nördlich und westlich vom **Lake Wakatipu** verlaufen der **Routeburn**, der **Greenstone** und der **Caples Track**. Für die letzten beiden Tracks, die am Greenstone und Caples River entlang führen, braucht man jeweils etwa zwei Tage. Aber vorher die Rückfahrt organisieren.

Queenstown ist randvoll mit Abenteuer-Anbietern: Bungy Jumping, Wildwasser-Schlauchboote, Helikopter-Nervenkitzel, Jetbootfahren, Tandem-Falschirmspringen oder Rap Jumping. Besinnlicher nimmt sich da die Fahrt über den See auf dem Dampfschiff «TSS Earnslaw» aus.
Die **Skyline Gondola** schwebt auf einem grandiosen, 445 Meter hohen Aussichtspunkt über der Stadt.

Das **Queenstown Motor Museum**, täglich von 9 bis 17.30 Uhr geöffnet, stellt Historisches zum Thema «Verkehrsmittel» aus.

Ein Londoner Doppeldeckerbus fährt täglich um 10 und 14 Uhr von Queenstown nach **Arrowtown**, ein kleiner Ort, der noch heute von seiner Goldrausch-Vergangenheit lebt. Dort gibt es ein restauriertes **Chinese Miners Village** und das **Lake District Museum**, täglich von 9 bis 17 Uhr geöffnet.

Eine der spektakulärsten Touren führt über eine unglaublich schmale Straße in schwindelnde Höhen zum **Skippers Canyon**. Während der Skisaison herrscht Hochbetrieb auf den Hängen von **Coronet Peak** und den **Remarkables**.

Unterkunft

Wanaka Bakpaka, 117 Lakeside Road, Wanaka, Tel. (03) 443 78 37. Große Fenster mit schöner Aussicht.

Bumbles, Lake Esplanade, Queenstown, Tel. (03) 442 62 98. Fünf Minuten in die Stadt.

Wakatipu YHA Lodge, 80 Lake Esplanade, Queenstown, Tel. (03) 442 84 13. Großes Hostel direkt am Ufer des Lake Wakatipu.

Queenstown Motor Park, Westende der Man Street, Tel. (03) 442 72 52.

Essen und Trinken

The Cow, Cow Lane, Queenstown. Pizza und Spaghetti.

Gourmet Express Restaurant and Coffee Shop, Bay Centre, Amerikanisches Frühstück, auch Sonntag morgens.

Avanti, The Mall. Italienisches und frischer Fisch.

The Stonewall Cafe, The Mall. Chicken, Pasta und Salate.

Der Süden

Die Gletscher der letzten Eiszeit frästen gewaltige Täler aus der Südwestecke der Insel. Wo sie sich mit Meerwasser füllten, entstanden gewaltige Fjorde, die zu den eindrucksvollsten Naturformen Neuseelands gehören. Das zerklüftete und teils schwer zugängliche Binnenland des Fjordland National Park bietet eine einzigartige Szenerie und noch viele unberührte Regionen. Mit der Klassifizierung als World-Heritage-Gebiet wurde der ganze Südwesten zum schützenswerten Naturgut der Menschheit erklärt.
Lake Te Anau und Lake Manapouri sind die größten Seen der Region, Lake Hauroko mit 462 Metern der tiefste des Landes. Milford Sound mit seinen Wasserfällen und dem Mitre Peak ist der bekannteste Fjord. Nach Süden schließen sich die George, Doubtful und Dusky Sounds an.
Durch den hohen Niederschlag bleibt das Gras auf dem Farmland den ganzen Sommer über grün. Die Verarbeitung von gut genährten Rindern und Schafen zu Gefrierfleisch gehört zu den größten, teilweise nur saisonal arbeitenden Wirtschaftszweigen der Region. Das Zentrum ist Invercargill (55 000 Einwohner), die südlichste Stadt Neuseelands. Von den Hafenanlagen in Bluff wird das Fleisch weltweit exportiert und laufen die Fischerboote zum Austernfang in die Foveaux Strait aus. Am Tiwai Point steht die größte Aluminiumfabrik des Landes, die mit dem Strom des unterirdischen Manapouri-Kraftwerks betrieben wird. Vor der Südküste liegt das Stewart Island, an dessen Nordostküste gerade 450 Menschen leben. Der Rest der Wälder und farnbewachsenen Hügel gehört vor allem den vielen Vögeln und den Wanderern, die mit sich und der Natur allein sein wollen.

Fjordland

Informationen

Fjordland National Park Visitor Centre, Lakefront Drive, Tel. (03) 2497921, täglich 8 bis 17 Uhr geöffnet; Buchung für selbständige Milford Track-Wanderer: (03) 2498514.

Lake Tours Fjordland Travel, Pearl Harbour, Manapouri, Tel. (03) 2496602.

Sehenswertes

Die umfangreichste organisierte Tour (dauert einen Tag) kombiniert die Fahrt über den Lake Manapouri, einen Besuch der **Manapouri Underground Power Station**, die Busreise über den **Wilmot Pass** hinunter zur **Deep Cove** und eine Bootstour durch den **Doubtful Sound**.

An der Westseite des **Lake Te Anau** liegen die **Glowworn Caves**, die nur per Boot zu erreichen sind.

Von Te Anau zum Milford Sound sind es auf der **Milford Road** knapp 120 Kilometer. Einige interessante Stationen unterwegs: das **Eglinton Valley**, die **Mirror Lakes**, der **Lake Gunn Nature Walk** (45 Minuten), ein Blick ins **Lower Hollyford Valley**, der **Homer Tunnel, The Chasm** (15 Minuten Rückweg). Von der Tutoko Bridge führt ein Tagestrack ins **Tutoko Valley** (Mount Tutoko ist mit 2716 Metern der höchste Gipfel im Fjordland).

Fjordland ist aber auch «Trackland». Der bekannteste, und immer wieder als schönster Track der Welt beschrieben, ist der 54 Kilometer lange **Milford Track**. Die Vier-Tages-Route durch Gletschertäler, vorbei an den 580 Meter hohen **Southerland Falls** und über den 1073 Meter hohen **Mackinnon Pass,** ist so beliebt, daß sie meist schon ein Jahr im voraus ausgebucht ist. Gern gelaufene Alternativrouten sind: der 80 Kilometer lange **Hollyford Track** vom Ende der Lower Hollyford Road zur Martins Bay; der 42 Kilometer lange **Routeburn Track** von der Milford Road nach Nordosten bis etwa 80 Kilometer von Queenstown entfernt; der 67 Kilometer lange **Kepler Track** mit Start und Ziel am Lake Te Anau sowie der 90 Kilometer lange **Dusky Track**, der nur etwas für konditionsstarke Wanderer ist, denen zehn Tage Einsamkeit und Regen nichts ausmachen.

Unterkunft

Te Anau Backpackers, 48 Lakefront Drive, Tel. (03) 2497713. Zentral gelegen, Know-how für Tramping.

Te Anau Motor Park, an der Seefront Richtung Manapouri, Tel. (03) 2497457.

Te Anau YHA Hostel, Milford Road, Tel. (03) 2497847. Kleiner Laden, viel Gras drumherum, auch Zeltplätze.

Milford Sound Lodge, Tel. (03) 2498071.

Essen und Trinken

Jail House Café, Jail House Mall, Milford Road, Te Anau. Frühstück bis Dinner, auch Vegetarisches. Lunchpakete für Tramper.

Ming Garden, Te Anau. Chinesisches auch zum Mitnehmen.

Invercargill und Stewart Island

Informationen

Gore Information Centre, Ecke Medway und Ordsal Streets, Tel. (03) 2089908, Mo bis Fr 10 bis 17 Uhr.

Invercargill Visitor Centre, Southland Museum And Art Gallery, Victoria Road, Tel. (03) 2189753, Mo bis Fr 9 bis 17 Uhr.

Stewart Island Visitor Information Centre, Main Road, Halfmoon Bay, Tel. (03) 2191218.

Sehenswertes

In **Gore** findet jedes Jahr am Queen's-Birthday-Wochenende im Juni das **Golden Guitar Country Music Festival** statt. Sonst gilt die Stadt als **Brown Trout Capital**, wobei die Forellen aus dem **Mataura River** geangelt werden.

Invercargills Queens Park mit Golfplatz und Café ist die grüne Lunge der Stadt. Am Südende liegt das **Southland Museum**, dessen **Tuatarium** der einzige Ort in Neuseeland ist, wo man die Tuatara-Echse in pseudonatürlicher Umgebung hinter Glas sehen kann. Das Museum ist Mo bis Fr von 10 bis 16.30 und Sa bis So von 13 bis 17 Uhr geöffnet.

Der **Anderson Park** mit seiner **Art Gallery** liegt zehn Minuten vom Stadtzentrum entfernt. Die Galerie ist bis auf montags und freitags täglich von 14 bis 16.30 Uhr geöffnet.

Eine kostenlose zweistündige Tour durch die **Aluminiumfabrik am Tiwai Point** beginnt Mo bis Fr um 10 Uhr. Voranmeldung ist notwendig unter Tel. (03) 2185999. Hemd mit langen Armen, lange Hose und geschlossenes Schuhwerk und eigene Anreise sind Vorbedingung.

Am Ende des Highway 1 liegt **Bluff**, der größte Hafen Southlands. Die beste Aussicht über den Hafen, die Foveaux Strait, Stewart Island und die Aluminiumfabrik hat man vom Bluff Hill.

Zwei kleine Tracks bietet der **Foveaux Walkway**: einen 6,5 Kilometer langen Weg an der Küste von Stirling Point zum Ocean Beach und den 1,5 Kilometer langen Glory Track durch Busch- und Grasland.

In den dichten, einsamen Busch der **Stewart Island** führt der **North-West-Circuit-Track**, für den mindestens zehn Tage veranschlagt werden sollten. Eine gute Ausrüstung und Tramping-Erfahrung sollten vorhanden sein. Für Details und über kurze Tagestouren rund um Oban gibt es im Info-Centre die **Stewart Island Day Track and General Information**-Broschüre. Treffpunkt im Ort ist das **South Sea Hotel**.

Unterkunft

Southern Comfort Backpackers, 30 Thomson Street, Invercargill, Tel. (03) 2183838. Nur für Nichtraucher, dicht zur Stadt.

Property Arcade Backpackers, 120 Gore Street, Bluff, Tel. (03) 212 80 74. Nur 100 Meter zur Stewart-Island-Fähre.

Invercargill YHA Hostel, 122 North Road Waikiwi, Tel. (03) 215 90 07.

Beach Road Motor Camp & Tourist Flats, an der Straße zum Oreti Beach, Invercargill, Tel. (03) 213 04 00.

The **World's Best Kept Secret**, Halfmoon Bay, Stewart Island, dahinter verstecken sich mehrere kleine Häuser: Ann's Place Tel. (03) 219 10 65, Atkin's Place Tel. (03) 219 12 74, Innes' Backpackers Tel. (03) 219 10 80, Jo and Andy's (Bed and Breakfast) Tel. (03) 219 12 30, Joy's Place (Nichtraucher) Tel. (03) 219 13 76 und Michael's House Hostel Tel. (03) 219 14 25.

Essen und Trinken

Wer Austern mag, sollte unbedingt einmal **Foveaux Oysters** probieren, zur Not auch von einem der Fish-Takeaways.

Tillermanns Health Food Restaurant, 16 Don Street, Invercargill. Gesundheitskost in eleganter Atmosphäre.

Im **South Sea Hotel**, Halfmoon Bay, Stewart Island, gibt es gutes Essen (etwas teurer), man muß aber sein Dinner bis 16 Uhr unter Tel. 219 10 59 vorbestellen.

Bildnachweis

Department of Conservation: 164
Sabine Gorsemann: 36/37, 43, 92, 157, 211, 213, 228/229, 232
Karin Huhn: 6, 40, 54, 71, 101, 193, 200/201, 243
Mount Cook Line: 220/221
New Zealand Tourism Board: 2/3, 38, 117, 137, 147, 175, 207, 223
Ullstein Bilderdienst: 10, 12/13, 19, 23, 33, 95
Waitangi National Reserve: 8/9
Dirk Wegner: 4/5, 15, 29, 30/31, 35, 41, 46/47, 49, 51, 56/57, 59, 61, 63, 64/65, 66/67, 73, 75, 76, 80/81, 82/83, 86/87, 89, 93, 96/97, 98/99, 104/105, 110/111, 114/115, 119, 121, 124/125, 126/127, 129, 133, 135, 140/141, 143, 145, 151, 152/153, 158/159, 160/161, 163, 166, 170/171, 173, 176/177, 179, 183, 187, 189, 191, 194/195, 197, 198/199, 202/203, 205, 217, 227, 230/231, 235, 237, 239, 240, 248/249

Register

kursive Ziffern verweisen auf den Serviceteil (ab Seite 270)

Asien und Australien

Dirk Wegner
Australien *Ein Reisebuch in den Alltag*
(rororo sachbuch 7598)

Hartwig Bögeholz
China *Ein Reisebuch in den Alltag*
(rororo sachbuch 7580)

Erika Brettschneider
Indonesien *Ein Reisebuch in den Alltag*
(rororo sachbuch 9066)

Stefan Biedermann
Japan *Ein Reisebuch in den Alltag*
(rororo sachbuch 7591)

Dirk Wegner
Neuseeland *Ein Reisebuch in den Alltag*
(rororo sachbuch 9083)

Erika Brettschneider
Singapur/Malaysia
(rororo sachbuch 9078)

rororo anders reisen

rororo anders reisen wird herausgegeben von Till Bartels. Ein Gesamtverzeichnis der Reihe finden Sie in der *Rowohlt Revue*. Vierteljährlich neu. Kostenlos. In Ihrer Buchhandlung.

3442/5

Amerika

Till Bartels
Kalifornien *Oregon · Washington*
(rororo sachbuch 7590)

Werner W. Wille
New York *Ein Reisebuch in den Alltag*
(rororo sachbuch 7512)

Manfred Waffender
San Francisco *Ein Reisebuch in den Alltag*
(rororo sachbuch 7507)

Till Bartels (Hg.)
USA *Ein Reisebuch in den Alltag*
(rororo sachbuch 9079)

Roland Motz/Gaby Otto
Mexiko *Ein Reisebuch in den Alltag*
(rororo sachbuch 9080)

Alexander Busch/Petra Schaeber/Martin Wilke
Brasilien *Ein Reisebuch in den Alltag*
(rororo sachbuch 7594)

rororo anders reisen

rororo anders reisen wird herausgegeben von Till Bartels. Ein Gesamtverzeichnis der Reihe finden Sie in der *Rowohlt Revue*. Jedes Viertel-jahr neu. Kostenlos. In Ihrer Buchhandlung.

3442/5a

Europa: Städte

Günter Roland
Amsterdam *Ein Reisebuch in den Alltag*
(rororo sachbuch 7506)

Till Bartels/Ultike Wiebrecht
Barcelona/Katalonien *Ein Reisebuch in den Alltag*
(rororo sachbuch 9070)

Zitty /Hg.)
Berlin *Ein Reisebuch in den Alltag*
(rororo sachbuch 9061)

Jürgen Schaufer
London *Ein Reisebuch in den Alltag*
(rororo sachbuch 9075)

Hartwig Bögeholz
Moskau/St. Petersburg *Ein Reisebuch in den Alltag*
(rororo sachbuch 9073)

Günther Liehr
Paris *Ein Reisebuch in den Alltag*
(rororo sachbuch 9060)

Peter Kammerer/Henning Klüver
Rom *Ein Reisebuch in den Alltag*
(rororo sachbuch 7514)

Falter (Hg.)
Wien *Ein Reisebuch in den Alltag*
(rororo sachbuch 7563)

rororo anders reisen

rororo anders reisen wird herausgegeben von Till Bartels. Ein Gesamtverzeichnis der Reihe finden Sie in der *Rowohlt Revue*. Vierteljährlich neu. Kostenlos. In Ihrer Buchhandlung.

3441/5

Europa: Länder

Gunnar Köhne
Baltische Länder *Litauen, Lettland, Estland*
(rororo sachbuch 9074)

Günter Liehr
Frankreich *Ein Reisebuch in den Alltag*
(rororo sachbuch 9077)

Michael Kadereit
Großbritannien *Ein Reisebuch in den Alltag*
(rororo sachbuch 9064)

Christoph Potting / Annette Weweler
Irland *Ein Reisebuch in den Alltag*
(rororo sachbuch 9062)

Gunnar Köhne
Norwegen *Ein Reisebuch in den Alltag*
(rororo sachbuch 7593)

Ute Frings
Polen *Ein Reisebuch in den Alltag*
(rororo sachbuch 9065)

Helmut Steuer / Herbert Neuwirth
Schweden *Ein Reisebuch in den Alltag*
(rororo sachbuch 9071)

Helmuth Bischoff
Spanien *Ein Reisebuch in den Alltag*
(rororo sachbuch 7567)

Hanne Straube
Türkei *Ein Reisebuch in den Alltag*
(rororo sachbuch 7597)

Hubertus Knabe
Ungarn *Ein Reisebuch in den Alltag*
(rororo sachbuch 7584)

rororo anders reisen

rororo anders reisen wird herausgegeben von Till Bartels. Ein Gesamtverzeichnis der Reihe finden Sie in der *Rowohlt Revue*. Vierteljährlich neu. Kostenlos. In Ihrer Buchhandlung.

3441/5a

Mittelmeer

Rolf Schwarz
Ägypten *Ein Reisebuch in den Alltag*
(rororo sachbuch 9068)

Christof Kehr
Andalusien *Ein Reisebuch in den Alltag*
(rororo sachbuch 7575)

Till Bartels / Ulrike Wiebrecht
Barcelona/Katalonien *Ein Reisebuch in den Alltag*
(rororo sachbuch 9070)

Rainer Karbe /
Ute Latermann-Pröpper
Griechische Inseln/Nördliche Ägäis
Ein Reisebuch in den Alltag
(rororo sachbuch 9067)

Ute Frings / Rolly Rosen
Israel/Palästina *Ein Reisebuch in den Alltag*
(rororo sachbuch 7596)

Rainer Karbe /
Ute Latermann-Pröper
Kreta *Ein Reisebuch in den Alltag*
(rororo sachbuch 7569)

Henning Klüver (Hg.)
Norditalien *Ein Reisebuch in den Alltag*
(rororo sachbuch 9063)

Frida Bordon
Sizilien *Ein Reisebuch in den Alltag*
(rororo sachbuch 7595)

Günter Liehr
Südfrankreich *Ein Reisebuch in den Alltag*
(rororo sachbuch 7582)

Michaela Wunderle
Süditalien *Ein Reisebuch in den Alltag*
(rororo sachbuch 7592)

rororo anders reisen

Michael Kadereit
Toskana / Umbrien *Ein Reisebuch in den Alltag*
(rororo sachbuch 7521)

Frida Bordon
Venedig mit Venetien *Ein Reisebuch in den Alltag*
(rororo sachbuch 7570)

rororo anders reisen wird herausgegeben von Till Bartels. Ein Gesamtverzeichnis der Reihe finden Sie in der *Rowohlt Revue*. Vierteljährlich neu. Kostenlos. In Ihrer Buchhandlung.

Literatur für KopfHörer

Wer nicht lesen will, kann hören - eine Auswahl von Rowohlt's Hörcassetten:

Simone de Beauvoir
Eine gebrochene Frau
Erika Pluhar liest
2 Toncassetten im Schuber
(66012)

Wolfgang Borchert
Erzählungen
Marius Müller-Westernhagen liest
Die Hundeblume. Nachts schlafen die Ratten noch. Die Küchenuhr. Schischyphusch
1 Toncassette im Schuber
(66011)

Albert Camus
Der Fremde
Bruno Ganz liest
3 Toncassetten im Schuber
(66024)

Truman Capote
Frühstück bei Tiffany
Ingrid Andree liest
3 Toncassetten im Schuber
(66023)

Roald Dahl
Küßchen, Küßchen!
Eva Mattes liest
Die Wirtin. Der Weg zum Himmel. Mrs. Bixby und der Mantel des Obersten
1 Toncassette im Schuber
(66001)

Louise Erdrich
Liebeszauber
Elisabeth Trissenaar liest
Die größten Angler der Welt
2 Toncassetten im Schuber
(66013)

Elke Heidenreich
Kolonien der Liebe
Elke Heidenreich liest
1 Toncassette im Schuber
(66030)

Jean-Paul Sartre
Die Kindheit des Chefs
Christian Brückner liest
3 Toncassetten im Schuber
(66014)

Henry Miller
Lachen, Liebe, Nächte
Hans Michael Rehberg liest
Astrologisches Frikassee
2 Toncassetten im Schuber
(66010)

Vladimir Nabokov
Der Zauberer
Armin Müller-Stahl liest
2 Toncassetten im Schuber
(66005)

Kurt Tucholsky
Schloß Gripsholm
Uwe Friedrichsen liest
4 Toncassetten im Schuber
(66006)

rororo Toncassetten werden produziert von Bernd Liebner. Ein Gesamtverzeichnis der Reihe finden Sie in der *Rowohlt Revue*. Jedes Vierteljahr neu. Kostenlos in Ihrer Buchhandlung.

rororo

3298/1

Nahaufnahmen

Carola Stern
In den Netzen der Erinnerung
Lebensgeschichten zweier Menschen
(rororo 12227)
«Wie konnte man, als Deutscher, Nazi oder Kommunist – also mit (vielleicht) treuestem Herzen einem verbrecherischen System dienen? – Wie schwer sich zwei höchstgebildete, gewissenhafte Menschen mit der Bewältigung der Vergangenheit tun, das hat Carola Stern nun jedermann klargemacht. Nicht nur deshalb: ein liebenswertes Buch.»
Gerd Bucerius, Die Zeit

Ernst Toller
Eine Jugend in Deutschland
(rororo 4178)
Als begeisterter Freiwilliger zog er in den Ersten Weltkrieg und als humanitärer Pazifist kehrte er heim. Er schlug sich auf die Seite der Aufständischen und erkannte früh die tragische Grenze der Revolution. Das wahrscheinlich bedeutendste Werk des expressionistischen Autors Ernst Toller, der in Dichtung und Politik keinen unversöhnlichen Gegensatz sah.

Edith Piaf
Mein Leben
(rororo 859)
Die Autobiographie der Piaf, deren Stimme für die Welt zum Inbegriff des französischen Chansons wurde. Die Beichte eines Lebens, gezeichnet von Alkohol, Rauschgift und Liebe. Der Abschied eines großen Herzens mit dem Fazit: ‹Je ne regrette rien.›

Anja Lundholm
Das Höllentor *Bericht einer Überlebenden. Mit einem Nachwort von Eva Demski*
(rororo 12873 und als gebundene Ausgabe)
Anja Lundholm kam 1944 ins Frauen–KZ Ravensbrück. Als eine von wenigen überlebte sie das Lager, in dem die Nazis Zehntausende weiblicher Gefangener zusammengepfercht hatten.
«Anja Lundholm erklärt nicht, sie kommentiert nicht. Sie entschuldigt nicht. Sie schreibt, was geschah.»
Die Zeit

rororo Literatur

Romane und Erzählungen

Barbara Taylor Bradford
Bewahrt den Traum *Roman*
(rororo 12794 und als gebundene Ausgabe im Wunderlich Verlag)
Eine bewegende Familiensaga: die Erfolgsautorin erzählt mit Charme und Einfühlungsvermögen vor allem die Geschichte zweier Frauen, die sich ihren Platz in einer männlichen Welt erkämpfen.
Und greifen nach den Sternen
Roman
(rororo 13064)
Wer Liebe sät *Roman*
(rororo 12865 und als gebundene Ausgabe im Wunderlich Verlag)

Barbara Chase-Riboud
Die Frau aus Virginia *Roman*
(rororo 5574)
Die mitreißende Liebesgeschichte des amerikanischen Präsidenten Thomas Jefferson und der schönen Mulattin Sally Hemings.

Marga Berck
Sommer in Lesmona
(rororo 1818)
Diese Briefe der Jahrhundertwende, geschrieben von einem jungen Mädchen aus reichem Hanseatenhaus, fügen sich zusammen zu einem meisterhaften Roman zum unerschöpflichen Thema erste Liebe.

Diane Pearson
Der Sommer der Barschinskys
Roman
(rororo 12540)
Die Erfolgsautorin von «Csárdás» hat mit diesem Roman wieder eines jener seltenen Bücher geschrieben, die eigentlich keine letzte Seite haben dürften.

rororo Unterhaltung

Dorothy Dunnett
Die Farben des Reichtums
Der Aufstieg des Hauses Niccolò. Roman
656 Seiten. Gebunden im Wunderlich Verlag und als rororo 12855
«Spionagethriller, Liebesgeschichte, spannendes Lehrbuch (wie lebten die Menschen vor 500 Jahren?) - einer der schönsten historischen Romane seit langem.» *Brigitte*
Der Frühling des Widders
Die Machtentfaltung des Hauseses Niccolò. Roman
640 Seiten. Gebunden im Wunderlich Verlag
Das Spiel der Skorpione
Niccolò und der Kampf um Zypern. Roman
784 Seiten. Gebunden im Wunderlich Verlag

Marti Leimbach
Wen die Götter lieben *Roman*
272 Seiten. Gebunden im Wunderlich Verlag und als rororo 13000
Das Buch zum Film «Entscheidung aus Liebe». Die Geschichte von Hilary und Viktor.

Rowohlts Amerika

Paul Auster
Die New York-Trilogie *Stadt aus Glas / Schlagschatten / Hinter verschlossenen Türen*
(rororo 12548)
Jeder der drei Romane wirkt zunächst wie ein klassische Kriminalgeschichte, aber bald stimmen die vordergründig logischen Zusammenhänge nicht mehr. Schritt für Schritt wird der Leser in ein Spiel mit seinen eigenen Erwartungen verstrickt. «Eine literarische Sensation!» *Sunday Times*

Nicholson Baker
Vox *Roman*
Deutsch von Eike Schönfeld
192 Seiten. Gebunden
Zwei Menschen sprechen über Sex - am Telefon. «Vox» ist ein erotischer Roman im besten Sinne und eine kunstvoll, lebensfrohe, ebenso ungehemmte wie vorurteilsfreie Auseinandersetzung mit Sexualität heute.

William Boyd
Stars und Bars *Roman*
(rororo 12803)
Mit himmelschreiender Komik erzählt William Boyd die Geschichte von einem feinsinnigen Briten, der nach Amerika kommt und sein blaues Wunder erlebt. «Eine Farce – aber eine raffinierte!» *Nürnberger Nachrichten*

Robert Olmstedt
Jagdsaison *Roman*
Deutsch von Klaus Modick
288 Seiten. Gebunden
«Ein bemerkenswerter Roman, der die prekäre Balance zwischen spannendem Thriller und lyrischer Fabel hält.»
The New York Times Book Review

rororo Literatur

Luanne Rice
Ein Leben für Nick *Roman*
(rororo 12632)
Alles zu haben heißt auch, alles wieder verlieren zu können. Dieser Gedanke beschäftigt Georgina Swift, die in scheinbar behüteten Verhältnissen lebt und ihren Mann Nick, den scheinbar tadellosen, erfolgreichen Wall Street-Anwalt, abgöttisch liebt...

John Irving
Carp und wie er die Welt sah
Roman
(rororo 5042)
«Diese Geschichte ist so absurd, so komisch, so tränentreibend, so kühl und sachlich, so wirklich und genau, daß man das Buch nicht wieder los wird.»
Nürnberger Nachrichten

Tom Robbins
Salomons siebter Schleier
Roman
Deutsch von Pociao
540 Seiten. Gebunden
Der Altmeister des Underground-Romans, läßt die verrücktesten Typen, die schärfsten Sprüche und provokantesten Gedanken über die Seiten tanzen.